奥美中国草创

宋秩铭 等 著

中信出版集团 | 北京

图书在版编目（CIP）数据

以红之名：奥美中国草创 / 宋秩铭等著. -- 北京：
中信出版社, 2021.6 (2021.7重印)
ISBN 978-7-5217-3128-6

Ⅰ. ①以… Ⅱ. ①宋… Ⅲ. ①广告公司—企业管理—经验—中国 Ⅳ. ①F713.8

中国版本图书馆CIP数据核字（2021）第081599号

以红之名——奥美中国草创

著　者：宋秩铭　等
出版发行：中信出版集团股份有限公司
（北京市朝阳区惠新东街甲4号富盛大厦2座　邮编　100029）
承 印 者：北京尚唐印刷包装有限公司

开　本：880mm×1230mm　1/32　印　张：16　字　数：435千字
版　次：2021年6月第1版　印　次：2021年7月第2次印刷
书　号：ISBN 978-7-5217-3128-6
定　价：108.00元

天安门广场合影，

可以说是掌门人都到齐了。

左一：夏兰泽（Shelly Lazarus）丈夫乔治，
儿科医生

左二：时任全球执行长夏兰泽

左三：时任亚太区执行长杨名皓（Miles Young）

左四：上海广告公司总经理熊景华

右一：大中华区董事长宋秩铭（T. B. Song）

右二：李宏

右三：傅本君（Ruby Fu）

右四：柯颖德（Scott Kronick）

右五：范庆南（Jennie Fan）

作者*

这本书有许多作者，受署名方式限制，只放了我的名字，作为代表。当然，你看下去就知道，他们分别是谁，我就按照他们文章在书中出现的次序，写下他们的名字：

夏兰泽（Shelly Lazarus）、杨名皓（Miles Young）、陈刚、利宜德（Harry Reid）、董洽、范可钦、郁海敏、杨舸、陈碧富、林桂枝、陶雷、邱欣宇、朱幼光、梁荣志、招嘉宁、陈慧茹、梁晶、林友琴、裘淑慧、陈俊良、屠玉华、李嘉钦、范庆南、韦棠梦（Chris Reitermann）、柯颖德（Scott Kronick）、李宏、谢祯忠、汪少杰、庄淑芬。

最后要感谢我的编辑团队，包括我太太苏菲，书名是她取的，大家同意的。以及现在和以往的同事李后笑、朱幼光、朱漫芳（Vanessa）、沈悦、郭志强、黄海、陶雷，他们都陆续被我拉进来。这其中有许多争论、澄清，最终还是不得不定稿了，将这本书呈现在大家面前。

我们就如再度走过草创。

万分感谢大家。

宋秩铭（T. B. Song）

* 页侧有红色线条区的文章皆为宋秩铭本人撰写。

目 录

前言 IV

序1 奥美的奇迹：奥美中国的崛起 夏兰泽 VI

序2 种一棵树最好的时机是30年前，其次是现在 杨名皓 VIII

序3 奥美中国的草创与共创 陈 刚 XII

第一部 草创前的基础（1991年之前）

怎么开始的

奥美如何在中国成功起航 利宜德 007

台湾奥美20年（1971—1991） 宋秩铭 019

附：世纪大比稿 027

第二部 草创时期（1991年之后）

怎么会来大陆

上海奥美

恰同学少年 董 洽 047

漂洋过海来比稿 范可钦 073

我在奥美的“第一次” 郁海敏 082

思绪穿回1992	杨 舸	098

北京奥美

北京纪事	陈碧富	115
我心中永远的奥美	林桂枝	135
我的黄金20年	陶 雷	144
那年，我们比“动感地带”	邱欣宇	172
△□	朱幼光	177

广州奥美

华南开垦	梁荣志	221
雷雨天的回忆	招嘉宁	235
好奇没有害死猫	陈慧茹	242
改变我一生的决定	梁 晶	252

跨区域支持

满室月光	林友琴	261
从心出发，拥抱人才	裘淑慧	270
我的奥美基因	陈俊良	278
见证奥美融入中国	屠玉华	291
不让过去影响你的未来	李嘉钦	311

第三部 不同专业的发展

IBM和奥美互动的建立

逐梦路上，必不孤独 范庆南 324
变革是我们的生命血脉，停滞则如同敲响丧钟！ 韦棠梦 337

奥美公关的建立

奥美公关在中国的起航之路 柯颖德 360
心中难以散去的宴席 李 宏 371

扬特品牌顾问与奥美行动的建立

江山如此多娇 谢祯忠 390

第四部 整合

整合的必要性

一个非典型奥美人 汪少杰 409
一路有你，奥美有情 庄淑芬 418

第五部 经验与省思

本土化 439
主体性 441
区域策略及并购 444
建立分店的反思 447
常碰到的管理问题 450
客户及做案例 457
有影响力的作品 461
培训vs.自我学习 462
人与文化 463

第六部 对未来的一些想法

“一个奥美”及顾问的生意及数字转型 477
大湾区 480
后疫情/后数字化 481
互相支援的精神 483
WPP & 奥美 484
奥美的未来 485

结语 487

后注 488

前言

早在大约五年前，即有人向我提及是否写本书，谈谈奥美在台湾及大陆建立有关的故事或过程，亦希望谈及我个人的故事。

但这事一直拖着，一方面是我觉得我个人的故事没什么好讲的，另一方面奥美在台湾及大陆的发展又不是我一个人的功劳，是许许多多的人因各自的因缘际会及努力，逐渐发展出来的结果。

今年正好是奥美进入大陆市场 30 年（奥美 1991 年在大陆成立合资公司），所以我就慢慢下定决心开始写这个过程，希望以故事的方式将它呈现。

但我确实是个不擅长回忆，而且记忆力不太好的人。所以，我开始找一些当年一起走过这个过程的关键人物，大家一起回忆，好像重新走过一遍一样。

事实上，关键人物是很多的，这本书会变得非常厚。

所以还是要取舍，而难免遗憾。我相信这本书可以一直写下去，不同年代、不同的人，扛着奥美的旗帜走到不同的阶段。

为了避免写太长，我们主要记录 1991—2005 年这一阶段，这一时期可以说是奥美在大陆的起步阶段。这个阶段，由于是草创，所以故事性会较强，亦会有趣。

记得去年碰到王家卫导演，他提到想拍《广告狂人》的中国版。他觉得奥美在中国发展的故事可以作为参考，如果事成，将会是有趣的。

纯粹的记录就不太有意思，回忆的意义，或愉快，或后悔，或不要重复，可以没有负担地往前走，可以走得更好。

所以，期望在这本书的写作过程中，每个人都可以“不让过去，影响你的未来”，或者说“可以有助于你的未来”。

在开篇之前，我想提一下“奥美”这个中文名字的由来。

一般 4A 广告公司都用音译做中文名字，例如李奥贝纳。当年为何奥美不用音译？事实上，奥美亦是音译。当年奥美的英文名字“Ogilvy & Mather”经常简称“O & M”。1970 年，香港奥美的文案纪文凤以她的神来之笔，取了“奥美”这两个字作为名字，又对当时的老外总经理利宜德解释，这两个字具有 profound and beauty（深奥和美丽）的意义，奥美的中文名字就这样诞生了。

序 1　奥美的奇迹：奥美中国的崛起

夏兰泽（Shelly Lazarus）
（2012 年前任奥美全球董事长）
高岚　译

对我而言，奥美中国的发展壮大算得上是个奇迹。我第一次到中国，是在 20 世纪 90 年代末，当时我刚被任命为奥美全球 COO（首席运营官）。上海办公室有 30 个人（这个数字我记得特别清楚），当时他们都围坐在一张会议桌前。北京办公室的人就更少了，但大家都特别投入，活力满满。他们骨子里都是奥美人。小小的办公室贴满了大卫·奥格威的照片。会上，他们介绍了发展计划，我也认可了。但即便如此，他们现如今的成就也出乎我的意料。

任职 CEO（首席执行官）期间，我常去奥美中国，而且我也相当喜欢去，因为它代表了奥美所有真实且伟大的东西。他们笃信大卫的价值观，为客户打造强有力的品牌。记得早年出访时还有人说，中国人是不会真正接受品牌这个概念的，他们太理性，太注重产品功能了。要我说，这种说法才离谱。我们与客户一起，共同打造了那么多耀眼的中国品牌。天生会说故事的人，能打造出最好的品牌。

宋秩铭（T. B. Song）和庄淑芬（Shenan Chuang）一起缔造了奥美中国。没有他们，就不会有如今的奥美中国。他们一路引进优秀且多元的人才（我脑子里第一个想到的，就是建造了中国奥美公关的柯颖德）。为此，我们无限感激。

回首任职奥美全球 CEO 那段时光，我意识到，奥美中国的崛起，对这家全球企业的成功起到了关键作用。我们协助客户在这个全球发展最快的经济体打造品牌，还做得兴趣盎然。大卫·奥格威如果健在，也会对这一奇迹异常开心。

序 2　种一棵树最好的时机是 30 年前，其次是现在

杨名皓（Miles Young）
（2016 年前任奥美全球董事长）
高岚　译

1995 年，在转调到奥美亚太区总部所在的香港办公室后不久，我被介绍给奥美中国团队。太古城某幢楼走廊边缘一个狭小办公室里，有一个先锋队，或者说，一个前哨站，它在协助刚刚在北京、上海和广州生根发芽的奥美。如今，这些小芽已经长成参天大树：奥美成为中国的一个著名品牌、一家大企业。

早期，全球有不少人都表示，在中国建一家大型广告公司过于微妙与复杂。对此，宋秩铭和他忠实的团队一直都是乐观的实践者：他们寻找机会，没有被风险吓倒。他们始终相信，世上无事不可为。

回首来时路，我认为这一成功归因于六大元素。

1. 摸着石头过河

邓小平曾说改革要摸着石头过河。这个比喻非常恰当，尤其是在一个发展飞快的经济体中创建一家新企业时。在创建奥美中国的每一阶段，我们都会小心评估形势，仔细甄别、考虑各种可能性，然后再决定何时采取下一步行动。每年奥美中国都会精心筹备业务规划会，我都会参加。成功源自纪律，源自勤勉的准备，也源自“摸着石头过河”的探索。所

有那些帮助创建这套体系的人——财务部、IT 部、办公室规划人员与一线作业团队一样，都是撑起本书的英雄。

2. 文化先行

奥美中国的管理层认识到，与其说他们是在创建一家企业，不如说是在创造一种文化。没有现成的东西可以参考，或找个模板一填了事。奥美本身就是一家非常独特的跨国企业，所以奥美中国达成这样一种认知——做最国际化的本土公司，最本土化的国际公司。我一直期待奥美中国能创造出“具有中国特色的广告”。他们做到了，用中国的方式诠释了创始人大卫·奥格威的理念。奥美的幸运红也有助于定义品牌——管理层有意识地加倍渲染红色。培训是重点，这让奥美成为一个工作的好地方，员工愿意留下来，降低了离职率。最终我们要做到，员工一想起奥美，就觉得这里乐趣无穷：运动会、公司旅游、尾牙、公司大会等等。最重要的是，我还记得 T. B. 常向员工推荐书籍，小说或非小说类图书都有，他知道拓展思维是获取员工忠诚度、帮他们提升绩效的最好方式。

3. 走中国道路

奥美中国另一个显著特点，是超越传统的沿海城市，制定了一个涵盖二、三线城市的全中国策略。我们是先行者，虽然走过弯路，比如首次进发辽宁就为时过早，但随着时间的推移，我们发展出一套非常成功的进程表，包括与成功的本土代理商构建伙伴关系，这些本土代理商在各自市场上都很有实力，也为我们在全国市场争得一席之地。他们也染上了“奥美红”。看到它们（特别是在福建和江苏）的业务欣欣向荣，与之一起共度时光，我总是备感骄傲。这些本土代理商也反过来教会奥美了解本土客户的需求，使我们明白中国市场远比三大一线城市更广、更深。

4. 努力付出，才有收获

企业的一个基本责任就是要尊重其所在地。奥美中国一直以中国企业自居。中国重视合资企业，我们不仅从法律上，而且从心里感受到这一点，这种合资关系有利于我们与中国建立联结与认同。我们与中国政府合作，参与了国家、省、市多个品牌的出海项目。我们试着全方位了解中国，还进行追本溯源，这一过程本身就让我们乐在其中。这里有个难忘的回忆。我们有一次培训被安排在贵州的大山里，我、T. B.、公司其他领导，还有一群年轻的未来之星，徒步两个小时，终于爬到一座山峰上。山峰的对面就是此次的目的地——一个侗族小村庄，我们要在那里驻扎 3 天，睡在村民的房子里，在当地的校舍里给我们的未来之星做培训。这也让他们从另一个侧面了解中国，这里迥异于他们所生活的城市。

5. 重视中国制造

随着业务的发展，我们意识到，奥美在“中国制造”这一概念的演进中扮演着自己的角色。早在 2003 年，我们就邀请众多中国企业家到法国的多佛古堡——奥美创始人大卫·奥格威的家，我们在这里举办了一场特别的研讨会，讨论如何让中国品牌走向全球。自那时起，协助企业出海也成了我们的专长之一。在为中国著名品牌开拓国际市场的路上，我们也自有骄傲之处。但超越“中国制造”的，是“中国创造”。我们敏锐地感觉到，中国有个重要的需求，就是鼓励创造力。一个点子能让一个品牌立起来，使之与众不同、熠熠发光。制造业只能跟着点子的要求走。所以奥美还有自豪之处，就是做出了北京之外、在全球投放的电视广告活动。此外，我们还提升了专业知识，特别是设计方面，为本土品牌建设尽一份力。

6. 抓住蝴蝶

奥美中国的管理层一直对新点子有着永不满足的兴趣。这一点在其建造业务技能上表现得尤为突出，他们不仅做广告，还做直效营销、公关、促销、设计和咨询。这些技能有不少都是奥美引入中国的。他们对商业模式最大的贡献，是拥抱迄今为止最大的创新——数字化。奥美中国从一开始就从战略层面看待数字化，而非视其为战术层面的另一种媒介。他们认为，数字化是一切营销的基石，“数码先行”成了口头禅。

在奥美中国 30 周年庆之际，我很欣喜能看到《以红之名——奥美中国草创》的出版。它也让我想起，在中国，不仅有这些办公室，还有一批聪明又能干的奥美人，我何其有幸，与其中许多人结为私交。愿下一个 30 年与刚刚过去的 30 年一样妙趣横生，令人难以忘怀。

最后请允许我借用一句话来结束本文：种一棵树最好的时机是 30 年前，其次是现在。

序 3　奥美中国的草创与共创

陈刚
（北京大学新闻与传播学院副院长、教授）

为 T. B. 的这本书写序？为奥美在中国的发展写序？提起笔来，我忽然很惶恐。

在全球广告发展过程中，奥美是神一样的存在。奥格威的《一个广告人的自白》，堪比广告人的《圣经》。奥美形成的品牌模式，不仅改变了广告业，而且极大地推动了工业社会的发展。虽然在广告史中有许多广告公司和广告人都非常优异，但是只有奥美，在工业社会的历史记录中留下浓墨重彩的一笔。

奥美中国的发展，是与中国改革开放的进程相呼应的。社会主义市场经济道路正式启动初期，奥美中国也开始起航。对于中国的广告业而言，奥美具有不可替代的启蒙地位。奥美是当之无愧的"广告业的黄埔军校"，无数中国广告人都受到奥美的启蒙。这本书中收录的文章的多位作者，对我而言，都是亦师亦友的至交，他们对我的研究、教学和发展，都有很大的影响和帮助。

这本书在描述奥美在中国的发展中，涉及两个很精妙的词——草创和共创。

中国的改革开放，没有成熟的范本和方案，摸着石头过河，是人类历史上前所未有的伟大社会实践。奥美进入中国后，面对的就是这样一个具有高度不确定性与充满想象力的巨大市场，如何发展，没有现成的答案与模式。

对全球广告巨头奥美来说，进入中国，并在中国发展，绝不是简单的复制和延伸，而是一个前所未有、从无到有的实验，或者说草创。草创，是一个探索与试错的过程，是一个创造与培育的过程，是一个洋溢着匪夷所思的活力与快乐的过程。

草创，意味着随时可以放弃已有的经验甚至优势，敏锐地适应变化，通过创新不断成长。在某种意义上，草创就是基于奥美的基因，在中国再造一个奥美。奥美中国始于奥美，但通过草创，已经成为全球奥美体系中最具活力的异质性部分，并在新的时代激发全球奥美的创新与重构。

草创就是共创。从自身的发展来看，奥美中国能够有今天的辉煌，离不开草创精神的驱动，离不开历代奥美人的共同努力，草创就是共创。同时，从时代与历史的视角看，奥美的草创也是一个共创的过程——与社会共创、与未来共创。

奥美中国发展到今天，首先解决的是与社会共创，也就是在地化的问题。适应中国经济与市场的发展规律，融入中国社会与文化环境，形成奥美中国独特的服务模式与经营模式，在为社会创造价值的同时成就自己，这是奥美与中国社会的共创过程。应该说，这个任务已经基本完成。

而面对技术革命的挑战与机遇，立足前沿，进行数字化转型与创新，是奥美中国正在力推的与未来共创。数字革命是全球广告业面临的共同冲击，这种变革没有现成的解决方案，中国数字化的高速成长与创新，是全球广告与数字营销传播发展难得的试验田。基于全球发展与中国经验，与未来共创，探索广告营销领域的数字化革命，这也是一个从无到有、迭代升级的草创过程，这是奥美中国草创的现在进行时。

本书中“经验与省思”这一部分内容，体现的正是对奥美中国发展经验的双重思考：与中国市场和本土广告业相结合，共创奥美中国的模式，创造辉煌；与中国的数字化剧变相适应，共创广告的数字化模式，引领21世纪全球广告发展。

草创，永远在路上，这是奥美中国的精神；共创，面向挑战，创新与融通，这是奥美中国发展的不竭动力。

第一部

草创前的基础

（1991年之前）

怎么开始的

回想起来，似乎顺其自然就走到现在了。我从事广告业 45 年，对个人来说，是一段不短的时间，但对一个行业的发展来说却不是，特别是奥美在大陆发展的 30 年，是通过政府的审批，逐渐建立起来的。

当时，正逢改革开放初期，奥美在大陆的建立确实有许多艰辛及有趣的过程值得记录下来。

对我来说，奥美在大陆的设立应该是从 1991 年开始，与上海广告公司确定合资，签约，申请营业执照，然后开始登报招人。

但在这之前，香港奥美已经经营内地的生意将近十年了，并初步与政府建立了良好的合作关系，传播奥美公司及广告行业的专业，寻找可能的合资对象，并且也协助一些国际客户在香港产生创意并完成制作，再交中国内地投放到媒介。

利宜德（Harry Reid），英国人，妻子是祖籍上海的香港人，当时他是大中华区的董事总经理（MD），对中国市场的开发非常积极，并且相信中国的市场是未来。

利宜德是我在奥美的第一个洋老板，一开始他是大中华区的董事总经理，后来晋升为亚太区的CEO。我们一起合作了将近10年，共同把台湾奥美建立起来。同样是他，同意我在1991年接任奥美大中华区的董事长。

我认识利宜德，是因为当时国泰建业广告（台湾奥美的前身）的国际部经理辜耀伦（辜振甫的后代）。当时香港奥美接到亚太区的客户大韩航空需要在台湾找代理商的信息。在彼时的台湾，辜耀伦是少有的英文好又懂行的广告人，所以就自然承担起客户与台湾奥美（国泰建业）的对接工作。

我们这代广告人都知道奥美，读过大卫·奥格威的书，所以当有机会接触到奥美，我们当然格外兴奋。

有件事我在此必须要提一下，我们在学习引进的奥美教材或碰到偶尔来到台湾的全球奥美人时，都惊讶地发现他们的一致性。他们对作品的看法、追求创意的态度、把知识倾囊相授的无私……确实让我们感受到奥美文化无形的力量。

然后我们逐步由合作一个客户到签订技术合作协议，取得完整的奥美培训教材（有名的“神灯系列”），靠我们的自我学习以及奥美海外大师偶尔来指点，慢慢地在台湾站住脚，进而与奥美全球成立合资公司，1985年正式在台北挂牌“台湾奥美”。

事实上，我们在1991年登陆上海之时，是夹带着台湾的经验来的。

虽然早先我们在大陆面对许多困难，但我们知道我们要创造什么、要成就什么，下面这两篇文章虽然是以前写的，但可以充分呈现出奥美进入大陆前的基础。

第一篇文章是利宜德写的，反映奥美与上海广告合资之前香港奥美在中国大陆做出的努力。

第二篇文章是我在1991年写的《台湾奥美20年》，奥美《观点》创

/　1989 年在纽约举办的全球奥美创意大会，T. B. 与大卫 · 奥格威一起。当年台湾奥美的伯朗咖啡得到最高奖，奥格威说他看不懂那支广告，但那支广告帮助客户提升了 30% 的销量，所以他给了最高奖。

刊后，刊登于 2000 年。这篇文章提到台湾奥美的草创过程、学习及经验总结。现在重读这篇文章，对照奥美在大陆的发展，确实差别不大，在基本原则上是一样的。当然大环境不同，面对的人也不同。

草创阶段困难及挑战更多，乐趣也更多。

奥美如何在中国成功起航*

利宜德（Harry Reid）
（1979 年担任第一任奥美大中华区主管）

打开国门

众所周知，邓小平在 20 世纪 70 年代后期开始改革开放，当时我们在香港，当然理解这个新政策的巨大意义。但是，对于全球贸易，对于国际政治，特别是对于这么多中国人在相对较短时期内的生活变化，这个新政策最终会产生多大影响，我们当时完全不知道。

但是，我们知道广告公司必须做好在中国提供高水平服务的准备，因为一些主要国际客户很快就开始咨询一些基本问题，例如本地竞争品牌策略、媒体费率和营销信息，思考如何利用将产品推向大陆的潜在机会。

奥美起步

1979 年，我们在香港奥美办公室设立了一个小型的中国内地服务部门。这个部门由李魁雄（Edward Lee）主管，他因此成了奥美中国的第一位员工！

实际上，香港奥美在一年之前就应邀在 1978 年广州秋季交易会上向

* 写于 2012 年，刊登于奥美《观点》，2013 年第 32 期。

众多内地广告公司（包括北京广告公司和上海广告公司）发表了国际广告方面的演讲。这次活动产生了一些重要的影响和持久的合作关系。同时，奥美也被介绍给中国土产畜产进出口总公司（中国土畜），从此与中国土畜开始了富有成效的长期合作关系。在整个 20 世纪 80 年代，奥美为中国土畜在大约 15 个国际市场中参与打理了产品出口广告。

在涉足内地的最初几年里，我们的重点主要有两个方面：第一，尽快形成我们对内地市场的认知，并与内地广告行业（特别是本地领先的广告公司、调研公司和主要媒体）的关键人物建立实际工作关系。我们必须知道和理解中国业务格局和前景，从而能够为那些积极计划打入内地市场的客户增加价值。

第二个重点是为中国土畜提供最佳服务，因为中国土畜已经开始在许多国家（例如尼日利亚、沙特阿拉伯和俄罗斯）推广它的品牌，尤其是天坛牌清凉油。我们有幸成为服务于中国大型行业组织的唯一一家国际广告公司，并且与其合作得非常愉快。奥美在早期阶段也因此赢得了声誉，在商品出口方面，奥美成了大陆企业值得信赖的朋友。

由于与中国土畜之间的良好关系，我们也获得了其他公司（包括中国五矿集团有限公司和中国医药产品总公司）的委托。

这些活动的时代背景截然不同于我们如今在北京或上海看到的业务环境。

例如，在 20 世纪 70 年代后期，旅行是非常困难的事情：陈旧的机场、有限的航班、老式的俄罗斯飞机、频繁的延误，还有非常差的服务。当时也几乎不可能从香港预订宾馆。我们依靠中国合作方去找他们能够找到的客房，无论是宾馆还是旅馆。因为客房非常稀少，所以我们在抵达之前都不知道自己会住在什么地方。那时候肯定没有国际酒店了，许多地方旅馆的客房门居然无法上锁，服务员随意进出，令人不安。

当时，北京和上海几乎没有出租车，所以我们又不得不依靠我们的合作方安排车辆（主要是老式的俄罗斯车型）和司机。这绝不是一件容易的事情。

甚至吃饭都成问题，因为外国人只能使用外汇兑换券（当时外宾使用人民币是非法行为）在指定地方吃饭。吃饭时间也有严格规定，例如晚餐都在下午 5—7 点供应，如果你迟到了，那么就要挨饿了。客房送餐服务当然不可能有了。忘掉任何夜间娱乐吧。所以，那时在中国旅行，非常有必要带上一本好书。

我们可以理解，在刚刚制定“打开国门”政策之后，在中国做业务对双方来说都相当困难。西方合作伙伴通常想迅速推进，而中方却非常谨慎。当时缺乏有效的公司法和总体商业规则，这也使许多谈判陷入僵局。

办理银行业务也需要极大耐心。由于没有电脑，以及有时需要多达六名银行职员签名的书面工作，即使最简单的商业交易也要花上半天时间。因此，等候办理业务的队伍总是那么长，非常令人泄气。

办公室条件通常非常一般，几乎没有视频录像和投影仪等设施。冬天，办公室非常冷；夏天，办公室非常热。许多人都记得 1 月在北京和上海办公室开会时穿着滑雪衫、戴着俄罗斯皮帽的全副武装。电话线路极为有限，公司往往只有几个电话号码，找人很不方便。手机和互联网当然是多年后的事情了，甚至办公家具（例如办公桌）在当时也很难买到。

尽管在 20 世纪 80 年代早期内地基础设施存在问题，我们主要通过香港奥美的中国内地服务部门，在北京和上海本地领先的合作广告公司支持下，不断提升我们在内地为第一批国际客户提供服务的能力。在我们最初的活动中，有两个在当时可能相当轰动。我们为瑞士雷达表策划了在内地电视上播放的第一个智力竞赛节目赞助，这个节目覆盖了北京、上海、福建和广东。

我们与法兰克福奥美密切合作，利用中国的快速工业化机会，为梅赛德斯–奔驰开发了重型卡车代言活动，在中国全国性和地方性日报上刊登整版广告，从而实现效果最大化。这在当时是非常罕见的媒体购买，尤其对卡车类别而言。

同时，我们也在世界各地为中国土畜提供服务，这需要在北京进行定期协调，并需要前往当地市场，特别是西非。

奥美中国迅速发展

非常遗憾，李魁雄于1982年离世。马建伟（Alfred Ma，来自香港奥美）接管奥美中国。此时，中国市场已经开始迅速发展，国际酒店不断涌现，航空服务在改善，路上有了一些私人轿车和出租车，商店里有了在三四年前还没出现的众多消费品。

诸多大型国际公司都将目光投向中国。反过来，诸多中国大型公司都在尝试获得国际出口机会。从邓小平宣布改革开放以来，中国在不到五年里的变化简直令人惊叹。

我们也非常忙碌，因为客户以及我们的全球代理商要求我们提供有关中国的市场建议和信息，我们也要为他们定期发送世界各地的最新市场报告。

20世纪80年代中期，奥美在内地的业务迅速扩展，需要在北京、上海和广州为更多的本地客户提供服务。我们当时服务于很多大型公司，例如在北京服务于美国运通、波音、梅赛德斯–奔驰、雷达和Weyerhauser，在上海服务于美国庄臣公司和施格兰公司，在广州服务于卡夫食品和宝丽来。

在马建伟的领导下，我们在结构上扩展了香港奥美的内地服务部门，增强了创意资源的支持，并与内地的合作广告公司建立了更加密切的工作关系。同时，我们继续研究如何在两个主要中心（北京和上海）提供更好的本地服务，以及在这些城市建立公司的可能性，使公司发展与客户需求、与相关收入水平保持同步是非常关键的。最终，我们在这些方面做得非常出色。

奥美长期计划

从 1978 年开始，纽约奥美董事会就一直全力支持奥美在中国的发展，创始人大卫·奥格威和董事长乔克·埃利奥特（Jock Elliott）都是热心支持者。在 20 世纪 80 年代早期，亚太区主管迈克尔·巴尔（Michael Ball）也特别致力于在中国树立品牌，经常访问中国，并为香港团队提供无限支持。1985 年，时任董事长比尔·菲利普斯（Bill Phillips）访问了北京和上海，并正式同意了奥美在内地的长期计划。

当时的政府不允许外国公司入股中国广告公司，但我们预判这个情况在不久之后会发生变化。多年来，我们与上海广告公司合作关系良好，双方认为在法律上可行时应该考虑成立合资企业。因此，在 1985 年访问上海时，比尔·菲利普斯代表奥美与上海广告公司签署了意向书，决定在适当时机合资成立广告公司。我们在那个时候几乎不知道，在建立广告公司的“长征”中，这个非常重要的一小步会使奥美在内地的业务达到 2012 年的规模、地位和范围。

在这次访问中，比尔·菲利普斯在北京和上海外贸协会发表了许多演讲，并宣布公司捐赠 10 万美元，帮助两所大学各建设一所新图书馆。

因为我们知道获得股权地位还需要几年时间，所以在 1985 年做出了第二个重要决定——在北京、上海和广州设立奥美办事处，从而确保为不断扩大的国际客户群体提供最优质的本地服务。我们还需要来自本地合作方的支持，尤其在媒体购买方面。（三个新设办事处由奥美全资拥有，并获得了工商行政管理总局正式批准。）

香港奥美的内地服务部门依然作为“中国内地网络机舱”，主要根据内地需求，在执行创意总监克利福（Clifford Shun-Wah）领导下，提供总体管理和创意服务，地区财务总监梁叔钊（Bosco Leung）也完全参与到我们在内地业务管理的各个方面。

设立办事处

1986 年，内地第一个奥美办事处在北京设立。马建伟负责运营的北京办事处最初位于长城喜来登饭店，后来迁至赛特大厦。本地员工迅速加入我们，为国际客户提供服务。当时，北京办事处的国际客户包括波音、美国运通、瑞士雷达表、飞利浦、梅赛德斯-奔驰、康柏、采埃孚和卡夫（Tang）。本地新员工通过北京外企服务集团有限责任公司（FESCO）招募。随着广告公司需求的增长，本地员工证明了他们的能力和作用。

1987 年，新任奥美全球董事长肯尼思·罗曼（Kenneth Roman）访问了北京，这是他访问新公司和客户的首次国际旅行中的一站。肯尼思·罗曼在人民大会堂举办了晚宴，招待对外经济贸易部部长、广告行业资深人士以及客户。在这次访问中，他出版了受到国际好评的参考书《怎样做广告》的中文版。这本书很快成为迅速发展的中国广告行业从业人员的重要工具书。

1988 年，内地第二个奥美办事处在上海瑞金大厦设立，马建伟从北京前往上海，负责运营上海办事处。当时，上海办事处的主要客户包括美国庄臣、施格兰公司和联合利华（旁氏）。

来自香港奥美富有经验的客户服务总监谢思明（Tony Tse）负责运营北京办事处。胡镜泉（Kenny Wu）也从香港奥美调至内地，密切协助马建伟和谢思明管理北京和上海办事处。1991 年，胡镜泉前往广州，领导内地第三个奥美办事处（位于世界贸易中心大厦）。广州办事处的主要客户是卡夫（麦斯威尔咖啡）、百事食品和亚洲饮料。

致力于培训

奥美在培训方面的国际声誉也在内地落地生根，这主要通过内部和外部开发的著名教材“神灯系列”，或通过出版物，例如定期发行的 *Agency China* 业务通信以及肯尼思 · 罗曼的著作《怎样做广告》。

然而，我们认为有必要举办全国培训项目，从而覆盖更加广泛的受众。1988 年，我们在深圳举办了为期一周的培训项目，参与者包括客户、本地广告公司和全国各地媒体，有将近 200 人。这个项目由纽约奥美全球培训总监保罗 · 比克尔（Paul Bikle）组织和主持，演讲人来自十多个国家的不同专业领域。中国以前从未有过这种活动，这次活动取得了很大成功，所以我们在 1990 年再次举办了类似项目。

1989 年，我们与出版社合作，翻译出版了大卫 · 奥格威的经典著作《一个广告人的自白》（简体中文版）。这本书很快成为商业图书领域的畅销书。

与上海广告公司达成合资企业协议

1990 年末，中国政府显然已经愿意考虑广告公司领域的外商股权投资。所以，奥美成立了以亚洲财务总监梁叔钊为领导的特别工作组，与上海广告公司开始谈判。几个月之后，合资企业协议于 1991 年正式签署并实施。当时，三个奥美办事处是新建合资企业的基本结构。

T. B. 担任大中华区董事长，并将办公室从台北迁至上海，从此开始了奥美在内地发展的重要新篇章！

总结

从 1978 年广交会到 1991 年与上海广告公司成立合资企业，最初 13 年对于奥美在内地的发展来说具有非凡意义。在非常困难的情况下，许多人的辛勤工作和忘我投入成功树立了奥美品牌，并且可以说状态好于任何竞争对手。我们怎么也预想不到内地在这个阶段的变化以及巨大的机会，随着合资企业在上海成立，这些巨大的机会呈现在了奥美面前，与上海广告公司成立合资企业的时机再好不过了。

我要向为奥美在内地广告市场取得领先地位的人表示衷心感谢。

我要向最初十年里的开拓者致敬，例如李魁雄、马建伟、谢思明、胡镜泉、Clifford Shun Wah、梁叔钊，当然还有尽力为奥美打下坚实基础的其他许多人，他们为奥美的未来播下了种子。我也要向每个城市的第一批本地员工致敬，他们的忠诚和敬业也至关重要。毫无疑问，在我的心目中，内地管理团队在 20 世纪 80 年代灵活的合作方式、积极的协同以及来自香港奥美的重要支持，是奥美在大陆成功树立起品牌的重要因素。

我应该感谢奥美董事会和历任董事长在至关重要的初期阶段对中国市场开发和投资方面的不懈支持，从 1978 年起，成立奥美中国一直是奥美的重点工作。高层管理人员的高度投入激发了中国团队的信心，并让中国团队感到安心，尤其在困难的早期阶段。

我当然也要感谢宋秩铭及其大中华区管理团队，并感谢我们的合作方上海广告公司，自合资企业成立以来的 20 年里，他们为奥美中国至今取得的成就发挥了非常有效的作用。

结束语

自 10 年前退休以来，我每年大概来中国两次。从 1978 年第一次访问中国至今，我一直对奥美在中国取得的进步感到兴奋和敬畏。当然，我也充分意识到奥美在中国始终面临着新挑战，尤其是考虑到如今的网络化以及不断加剧的竞争，但我深信奥美能够保持成功和发展，就像奥美中国的第一位员工李魁雄一样，在1978年为建立奥美中国而迈出最初的尝试步伐。

2012年10月

文汇报　1979年3月15日　星期四　·3·

在历史的镜子面前

——记我国著名历史学家吴晗

我边防部队凯旋班师陆续撤回国门

边境各族人民载歌载舞迎接亲人

反华不得人心

——越南边民反对河内当局反华的几例

我奥委会主席复电国际奥委会主席

同意和台湾代表在洛桑会谈

越军继续袭扰我后撤的边防部队

我军当即还击狠揍敌军

/　1979年3月15日，上海《文汇报》刊登了第一条外商广告：奥美为瑞士雷达表做的广告

上／ 1987 年，奥美全球董事长肯尼思·罗曼在人民大会堂招待对外经贸部部长的宴会上

下／《怎样做广告》（肯尼思·罗曼著）和《一个广告人的自白》（大卫·奥格威著）的中文版于 1987 年和 1989 年出版

上 / 1986 年，利宜德欢迎胡镜泉加入奥美中国团队

下 / 左二起谢思明、利宜德太太、利宜德、熊景华、马建伟

台湾奥美 20 年（1971—1991）*

宋秩铭（T. B. Song）
（奥美大中华区董事长）

事实上，1991 年台湾奥美已迈入第 20 个年头，因为其前身国泰建业广告公司成立于 1971 年。这是一个反思我们一些看法的机会，得到所谓的经验总结。到了一个阶段就需要总结经验，看看我们累积了有关此行业的哪些真谛。

我把这 20 年分成两个阶段来讲。

一、1971 年至 1980 年

前十年我可以讲的不多（因为我不在）。那时国泰建业是国泰集团的自属代理商，国泰集团旗下的广告量就支持国泰建业成为排名第八的广告代理商（House Agency）。

自属代理商是否是个好的商业模式，在国外一直争论了许久。许多人都认为企业主不应设立自己的广告部门或广告公司。全世界最有名的自属代理商就是灵狮（Lintas），1982 年由原来的母公司联合利华卖出。联合利华是全世界最大的广告主之一，自己开广告公司做了很久，到最后还是宣布放弃。

另外可以看看韩国的例子。韩国广告公司的水准一直无法提高，而

* 写于 1991 年，刊于 2000 年奥美《观点》创刊号。

且前十大广告公司都隶属于财团。道理很简单，广告公司既然是属于集团的公司，就不可避免地必须承袭集团的文化及制度，但事实上广告公司的文化与其他产业有很大的不同。

如果承袭的文化跟代理的本质有很大的差别，就很难产出好作品。广告公司最重要的就是创意，而创意需要空间，很少有企业能够提供这样的环境。这就是自属代理商为何一直无法成功的主要原因。

第二个原因是缺乏训练的资源。不同的产业有不同的方式来充实其训练资源，但很难为某一个部门特别充实完整的训练资源。

第三个原因是工作人员的成就感。道理很简单，在一个营销公司里，很明显，负责营销的人比负责广告的人受重视。

所以，自属代理商在这种情况下一直无法成功。国泰建业在这十年当中，一直重复做这些被大多数人判定为无效的事情。这是前十年大概的情形。

二、1980 年至 1990 年

从 1980 年开始到 1990 年是变化很大的十年。当时的国泰建业基本上跟国泰集团是一样的，只要看看国泰人寿、国泰建设、国泰信托以及当年的十信银行，便可看出它们的一致性非常高。它们是一个很大的财团企业，而每一个阶层的授权不够清楚，很多事情的决定权都在老板手上，是一个传统的中国式公司。

我还记得刚去的时候就觉得很难想象怎么会有这种跟银行没什么差别的广告公司，而且还是和一家比较差的银行比。

我们一进去就面临 4 个问题：(1) 人不对。(2) 亏钱。事实上，从国泰集团来的广告量足够养活这家公司，但用人没有节制，人太多，所以亏钱。(3) 决策者并不了解这个行业，授权不清楚。(4) 没有任何训练资源。

第一个问题很容易解决，但也很困难。人不对，很简单，就是要换。国泰集团很大，可以把人转调到其他公司，如果其他公司不收，则必须要资遣。所以我们一年内换了 75% 的人，同时又减了 25% 的人。那一段时间其实蛮辛苦的，虽然这个决策很单纯，而且我们也确信这个决策是正确的，但是要去告诉在这家公司待了十年的人他并不适合在这个行业继续做下去，是一件很痛苦的事。

那时候，陈信雄（现任台湾华商广告总经理）和我到国泰建业一起负责整个改变。在整个过程中，我们深刻地了解到评估的重要性，因为那些人在公司十年来都没有人告诉他们到底做得好不好，而且评估必须与个人事业计划连接在一起。

所谓的事业计划，就是你在至少未来三年之内的方向，你在这家企业里会做到什么程度，这些都是基本而且重要的事情。

此外，对广告这一行来讲，对人的判断很重要，但做到这一点又很困难。我们至今仍无一套完整的系统来评估某人是否适合这个行业，所以前半年的评估是非常重要的，我们必须在半年之内判断这些人是否适合，下了判断之后，公司就必须承担起这个责任。

因此，我们现在都跟新人讲得很清楚，半年之内这个责任不是公司的，半年之后如果公司判断错误，必须设法让这个人在组织内发挥功效。

除了评估，我们感到“开除”也是必要的。一般大家总觉得开除是不能明讲的，开除一个人要用迂回的方法和很多暗示。我们渐渐觉得这是不应该的，因为时间拖得越久，对那个要被开除的人越不公平。

第二，我们要生存，因为亏钱，所以要减少人员，并争取新的生意。这道理很简单，容易形成共识，采取行动。

第三，为改善授权问题，公司的决策由懂广告的人来做。在这一点上，事实上蔡辰威（当时国泰建业的总经理）扮演了一个重要的角色。

他认为他不懂广告，既然找了陈信雄和我来做事，他就不需要管。当然有一部分原因是广告产生的利润跟他的其他公司的利润比起来小很多，所以在当时我们得到了彻底的授权。

第四，寻求资源以弥补知识之不足。因为这个行业必须不断地有知识的充实人才能进步。

当时并没有任何资源，都是靠我们自己以前的经验。但光靠经验是不够的，所以我们就考虑向美国或日本寻求资源。

因为我们从小接触的是西方的思想、文化、艺术，对日本不熟，同时也预测未来十年内，西方公司将很快进驻本地市场，所以我们选择了与美国的广告公司合作。

另一个因素是，那时我们有一个客户——大韩航空，是奥美的全球性客户，所以有机会与奥美接触。

但是那时候合作的着眼点主要在于训练，而不是能不能引进奥美的客户。这点与本地大多数广告公司同国外合作的心态大为不同。大多数广告公司与国外合作是希望有新生意上门，事实上，把重点放在新生意上，通常合作都会失败。

既然我们的主要目的是取得训练资源，所以我们跟奥美合作要付费，一年付了 200 多万台币。很多行业都是先有技术，然后再形成比较完整的系统，逐渐形成这个行业的知识。广告业则刚好相反，必须先有知识，根据该知识基础发展系统，然后逐渐累积技术性的东西，发展的方向刚好和其他行业相反，而这也正是我们判断要寻找知识来源的原因。所以，我们就步入了第二阶段。

跟奥美合作，坦白说，那时候的合作是蛮表面的，我们每年付 200 多万台币，让我们的人可以出去受训，可以取得不少资料，如果奥美的客户进入台湾市场，可以考虑国泰建业，仅此而已。所以，这一阶段可说是由文件的接触开始。

事实上，奥美有将经验书面化的癖好，将一些观点（不管对错）书面化，过一段时间就会总结出一些经验来。对广告公司而言，书面的东西其实很重要，这些都是从灾难之中归结出来的经验。由于是灾难，所以一开始一定是口传，口传到某个地步便会因其重要性而被记录下来，新进人员可以学习到以前的经验，尤其是可以让中层人员根据书面资料来带新进人员。

如果是资深人员，那他不太需要书面的东西就有办法妥善地带人。但是中层人员较困难，他们对很多事情的解释并不十分清楚，所以需要很多书面的东西来做指引。如果没有这些书面的东西，公司的一些做法及相关的理念就无法扎根。

“书面”之后，我们开始接触到奥美的人。我们发现书面的观念都已融入这些人的一举一动、言谈以及作业之中。对我们而言最重要的是示范，他们并不只是讲讲，而是切实地去做。

经过这一连串的过程，到了 1982—1983 年，我们逐渐了解到这个行业的主要概念所在。简单地讲，“愉快的工作环境，是最关键的”。我们常常这么讲，如果你每天早上醒来都觉得上班是一件痛苦的事情，那就应该离开这家公司，甚至离开这个行业。

没有令人愉快的工作环境，你的心情不可能愉快，心情不愉快就不可能全力以赴。

要保持心情愉快，就必须尊重个人，从人性的角度出发，设想员工如何才能愉快。个人的意愿包括成就、成长以及好的收入、福利等，所以公司内部的制度都是朝这些角度去设想的。

在作业上，我们重视两件事——创意及培训（知识），这是我们这个行业的基本生命。因为只有有好的创意，才能向客户不断证明创意在销售上的成功，客户才会继续用你。有了成功的销售，其他客户才会继续来。创意是广告产生销售力的根本。

培训则支持员工成长，是产生好创意的基础。

1983 年，庄淑芬（Shenan Chuang）加入了我们。她的研究癖好、吸收知识的能力，刚好可以负责接收转化奥美全球转过来的东西，并有计划地传给我们大家，庄淑芬成为奥美经验与台湾地区经验的衔接点，让“训练”可以很明确地落实，并在业界逐渐建立起训练的声誉。

所以简单讲，这个行业的基本就是要创造令人愉快的环境。要创造此一环境，就必须从尊重个人需求开始。而创意跟培训（知识）是这个行业赖以生存的根本。

由于双方在基本理念上的接近及互相的信任，我们于 1985 年成立奥美公司，当时参与的有三方——奥美、国泰建业及资深员工。但那时刚好发生十信事件[①]，蔡辰威为十信董事会监事，政府要查封他们的财产，于是他把他的股份卖掉，只剩下两方。所以我们常说十信事件当中唯一的受益者是奥美，因为那时候公司已赚钱，根本不该以 1 ∶ 1 卖掉。但由于十信事件及是否合资，有 1 个月的时间，公司几乎要解体。幸好整个过程仍算平顺，不过那种患难的感觉对资深人员很重要，在这一过程中形成了互相了解，而这种了解和体认是不太容易动摇的。

第三个阶段是正式合资改名，然后搬家。这半年很神奇，可以归纳为企业形象识别系统（CIS，Corporate Identity System）的成功。事实上，改名之前四五年与改名之后所强调的东西并没有太大的差别，然而改为奥美之后，企业标识改了，环境改了，整个感觉都不一样了，许多问题也迎刃而解，可说这是 CIS 的成功。当时，我们觉得需要一位外国人加入，于是请来一位创意总监赖彦安（Chris Lapsley），主要负责协助我们形成作业系统及创意程序，在这个阶段开始形成系统。

① 十信，第十信用合作社，属于国泰集团的银行之一，当时因经营不善，被当局要求停业，并查封所有董事、监事的财产。

搬家是广告公司最大的单笔支出，都是 5~10 年才会发生一次。一定要好好利用搬家的机会，在装潢、配置及动线上反映你在流程经营上的看法。例如，当时赖彦安要求所有的作品在提交客户之前，需要通过他的审查，所以我们就把他的办公室设置在创意部的出口——创意部人员出入必须经过的地方。这个阶段之后，我们发展得很顺利，我们的广告在销售上也有很多成功的案例，得到客户的认可。这些主要的个案包括麦斯威尔咖啡、捷安特、飞利浦小家电、伯朗咖啡等等。由于一些个案逐渐得到认可，业务也就一直成长。所以只要你的创意在市场上被证实是有效的，业务必定会一直成长。

许多代理商只把广告看成一个生意。如果你不能帮客户成长，你的生意只能算是短期的生意而已。

当然奥美的成长有一部分也必须归功于“时报广告金像奖”（台湾地区《时报》每年颁发的广告奖项），虽然每个人对该奖的看法不一，但是得奖最多的公司知名度肯定上升，会很快成长。所以在这段时间之内，我们就逐渐地累积起台湾奥美的声誉。

在这个阶段，奥美的全球性政策——奥美交响乐团同时开始实行，奥美开始发展公共关系（PR）、直效营销（Direct Marketing，后来的奥美互动）以及平面设计（Graphic Design，即后来的扬特），我们在之后加入促销（SP，即后来的 OgilvyAction）的专业。

在这整个传播集团里，我们把传播服务的范围分为两个层次：一个层次属于 CIS / PR 再加上策略咨询的公司；另一个层次是广告、直效营销、促销及平面设计。这就是我们所谓的整合传播。基本上我们还是一个传播集团，但我们希望这个集团对客户的贡献能够从策略性的角度开始，将服务扩展到广告、直效营销、促销以及平面设计。我们现已发展了 4 家公司，其他 3 家计划发展的公司，希望到 1992 年可以得到比较具体的发展落实。

现在我们内部正在经历一个比较完整的反省过程。事实上，我们现在的组织体已经愈来愈大，1980 年有 70 人，现在有 220 人，所以内部的问题愈来愈多。比方说作业系统、人际关系、本位主义等等问题，资深人员花在内部的时间相对增多。

假设资深人员有 50% 的时间花在处理内部问题上，我们可以说这个组织体已开始有问题，失去内部的创新精神。同时这个行业又很容易自满，人自满就会自大、自限，这会更加强化公司内部的压力，而外部竞争压力也大，到底要如何突破？如果花太多时间在内部问题上，你就会忽略你原本的责任是服务客户，忽略客户到底需要什么、要解决什么。我们的人想的是他这个作品这么好，为什么客户不要，他要如何让客户接受他这个好作品，而不是想好的作品可以为客户解决什么问题。

所以我们从今年开始，会把这些基本的东西重新提出来反思。同时，为了对客户的需求更加了解，我们会去做很多客户调查，由资深人员担任访谈员，了解客户到底想什么。我们尤其要进一步去了解客户对 5 年后的市场的看法。我们会根据客户的需要去发展，去改变。

另外一点，未来的竞争是品质要更好，但价钱要更便宜，那种“物美价高”的时代已经过去了。所以内部成本必须更精简，品质必须更好。我现在尚未很清楚到底要怎么做，但基本想法是将 220 人的公司分成几家小公司，变成小的业务单元，使其独立。这么做一方面可满足资深员工的创业精神，另一方面也符合未来趋势，形成具有繁殖能力的组织，由公司提供支持、资源及完整的授权。也是在这个阶段，我们成立了分店——运筹广告（Results）。我们必须让资深员工直接面对客户，有 3 个理由：

（1）直接面对客户，了解其需要，因为客户更需要资深人员提供意见。

（2）人员精密，工作品质才会精致。

（3）组织小，就不需要有许多繁复的系统来控制成本。

所以基本上我们会朝这个方向去做，整个奥美集团的资深人员必须了解未来的走向。同时，我们亦体认到整个世界的重心都已在改变，包括我们这一行所谓的技术诀窍正在改变。技术诀窍会从亚洲区发展出来，因为有很多想法只能在亚洲区做，而且亚洲区的弹性大，很多小国家将很多观念吸收过来就直接做了。而在美国，做一件事要协调很多人，使得他们调整较慢，但亚洲区做事的速度比较快。

在奥美集团中，逐渐会由亚洲区产出许多主导性的东西，包括创意作品的发展、作业系统的发展。这是我们未来要面对的挑战，心理建设要先开始，不能坐等别人的技术秘密，要有能力去自己发展。

有调研与开发（R&D）的能力，自给自足，又不忘开放心胸，不断地学习国际性的资源。相信未来是愉快的、充满挑战的岁月。

1991 年 6 月

附：世纪大比稿

正当奥美如日中天之时，我们迎来了对台湾而言称得 20 世纪大比稿的案子——福特汽车与台湾裕隆汽车集团合作进军台湾汽车市场。当时智威汤逊及奥美都是福特汽车在国际上的代理商，于是对方在台湾就也找了我们两家比稿。当时智威汤逊是亚太地区福特的广告代理商，如果台湾市场被奥美取得，那将会影响他们整个亚太区的版图。所以，智威汤逊及奥美国际都特别重视这次比稿，双方团队的精英都飞到了台北准备提案，甚至全球 CEO 及策略长都来了。

当时奥美在台北有 200 多人，处于快速成长的阶段，而智威汤逊还没有登陆台北，所以大家都认为奥美铁定会赢……但结果，我们输了。

对于这次比稿，我们当时其实多少有点胸有成竹、胜券在握的感觉，但在形式上，我们还是表现出了前所未有的重视，我们号召公司全体同事投入这次比稿当中，连行政人员也加入了团队。我们特别制作了印有福特标识的标旗，布置在从公司大门到比稿办公室的沿路。另外，我们所有的奥美同事还统一穿上了特地为此次比稿定制的 T 恤……一切准备都似乎预示着我们的势在必得，然而，我们却输了。

就在我 40 岁生日那天，福特总经理亲自到奥美告知我这个决定。事后想起，还是要感谢他对自己决定的面对以及对奥美的尊重。

之后我召集全公司同事公布了这个消息，所有人都很失望，我只好打起精神，说了句自我调侃的话："还好，我不需要把我的宝马换成福特了。"

之后我开着宝马驶上阳明山，一圈一圈无目的地行驶，想借此排遣失落，途中接到电话，说大家正在天母的一家餐厅等着要给我过生日。记得那天孙大伟送给我一个在家划船的健身器。那一刻，我明白大家是想陪我一起消化比稿失败的情绪，内心万分感激。

事隔多年，慢慢沉淀，我了解，台湾市场相对较小，做成功几个品牌相对容易，但不代表什么样的品牌拿来都可以做好。另外，做汽车广告是有门槛的。虽然当时我们把捷安特品牌做得很好，带动了台湾把骑自行车当作休闲运动的风潮，但并没有做汽车广告的经验。

比稿失败之后，我们接了裕隆集团另外一个与日产汽车合作的品牌——March，新车发售非常成功。结果台湾福特告到美国总公司，要求台湾奥美不可以继续做日产的广告，因为是同业。大家虽然很不服气，但也没有办法，因为会影响奥美在欧洲及美国福特汽车广告的生意。

这就是进入国际网络学习的过程及代价吧。

/　1986 年福特大比稿前一天，摄于民生东路台湾奥美办公楼前

第二部

草创时期

（1991年之后）

怎么会来大陆

我为什么会来大陆？

1987 年底，台湾这边宣布台湾人可以去大陆旅游探亲了。这个消息对我这个土生土长的台湾人而言有点不可思议。我算是本土台湾人，我们这边称为“本省人”，意即 1949 年以前家就在台湾。相对地，还有一种人被称为“外省人”，是 1949 年从大陆过来的。

我是在 20 世纪六七十年代长大的，当时我们多数家庭的经济状况都还可以，至少是不愁吃穿，没有太大的基本生活压力。

当时正是西方文化思潮兴起的时期，那个时候，书、唱片不断地以各种很廉价的方式（盗版）涌入。我记得我们听披头士乐队的新专辑，只比英美年轻人延后一星期而已，并且只要 4 台币就可买到一张。

当时，我听遍了所有 20 世纪六七十年代的音乐，尤其是摇滚，鲍勃·迪伦（Bob Dylan）、吉米·亨德里克斯（Jimi Hendrix）、詹尼斯·乔普林（Janis Joplin）、皇后乐队（Queen）、平克·弗洛伊德（Pink Floyd）、大门乐队（Doors）、谁人乐队（The Who）、里奥纳德·科恩（Leonard Cohen）、传声头乐队（Talking Head）……

书籍亦是。书商会去买一本原版的英文书，然后影印成册卖给读者，我们可以第一时间接触到西方的东西。看电影，亦是吸收知识的经常性来源。记得当年在台北有家电影院叫新南阳，在火车站附近专门放映老片，票价大概是 4 台币，可以连看 3 部片子，我每星期都会去看 2~3 次。只要换片，就去看，不管好坏都看。

所以，只要是老片，大概没有我没看过的（当年还没有盗版的 DVD，家里也没有 DVD 播放机）。

我们应该与西方嬉皮士同属一代人，崇尚爱与和平。同时，我们亦是左倾的，同意政府应该首先照顾弱势群体，认同当年西方的左派。

我同时亦对大陆的发展及毛泽东思想感兴趣。当年我还因为看《毛泽东选集》而被捕，关了一天放出来。那时我还以为要被关个四五年。我还记得，被放出来时，写完“悔过书”，当时的士官长告诉我：“你要记得，今天对你是很宽大的。”回想起来，是有点儿可笑。记得当年要考大学时，我的朋友都是学霸级的，多数考到了台大，只有我没考上。混了两年我还是没考上，就去当了两年兵，回来勉强考上一个分数最低的志愿，即淡水工商银行管理三年制的专科学校。但打混的两年，却对我意义非凡。记得侯孝贤导演的一部片子《风柜来的人》，就是描写我们这些人考不上大学等着当兵打混的日子，拍得真好。那两年加上当兵两年，再加上大专的三年，对我非常重要。我看了许多书，养培出了可以啃难看的书的能力。当年的世界名著大都是 1949 年之前大陆学者翻译的，由商务印书馆带到台湾之后重印的，有许多俄罗斯的小说，还有社会学、经济学、人类学、心理学的名著。

当时，我一有空就一本一本地看，虽然有时似懂非懂，但沉淀是无形的，也是愉悦的。就如初接触鲍勃·迪伦的音乐，不是那么容易吸收，我就努力听了上百次，又翻词典理解歌词，才逐渐地进入他的世界。

我当初就是这样逐渐成长的，不知为什么进入了广告行业。之后发觉，

/　T. B. 最喜欢的几张黑胶唱片

当年吸收的知识居然帮了很大的忙，广告行业确实是个运用社会科学的行业。后来我给学校的年轻人做讲座时，常鼓励年轻人多接触社会科学。

我初入广告行业发展还是顺利的，碰到了好主管（尤其是陈和协）及好朋友。三年之后，我就开始思考是否就这样下去了。

当时，我姐姐在美国帮我申请到绿卡，是我父亲让她帮我办的。那时，到美国而且又有绿卡，在许多台湾人眼里是很好的事。同时，我亦在想是否要继续做广告。当时我自认是社会主义者，是否要做个“资本主义的尖兵”——广告从业者，确实是个疑问。

所以，我就到美国走走，看看是否有其他机会，或可以继续读书。我由旧金山降落，从西海岸到中部再到纽约，又去加拿大，最后再飞回洛杉矶，走遍美国、加拿大的大城市，见到那里所有的朋友。

在纽约，经朋友介绍，我住在一位姓黄的先生的家里，他好像是哥伦比亚大学的教授，当时是美国左派学生的领导人。在他家，他搬出 16 毫米的放映机，当晚我就看了《白毛女》及《大庆油田》两部电影，深受感动。

我到洛杉矶时，曾试着去念英文，准备进大学，但觉得太漫长了，而且我带去的钱也快花完了，于是就把最后一笔钱买了返回台湾的机票。

记得到机场时，我还打电话给朋友，要他帮我付出租车费。直到一两个月之后，我父亲才知道我回台湾了。我放弃美国绿卡，让我父亲非常失望。

之后，我就必须要找工作，生存。当时，广告确实是我唯一的经验，所以只好回到广告行业，进入华商，再进入国泰建业。

从那时起，我就认真地把广告当一回事了。

我讲这些成长的背景，是想尝试说明我为什么要到大陆来，当时确实是少数人才会想来大陆。

我还记得当时我父亲反对，他说：“你在台湾奥美不是做得好好的

/　1980 年，T. B. 加入国泰建业

吗？干吗去冒这个险？”

回想起来，较为清楚的理由有两个：

第一，对大陆我比较向往。大陆当时刚刚宣布改革开放，我想知道改革开放后的大陆是什么样子，对人、对社会的冲击是什么，我希望能身临其境。

第二，我希望能够面对规模市场的挑战。台湾市场太小了，2300 万人口，而大陆有十几亿人口，两者是没有办法比的，广告行业说到底是个数人头的市场，人多市场就大。

当年我到大陆时，大陆广告市场比台湾小，可是你看现在呢？

我清楚地记得，第一次飞到大陆落地上海，是在 1988 年的冬天。当飞机降落在上海机场时，我不自觉地生出一种感动，眼泪掉了下来，连我自己都有点儿惊讶。

我住在静安区的希尔顿酒店，那是上海最高级的酒店。到晚上，由窗户望出去，全城都是黑的，也没地方可去。与合作方吃饭，5 点就开始了，7 点就回到酒店。

去上海奥美的办公室，见到办公室代表李莉、王文颖、邬义 3 名员工，他们带我去吃大闸蟹。有位女同事，在我面前，把一只大闸蟹吃得一干二净之后，还可以拼成原样，让我印象深刻。

也见到我们准备合资的对象——上海广告公司的总经理熊景华。

之后，飞到北京，到北京奥美办事处见了我们的代表杨琪，当时北京办事处的任务主要是联系中央级的媒体（中央电视台、《人民日报》等）及与相关的政府部门维持关系（工商局）。

他们安排我入住颐和园（时任香港奥美中国区的总经理谢思明租的房子）。当时在颐和园里面，有个院子可以租给境外人士。我去的时候谢思明刚好放假，他把房子借我住了三天。对我这个在台湾长大的人而言，可以住进颐和园，是多么大的冲击。有一天，我傍晚时回去，颐和园里的游客都离开了，我独自在园子里走了一圈，这么大的地方，是为一个人而建，很难想象。

相关单位又安排我做了一个演讲，听众大约 100 人，都是相关行业的人及政府官员，让我谈谈台湾广告业发展的过程。我准备了 100 多页的投影片，讲了 3 个小时。

事实上，我不太确定来听的人对我的演讲是否感兴趣，对他们是否具有参考价值，但很多年以后，我偶尔会碰到当时在场的人，他们都向我提及那次演讲收获很多，不过记得最深刻的是我提及毛泽东有两篇文章对广告的理论及实战有很大的启发，即《在延安文艺座谈会上的讲话》和《矛盾论》。

第一次到上海、北京，第一次感受大陆，让我印象非常深刻，回到台北后我更加坚定了来大陆的意愿。

其实在一年多以前，我已经对利宜德表示过我愿意到大陆。我回到台北后，他告诉我要任命我为大中华区董事长，接管大陆的业务，同时还负责台湾和香港的业务。

于是我就带着正式的头衔第二次到上海，较为正式地见了上海广告公司的总经理熊景华，谈及如何向上海市政府申请执照，执照下来之后如何招人，办公地点的需求等问题。

同时，我在台湾奥美发了一封内部邮件，征召有兴趣到大陆发展的员工。当时只有 3 个年轻人来应征：

董洽（Harrison Dong），客户总监

陈碧富（B. F. Chen），调研总监

梁荣志（Ramsey Leung），客户总监

我现在已经想不起来为什么会同意他们到大陆，是否认为他们都是对的人。事实上，都是直觉或是没有其他选择吧。当时，我与他们都没有那么熟悉，我们的友谊及互相了解都是来到大陆经过长时间的磨合后

才建立起来的。

回想起来，那确实是直觉。觉得董洽适合上海，以为他是上海人（后来我查证，他父亲是河北沧州人，他是河北人）。觉得陈碧富有敏感度，适合北京，同时他又有调研背景，初入市场，调研是关键的能力。他们两个都是台湾外省第二代。梁荣志是在台湾念大学的香港人，当然去广州。

就这样决定了，进军大陆市场。

我们的合作方——上海广告公司（简称上广），是少数几家有外贸广告执照的广告公司。中国的厂商要到国外做广告，首先要到上海广告公司申请预算，批准之后，成为上广的客户，把广告代理交给上广，由上广负责企划、创意及海外的投放。这对我而言，简直是天方夜谭。

当然，改革开放之后，外贸广告就逐步开放。上广也是因为这个特殊背景，培养了一批在中国最早接触广告行业的员工。

在上海奥美开始时，熊总就派了 6 名资深员工加入上海奥美，一方面支持全新的局面，一方面亦学习奥美的做法，可以带回上广，改变上广。

熊总是我碰到的第一个共产党员。

他为人诚恳，相信党，深信改革开放是对的，是不会走回头路的。（当时有许多人认为局面还是会回去的。）

熊总努力学习西方的广告知识。上海奥美成立初期，每堂培训他都参加，做笔记，并发言要求大家珍惜培训的机会，因为这对大家未来的职业生涯都有极大的好处。

我觉得奥美遇到上广熊总是极大的幸运。当年所有国际广告公司的合资，似乎只有奥美的中外方合作是顺利的。

我也很幸运，遇到熊总，他教了我很多事情。记得当年一起准备向上海市政府申请成立合资公司的文件，我收集了许多在西方广告行业对经济发展的贡献的材料，以及奥美有哪些世界 500 强的客户、做了哪些服务。我把文件整理好交给熊总，经由他改写之后，我几乎不认得那是我原先提供给他的那份文件。

确实，语境是不同的，虽然我懂中文，但有些词在大陆的语境里含义是不同的。我与客户开会，出来之后，都会与大陆员工讨论今天会议的状况，经常发现我们的理解是那么不同，毕竟海峡两岸分隔了那么久。举个例子，在台湾常讲这事我们需要检讨一下，但在当时的大陆，“检讨”是个非常严重的词，不能随便讲。

熊总相信改革开放必须借鉴西方的一些做法及知识，同时，他相信奥美在台湾的实践经验，在大陆是可以参考的。

当年我们开始在北上广建立分部的过程，熊总毫无保留地支持，这确实是个关键因素，让当时外来的经营干部有底气继续做下去。

记得当时发生一件事，外来员工的薪资与当地员工的差距很大（大约是 10 倍）。在当时的大陆，同工同酬是个普遍概念，薪资是透明的，每个员工互相都知道。

但在西方，薪资是非常个人的，是保密的，通常与贡献度有关。但也因为贡献指标无法完全清楚或标准化，牵扯到许多主观的判断，所以薪资保密在西方非常自然。

这确实与彼时大陆的社会现状有很大的差异，尤其是对于来自国企的员工。

当时有位来自上广的资深员工，把全公司的薪资状况透露出来，引起公司内部很大的震动。尤其对时任上海奥美的总经理董洽是个不小的打击。

熊总知道此事后，立即告知董洽，他会出面来解决，叫我们放心。

我们告知薪资的差异是必然的，尤其我们需要有经验的来自境外的专业人才来协助客户的开发及服务。因为当时大多数的客户也来自境外，所以期望的服务亦要求境外的品质和标准。

另外一点，我们保证大陆的员工与境外的员工薪资水平在未来会拉平。记得当时我提出不到十年即可以将薪资拉平。当时许多员工还半信半疑，实际上，对于表现好的员工，六七年就实现了。

后来，上海奥美的老员工每年都聚会，有时我亦会参加，许多人还会提到当年这段往事。

广告是个与文化、地域相关的行业，在未来必然是以本地员工为主导，境外员工与本地员工薪水相差数倍这样的阶段很快就会过去。当时，许多人虽然是接受的，但还是半信半疑。

我们告诉员工，“本地化”绝对是奥美在中国的基本策略，如何更快地把本地员工培养起来，进而主导奥美在中国的经营是主要任务。

当然，我们亦不排斥境外的员工，因为中国必定是个国际化的市场，我们需要境外员工服务外来的客户。同时，境外员工可带来国际视野及经验，但对外来员工亦必须要求本地化。

事后想起来，这件事让我们更清楚我们在中国的发展策略。熊总在这一过程中起到了关键性的作用。

本地化，或本土化，一直是我们在中国的基本策略。具体表现为快速培养本地员工，让他们主导奥美在中国的经营走向。

在协助国际性的客户品牌在中国落地的同时，协助国内品牌在中国做强做大，进而走入全球市场。

1995 年，柯颖德由台湾调到大陆负责公关的业务开发。他更精准地提出奥美在中国的愿景：

“最国际化的本土公司，最本土化的国际公司。”

（To be the most local of the internationals，and the most international of the locals.）

更为具体地描述了我们的走向。

上海奥美

让我们按时间顺序来谈上海（1991 年）、北京（1993 年）、广州（1994 年）奥美公司的设立。事实上，我们几乎是在同一时间铺开三地的，因为当时我们在三地都已有办事处，上述这些不同的年份其实是指合资营业执照申请出来可以正式营业的时间。

一开始，我们以上海为中心，一方面是中方合资对象在上海，而且当时有联合利华，又有肯德基及上海大众等较大客户，客户资源及人才资源都较为完善。我们多数资深人员都进驻上海，以上海为中心，再去支援北京和广州。

1991—2005 年是上海快速建设的时期，我当时经常出差，那个时候从台北飞大陆，还要从香港经转，每飞一次单程就要花上 10 个小时。那时如果离开上海超过一星期再回来，就会惊讶市容变化之快，例如延安高架的建设速度是惊人的，而浦东还是一大片工地。

记得熊总还曾经专程带我去浦东逛了一圈，他说有钱就在这边买套房子，以后会不得了，可惜我当时没钱。

上海奥美我要逐一介绍以下 4 人：

1. 第一任总经理董洽

1991 年底，我们开始筹备上海公司的开张，董洽与我一起飞往上海。我们在上海找住的地方、找办公地点、招人，并开始面对客户，与香港负责大陆业务的小组合作。初期什么事我们都要亲自动手，这没办法，环境就是这样的，必须从无到有。

董洽对我而言，是个啰唆、性子急、脾气不太好、有主见、极具同理心又有敬老尊贤传统思维的人，我们合作愉快。（当然，可能他有时不愉快）。

2. 第一任创意总监范可钦（Jerry Fan）

当时，范可钦是在台湾奥美表现杰出的文案，他是外省第二代，表示愿意来大陆。记得要他来上海奥美当创意总监时，有一些人表示质疑，包括台湾奥美的创意总监孙大伟，范可钦应该是大伟带起来的创意。

范可钦，行动不便，使用拐杖，身体又壮，我们劝他坐轮椅，他坚持不肯。

他个性好强，思维敏锐，能说会道，是个提案高手。他好玩，又好吃，上海当地好吃好玩的地方都是他带我们去的。

董洽及“范人”（范可钦的外号，音同“犯人”）确实是好搭档，一起带动上海奥美的专业氛围，示范什么才是做广告。利用在台湾奥美的做法，结合我们的才女林有琴（培训总监）的培训，通过客户的实践及创意作品的产出，逐步形成上海奥美。

3. 第一位本土资深客户总监郁海敏（Helmut Yu）

郁海敏曾经是上海经济管理干部学院的老师，因为面对的都是已经有工作经验的学生，因而觉得自己也应该冲出象牙塔历练一下，于是误打误撞加入奥美。60 后的郁海敏，1991 年成为上海奥美的第一批客户执行，1995 年成为上海奥美第一位本土业务总监，后又晋升为上海奥美第一位本土资深客户总监。2001 年他自己做了老板创立公司。他的同盟广告，也是奥美支持本土员工创业的试金石，由奥美与上广共同投资，时至今年，刚好整整 20 年。

/ 新虹桥大厦——上海奥美公司成立后第一个办公地点

4. 杨舸（Girtin Young）

同样曾为大学老师的杨舸，毕业于复旦大学中文系，因为一本自己写的趣味天文学小书，成为奥美文案。1993 年，他创作了大陆第一则整版长文案广告，并刊登在当时的上海《文汇报》头版上；1996 年，他成为上海奥美第一代本土创意总监；2001 年，他和郁海敏一起创立同盟广告。可以这样说，他们始终和奥美在一起。

恰同学少年

董洽（Harrison Dong）
（1988 年加入台湾奥美，1991 年任上海奥美第一任总经理，WPP 学院第一任院长）

奥美在大陆 30 年了。

回看 30 年前开始的故事，心情澎湃并内心谦卑。

澎湃，是亲身经历了在当时无法相信的日后巨大的变革。

谦卑，是由着因缘际会，幸运地遇到那么多付出努力的年轻人，在时代剧变与由衷尊重之余，油然而生谦卑感。

1994 年，T. B. 在中国资深人员培训中介绍了一个乱流模型的工具，铺陈我们的宏观预测能力。3M 投影机是证明奥美是一家国际公司的科技道具。T. B. 用透明胶片投影解释一个黑白画面，从 1 到 5 乱流指数表现不可预见的程度，他说中国的改变将会是 5。台下一片寂静，内心大概都在"呵呵"。

2018 年 3 月初春，我人在大陆，手机微信一条信息显示，我被拉进了一个微信群，里面有两位也听过"乱流模型"培训的第一批上海奥美同事。

"老板，我是唐咏。"

"老板，好久不见，我是邬乂！"

"我们想把第一批在新虹桥的奥美员工聚在一起，您可想到谁？"

一个月后的某天，我们重聚，恢复二三十岁时的青春面貌，交换各自的人生故事。

他们中间有科技公司的美国市场营销总监，有快乐的画家、媒体大亨、加州寓公、重新为自己而活的黄金单身女郎、广告公司的董事长……

几通微信就能把 20 多年未见的人相聚在上海游艇码头，因为奥美是我们纯真年代的共情，在最美的年纪发生的共同经历影响了我们很长一段人生。

当年在上海奥美月领人民币 300 元，现在在黄浦江畔交错着葡萄白酒杯觥。

T. B. 错了，中国的变化不是 5，而是 9.99！

所有你今天想不到的，都是未来的真实。

1989 年 4 月初春，我利用在台湾奥美的第一个年假，陪着父亲捧着爷爷的骨灰坛回到他们离开 40 年的家乡河北。

第一次踏上从小听着父母叹息的故事里的那个家乡。

行李里藏着他们送给大陆亲友邓丽君的音乐卡带，还填塞着那个时候大陆缺少的各种生活物品。和白发的父母一起第一次离开生活了 40 年的台湾，从香港坐上中国联航的苏联制造的客机，所有乘客大概都跟我一样忐忑，因为完全听不到飞机的引擎声。

一片黑，没有灯的一片黑，加上空气中的灰，降落天津。

“你现在看到的都是河北人，明天进村看到的人都姓董。”在我的老家河北沧州，父亲这样跟我说。

过了些天，安顿好了他们积压许久如生死般沉重的情绪，来到我在天津的堂姐家，向比我小四岁叫我舅舅的外甥借了辆自行车，没有 GPS 导航我就骑去了南开大学。冥冥中只想去那里，因为那里可以看到年轻人的生活现场。

我坐在食堂边的石墩上，看着眼前的画面——

走出来的学生手里捧着锈迹斑驳的搪瓷杯，稀里呼噜吞着分不开的黏稠的菜饭，身着蓝补丁的灰色外套，眼镜在春寒里被一口口热气模糊。

瞟到我这陌生人，回避的眼神透出不想被看到菜品的羞惭。

原来这么多人是这么生存着的，我觉得我只有无法改变的无力感。“既然没法改变这么多人的生活，就别回来了吧！”我在内心对自己说。

老家，父母呼吸都思念着想回去的地方，是一个我不想面对的世界。

命运，却永远唱着反调。

不久后我又回去了。不仅回去了，还在那片土地上成家育子，以一颗看可以改变多少人人生的心，投入了一场变革。

1991 年湿冷初春，T. B. 和师傅叶明桂升我做总监。

我的第一个客户开车带我上台北阳明山擎天岗。“你为什么不开心？在想什么？”

“我看到了以后的人生就这样了！没劲！”

“你不是做得挺好的吗？”

“就是因为这样，所以想起以后就没劲！”

“那你到底要什么？”

下山的车子里，杂林高树快速向后退。

“我想去大陆！”

“你这个人，一旦想干什么谁也拦不住你！”

“我一辈子最不敢离开家！我想趁还年轻的时候，做自己最害怕的事！看看自己有多勇敢！”

第二天，我怯生生结结巴巴地向老板表白。

“T. B.，我听 Ruby（傅本君英文名 Ruby，当时奥美公关总经理，柯颖德的老板）说你在上海要开奥美公司？我想休假去上海看看！看完如果想去，你可不可以也考虑我为人选之一？”

“好呀！”T. B. 头也没抬。

过了几天，T. B. 的秘书，后来奥美中国的人力资源大头目裘淑慧传话来，指示我跟 T. B. 一起去上海。

我带着当时还是女朋友的林友琴，又回到当初我不想面对的世界。

波特曼酒店，整个上海唯三的外国酒店，在它之前，我牵着这辈子再也没有放开过的手，穿过一片蓝与灰夹克，接收惊讶的眼神。

我们走进一家私营小菜馆，香烟弥漫里每一对眼神射过来都有把我们剥光的威力。点了在台湾从来没听过的上海泡饭，南开大学食堂那一幕又浮现脑海。

吃完在上海的第一顿晚餐，回到房间向外看，一片黑静下很难想象这个城市曾与十里洋场有过关联。

第二天去拜访上广，圆明园路上红砖洋楼里近距离看到大陆文人，当时只有53岁的熊景华脸上深凿着那一代的经历。

“台湾广告的书我都看过！我相信你们的专业性，绝对不干预，就希望也给我们上广一个学习的机会。”

熊景华，上海奥美的合资公司中方代表，上海广告公司的总经理，开启大陆现代广告的旗手。

那个时代中国文人的风骨，为公的情怀纯粹得不掺任何私利。

14年后的中秋节，我去他家做客，家中的摆设说明了理想才是最宝贵的财富。

中国广告40年风云人物，必须有这位从湖北苦读出身、一路清白淡定的熊先生。

相信他一点儿也不会介意在中国成为世界最大的移动商业广告市场后，他的名字已变成一张被悼念的黑白照片。

因为个人的名、利、权都不在他与奥美合资时的算盘里。

现在在华丽的办公楼里管客户叫爹、哀叹自己是广告狗的年轻人，没有人知道这位在中国迎接了奥美全球的书生，当时是怎样冲破层层桎梏，创造创新的。

去年，我参加了他的告别式。

也告别了一代为理想奋进、不为利折腰的风范。

/　1993 年，董洽和林友琴举办婚礼

回台北路经香港，原来负责大陆市场的团队是香港的一个小组，叫奥美中国小组。

负责人是翩翩绅士谢思明。他联络上 T. B.，要求在我们转机时在启德机场的富豪酒店见面，还有两位总监胡镜泉与郭嘉祥。

一次很尴尬的会面：“大陆业务以前都是我们在香港做，为什么现在要换成台湾人?”

无辜的我从鼻子里干笑了一声，把 T. B. 的烟灰喷飞到他们招待我们的生蚝上。

“大陆会是一个很大的市场，不可能一直从香港遥控。不管是哪里人，都一定要落地才做得好。奥美在大陆的本土化会成为国际化!”

我一直觉得 T. B. 蛮有远见的。

也是从那次见面起，我开始有了一群香港朋友。

“奥美是一家不可分割的代理商（Ogilvy is one indivisible agency.）”，在台湾奥美入口处的这句英文，从胡镜泉和郭嘉祥（Warren Kwok）身上证明它不是标语，而是奥美奇特的人性文化，后来是我们在客源、财务、材料和人力方面在香港的后援，并且从来没有开口要上海付成本或要求分利润，从来没有。

回到台北，我开始躲着 T. B. 。人在重大决定前总会怕。

“这封信你打开看一下。”T. B. 淡淡的烟香飘在他台北的办公室。我回到座位上抽出信纸，标题上写着“录用通知书”。

我紧张的眼球扫描不成连串的单字，总……经……理……

“你可以考虑几天!”

“我……还没准备好耶!”

“有任何事是你可以准备好的吗?”

那是一个再没在上海遇过的大雪天，提着第一次离家的箱子走进新虹桥大厦 707 室，对面是神秘到两年后才知道的古巴领事馆。

唯一熟悉的是一块小红招牌，上面红反白写着"Ogilvy & Mather"。

走进去迎上来的是露着出奇亮白牙齿的微笑（后来知道是画工奇才冯越大师）："你应该是台湾来的董总吧？"32 岁的我还是头一次听到这种称呼！尴尬的寒暄之后，我拿走在《解放日报》刊载招聘广告的所有应征信件。

那则广告只有豆干大，标题是"一个快乐工作的地方"。就是这标题，在当时收了上千封应征信。

回到饭店，信件从承受不了重量的纸箱中散落到床上。

没有路灯的黑夜，继续下着我生平第一次看到的雪，越下越大。

看着铺开的一封封手写应征信，每一封都是一个可能就此与未知未来接上线的人生，我要在什么位置扮演那转折的一点？选上的，将从国家机关月领 100 多元工资中跳出，成为第一批接上"合资外企"的人。

第一次筛选按写字好看不好看，不好看的先丢一边！

凌晨 3 点了，看着被丢在床上角落的一大堆应征信，我又移过去重新看了一遍。

"你不是在看应征信，而是在看一个人对未来的希望！"我对自己说。

雪停了，结成冰，每个人都摸黑在极少路灯的上海街道上战战兢兢地走着。滑倒，爬起来。

不到 100 平方米的办公室里坐满了前来应试的人。

这是我骑行南开大学后，更近距离地观察改革开放的大陆年轻人。

我的好奇与兴奋同等强烈。

胡镜泉从香港、T. B. 从台北飞到大雪的上海，主持奥美在大陆的第一场招聘面试。

从国泰航班上拿下来的机舱杂志上，有当时唯一能看到的国外广告。我们决定就用看广告来测试应试者的广告直觉。

会议室外等着面试的人，难掩内心对这个小小办公室是不是皮包公司的狐疑。

一个应试者头上还裹着白纱布，挤出尴尬的笑容:“我现在在上海大学教书!”

“对不起，我昨天骑车滑倒了，头撞破了，去缝了几针，我太太怕我错失这个机会，一定要陪我来面试。她以前是我的学生!”

“谢谢你给我时间谈话，你跟我的想象不一样！ 这是我写的一本小书，送给你，希望你也会记得我是不一样的!”

那是一本封面印刷着宇宙星河，有关天体研究的小书。“你不是中文老师吗?”

“是！ 但我从小就喜欢抬头看星星呀！宇宙跟文学是一样的，都能引发人的想象，每个人的解读都不一样!”

这个人后来成为大陆第一批发光的本土创意总监，再也没有离开过广告行业。他后来与奥美合资成立了一家公司，叫作“同盟”。他就是杨舸。

另一位从上海工艺美术学院毕业，分配到上海玩具厂的小姑娘，名字叫黎音。

对单名，我有一种莫名的好感。

我随意翻开眼前的杂志，看到只有一则白羽毛的跨页广告，问:“你觉得这在说产品的什么特点?”

“除了轻，还有一种使用的自由感!”

遇到聪明人是一种愉快的希望。“大陆人才真多，中国以后一定会很强!”T. B. 在结束面试后在吐出的香烟云雾里喃喃道。

交换了想要录用的名单，T. B. 有些看法，觉得有些人并不会长久干下去，沾个经验就会离开。那个被点名的人现在还在，但最早离开的人也是他当时认为耀眼聪明的人。聪明似乎与耐心持久有相逆的关联。

最后我们决定了 15 个名字，准备在过完农历年后就开始我们在大陆的奇妙旅程。

1992 年春节，我想那应该是一个很奇特的年吧。

年夜饭后，我就要一个人去上海。

没有回忆的线索，因为爸妈都没出声，一顿出奇安静的团圆饭。

他们的忧心只有转成年夜饭桌上一直夹进我碗里的菜。

我正式离家去上海闯天下了。

1992 年上海奥美开张前的那个周日下午，我走进办公室，在 15 张桌子上放上一张卡片和一些简单的文具糖果。明早，每张桌子都会迎来自己新生命的探险。

周一我起了个大早，坐上来接我的桑塔纳，顺路去接冯越。公司的资源让多点儿人分用，我罪恶感会少一点儿。

大家陆续进来了，看到桌上的糖果和卡片，流露出惊喜的眼神，那是一个出乎意料的来自别人对自己的重视。这种感觉是被尊重的第一触动，是我当初在台湾奥美报到时的感觉。

要如何让他们将对未来的憧憬转化为希望和信心？去吧，去做相信的事！我们去上课，只有学才能获得面对未知时的笃定。

去创造一个第一次，那会是恒久的记忆。

“广告是很容易让人肤浅的行业。”T. B. 说了一句扎心的话。

广告不是科学，每个表述都只是一个自我看法。

听的人也知道，夸夸其谈都会露馅，尊重与鄙视都在现场，都是无言的，做广告其实蛮紧张的。

15 人中一位复旦管理学院副教授，建议了一个培训的地方，一个早上去勘察地点，那是大陆的第一条高速公路，从上海市到嘉定。

第一次培训在一个中式庭院里展开。

那是一件大事，上海广告也派人来参加。

完全不记得独撑四天三夜讲了多少自己也一知半解的东西，顺遂了好为人师的酸爽。

但因为从来没有听过，所以“十五少年”个个感觉功力大增，任督敞亮。

也就凭那一点火，后来烧起一路的光亮。

奥美，也从此被定位成“广告界的黄埔军校”。

我们结识了第一批上海的大朋友。我们与上海电视台有合作关系，他们派出摄像机，把“十五少年”的第一次提案练习侧录下来，一刀不剪。

四天中，第一批奥美新中国广告小鲜肉，个个饥渴到不眨眼，生怕错过了什么就错过了强壮自己的机会。

那是井喷般的饥渴感，也是一种相信，相信学了会发酵成能力，会改变生活。

四天结业，我不知道我们公司会发展成什么样子，但知道会是最好的广告公司。

最好，是因为 T. B. 说，我们“尊重人、知识与创造力”。

从台湾奥美办公室一直到上海，任何第一次的经验都是最长远的记忆，引发一连串的有趣变化。

那 15 人拙囧呆萌的录像带不知保留在何处，以他们今天的身价，应该可以勒索到买部宾利的钱。

第一周培训过后，我们的第一个客户在哪儿？

不知从哪儿冒出来的，竟是无锡的一个空调厂，多年后被德国百灵并购。

一个 30 多岁、清瘦而诚恳的厂长特助说：“听说奥美是一家很有创意的公司，我们很想把工厂的形象上个台阶，但是没有钱。怕你们嫌弃！”

“您是我们的第一个客户，我们一定会倾尽全力！”

记得台湾公司发的写字本上印了一句话：“说出来的话就要算数！（Make every word count！）”话说出来了！

出发去参观工厂。浩浩荡荡，中方副总许先生带队，复旦副教授、北师大及上海大学教师出身的两名文案第一次出差。

两个小时绿皮火车开得我们心下忐忑，来迎接的是全厂的干部。

那是久经禁锢却没有放弃与外界联系的人类本能，一种饥渴感，不确定结果，但相信拼了才有路。空调是那个时代私营万元户才能有的豪奢享受。生产线上的工人把主机用手工装进外铁箱，可是螺丝孔对不准，铁锤隔着棉被就把螺钉硬敲进去了。

我们第一次在国企的食堂吃小灶。客户渴望现代化的热度转换成酒精度数，一杯杯南方黄酒催促着我们热情回应。

在那个时代，难得有机会可以以公事之名，敞开个人胃口。以公事为名的菜酒是合理解放压抑，干部们熟练地掌握那醒与醉的节点，一杯杯惊人。

临走前，特助面露难色地把我拉到一边：“总经理，您是不是也考虑一下给带出来的人打点一下衣着？不好意思说这些，但您知道这影响厂长对你们的信心。”

当时被雷倒。复旦副教授送我回的公寓，是一个月租美元四位数的单人间。

“我今天一直挣扎该不该说，现在，我决定让你知道，因为你以后不用听到别人讲你不想听到的话。

“你可以喝酒，但确定你开会不会大舌头，不犯困！饭桌上也会看到素养，不要抖腿，吃东西不要出声，把汤盛到自己碗里喝。”

一股脑儿换来对方的沉静：“是，我知道您是为我好。您一定很累，早点儿休息。”

有一天下班很晚了，副教授带着他样貌清秀的工程师老婆站在寒风中不知道等了多久。“这是我爱人。我想让她看看我老板！”

她害羞地点点头，好像放下了担忧。

“老板，这是南翔小笼包。”

两年后，与副教授出境去香港。在那闪耀璀璨的东方之珠，看完初剪片后去永安百货男装部，我帮副教授买了一套我可以付得起的时髦西装，回应那位厂长助理的建议。

副教授是郁海敏，奥美在大陆的第一位本土客户总监，与杨舸现在买回与 WPP 合资的同盟广告，还在发光。

他名片上的头衔是董事长，但若他的实习生加班晚了睡公司，他到今天还是会帮忙准备好需要的所有盥洗用具。

没人教过怎么做总经理。好像要端一种领导架子。好累，怕穿帮。头衔决定我的样貌，还是我可以做我愿意相信的？

“有很多种总经理呀！”T. B. 啜饮着啤酒回答我。

定义头衔，而不被头衔绑架。

在那个资源稀缺的年代，公司给总经理配车和司机。

但每个月为相信我而加班的同事签薪水单时，我会有一种强烈的罪恶感。那种罪恶感也是因为对 T. B. 及奥美尊重人的信条的相信。

所以我把轿车退掉了，换成了 17 座的面包车，每天从复旦大学出发，接那些小伙伴到新虹桥。

新虹桥是孤耸在上海西郊最便宜的大楼，可以吃午餐的地方只有旁边的扬子江酒店，一顿饭会花掉一个月薪水。

那时没有听说过微波炉，一位从威斯汀酒店销售转来的气场强大的客户代表李莉敲门:“老板，这里吃饭太贵了。”我跟香港财务官求了半天，给了一笔买不到任何午餐的补贴。

于是，我请我的钟点阿姨在她自己家里做盒餐，再请面包车师傅去她家里取盒饭送到公司。有一天李莉进来说:“老板，这饭里有头发!”

“喔，我也是吃这盒饭呀!”

我这回应引来她的气愤:“你这是什么意思？你吃我们就要吃吗?”

这一句话可能就是奥美谈沟通策略时的关键时刻。

尊重要从平等心学起，应持续警惕自以为是的优越感，小心认为自己的特权是应当的。

在外面吃一顿饭的账单超过一个月的工资，是一种折磨。

我的单床宿舍成为快乐时刻的俱乐部。在 3 平方米的厨房里，我锻炼着从母亲那里学来的烹饪技术。

看不到结账账单，大家都轻松。

15 个人大多在那个房间里吃过饭，晚了没成家的就横七竖八地睡在地毯上。

奥美一直有个守夜人的故事。

从台北 70 多岁单身老兵葛伯伯，一直延续到上海妻病女幼的李师傅。

葛伯伯会操着山东腔赶大家下班，每晚收集我们废弃的大量杂志、报纸、样书和废纸耐心整理好。他会把收集的这些卖掉，然后在中秋和新年在每个人桌上都放一个红脆多汁的大苹果。卖废纸的钱他没入自己口袋。

离开台北前最后一个春节假期去公司做上海培训教材，葛伯伯叫我去和他一起吃火锅。

后来他告老归根回青岛，台北的裘淑慧和孙大伟发起了捐款，给他筹养老金。

这是奥美流传的故事。

葛伯伯回青岛的路上想到上海与大家见个面，北京奥美的创意总监高祖侃陪他来了，住在我家里。有一天下午葛伯伯突然不见了，原来出去买了老庙黄金的手镯给我初生的儿子。

第二天他就回青岛了。

上海李师傅在我们只有30多人时就来上晚班。公司发展到70多人搬进延安西路时，他妻子要动手术。

那次从台北度假回来，公司同事告诉我有大事了。原来公司发动了将一日薪水捐给李师傅的活动。上海电台要来采访公司，是什么样的公司会发生这样的事。

是这些故事，决定了奥美是什么样的公司，而不是营业规模。

我一直认为奥美是我工作40年中最好的公司。

每当提及奥美，我会感到一种自然的光荣。

每一天都承受超过经验的挑战。

第一个工作是接了香港胡镜泉传来的任务，替美国电话电报公司（AT&T）为在北京召开的大会制作恤衫。客户不让在香港做，因为成本太高。对这个工作，我完全没谱。李莉安慰我："老板，可以的，我去找工厂。但时间只有一周，怕太赶了，我们试试。"客户给的预算简直就是认为大陆什么都只要草纸价。李莉当时也只有25岁，却这么淡定。那时什么事都要以月计，五天后，千件袖衫居然都好了，一个令人不敢相信的纪录。但是怎么运到北京？李莉用大眼睛望着我。

"叫货车运呀！"我说。

"老板，你一定不知道去北京要开多久吧？"

第一次感觉到不是所有地方都跟我的出生地一样，南北纵贯400公里，开车6小时。

"那你买张机票，明天把货托运成行李，送到北京去。"

"老板，我们买机票要单位出介绍信去排队，一般要一个星期！"

五雷不断轰顶。

一个媒介义勇小青年李意欣听到我们的哀叫，说：“老板，我以前做记者，认识很多人，我去问问可不可以走飞机。”

然后我们就在深夜把货运到虹桥机场货运站边门，交给来接货的朋友，当行李托上明早飞往北京的班机。一切皆有可能。

可能不只在那时，每项工作，每推进一步，其实都很难，但只要不停，答案永远比问题多。

我们承接了第一个电视广告客户——无锡迎燕空调，6 万元人民币拍 3 支广告。

冯越大师介绍了一群上海的第一批文创中年拍摄，他们吃尽了苦头。

胶片必须由我去香港带入境，过海关时要乞求不过 X 光，也不能开盒曝光。已忘记在虹桥机场是用哭还是跪才拿到办公室的。

就在办公室里取景，找个俊秀的业务企划当男主角，全公司的人在旁看热闹。但是景深效果不够，又临时去上海电影厂借棚。

开刷背景墙，但预算能买的油漆标准太低，量也只能薄涂一层，结果是一片花。

托人开了后门，下班去上海电视台剪辑。被告知在那里要安静，若是有人问起，就说是赵班长亲戚来看拍电视剧。

负责剪辑的是一个小姑娘，从眼镜片后透出打量的眼光：“你们外商也这样走后门吗？”小姑娘大概是负责宣导节目的，所以在天亮我们必须离开前，剪了一条用空调抗暑报国的调调。

没合眼，就洗个澡。眼看不能收摊，我厚着脸皮给对出发前刚认识的导演说：“保罗，你义气，就帮我收拾一下吧，也开始自己的大陆新世界。”

交片了。大家也默契地不再提起。估计客户也没在超过无锡的区域放过，从此就从大家记忆里消失了。T. B. 从台北来视察，看了一眼这片子，香烟缭绕之中说了一句话："我们需要找一个创意总监了。"乌鸦，雷电，梦碎。做创意总监的梦碎了。

空调之后是冰箱。无锡之后是杭州。

创意总监还没个谱儿，魂没回全就又开始了。

客户自己会找到方法上门，如果你的广告真可以帮上忙。

没一点儿担心就是希望。

复旦副教授居然自己去接待杭州西泠空调了。

我只打了个招呼，证明这家广告公司是境外来的。

脚本，是工作不到一年、当时20郎当的唐咏，和从同济大学建筑系毕业、讲话一急就结巴的叶宝琪，在完全没有创意总监的指导下，不到几天就出来了。

男主角是个十项全能运动员，从容跨栅栏、跑步、撑竿跳到冰箱里，只有冷库让他打哆嗦。

画得可是真丑，每格里的主角长相都不一样。

但是一看到脚本就知道会是好消息，会令人兴奋起劲。可是这一切要用电脑合成，当时大陆完全没有相关的设备和技术。

"这种电脑合成不能在大陆做吧?"我在强掩兴奋下迸出的唯一的专业评估。

"对！没有才好呀，我们第一个做!"

"好！我们去境外做。可是会很贵，怕客户不会出经费。看要不要再冲一冲!"

提案我没去，他们很快就回来了。"我们半小时就结束会议了。客户一看脚本就鼓掌说去境外拍!"

在大陆的第二张估价单，开出了31万元（当时月薪450元了）！一个不可能完成的任务？？

李导说他来解决。为了给客户省钱，上影厂拍，去香港做电脑后期。

没有今天的蓝幕，用油漆人工漆。漆了两天还不干，但时间只剩一个晚上，不能再等了，拍不完就没戏了。凌晨 3 点李导说他可以继续拼，电影厂已经大门深锁，出不去只好爬上二层楼的高墙跳下，脚跟碎裂，那彻心的痛像没麻醉的手术。

后期电脑制作和剪辑由在香港的胡镜泉和制片朱小亚出手相援，西泠冰箱的广告完成了。

Umatic 盒式录像带由放入到播放，所有人都屏息看着 17 英寸的荧幕。

当时看到脚本的兴奋现在依旧记得很清楚。

唐咏、宝琪都笑了，但很害羞，那是自信开始萌芽的反应。

李导，很像北方汉子，一直都有一种让人可以信任的乐观。

你相信他会尽全力，不是说的，是做的。

这支片子一直放在公司作品集的第一位，每次向客户介绍时都觉得很自豪，像那广告里的十项全能运动员一样光彩。

后来听说那个批准惊天 30 万元广告费的厂长被评为模范。

两年后李导在北京猝然辞世，因为工作忘我而心脏病突发。

来不及让他知道今天为什么还会记得这些所有细节，也来不及告诉他这支从来没有得奖的片子，为什么经过 20 年还会再被提及。

有一种困难是事实，更大的困难是认知。

那时，只有一种能量来源，就是信念。

摔断腿去签约上海大众，比稿又是咬牙坚持。

中方反对国外代理商加入，德方坚持。最后宣布只有 40 分钟提案时间。提案前不可以接触，提案后不可交流联络。

这是我们来大陆的第一战，如果这次比稿没比上，后面就没有服人之处，早点儿打包回家吧。

巨大的压力在测试我们解决问题的极限。

全员动员。桑塔纳是控购项目（汽车是管控项目），即便有 21 万元也要等半年申请。有人去做车主访谈，有人去维修站实地勘察。

台北飞来创意支援，世纪好手范可钦。行动不便的他靠着拐杖到了上海，台湾奥美又支持了最强美术指导吴力强。

提案前四天创意团队才集合。没有预算可以住饭店，所以我们就只睡在我家一张床的房间，范可钦睡床，我睡让人全身发痒的地毯。

吴力强来了没地方睡，范可钦累极了，呼噜打得我一整夜不能睡，只好去波特曼酒店开了一间房，不知公司是否可报销。就拼吧。

大家乏极了。睡了一整天，傍晚起来只有两天半了。

创意内容不用说，提案规格也必须拉到国际最高。

全公司只有我自己带的一台重达 6 公斤的可携电脑，没有可以有图片的文档，没有 PowerPoint 软件，没有彩色投影机，没有彩打机（彩色喷墨打印机在三年后问世，激光彩打在五年后才问世），没有租片公司，没有现在每个设计人员都在用、可以贴图喷修渲染、把车体修成钻石光辉的软件 Photoshop（在 19 年后，2012 年才面市），没有可以支持视频剪辑的软件及个人计算机……

没有，所有现在有的设备——软件、硬件、网络、服务，当时都没有。

用照相机摄影，做幻灯片！用彩色塑料片剪出大众汽车 VW 标志，放在投影胶片上，让每张黑白投影都有大众汽车 VW 的蓝色标识。

只有两天了。

桑塔纳的外饰内饰在今天应该大众也不想提起吧，到底广告讲什么？

只能说耐用，全国 200 家维修点，花银子安心。

范可钦难得早起，去与文案会合，要找到一个只有中国人才知道的有共鸣的谈安心的说法。那个文案从北京师范大学中文系毕业，不知是因为身高还是读书人的关系，总有一些睥睨的斜视，说了一句全民都耳熟能详的话，“学好数理化，走遍天下都不怕”。

压力，让“范人”在与北师大文案会面两小时后就爆出了“拥有桑塔纳，走遍天下都不怕”这样的句子。

范可钦的腿好像可以跳了！

漂亮，大大的产品名字还押韵。

幻灯片在提案前半天做出来，70 多张表现桑塔纳在中国天涯海角、喜事公事出现的身影。

当一张张幻灯片放在圆形片夹盘时，我们眼角有点儿湿润了。

还有平面广告。

有一张是上海大众员工排成一个航拍大众 VW 标志的画面。提案前一天晚上，绝不可能做幻灯片了。

曾在玩具厂工作过、上海工艺美术学院毕业的小姑娘黎音说：“我来画！”

她坐在墙角把画板放在膝盖上开始画，一个个小人，个个长得不一样，表情也各异，那时已经凌晨四点半了。

“黎音，辛苦了！我必须回家洗个澡换衣服，然后直接去提案的饭店。”

“没事！你放心，我会画完。你要再看吗？我明天可不可以去看你们提案，我不会出声的！”

我日后若老年失忆，那段对话应该也是最后遗忘的内容之一。

当时我们的办公室像皮包公司的办公室一样，又小又寒碜，所以我们租了锦昌文华酒店的会议室，还订了两桌午餐。万一我们可以有更多时间。

8 点，T. B. 抽着白色登喜路来了。9 点客户大队人马到场，现场的气压让微笑嘴角都会颤抖。看到鲜蓝色的 VW 标志投在幕上时，中方代表方才面容松弛：“你那标识怎么投出来的？”

“剪出来的！我们这行就是要想出任何可以解决问题的方法！”

“范人”开始用幻灯片提创意：“我们不用画的，我们已经拍好了。如果同意，你现在看到的下周就可以刊出了。”

他一向讲话夸张，这是一种创意人员天生的乐观与自信，不畏艰难。

讲解前10张幻灯片已经超过1小时了！

“你们讲慢一点儿，讲完。多少时间都可以，我们想听完。”那是中方总经理，进来时面孔最冰冷严厉。

最后结束时快下午一点了，客人愿意留下来一起吃饭。

这是第一次也是唯一一次比稿提案就是播出带的脚本。

大陆第一支90秒电视广告片，在中央台、上海台播放。

上海大众广告是奥美在上海滩定下来的打桩战，也是一场中方、德方角力战的白领大戏。保持在双方的潜台词下建立各自对奥美的信任，稳定推动工作操作的细腻，让当时只有32岁的我，第一次觉得自己太年轻了。

一天下午，我学T. B.出来走走，跟大家聊聊天。冬天的阳光照进新虹桥不到90平方米的办公室，小伙伴们在阳光下好年轻、好光亮。面对这么巨大的客户及市场，我们好像一群娃娃兵。

T. B.对我的相信，是为了让我敢相信他们。

我们升了第一批大陆的业务经理，扩租大两倍的办公室。

“老板，你认为我们为什么可以做那么久上海大众？你该不会以为是因为你吧？”

多年之后在江畔重聚，小伙伴们揭露真相。

所有客户都妥妥地服帖，全是因为聪慧的王文颖。

在那时，一个复旦大学电子工程系毕业的理科生认为做广告是难得的事业。

她对任何复杂的工作都很淡定，永远在表达解决方法后加一句“你认为呢”，非常大方地邀请同伴加入。

她带一位客户代表，服务上海大众与施贵宝，承揽占公司 30% 的收入业务。

她只有 26 岁。

奥美在大陆的第二个大比稿是肯德基。

这次我们有了经验，又在锦昌文华酒店租了一个豪华的“假门面”。

客户方负责人就是未来让百胜集团在中国上市的苏敬轼（Sam Su）和第一次来上海从营运转营销的陆穗雯（Angela）。以后她是百胜集团的首席营销官。

从比稿那一天起，我们的联结跨越了近 30 年。

因为两件事。

有一天，刚从香港中文大学毕业转进上海的郭德榜（Billboard），仓皇地进公司把我拉到墙角：“老板，你不要骂我。我这次回香港在虹桥机场遇到陆穗雯。”

这样的开场白，是不是可以引发各种想象来吓人呢？

“陆穗雯一定要把她的公务舱票换给我，她坐我的经济舱。她说我服务肯德基也很累，享受体验一下，以后努力坐公务舱。她个子小也不吃饭，所以坐公务舱也是浪费。她还说她不会跟你说，叫我不用担心，就好好放松一下。”

你跟客户在商业服务交易有一个轨道，是纯粹自然人性的联结。那种连接是相信人性不应该被商业目的驾凌。

外滩肯德基要开张了。我们做了一张《新民晚报》全三豆干稿。

“明天外滩大事，来肯德基送餐券。”

那时，活动不是怕没人，而是怕人爆多。

那时上《新民晚报》是不能指定日期的，广告何时刊出，我们也只能当天下午与大爷大娘一起知道。

我让邬义每天去报社喝茶，要确定报社可以让我们在开业前一天刊出。

邬义连续十天安慰我："《新民晚报》知道你很看重这一次广告，所以一定会按照我们的期望刊出。"

这一句话是不是没有任何逻辑漏洞地令人轻松放心呢？

你知道世界从来不是这样旋转的。

开业前四天的下午，客户来电话说《新民晚报》上广告了。

前四天餐厅还没准备好，赠餐券也还没印好。

明早至少会有1000人去店里，拿不到免费炸鸡会引起黄浦江海啸。

"报社想你每天都在问，所以这稿一定很重要！他们今天有更好的版位，所以给你升等，不加价，想帮我们个忙嘛！"

世界是这样旋转的。

跟陆穗雯紧急商量完，我们必须赶出至少500张赠餐券，上面印开业后一周内兑换两份，来疏解可能的混乱。

1992年，没有快印，没有彩打，任何印刷都要制版排时间上机，一开印就至少要上万份。

我想到用奥美的提案裱板的红色封面纸，做一个连续排版，用影印机印，再用相片轧刀割出餐券。急中生智。

黎音说："我去做稿。"总台说："稿子给我，我去打字。"一小时后天黑了，把上海施乐的台式黑白复印机抬到过道，宋永亭负责印，后来在奥美工作了30年才退休的制作总舵主张红负责切割。我的秘书负责每5分钟把复印机打开，用电风扇吹去热气，然后再开机试运行。

这样的"车间"到九点多还没做出一半，工人又饿又累。

突然间，冯越来了，周龙彪来了，不是做肯德基的人都来了，连财务小韩都来了。

"我们听说奥美变车间了，我们想来打打工。"

郁海敏和杨舸带来了晚餐。

大家都接过手，让我们第一批工人吃饭。

俊秀的客户执行宋永亭说：“我家离得近，明早我帮你们把餐券送到店里去。”

那晚是我记忆中最热闹的公司大会。

陆穗雯与苏敬轼在中国 25 年，把肯德基在中国推上传奇 C 位，肯德基到今天还是奥美的客户。

那天夜晚的车间，是一个故事，一个传奇。

有一个德国啤酒客户来了，大概是因为奥美做了德国车吧。

“范人”已经调来上海了，继续与杨老师联手，做整版系列广告。

“你们想过哪里可以登吗？你们知道报纸现在只有全三，最大是半页吧。”

“知道呀。我们要登全版，而且是头版！不仅是第一次全版，还是第一次头版。”

我忘记当时的表情。随便，等着看好戏，又有一点儿期待结果，复杂的情绪。

“现在不试，以后就没机会了。这是抢着做第一个的大好机会。”“范人”说。

搞大了，我被关进去他是不会来看我的。

我只好找当时负责媒体的邬义，一个不到 30 岁的年轻人，让他去问问上海媒体。

邬义就去问了，也不知道用了什么方法，反正回来再传来一个惊雷。

“有啦！《文汇报》看了我们的稿子，说他们要登。他们领导要在全中国做第一家用头版来登广告的报纸。”

下巴脱节是不会痛的，只是眼睛会睁大，心在跳动时会撞到胃。

胆识，是在很多人认为不可能的情况下才会激发出来。

中国第一则头版全版广告就从上海奥美出刊，登上《文汇报》。

然而不久，奥美也差一点儿上了报纸，公司还差一点儿就关门了。

因为一个小伙伴要求调薪而起的坚持，和我自以为是的傲慢。

于是，（投诉的）传真发到台北、香港、纽约及伦敦，检举我加薪不公。

震荡感觉经历了一个世纪，一半员工离开了。

上海盛传奥美要关门。

熊总、T. B. 和留下的一半人没把我解雇，也没有一句责怪。

“范人”选择离开去香港，我没有犹豫必须留下来，把这存亡关头度过再说。

每天和像挂号一样排着队辞职的人面谈，杨老师和宝琪也坐在我面前告知要去灵狮。

“我犯错了，虽然原则正确但急躁的处理方式把公司带进大地震。请原谅我。请再给我一个机会！”

杨舸和宝琪下周就要去新公司报到的决定瞬间改变。

“好，我们不走，留下来一起拼。”

从香港来出差就没回去的李慧薇（Mabel），是在那最飘摇的时间里一直顶着让工作继续不崩盘的锚。

客户问，外面说你们公司要关门了，是不是真的？冥冥中，一个意大利摩托车的客户比稿来了，而且是要与离开奥美加入另一集团的原团队进行一场复仇者联盟似的比稿。

这比与上海大众比稿的压力更大。

输了就一切灰飞烟灭，留下的人的信任也将难以面对。

一场超越拼搏技艺，磨炼意志信念的剧目拉开了帷幕。身材娇小、才加入的客户执行宋铮去做街访，回来还要用上海话安慰鼓舞大家。

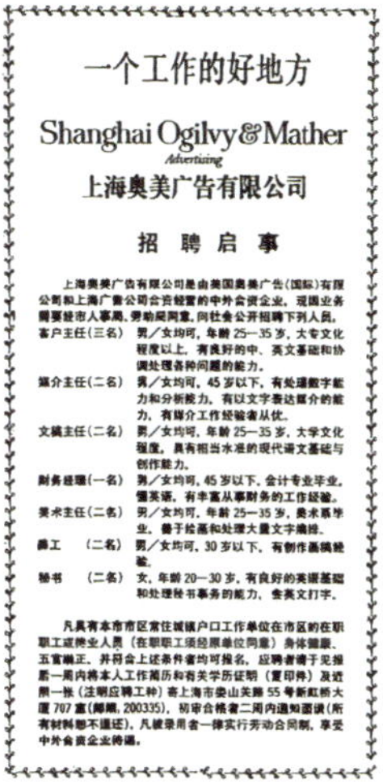

一个工作的好地方

Shanghai Ogilvy & Mather
Advertising

上海奥美广告有限公司

招　聘　启　事

上海奥美广告有限公司是由美国奥美广告（国际）有限公司和上海广告公司合资经营的中外合资企业。现因业务需要经市人事局、劳动局同意，向社会公开招聘下列人员。

客户主任（三名）	男／女均可，年龄 25—35 岁，大专文化程度以上，有良好的中、英文基础和协调处理各种问题的能力。
媒介主任（二名）	男／女均可，45 岁以下，有处理数字能力和分析能力，有以文字表达媒介的能力，有媒介工作经验者从优。
文稿主任（二名）	男／女均可，年龄 25—35 岁，大学文化程度，具有相当水准的现代语文基础与创作能力。
财务经理（一名）	男／女均可，45 岁以下，会计专业毕业，懂英语，有丰富从事财务的工作经验。
美术主任（二名）	男／女均可，年龄 25—35 岁，美术系毕业，善于绘画和处理大量文字编排。
美工　（二名）	男／女均可，30 岁以下，有制作画稿经验。
秘书　（二名）	女，年龄 20—30 岁，有良好的英语基础和处理秘书事务的能力，会英文打字。

凡具有本市市区常住城镇户口工作单位在市区的在职职工或待业人员（在职职工须经原单位同意）身体健康、五官端正，并符合上述条件者均可报名。应聘者请于见报后一周内将本人工作简历和有关学历证明（复印件）及近照一张（注明应聘工种）寄上海市娄山关路 55 号新虹桥大厦 707 室（邮编：200335），初审合格者二周内通知面谈（所有材料恕不退还）。凡被录用者一律实行劳动合同制，享受中外合资企业待遇。

上左／　1991 年，成立合资公司后，上海奥美第一张招聘广告《一个工作的好地方》，刊登于《解放日报》

上右／　从台北平行输入，奥美在大陆的第一版员工手册。一切都是围绕愉快工作

下／　在上海奥美合资公司成立之前奥美中国的办事处。第一位代表邬义，是上海奥美第一位员工，他后方是助理王文颖，后来成为重要的担纲业务经理

现在还在奥美的张红去印刷要送给客户的 T 恤。

杨舸、叶宝琪去李慧薇家住，闭关想脚本。

复旦副教授去访问修车师傅后，买只土鸡去给他俩炖汤。

没有“范人”，没有吴力强，从台北加入的港哥谢秉权（Anthony）顶上，所有的工作都按时间计划没有一件落后。

一次一次开会报进度，讨论客户可能会提出的所有问题。

看了脚本草案，只有三天了。

我跑进杨舸和宝琪房间说：“为了比稿，我们还得要一套美美的创意表现。虽然客户很可能不会用，但是我们还是要展示奥美的文艺气质。”

二人立刻回应：“懂，没问题！马上想一套！”

下班前，类比意大利摩托车设计感如林中白驹的俊逸就出现了。15 个人里已经有人长大可以依靠了。

提案前三天，大家在会议室里演习验收，弦绷到极限，再一个高音就要断了。

有人计时，有人模拟客户，一切如流水行云。

如果输了，我们如何在“复仇联盟”面前收拾行李？

“在发生所有事情之后，你们还是倾尽全力拼着真气把事情推进到今天的程度。我们已经赢了。你们战胜了忧惧。真的很棒，能不能拿下这桩生意已经不重要了。

“我们做了所有能做的事，而且做得很好。这就是结果。后天，我们只需要让客户知道我们有多珍惜这一过程，我们有多么喜欢一起工作，谢谢他们给我们在一起的机会。”我说。

那是唯一提案前一天大家 7 点就回家的比稿。

一对意大利年轻夫妇从佛山飞来，在威斯汀酒店听我们提案，结束后穿上我们送的 T 恤跟所有人拍了一张照片。

一周后我们得到通知，拿到了 Vespa 摩托车的代理，并且请我们去佛山工厂参观。

有一次，这个会用中文骂经销商和制造商的意大利美女客户请我吃饭，席间说：“我觉得你们公司很特别，很有趣。如果你们需要人，我想加入你们公司。”后来她真的在奥美工作了三年才回到意大利。

时光如白驹过隙，回忆恍如昨日，从那时到现在，我已经在上海定居 21 年了。

漂洋过海来比稿

范可钦（Jerry Fan）

（1989 年加入台湾奥美，1992 年任上海奥美第一任创意总监）

1990 年初，奥美开始在大陆布局，同时也牵动了台湾奥美一群人的命运，我就是其中之一，那时我刚 30 岁。

台湾奥美办公室早就对奥美在上海的拓展传得沸沸扬扬，T. B. 还为此对全体同人做了问卷调研，许多人对到大陆工作虽然兴奋但也犹豫，一来亲朋好友全在台湾，二来对大陆相当陌生，三是有家有眷问题多多。

我虽然这三种情况都有，但还是在问卷上勾了“YES”。

我的选择来自想突破现状，工作与环境上彼时的困顿，让我觉得到一个陌生的地方去，也许是个转机。

当时董洽先到上海招兵买马，公司各部门大致确定后，他请台湾奥美派创意总监过来帮忙。T. B. 找我谈，但是能不能用我还无法确定，因为他没有把握上海奥美可以再负担一个高薪的人，除非赢得一个大客户。

于是我人还没上任，就被赋予一项重大责任——赢得上海大众汽车的比稿！

当时上海大众汽车推出主力车款叫“桑塔纳”，这次比稿就是以桑塔纳为主轴建立大众汽车的企业形象。

当时在上海电视台上常常会看到电视广告片中出现：“×× 牌进口油槽，×× 牌进口油槽，书记某某某、厂长某某某、副厂长某某某，向大家问好。”我第一次看到时简直不敢相信，心想这么挑战的环境，我要怎样和一群成长与生活背景完全不同的陌生伙伴及客户沟通？要怎样做出一个“本地化的广告”？

于是我花了很多时间和上海同事相处，不仅彼此加深了解，也借此了解当地的生活与习惯用语等等。经过一番脑力激荡，我们终于发展出一个概念，把桑塔纳定位成“中国人的车”。

由于客户是完全陌生的，也不知道他们是否看得懂脚本，安全起见，我们准备工作做得很仔细。在那个没有计算机全靠手工的时代，我请同事帮忙找一些中国的风景图片和画册，然后拍成幻灯片，再配上腾格尔的歌，希望客户理解我们要呈现的情境。

提案那一天，总共有四家公司来竞标。一家上海本地广告公司，两家外商广告公司，还有一家是做户外广告牌的，这真是奇怪的组合啊！而且那天整个比稿会场客户来了不下三四十人。大众汽车是中德合资，所以会场有德方的代表、中方总经理，加上台湾奥美、香港奥美的人马，场面之盛大隆重，前所未见。那天也是我第一次看到 T. B. 如此紧张。也难怪，因为这场比稿关系到奥美在大陆的版图。

提案的第一阶段是谈策略。提策略本来就比较严肃，因此气氛一直相当沉闷。接下来是市场调查的报告，主讲人陈碧富以风趣的口吻开场：“你们想不想知道一般人对大众汽车和本田汽车的感觉？孟子云：‘说大人，则藐之。’”他完全放下身段，用“欲说还羞”的手法，慢慢引起大家的好奇心，场面也开始有了生气。

碧富开了局，接下来就是我上场提创意。

“今天我们做一部车的广告，而‘桑塔纳’是大家花尽心血做出来的。邓小平先生曾说过：‘不管黑猫白猫，会捉老鼠就是好猫。’这句话阐述了‘实践是检验真理的唯一标准’。今天大家不只对这句话耳熟能详，更重要的是把它落实了。

“桑塔纳的原始设计来自德国，但是，是谁把它实践在中国的土地上？大家都知道德国的车设计得非常好，但是要适合中国的气候、风土、人情、路况，要让中国人开起来觉得很顺畅，如果不是借助中国人的智慧与努力，它绝对做不到，这就是中国人的骄傲。”

我话才说完，台下大众汽车的总经理马上打断我：“再说一次，讲给那个德国人听听！”于是我又天花乱坠地补充说明一番。然后这位总经理开口了：“你们这家公司叫什么名字？”“奥美。”眼看客户有兴趣，我岂可错失良机，马上又鼓动如簧之舌，“奥美是世界排名前三的大广告公司，虽然是外商，但不论在台湾还是香港，它都成为当地一等一的广告公司，因为它也是用中国人的智慧，在各地把好的观念发扬光大。奥美和大众汽车一样。”

接下来我边放幻灯片，边说明脚本细节。从上海同事那里“挖”来一句“学好数理化，走遍天下都不怕”，这句话在当地人口中几乎是倒背如流，朗朗上口，我就把它改成“拥有桑塔纳，走遍天下都不怕”，作为广告标语。

我提案时向来说学逗唱声光俱佳，总经理因此对我印象深刻，他说：“你好像梅兰芳，唱念坐打样样来。”后来吃饭时他还问我：“梅兰芳，你哪儿来的啊？”听说他回去之后，还对员工训示：“你们看，真正的广告就是要这么做。”

首战告捷，大众汽车成为上海奥美的长期客户，我也理所当然在上海落户了。

外地人做当地广告

广告其实是一种“文化侵略”。怎么说呢？因为它将我们要传达的概念，通过某种媒体进行洗脑。而怎么样让这个“工程”快速进行并收到效益呢？那就是用当地的语言去沟通。

1991 年，上海的户外广告非常普遍。我曾看到过一个化妆品大广告牌，标题是“今年二十，明年十八”；还有一个广告是“长城电扇，电扇长城”。这些语句和背后的文化，是我这个外地人无法理解的，光是和同事的沟通，就让我强烈感觉到彼此的语言差异。

上海同事曾经告诉我:“你们台湾人好矫情，好吃就好吃，干吗说‘好好吃’？”当然“好好玩”等好好什么之类的，在他们听起来都不太顺耳。而我呢，刚开始每次问他们这个广告如何、那个东西怎样时，最常得到的回答是“还行”。什么！只是还行而已？上海人都这么拽吗？后来才知道原来“还行”不是我以为的“差强人意”，而是“很不错”。因为他们讲话都喜欢有所保留。

除此之外，我跟员工说“下次不要再犯错了”，原本只是好意提醒，并没有责备的意思，却常发现他们难过得仿佛被狠狠骂了一顿般。一问之下，原来“犯错”几乎等同于“犯罪”，是很刺耳的字眼。那要怎么说呢？根据同事的指导，应该说:“这件事情你要修正修正。”而如果你听到上海人跟你说:“今天晚上的电影票估计很紧张。”你也别一头雾水地紧张起来，他们的意思是票会很难买。

有时候我讲的话他们也会觉得有趣。譬如我说“谁怕谁啊”,或是“这件事铁定会成!”,他们就会问:“范先生,‘铁定’是什么呀?”经过一番解释，他们才恍然大悟:“哦，原来您的意思是‘肯定’会成。”

类似这样的例子，在初到上海时真是不胜枚举，让我觉得每天都充满了乐趣。但我毕竟不是在这里成长的，学得再快，也还是没有办法完全抓到他们的语言特色。这使我在工作上有了很大的改变，不再亲自操刀找创意，而变成做判断。

以上海先施百货的开业广告为例。先施百货原本是在上海起家的，后来移去香港，香港做成功后又开到台湾。1992 年它要回上海重新开张，找到奥美帮忙。我请同事一起来讨论，要他们想想有关先施百货的种种事情。后来有一个人就说，“先施”的上海话发音和“西施”是同音，我一听觉得有趣，于是创作了一个广告是“西施回来了？！”。

广告推出之后，果然引起大家的注意。其实做广告要向本地人学，只有了解他们在讲什么、想什么、看什么、听什么……广告才能真正进入他们的心里。

我从上海的同事处知道，先施对上海人而言，象征繁华美好的记忆，因为这家百货公司在当时是最高档的。而爱好排场的上海人对于“我的爸爸妈妈，甚至爷爷奶奶曾在先施买过东西”都有着无比的虚荣心。抓住他们这种怀旧心理，加上先用“西施”这个同音词引起的好奇，很自然地就打响了这个广告。

而这些信息从哪里得来的呢？就从上海本地人那里得来。要了解上海人，你就要用当地人的方式生活，而不是用自己的方式。我常看到一些金发碧眼的外国人，他们的生活仍然在自己的小圈圈，除了工作，不太跟当地人接触，他们做的广告还是用洋人的思考模式，这样的作品怎么能打动当地人呢？他们大可在自己的国家做好广告，再送到另一个国家播放，不必千里迢迢到另一个城市用自己的方法做广告。

我自己在上海时全身心投入当地的生活，和当地人交朋友，隔三岔五就去逛夜市、小吃摊，吃到拉肚子不说，有一次险些连命都赔上。那次我和一群上海同事去吃夜市，我们点了一道汽锅鸡，吃完后才知道小小的一只鸡竟然要价两百多元人民币，简直是坑人嘛！！我当场就和老板理论起来，老板很不爽，拿起菜刀一剁：“那你想怎么样？”要不是上海同事硬拉着我走，我们可能对干起来。

虽然如此，我依旧乐此不疲。我喜欢吃、喜欢交朋友，所以从这几方面来认识上海。我对上海有哪些好吃的，到哪一家餐馆要点什么菜了如指掌，如数家珍，都是上海朋友告诉我并且带我去吃的。很多外来的朋友十分纳闷，我为什么对上海这么熟，其实我只不过是经常穿梭于各大小餐馆、酒馆、小摊、古董店之间，就算被骗、被坑，吃了很多亏也甘之如饴。对我而言，每认识一个朋友，就像这个城市又为我多开了一扇窗。不同的人开不同的窗，他们每一位都是我的老师。

贝克啤酒诚征大爷

关于本地化精神，还有一个案子也让我印象深刻，那就是贝克啤酒。这个德国品牌厂商在福建莆田盖了酿酒厂，准备大显身手。他们来找奥美，提出了一个通路要求，问我们可不可以达成。

原来他们想在海南铺货，因为海南很热，大家喜欢喝啤酒，是个非常大的市场，但因为贝克啤酒在当地没有知名度，中盘商不太愿意进货。于是我们组了一个工作小组，立刻飞到海南省最大的城市海口考察。

那真是一次难忘的经历。

海南省是个经济特区，改革开放之后，仿佛变成了淘金者的乐园。很多人来这里炒地皮，因此海南吸引了众多投资者、淘金客，他们都来这里追逐梦想，所以海口市有60%的居民是外地来的。走在海口市的路上，你很容易听到出租车司机随意指着路旁的大楼说“那栋大楼三年前还是一片田，现在地主可发了”，“那间啤酒屋的老板是从一个贫困户发迹的”，等等。海南岛真是一个传奇之岛。

接着我又发现，由于海口很热，当地人都不喜欢待在家里，一到晚上他们就在外面纳凉，或是到小摊上喝啤酒，待到很晚才回家。所以如果在这里做广告，绝对不能用电视，因为根本没有人看，反倒是一些小报的销路很不错。

到了第二天下午，我脑中就隐约有个想法了。首先，媒体一定要用报纸。其次，这里有很多传奇故事，既然每个人来海南都想成为大爷，那么我们何不来创造一个成为大爷的机会呢？

我们请贝克啤酒的客户准备 20 万元的奖金，同时包下全海口市最豪华饭店的总统套房，让某一位大爷住一夜。当晚还会安排满汉全席，邀请这位大爷的 12 位亲朋好友来共同庆祝。晚宴后还有劳斯莱斯载他去游街巡礼。

这一切荣耀与奖金只属于一位大爷，只要你收集贝克啤酒的瓶盖，瓶盖最多的人，就是我们的大爷！

这个想法很疯狂，但每个人都觉得很好玩，决定放手一试。广告上了之后，开始有人打电话来询问细节，这说明消费者注意到这件事情了。于是我们又使用了一些小技巧，在分类广告中刊登“重金收购贝克啤酒瓶盖”的启事，让消费者觉得确有其事。

我们后来又上了另一则广告：“据说有人已经收到 242 个贝克啤酒的瓶盖，这是我们目前知道收集最多的！”马上就有人打电话来抗议：“笑死人了，我现在已经收集到 800 多个了。”

我们一直不停地登广告刺激消费者：有人打电话到德国请朋友帮忙收集贝克啤酒的瓶盖；现在最热门的工作是拾荒，因为可以捡贝克啤酒的瓶盖；有人为了贝克啤酒瓶盖在街上大打出手；等等消息。它们有力地带动了风向。我们甚至还办了跳蚤市场，并且在饭店租了一个房间，告诉消费者可以到这里做贝克啤酒瓶盖私下买卖。

其实所有的事情都是创造出来的，我们知道有人在收集，但是不知道有多少人。这是一个风险很大的赌博，因为到时要是没人来，那就很难看了。半个月之后，我们在海南岛做了一个市场调查，问一些当地人，他们知不知道贝克啤酒最近在办什么活动。得到的反应是:“知道啊！他们在办收集瓶盖的活动。”

终于到了揭晓那一天，我们在饭店包下大厅，设定 3 个小时为比赛时间。现场准备了一个宝座，让收集瓶盖数量最多的暂时先坐上去，直到他被打败。第一个只坐了 4 分钟就被赶下来了。接下来，陆陆续续换了十多个临时大爷，瓶盖数也从数十个到 1000 多个，当时我认为此人大概就是“贝克大爷”了。

时间一分一秒地过去，就在最后关头要宣布大爷人选时，大厅外突然有一个人大喊一声:“等一下!”所有人回头一看，只见一个坐轮椅的人被推了进来:“我有很多很多的贝克啤酒瓶盖。”他背后竟然有十来个大汉扛着一麻袋一麻袋的瓶盖进来！大家不用数，一看就知道他稳赢。后来好不容易点完了，那个人总共收集了 4 万多个瓶盖!

原来那位老兄开了一家海产店，为了夺得宝座，下令店里只卖贝克啤酒，而且只要点贝克啤酒的人，菜品一律八折优惠，完全显现志在必得的决心。

“贝克啤酒诚征大爷”这个戏剧性的活动圆满落幕。经由这个活动，贝克啤酒在海南的知名度，3 个月内从零暴增到 80%。

年少轻狂的我在 20 世纪 90 年代，跌跌撞撞走南闯北四年多后回到台湾，和董洽及林友琴加入李奥贝纳（谢谢他们夫妻一路容忍我）。1999 年自立门户后，我基本上就走自己的路，和广告圈渐行渐远了。

再回到上海已是 15 年之后。2010 年我参与了上海世博会台湾馆的设计规划，虽然创造了天天爆满的盛况，但沧海桑田人事已非，想起当年一起拼搏把酒言欢的伙伴们，T. B.、董洽、林友琴、李慧薇、屠玉华、杨舸、黎音、郁海敏、王文颖、李莉、邬义、陈碧富、唐咏、宝琪、张红……大家可好吗?

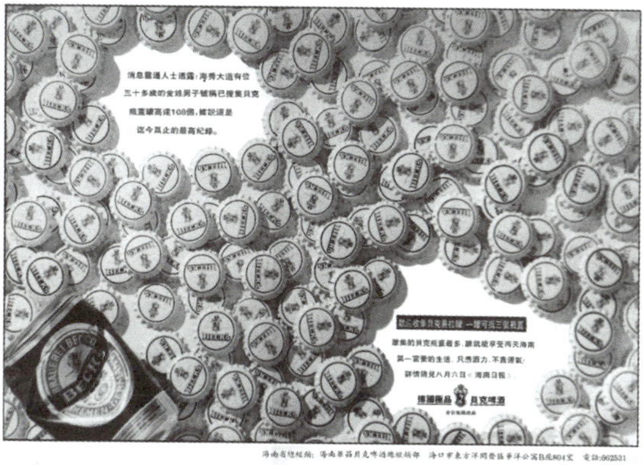

上／　在大部分广告都是全三或 1/4 版的时代，上海奥美创意团队在范可钦引领下突破常规，在《文汇报》刊出中国第一个全版报纸广告

中／　上海奥美贝克啤酒收集瓶盖的广告营销战役

下／　1991 年，桑塔纳广告片：拥有桑塔纳，走遍天下都不怕

我在奥美的“第一次”

郁海敏（Helmut Yu）

（1992 年加入上海奥美，上海奥美第一任本土资深客户总监）

离开奥美已经整整 20 周年了，其中很多的记忆开始淡忘、模糊。实际上，后来我在同盟的日子几乎是在奥美的两倍，但奇怪的是，自我感觉中，我好像从来就没有和奥美有所割裂。奥美的成就让我由衷感到骄傲和自豪，奥美的逆境也会让我感到沮丧和不安。见到奥美的同事，不管身在何处，总有一种家人的感觉，丝毫不会见外。每次回奥美开会，总觉得既亲切又熟悉，而且毫不做作，毫无隔阂，觉得一切的一切是那么理所当然、自然而然。

奥美，已成为我生命的记忆密码。

1992 年 2 月 17 日，我加入上海奥美，担任客户主任。从那天开始，我的生活发生了本质性的改变。和那个全面改革开放的时代一样，我由一个在梅陇的校园讲台上照本宣科的大学老师，变成了国际 4A 的业务主任。这其中转变之大之烈，仿佛一条鱼突然从水中移民来到了陆地，要开始行走生活。其间所见所闻，每一样每一天，都充满了新鲜和不同。其中，就有许许多多难以忘怀的“第一次”，这些“第一次”串联起我的广告生涯的开始，也成为难以磨灭的人生记忆。

第一次面试

1991 年圣诞节前后，那是上海滩数年来难得一遇的一个严冬，用滴水成冰来形容，似乎还不足以描述其烈。那一天阴暗的黄昏，风雪逼人，我骑了一辆自行车，来到梅陇的公共汽车站等候下班的太太。公共汽车站离我们当时居住的上海经济管理干部学院宿舍步行大致需要 15 分钟。风雪实在太大，我把自行车支在候车亭外，一个人蜷缩在车站的背风处。因为恶劣的天气，那天的公共汽车来得特别晚，好像比平时晚到了近 30 分钟。等到车来，我接到太太，准备推车回家时，突然发现自行车根本推不动了。在昏黄的路灯下，我完全懵了。刚才骑过来不还好好的，现在怎么一点儿不动了？要知道，在那个年代，一辆自行车对我来讲真是一件相当贵重的“大件”物品，绝对不能出什么纰漏。我俯下身来，前后仔细察看了一圈，才发现原来自行车的两个轮胎已经结冰，牢牢地冻在地面上了。这是我从小到大在上海生活从未经历过的事情，所以印象特别深刻。而同样印象深刻，甚至彻底改变了我一生命运的是，那天下午，我接到了一个电话，一个参加上海奥美广告公司面试的通知电话。这个电话，彻底改变了我的职业生涯，为我打开了通往广告世界的大门。

1991 年，奥美在上海的办事处升格为合资公司，没多久，就在《解放日报》上刊登了一则招聘广告。版面并不大，也没有花哨的设计，标题是《一个工作的好地方》，下面就是招聘职位描述和具体要求，就是这一句平直的话击中了我的心。20 世纪 90 年代初，在那个全民下海的年代，“跳槽”成为高频热词。对我们这些精力过剩、不用坐班的年轻教师来讲，平淡而又枯寡的校园生活显然无法满足我们躁动的心灵和干瘪的钱包，大家纷纷寻找各种机会来选择新的职业。交流分享招聘信息就成了我们日常相当重要的一个互动环节。我已经忘了是谁给了我这个广告，拿到以后，按照要求填完随手就寄了出去。做完这一切，一两个星期之后，它就已经从我的日常生活中慢慢消退了，直到这个电话响起。

第一次面试时间是在圣诞节后的第一天上午九点半，新虹桥大厦 707。寒潮依旧笼罩上海。上海不像北方，冬天不常下雪，所以也没有常规性的随下随扫的机制。整个地面就像被拍了一巴掌又被冻了一整晚的奶油蛋糕，地上的积雪冻得硬邦邦的。那几天，上海的公共交通几乎全面瘫痪。考虑到第一次面试肯定不宜迟到，于是我决定骑自行车前往。新虹桥大厦坐落于虹桥开发区，除了几幢涉外宾馆，就只有办公楼，路上白天也人影绰绰，更不用说晚上。在此之前，我几乎从来没来过这个区域，对这里一无所知。为了熟悉道路，也为掌控时间，我提前几天在一个下午沿着查好的路线，从梅陇路到虹梅路，转到虹许路，再到虹桥路，七转八弯大致骑了一次，算下来单程大概需要 50 分钟。那时虹梅路的两边还能见到很多连片的农田。骑过这一回，自己心里觉得对掌控面试到达时间就比较有底了。

面试当天，我提前一个半小时出门，因为有了前几天的探路，心里觉得比较踏实。但是在 12 月底的隆冬，又正值寒潮来袭，一大清早 8 点钟，在上海的郊外寒风中骑自行车的感觉，还真应了那句老话，“三九寒天喝凉水，点点滴滴在心头”。一骑出去没多久，发现原来看起来挺严实的外套完全是中看不中用，冷风直往领口里面灌。一路上，前胸冰冰凉，后背却在冒热汗，自行车摇摇晃晃往前行，针刺麻木的感觉从手指尖、耳朵尖一点一点开始往身上延伸，两只脚机械地蹬动，心里只想着无论如何不能迟到，不能耽误了第一次面试。到了新虹桥大厦，九点刚过，大楼里春意盎然，和外面完全是两个世界。擦肩而过的都是穿着衬衣打着领带的先生小姐。说实话，我在上海还从来没在 12 月底看到穿着衬衣上班的人，这难道就是我未来的工作环境？忐忑中，来到了 7 楼奥美的门口，透过两扇玻璃门，迎面就是涂满全红的一面墙，上面是书法体的“奥美”两字，下面一排是中英文书写的“上海奥美广告有限公司”。眼看到了九点半，门口也聚集了几个来面试的人，但大门却纹丝不动，大家开始交头接耳、窃窃私语。一会儿才知道，不知是什么原因，反正大门的门锁就是无法打开。说实话，那时心里真的有点儿恼。我担心面试迟到，一大清早提早这么多骑车出门赶过来，而到了面试时间居然让我们吃一个闭门羹，这算什么国际性公司？心里顿时升起一种无名的抱怨。直到后来，在奥美做久了，才发现，迟到实在算不上什么大毛病，无论在机场、在客户会议室、在片场，迟到好像一直伴随我们，是我们的基本宿命，作为代理商，似乎永远在和最后一分钟作战。

谢天谢地，大门的门锁总算被鼓捣开了，我被带进会议室，面试开始了。面试我的是三个人，到后来成为同事，我才知道三位面试官分别是上海奥美办事处代表邬义、上海奥美副总经理许国梁和总经理董洽。董洽应该是我见到的第一个台湾人。他应该也是第一次来上海，圆圆的脸，慈眉善目，西装笔挺，说话慢腔慢调，有点儿像老上海电影里的老式口音。印象最深的是他把“和”发音成“汉”。我当时其实是很紧张的，所以一门心思在思考如何回答面试。一上来是常规的自我介绍、工作经验和为什么想要来奥美等等。当时的我根本没有任何面试经验，一开始就打定主意实话实说、有一说一。所以我就说，想要跳槽，离开教师岗位，主要有两个原因：第一是工资太低，所有的工资加上津贴、书报费、交通津贴、副食品补贴等，一个月 100 多元，入不敷出；第二是我教的学生都是在职生，他们都有实际作业经验，很多人甚至是主管营销的副厂长或者副总经理（有的后来居然还成了我的客户），而我一从学校毕业出来，就开始走上讲台，理论脱离实际，照本宣科，在他们面前很缺乏说服力，这也是我想要尝试转型的最主要理由。董洽听完应该是非常疑惑的。一个复旦名校毕业的研究生，一个月才赚 100 多元人民，折合 20 多美元？这是真的吗？看上去我也不像是在说谎卖惨，这个事实一定超出了来自对岸的他的基本认知和判断。带着满脸的不解，这接下来的问题是“你对广告和奥美了解多少”。对这个问题，我是有所准备的，仗着在读研究生的时候学过一个学期的菲利普·科特勒的《市场营销原理》，我从定位到 4P，到广告在促销中的作用，顺便还带上了大卫·奥格威的《一个广告人的自白》，拉拉扯扯一口气讲完之后，隐约觉得这次好像有戏。面试到尾声，他们三位退场，让我在会议室内稍坐一会儿，最后返回的是董洽，看上去一脸的严肃，他问了最后一个问题："我们广告业是服务性行业，请问你准备如何来面对各种各样的压力？"还没等我想好要如何回答，他已经开启了"自问自答"模式："广告这个行业，压力不断，每个人想要能够持续生存下去，必须发展出适合自己的'生存急救包'。不同的人在面里会放不同的东西，有的人是打坐，有的人是去跑步健身，有的人是喝酒买醉，也有人找朋友倾诉。你如果要加入我们，也一定要准备好适合自己的'急救包'。这个东西在平时不一定用得到，但你一定要有，要备着……"听着他的滔滔不绝，我唯有不断点头，表示心领神会。到后来，自己也成了面试官，才慢慢开始明白，这大概是觉得面试差不多通过了，所以利用第一次面试的机会宣导一下自己的观点和主张，也是一个很有效的节点。这就是我在奥美的第一次面试。

第一次大比稿

严格来说，这里说的"第一次比稿"并不是我所在的作业小组在上海奥美参加的第一次比稿，而是上海奥美成立以后整个公司的第一次大比稿，其规模之宏大，影响之深远，就算我当时作为边缘人，也深受感染，故记之。

上海奥美刚成立，我们服务的客户主要来自当时在香港成立的奥美中国（OMC），同时香港还有香港奥美，它们虽在太古城同一幢大楼，却在不同的楼层，也是不同的体系和团队。奥美中国主要服务大陆的国际性客户，主要是联合利华、上海庄臣、麦氏咖啡、博士伦等几家。从20世纪80年代开始，随着改革开放打开国门，国际品牌开始尝试踏入大陆市场。但是当年在大陆，几乎没有合格的广告公司能够提供它们所需要的专业服务，所以这些国际性客户大都把市场部设立在香港，通过在香港的市场部和香港的广告公司，来遥控操作大陆市场。进入 90 年代以后，随着大陆市场的慢慢拓展，一些国际性客户已经开始将市场部转移到上海；还有一些公司虽然中国市场总部还在香港，但本地团队主导的案例开始上升。

上海奥美生逢其时。当时的作业内容主要有两种：一种是客户的市场部在上海，于是日常的客户服务、创意、媒介简报和提案由上海奥美来负责，碰到重大的策略和创意发展、执行（主要是电视广告片，即 TVC），由奥美中国团队来领导和支援；另一种是客户的决策团队还在香港，奥美承担了大部分的作业，但上海奥美提供日常的在地支持，包括创意素材的完稿调整、媒介的购买等执行性服务。在这一阶段，也有一些零星的国内客户找上门来，要求拍摄广告，但上海奥美始终没有一个足够重量级的拿得出手的本地客户案例。我们那时出去接待客户用的公司作品介绍，都是奥美全球和台湾奥美的作品。回头来看，这种作业模式，在公司初创阶段其实是比较合适的。一大堆社会招聘的新人，空有一腔热情，但几乎没有人有真实的作业经验，就像一群新兵蛋子，如果没有几个老兵压阵，真的一上阵，枪炮一响，就立马露馅了。

这样过了有一年多，来到了 1993 年的春天，传来了上海大众汽车桑塔纳要开始比稿，重新选择代理商的消息，奥美也是比稿获邀对象之一。消息一出来，整个公司仿佛有一种蛰伏已久，突然被唤醒要出山打江湖的躁动感。虽然我并不在比稿小组，但整个公司犹如一台巨大的蒸汽机，一经点火，巨大的车轮连带着大大小小的齿轮，一动百动，开始进入一种临战的亢奋状态。那种兴奋感和使命感油然爆棚。为了这次比稿，奥美组织了两岸三地最精锐的比稿团队。上海奥美负责中国本土竞争品牌资料和消费者行为偏好的收集整理，台湾奥美组织了一个六七人的资深作业团队，早早进驻波特曼大酒店的客房，没日没夜动脑赶工，负责策略和创意，奥美中国负责媒介策略以及后续提案文本的中英文翻译合成。

当时，奥美对整个比稿的每一环节、每一细节都做了周密的计划。我们作为非比稿小组的外围人员，主要负责后勤、服务、联络等工作。比稿前夜，我们一组人从杭州和客户开完会回上海，乘坐绿皮车，经历了四五个小时的颠簸，到上海火车站已是晚上 10 点多了。按理来说，这个时候到上海，大家可以各自打车尽快回家休息了，但这时似乎每个人都惦记着明天的大众比稿，于是决定先去新虹桥，看看公司准备的状况再说。一伙人一路直奔新虹桥，下车上楼，刚走出电梯，发现才两天没进来，公司整个变了样。公司就像大年三十晚上的大家庭，张灯结彩，公司外面的公共走廊装上了射灯，有人在切割，有人在张挂，墙上是一幅幅装裱得很精美的奥美广告作品，虽然比稿还没开始，但已经开始准备比稿获胜以后客户来访的环境布置。虽然已近半夜，但每个人脸上都洋溢着喜悦和紧张。踏进公司，恰似一场大戏开场前的后台，每个人都忙忙碌碌，但忙而不乱，忙中有序，忙碌中透着兴奋和期盼。因为我不在比稿组，也帮不上什么忙，于是在公司里兜兜转转，看大家在忙碌加班。转到会议室，门开着，看到里面只有两个人，那是奥美全中国职位最高的两位老大—— T. B. 和香港奥美中国办公室总经理胡镜泉。他们两个人打开投影机，放上投影片，正在准备做提案前的预演。T. B. 对着空无一人的台下正式开始自我介绍：“各位上午好，非常高兴被邀请参加这次提案。我是奥美大中华区的董事长，我姓宋，来自台湾。”他说一句，胡镜泉翻译一句，两个人非常投入，不时还轻声交流一下，然后在笔记本上记下什么。我在门外看得呆呆的，这应该是我第一次亲眼见到如此正式和高规格的提案彩排。打那以后，只要我自己开始做提案彩排，这一晚的情景就会浮现在我的眼前。

正式的提案安排在锦昌文华酒店的会议厅。从会议流程到提案设备、提案人选和会后的用餐，都做了相当精细的规划。我当时被安排在后勤服务组，我们的主要责任是接待照顾前来参加比稿会议的大众高层的司机。在那个年代，汽车是独特的社会地位象征，上海大众的每一位与会领导包括德方高层，几乎都有专属司机，他们是一个非常特殊的群体，也需要被细致照顾。于是，在大众的领导被奥美的高管隆重迎接进入提案室的同时，那些司机就被我们引入楼下早已安排妥帖的休息室。所以对于这次提案的正式内容部分，我的记忆全部限于点烟倒茶、送水果、拉家常、安排盒饭、发送免费停车券之类。

第一次拍电视广告片

上海奥美成立后，为了接触新客户，我们需要有公司的作品集来进行自我宣传和推销。但当时奥美在大陆业务刚刚起步，一支片子还没拍，所以拿来的作品都是奥美中国为大陆的客户在香港制作的，权充我们的作品。我到现在还记得里面有上海庄臣的雅思丽和飘洒洗发水、雷达驱蚊喷剂，还有果珍、联合利华的旁氏、斯格兰冰露等。拍一支 TVC，对那个年代的广告人和广告公司来说，是相当隆重甚至近乎神圣的工作。

我们拍摄的第一支完整的 TVC 是杭州西泠双门冰箱，创意提案在当时的创意总监范可钦的助力下，客户一次通过，估价也顺利签下，于是进入正式的拍摄环节。当时全上海根本没有一家专门从事商业影片拍摄制作的机构，所以我们的拍摄必须借助上海电影制片厂，就在如今徐家汇大教堂的斜对面。基于当时的现实状况，我们决定以上海电影制片厂为基本班底，租用他们的摄影棚，聘用他们的道具、场务、灯光等协助团队。上海电影制片厂是国营单位，以拍摄电影故事片为主。那时还充满了计划经济年代的感觉，他们的演员和工人每天按照上下班的节奏，准时上班，准备、安排、拍摄，到点打卡收工下班。所有拍摄条件和商业广告的拍摄要求相去甚远。因为需求很有限，所以在市场根本找不到专业的广告片拍摄服务的供应渠道。为了这个案子，公司找到一位常驻北京的台湾监制保罗来负责全盘统筹，又从台湾找了一个自由职业摄影师操机，一个女助理来辅助，加上我们的美术指导和文案，总算凑齐了班子。在准备拍摄阶段，为了拍摄“扣底”的效果，需要刷一大片蓝幕，当时上影厂的美工从来没听说过要如何做。在偌大的上海居然找不到解决办法。经过不断磋商，最后决定从香港派人带来蓝色的“色母”，调在乳胶漆中，刷在细木工板的背景上，这才完成了任务。其间包括制造泛光效果的硫酸纸，以及一些特殊的胶带、锡纸、记号笔、制造冰块特效的假冰，林林总总从香港运来好几大箱，总算凑齐了基本的拍摄器材。因为这些东西在当时实在是稀缺，有钱也买不到，所以还专门指定了人选，务必严加看管，余料必须全部拿回公司里，以备下次使用。

懵懵懂懂中总算是筹备完成，正式开机了。小伙伴们是如此兴奋和自豪，我们总算也可以拍摄属于我们的 TVC 了。但是一接触，就发现问题远非想象中的那么简单。首先是作业语言、术语的用词不同，导致常常鸡同鸭讲。摄影师在场上大叫“加一块保丽龙”，下面的灯光工人个个面面相觑，不知道是什么。经过七嘴八舌的翻译沟通，才知道其实就是我们这里的泡沫板。其次是对品质和流程的要求有很大不同。那时国门刚刚打开，和国外的专业交流尚未开启，国内电影厂使用的基本上都是 20 世纪 50 年代苏联的一些套路和流程。帮我们做摄影指导的，据说是上影厂获得过金鸡奖还是什么奖的资深摄影老师，但面对来自商业摄影相对发达的港台地区的摄影师，也是无法沟通。他们相互指责，心生怨气，拍摄就在磕磕绊绊中艰难推进，不断尝试，不断推翻，不断沟通，整个过程进行得相当艰难。

到了后半夜，可爱的董洽老板在公司加完班，一时兴起要来片场探班（这也是我第一次知道什么叫“探班”）。他本以为所有的片场都应该是灯火通明、全天无休的样子，没想到，上影厂才不管你们在里面通宵加班拍摄，门卫一律到点锁门下班，连值班师傅也不留一个。看着那扇高大的栅栏大铁门，他热血上头，决定翻门而入。可能还是心虚，加上半夜黑灯瞎火，就在他翻过大门将要落地之时，脚下打滑，不慎扭到了脚踝，导致严重的跟腱拉伤。为此，他包着石膏纱布单腿瘸了好一阵。

第二天，拍摄继续进行，摄影棚内灯光斑斓，让人很容易忘了时间，身在此中不知道是白天还是黑夜。随着时间的推移，疲劳的累积和沟通障碍的发酵，现场工作人员和摄影师之间的对立愈发尖锐。我听到不止一个工人在私下嘟囔："哪有这么拍的，从来没见过一个镜头要拍40 多遍的，太夸张了吧。要是我们都像他这样拍，上影厂早就破产关门了……"冲突在第二天半夜达到了顶点，在摄影师一番现场抱怨感很强的指挥语调下，工人们实在是忍无可忍，撂下话"这活没法干了，我们也干不动了，不拍了"，就开始收拾家伙"罢工"了。我们一下子都呆在现场，傻眼了。谁都没有想到第一次拍摄就遇到这样的问题，大家大眼瞪小眼。这个时候，我们邀请的台湾制片大哥发挥了他多年老到的片场沟通经验，一边递烟点火，一边称兄道弟，立即宣布今天拍摄先到此为止，每个人加班费加倍。明天如身体恢复可以继续拍摄，加班费依旧加倍，如果吃不消无法上班，就换另一组工人替上。轻描淡写间就化解了一场冲突。第三天一早，继续开工。直到第三天后半夜，当导演宣布最后一个镜头 OK（好）时，摄影棚外的天空已经微微泛光了。整整三天三夜，属于我的第一支 TVC 总算拍完了。

拍完之后，来自台湾的女制片助理立即带着厚厚的几十本已经拍摄的胶卷飞往香港，进行冲片和后期制作。携带已拍摄的胶卷进行长途旅行也是一项非常有风险的事情，胶片不能有任何见光，也不宜在机场过 X 光安检，怕影响未来画面的画质，必须申请手检。或许那时这类旅客比较少，也或者是那个年代对台湾客人比较宽松，一路上费尽口舌，终于平安抵达香港。

当带子再次回到上海，已经是完整的 30 秒片子了。一队人赶赴杭州，趁热打铁，交片也是一次通过。除了略微带一点儿港腔（也有客户认为这反而更增加了品质感和时尚感）的普通话配音，其他近乎完美。看着我们的脚本变成屏幕上真实的画面，回想起拍摄过程中的点点滴滴，参与其中的每一个人，心中都充满了喜悦和自豪，自然也有不少的感慨和回味。

第一次客户会议

上海奥美一开门，除了协助位于香港的奥美中国办公室处理一些国内客户跟进事项，并没有实际的业务发生，所以我们上班的第一周，每人发了一盒名片、一个文件和两本书，主要工作就是坐在办公桌前自我研读。一个文件是被称为“奥美游戏规则”的员工手册，扉页上写着“希望你以严肃的心态来游戏”，内容主要是各种各样的员工守则和奥美的价值观。两本书是大卫·奥格威的《一个广告人的自白》和肯尼思·罗曼的《怎样做广告》。《一个广告人的自白》在之前已经看过，但正式坐在他创立的公司办公室里成为其中一员，再读一遍，自然多了一份崇高感和使命感；《怎样做广告》则因为之前自己完全没有广告行业经验，读来一目十行，不知所云。但后来这本书我在不同时期一读再读，至少不下十多次，每次读完都还能有新的启示，真不愧为经典。

那是没有电脑、没有网络、没有手机的年代，对着一个文件、两本书，每天从上午 9 点到下午 6 点，在熟悉了新的环境之后，无聊感便开始上升了。看着别组的同事在电话中联系客户沟通业务、预约会议、开完会回到办公室谈笑风生、意气风发的状态，看着自己面前的两本书和一周也没有响过一次的电话机，不能说是如坐针毡，心中也早已开始蠢蠢欲动了。在压抑了很多次以后，我终于忍不住小心翼翼地问董洽：“今天下午你们的客户会议，我可以去旁听吗？”董洽他们都在忙于准备会议的材料，他头都没抬随口说了一声“好”，就又去准备了。到了快出发的时候，他似乎想起了我，走到我的桌子前，说了一句我这一辈子永远不会忘记的话:“现在准备出发！带上名片，保持微笑，不许说话。”这句话，给我的第一次客户会议定下了一个基调。

那次的客户是上海庄臣，位于上海华亭喜来登大酒店的四楼一整层。那个年代上海专业的办公写字楼凤毛麟角，很多国际性客户都会在五星级宾馆里租楼办公，以享用匹配的高档物业服务（这也是我第一次踏进五星级宾馆）。从奥美新虹桥大厦到华亭宾馆，直线距离 5.1 公里，现在来看大概需要 20 分钟的车程，但当年上海正在建设内环线，整个上海犹如被掀翻了一个盖子，成为一个偌大的停车场，道路堵塞司空见惯。而且因为没有移动通信联络方式，所以一旦离开办公室，遇上堵车，就完全失联，音信皆无。20 分钟的路程，曾经创下最高 3 个半小时才到达客户办公室的纪录。望着客户满脸疑惑的目光和“你们现在还来干什么”的调侃，真是哭笑不得。

当天的会议是关于客户的品牌雷达驱蚊剂的 TVC Double Head 的提报。这个词汇曾经困惑了我好久，直到很久以后有机会自己去香港做后期，才了解这大致上是介于粗剪和精剪之间的一种状态。根据有道翻译上的解释，是指拍摄完成后，根据脚本先剪出初剪片（Rough Cut）带，再加上音乐样本（Music Reference）及配音样本（Guide Track）给客户审阅的版本（Double Head）。因为我是当天临时加入的，对前因后果一概不知，加上对很多的专业术语，包括很多的英语词汇一无所知，所以毫不夸张地说，当时我真的就是在听天书，两个多小时的会议，除了装模作样地频频点头和僵硬的微笑，我真的一句话也没说，也实在插不上嘴、不敢说，总觉得会议时间特别长，感觉也不比在办公室面对那两本书来得好玩。直到最后董洽做完会议总结，合上笔记本，说了一句“那今天的会议就到此结束”，我长长出了一口气，觉得这才是整个会议最动听的那句话。

第一次培训

奥美对员工的培训应该是有口皆碑、毋庸置疑的。业界曾盛传“多一张奥美培训证书，跳槽工资就能多要500元”。看今天，奥美在广告界开枝散叶、口碑卓著，这其中，培训一定功不可没。上海奥美在开业之初，公司敢于完全不考虑所谓的实际工作经验，招进一整批没有任何广告作业经验的新人，或许正是源于奥美对拥有完整培训体系的自信和底气。这些人中，有大学教师，有外资公司的销售代表，也有涉外宾馆的美工人员、国企的玩具设计师……什么样的人都有，就是没有一个人学过和做过正经的广告。要把这样一群人捏合到一起，几周以后就可以真刀真枪上阵干起来，培训真是必不可少的第一步。

进入公司两周以后，我们被要求带上一周所需全部的替换衣物、个人生活用品、纸笔，去参加为期一周的“1992上海奥美密集训练营”(1992 Shanghai Ogilvy & Mather Intensive Training Program)。训练营的地点设在上海嘉定区（当时叫嘉定县）嘉定宾馆，那是一幢园林式的宾馆，园内花木蓊郁，距离市区40~50公里。在当时的交通条件下，一般人是根本没有办法自己回到上海市区的。把培训地点设在此地，也实属用心良苦。周一大清早，公司的班车把所有人统一拉到宾馆。一下车，就开始分房间、发材料、领文具，感觉准备非常周到充分。每人还领到一件为本次培训而定制的大红色圆领卫衣，胸口印着本次培训的名称和一个专门设计的图案。那是一段扎着刺、卷成圈的铁丝网，我看到后第一联想就是“集中营”。每个人都觉得特别好奇，为什么要设计一个这样的图案？接下来开始宣布培训的游戏规则，这让人有一些基本的感觉，这一周应该不会轻松。第一，任何人在培训期间不得走出宾馆的大门。

第二，每次上课时间由专人负责计时，每迟到一分钟罚款十元，上不封顶，另有一位专人负责收罚款。第三，负责老师、来自台湾奥美娇小可人的林友琴意味深长地说道："每天培训结束后会布置小组作业，考虑到第二天还要上课，建议各组作业时间尽量不要超过两点钟。"场下大家哄然一笑，根本没往心里去。没想到这句意味深长的提醒，远远不足以描述整个培训过程之"严酷和惨烈"。林友琴作为资深过来人，应该还是保留了很多。自此之后，这些规则就成为以后奥美培训的传统规则，历经几十年都延续不变。

整个培训安排了四个全天的课程和第五天上午的小组大比稿。每天下课后会根据当天的讲课内容布置小组作业，晚餐后就开始分组作业，第二天上课前安排各组汇报小组作业。培训由 T. B. 的开场白起头，培训教师中，台湾奥美几乎精英全出。讲师团由台湾奥美培训总监林友琴牵头，包括调研总监陈碧富，企划总监叶明桂，创意总监孙大伟、吴力强、范可钦，媒介总监陈俊良。台湾奥美总经理庄淑芬也亲自前来督阵，再加上上海奥美总经理董洽，真可谓是济济一堂，俨然一个大家族忽然得一子，一家人的喜悦和欢欣溢于言表，每个人都欣欣然想来抱一抱、亲一亲的感觉。但欢喜归欢喜，每个老师上课和布置作业都毫不留情，早上八点半开始到下午六点，除了一个小时午餐时间，安排得满满当当。课程包含"你不可不知道的 13 个营销入门概念""提案技巧""什么时候做什么调查?""如何写得更好?""你该知道的奥美策略蓝图""如何评估竞争品牌创意策略及企图""从概念到点子""奥美媒介蓝图"等，洋洋洒洒，真的让人目不暇接。那个时候的我们，浑身被一种崇高的使命感激励，虽然幼稚，但真像一块饥渴的海绵，不知疲倦，只知道拼命吸收，就想早点儿学到东西，早点儿可以像老师们那样，开始真实地作业。

到了晚上，每个小组领到一大袋零食加方便面，这是晚上我们小组作业的夜宵。全部培训人员分成四个小组，根据白天上课的内容和当天布置的作业，回到房间，开始进入小组作业模式。每个房间里，有人趴在床上，有人坐在地上，也有人坐在窗台上，七嘴八舌。因为都是现学现用，只知一点儿皮毛，所以常常为了一个问题争论不休。也有人偷偷溜到其他小组的作业房间，意图窥探别组的作业进度，搞得走廊里嘘声四起。到了半夜时分，一班老师开始“查房”，逐组了解作业进展状况。于是，虚心求教者有之，套词偷答案者有之，也有人义愤填膺做投诉状。还有的小组刚整理出一些头绪，被老师们一解答，反而前功尽弃，一觉回到解放前，全部推翻重来。反正是洋相百出，但气氛实在是其乐融融。

随着培训的展开，大家开始逐渐习惯了白天听课、晚上作业的节奏。但每天只睡 3~5 个小时，加上白天高强度听课，到了后期，身体已开始显出疲态，每天吃早餐的人数明显减少了，很多人为多睡半个小时而放弃了早餐。上课老师的第一句问候也变成了“你们昨晚几点睡的”。

随着身体消耗趋向极限，最刺激的大比稿来临了。大比稿完全模拟真实的客户场景。全体培训学员分成四个小组，组成四家广告公司，每家可以自己取名，根据统一的比稿简报，完成从策略到创意，包括 TVC 脚本、主视觉、上市活动、媒介策略等一系列方案，并组织排演提案程序和内容，讲课老师则扮演客户方的各级人员，竭尽刁难挖苦。这是对一周培训成果的综合检验，各组自然不甘落后。当晚，每一组几乎都是一夜无眠，有人趴在床上画脚本，也有人拿着提案文件在走廊里喃喃自语、手舞足蹈，还有两三个一组在排练匠心独运的提案开场白，整个住宿区洋溢着一股特别的气息。那是体力已经严重透支但还绚烂迸发的力量，而且越接近天亮，这股情绪就越浓烈、越亢奋……

大比稿终于结束了，这时候胜负已经不再重要。我从 T. B. 手里接过他亲笔签名的培训证书，才发现心里最想做的事，就是赶快回家，洗个澡，好好睡一觉。

29 年前，我的生命轨迹因为和奥美相遇而发生了巨大的改变，奥美

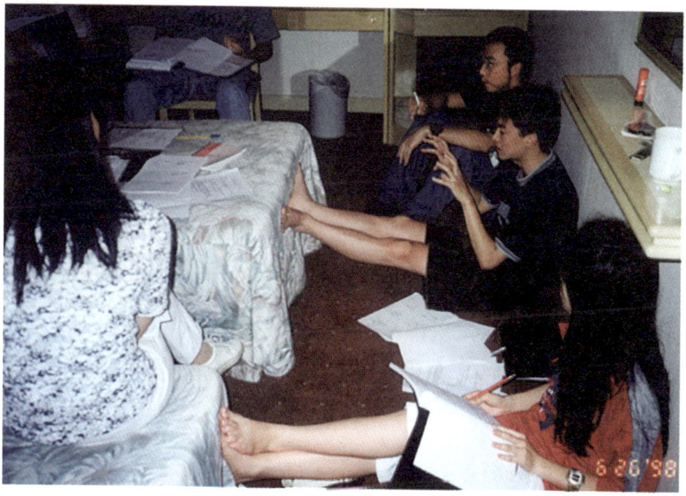

上／　郁海敏（右）与杨舸（左）

下／　1998 年，上海奥美培训，在酒店房间通宵分组讨论

在我的生命中烙下了许多个第一次。就像上海奥美第一任总经理董洽所言:“你选择了一种职业，就是选择了一种生活方式。”其实，选择一家公司又何尝不是如此？奥美所尊崇和倡导的人性化、专业、自律、对创意的尊重和追求，将贯穿我的一生，成为我一生的专业信仰。在离开奥美的岁月中，当遇到不知如何解答的难题时，我常常会不由自主地问自己:“如果 T. B. 和董洽碰到这个问题，他们会怎么处理?”可见奥美对我的影响之深。

我为自己曾经是奥美的一员而感到自豪和骄傲。

思绪穿回 1992

杨舸（Girtin Young）

（1992 年加入上海奥美，上海奥美第一代本土创意总监）

有人摔一跤，可能会穿越到汉唐宋明，而我摔一跤却什么朝代也没穿越过去，而是掉进了 1992 年的上海奥美。

摔的时候是 1991 年末，骑自行车，半夜里急着赶回家见女朋友，风一样的感觉，激发了疯一样的行为，29 岁的老骚年，还玩起了双脱手，在黑咕隆咚没有路灯的沟坎上飞了出去，顿首磕额，鲜血长流。歪歪扭扭的人，骑着歪歪扭扭的车，进了家门，没有浪漫，只有狼狈。伤倒是不重，包扎一下就卧床休息了，却忘了将隐形眼镜取出来，受伤部位引发眼睛严重发炎，得住院打眼球针。

就在这期间，女朋友拿来一张报纸，告诉我可以去试试干广告文案。上面有一张半版广告，没图没画，很奢侈很土豪的样子，就一句话在中间“一个工作的好地方”，下方一段小小的文字（这是美术指导最喜欢干的事情），说是招聘文案、美指之类的，落款是上海奥美广告公司。

我愧疚而惶恐地看着女朋友，愧疚的是我人民教师的自豪感或者悠闲感没有一定的经济基础，娶她就是对不起她；惶恐的是，我作为复旦大学中文系毕业生，被组织分配进入上海大学文学院中文系，教了 7 年书，做了很多事，就是从没想过跳槽下海，也没经历过应聘求职面试。

更糟糕的是，我收到面试通知时，额眼处还有纱布，西装也是问老爸借的，肥肥大大的。在病友们帮我对医生的隐瞒下，在女友自告奋勇的陪伴下，我前往面试。是不是很有画面感？那时候不知道什么叫“视觉锤”，但是面试我的上海奥美总经理董洽，确实一下子就对我这奇特装扮和女友陪伴前往面试的“特立独行”，留下了永难忘怀的印象，并且嘲笑至今。我甚至怀疑他招我进去，就是为了拥有这个可以一直增添他人生乐趣的嘲笑对象。

那天的面试也真的有点儿奇怪。

董洽问我：“知道奥美吗？”

我说不知道，心里还嘀咕着，大概就一小公司，谁会知道呢？后来才晓得原来奥美在世界上那么牛，不过当时还真是有眼不识泰山，要不还真不知道会紧张成什么样了。

“喜欢看广告吗？”

我说看得不多，总不能说不喜欢吧。

“有没有看过雀巢咖啡的广告？”

那年头雀巢咖啡多火啊，谁没看过？我点点头。他就要我描述一下广告内容，我绘声绘色地说了。说完后他奇怪地看着我一笑，说“那是麦氏咖啡的广告”，还说麦氏咖啡的广告是奥美做的，我把它记成雀巢，说明了广告的失败……我的天，什么错误不犯，竟然犯这种低级错误？！后面问的什么我也搞不清楚了，一直到问我作为文案应聘者，写过些什么，我来劲了，打开箱子，哗啦一声，一堆书和杂志、报纸堆在桌上。他也许被“雷”到了，很惊讶的表情，拿起一本我写的《趣味天文学》，翻了翻，大概觉得很好玩，问我：“可以送我一本吗？”我说当然可以，心里寻思着，拿了人家的手短，你应该会录取我吧。

然后，他又叫我写一篇咖啡广告，为了弥补他的观感，我15分钟一口气写了三条。（这大概就是后来在上海奥美，我被同事戏称为“快枪手”的由来。）

然后他就让另一个人来面试我，他叫宋秩铭，江湖人称T. B.，后来又被称为“中国广告业之父”……我的灾难又开始了！

T. B. 问我：“你觉得刚才跟你聊的人怎么样？”

我说：“还行！”心想那人是谁我都不知道，就聊那么一会儿，哪里知道刚才那人怎样啊？

他又问了一些问题，然后就问了一个跟面试好像完全无关的问题：“你知道《古船》吗？”我摇头。

“你知道那是谁写的吗？”

我都不知道这书，怎么知道谁写的？我继续摇头。

“那你猜一下作者可能是哪里人？”

越来越离谱，考我的胡思乱想能力？我猜道：“台湾的？”猜想他和刚才那面试官口音应该是台湾的，那喜欢的八成也是台湾作家吧。

他摇摇头，说是大陆的……我晕，我倒，我晕倒。

不过，快30年过去了，我到现在还是没看过《古船》。

奇怪的是，我被录取了，而且是在3000多人里被录取的。所以这公司一定不太正常，这公司的老板也一定不太正常，所以奥美在大陆的快速发展也很不正常。

1992 年 2 月 10 日，我来到上海新虹桥大厦上海奥美办公室，从此开始了我的广告生涯，也开始了我有点儿小钱但彻底没闲的日子。

那段时间，恰逢邓小平南方谈话，我的人生变化，能跟国家剧变同步，也是我的荣幸。

在奥美，我做的第一件事，是了解消费者，新鲜难以忘怀。

刚进上海奥美，尚未经过培训，就跟其他所有录取的新人一样，都接到了第一个任务——某化妆品品牌的市场调查。

调查地点是任选一大型商场的化妆品柜台，时间是下午，对象是年轻女性。一叠问卷，我记得一共要找 20 位吧，调查她们使用化妆品的习惯。问的很多问题在我看来都很婆婆妈妈。以前不关心女性用品，也不太懂，不过我因为是第一次做市场调查，其实也很兴奋，做老师的终于要第一次上街名正言顺地去搭讪美女了。

去哪里调查呢？那天女朋友应该不上课在家呢，所以就决定去她家附近的市百八店调查，这样，顺利的话，还可以抽空去看看她。（嗯嗯，私心很重啊。）

到了市百八店，我才发现事情很麻烦。

那时的我其实很害羞，看见异性就会脸红、心跳、头痛、耳热……斯文人怎敢在众目睽睽下拦人家漂亮姑娘？（好像没规定一定要调查漂亮姑娘。）

本来以为这是工作，自己应该没杂念的，但是一到化妆品柜台，鼻闻百花香味，眼见花枝招展，耳听银铃笑声……我的口再也开不了了，手再也伸不出去了。哦，不是，是手上的问卷再也伸不出去了。看别人一眼，就怕别人叫非礼，但又必须完成任务，也不敢自己找个人随便填一下，站了半小时，也没有一点儿结果。我想着只好叫女朋友出马了，就直奔她家，问她可否帮个忙，她立刻欣然答应。（恐怕还是怕我打别的女生主意吧，嘿嘿。）

到底是女孩出马，人家完全没有戒心，一会儿逮一个过来，连绵不绝，指哪儿打哪儿，要谁有谁。我红着脸，低着头，看着问卷，问一个记一个，仿佛人家是调查员，我是被调查者。

调查很快就结束了，第一次调查总算完成了。不过，我也学到很多。看得出，有的消费者其实很不确定，犹豫再三胡乱给一个答案；有的消费者刚才明明在问一个便宜品牌，却说自己使用的是另一个贵的品牌；而有的消费者三天两头换牌子，完全没有忠诚度；有的消费者很容易受人蛊惑……我实在觉得这种调查不太靠谱，养成了以后做创意时对市调结果的一种下意识的怀疑。

真正让我觉得市调可以激发创意的，是一次林友琴带领我们做的施贵宝百服咛消费者座谈会。

坐在单向镜后面，以往听消费者肆无忌惮又不用负责任地评点我们的创意时，总想冲进去扇他，但这一次的座谈会却让我们感激涕零。我和搭档美指叶宝琪，在单向镜后边听妈妈消费者们谈孩子生病时她们的焦虑，边在 A4 纸上画出我们听后产生的想法和标题，然后拿进去给她们看，引起了她们很激动的回应，于是我们最终做出了一个火车上孩子发烧妈妈求助的广告，不但引爆了很多妈妈的共鸣，产品大卖，而且还拿到了广告奖。

这一次经历，让我学会了如何洞察消费者。此后的 29 年广告生涯，我才知道，所有广告的起点，都从洞察消费者开始。

在奥美，第一次培训让我很震惊，几天的培训让我学到的东西，甚至超过了大学 4 年！

从策略到创意到媒体，来自台湾奥美的讲师们，每一堂课都让我这个做了 7 年大学老师的人感到羞愧。每一个观点都让我醒悟，每一个案例都让我惊喜，每一个讲师的表达方式都让我沉醉……在上海奥美的 5 年多，我熬死熬活每年最期待的不是公司旅游，而是公司培训。而培训

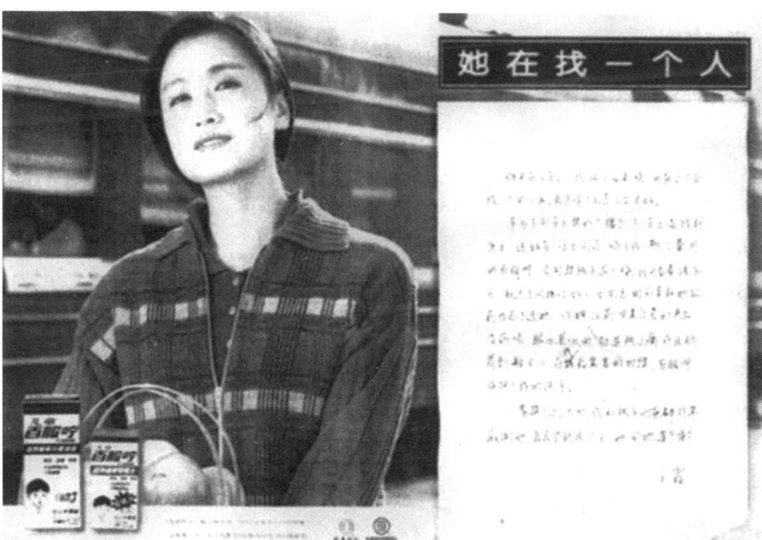

/　百服咛“火车篇”平面广告

的强度非常疯狂，晚上的内部比稿准备，几乎天天通宵作战。白天听课时，欲仙；晚上作业时，欲死。

奥美让我知道什么是好讲师。负责培训的是林友琴，每一次听她那又好听又生动的讲课，都是一次享受。她用男生追求女生的过程来讲策略是如何追求消费者的，让学员轻松理解并记住了策略思考的整个过程。不过首先让我学以致用的对象，不是客户，而是女友，嘿嘿。

阿桂（叶明桂）讲课，最让我挠肚肠，语速好慢，还爱停顿，解读如何从无到有建立品牌，抽丝剥茧，吸引我急于知道后面的结果，仿佛追剧总让我想快进一样。

最让我记忆深刻的是王懿行的那一堂课，教我们如何讲故事。她一开头就让我们每个人讲一个故事。别人讲的时候，我就一直在想讲什么，想起小时候跟父母在黑龙江，我上台表演的一次经历。我演郭建光，一个漂亮的小女孩演沙奶奶，因为她太漂亮，我一眼都不敢多看，结果，一直低着头唱完，只记得她穿的那双绣花鞋，却忘了她的脸。王懿行老师对我这个故事大加赞扬，我现在都记得她当时大赞我的这个“一双绣花鞋的故事”，有悬念、有画面、有记忆点……王老师您知道吗，一个三天两头要遭受创意总监、客户甚至搭档的各种打击的广告菜鸟，得您如此夸赞，对提振做广告的自信心有多么重要啊！

我不知道在这个行业工作了近 30 年，对我的人生到底是好还是不好。我经常会想，如果不做广告，我的人生会是什么样的？已经没有机会尝试了，平行宇宙中的其他的我，也许正在体验，我们会相见和分享吗？还是见面就互相湮灭？

这些都不重要，重要的是，我在奥美培训过，我被这些最棒的讲师培训过，那种酸爽，不凡尔赛一下，我还能做什么？

在奥美，我知道了文案不能用“勤”来写，更不能用“酒”来写。

当然，除了做酒的广告。

第一次写广告语时，写了数十句，已经写到完全失去了判断力，哪句好呢？（其实现在看来没一句好的，很多都是空洞的口号。）那时也没有电脑，就全抄写在复印纸上，在前面仔细写上编号并留出空位，请全公司同事一一打钩。同事们倒很配合，大概因为我是新同事，不好驳了面子。全公司 20 多个人，每人看了 10~20 分钟不等，我花了大半天时间，终于搞定。董洽就晃晃悠悠地来了，对我说："你是不是以后每写一个广告，都要全公司征求一遍意见啊？你想把大家都累死啊？"我傻在当场，想想也是，每个案子都走一遍，别人都别上班了。但是，大卫·奥格威在他的自白里，不也说自己写了广告语后给同事们看，让大家挑吗？为什么祖师爷可以，我就不行？哦，难道是老板可以浪费职员的时间，喽啰就不可以浪费喽啰的时间？有道理。当时，看着他一脸的诡笑，不知是开玩笑呢，还是真瞧着我蠢。

以前总觉得真正的文案高手，喝着酒跟李白似的，就把文案给写得花团锦簇的。后来才知道，写着写着其实大家都睡着了。

有一回做一个公益广告，片子都拍完了，广告语还没想出来。看见一票公司的兄弟都刚加好班，赶紧拖他们下水，以请大家去酒吧畅饮做诱饵，好酒好菜招待，只求大家救我一把。

大伙儿都挺高兴，边喝边聊，刚开始还说说自己想到的广告语，一个个被否决，结果大家伙儿酒越喝越多，广告语讲得越来越少，到最后，干脆一个个都在酒吧的凳子上睡着了，只留下我一个人，依然孤独地在想。那时我心里那个痛苦呀，叫你们来喝酒，就这么自个儿入梦乡去了，剩我一个人扛着，太不仗义了吧？

就这么痛苦地想着，酒吧里酒都不卖了，想到第二天凌晨 4 点，打电话给导演，他正要催我过去呢，说已经剪得差不多了，就等广告语呢。我赶紧叫车去后期公司，将想好的一句话"心声，要用心去聆听"交给他，其实心里仍然不太满意，但时间有限，就上了，结果还行，后来很多人都说挺好，不知道是喝了我的酒安慰我呢，还是喝了酒宿醉未醒分不清好坏，哈哈。

当然，做酒的广告，还真得用“酒”写。

那时候我刚进上海奥美一年多，贝克啤酒准备开发海南市场，我们作为广告代理商，创意总监范可钦带着客户部的郁海敏、创意部的美指叶宝琪，还有文案我，跟着客户一起去海口调查市场，看看那边的情况，以决定如何做广告传播。

海口的啤酒市场主要是一个当地啤酒品牌和一个进口啤酒品牌的天下，贝克啤酒基本没什么知名度，餐厅里没人点，酒店里没人进，求爷爷告奶奶，渠道也没兴趣销售。再走上街头去问，出租车司机里，10 个人有 9 个连听都没有听说过这个牌子。而两大领导品牌已经有长达三年以上的经营销售历史，并已成为海口人生活的一部分，感觉其地位根本无法撼动。

回到酒店，范可钦跟客户商量，决定晚上去夜排档、餐厅、酒吧喝酒，了解一下当地酒民的消费习惯与心态。于是，我们就分成了两组，将从公司带来的一大笔钱就这么分下来作为调查费，其实就是酒资。那可是以万为单位计算的钱啊，以前从没见过这么多钱。

我跟宝琪一组，那时的我们，刚入行，就是俩穷光蛋，总算有机会拽了一把。一个个地方跑下来，边喝酒边观察，请不认识的人喝酒聊天，拍胸脯买单，发促销小姐小费以探听竞争对手消息，喝得晕晕乎乎，花钱如流水，那晚感觉自己特像一个阔佬。直到回上海报销时，才知道后果很严重，被财务总监一顿恶批，就差没扣可怜的薪水了，汗流浃背地整理了一下午报销单，还整不明白这么多钱是怎么花出去的。

那一天晚上，我们也不知道自己进了多少店，喝了多少酒，说了多少话。第二天一个个晕乎乎地交流调查结果，才发现原来的很多设想根本不管用。做电视广告吧，海南人很多是外来打工的，根本就不看电视，都在外面过着今朝有酒今朝醉，哪管明天有钱没的生活；做餐厅酒吧一个个推广吧，时间长、见效慢不说，地盘也大多已经给人占了，哪有你的立足之地；做报纸广告吧，《海南日报》看的人倒是不少，但竞争对手都在做电视、做店头，啤酒这种需要爽的感觉的产品，还真不知道报纸广告有没有用……

还是范可钦提议说，能不能干脆不走常规办法了，就搞一收集啤酒盖子的活动，在报纸上连篇累牍地登广告，先把知名度整起来再说，至少渠道推广产品时阻力也少点儿。于是大家忽然就兴奋了起来，仿佛昨晚喝的酒让大家的思路也非常活跃，把大致的方案整理了出来，就抓住海南不少打工者都想一夜暴富的心态，谁收集瓶盖最多，谁就是“海南第一富豪”，享受豪华车待遇、入住顶级酒店总统套房、在顶级酒店摆酒宴邀请亲朋好友、媒体报道让你一夜成名……疯了，一票人不是在想广告，而是在发隔夜酒疯。

回到上海，一帮人一起连做了 18 篇报纸稿，而且都是长文案，一路胡说八道，逮什么说什么。把我累的，三天三夜不睡觉、喝咖啡、洗冷水脸都写不及。美女文案虞萍、客户经理郁海敏、美指叶宝琪一个个都过来帮忙，都过足了文案瘾。

等到我们再去海南时，猛然发现，宾馆里的服务员都在当连载小说读这系列广告，出租车司机里 10 个有 9 个知道了贝克啤酒，经销商、渠道纷纷上门要货。就这么 18 篇稿子，在海南引发了轰动，没有电视广告，没有渠道宣传物，做到了竞争对手 3 年的影响力，三亚销售第一，海口销售第二，一切都是那么让人想再好好醉上一回！

直到十年后，有一天，在上海遇见一位来自海南的客户，一听说我们就是当年那次活动的策划人，那客户顿时兴奋得啊啊大叫起来……

在奥美，我才知道，说话的力量，跟声音的轻重没啥关系。

T. B. 在我的奥美生涯中，其实出现的场景并不是很多，但却已经足够影响我的一生。

在上海奥美的首次培训中，董事长 T. B. 对我们这些菜鸟说了一些寄语，声音很轻，轻到我们必须停止窃窃私语静下心来才能听得清楚。我怀疑他是故意的，这招数可比某些管理者大声发言以压过台下的嘈杂声高明多了。他那天到底讲了什么我没记住，董洽安慰我说没记住也没关系，他以后每次见新人都讲一样的。不过我还是记得他最后建议我们要看的书——《毛泽东选集》，尤其是《实践论》《矛盾论》，让我大吃一惊，那时才刚刚开放没多久，台湾人我也是第一次见到，毛泽东的著作应该在台湾是“禁书”，他从哪里弄来看的？

对我来说，他就是一个很随和的好朋友，喜欢喝酒、抽烟、跟人聊天。说是跟人聊天，通常他的话反而不多，喜欢问你问题，然后静静地专注地听你讲，偶尔插上一两句话，却让你心里咯噔一下，费些思考。

跟他的接触，就是一起去喝酒，抽烟是登喜路，喝酒是芝华士，音乐是爵士乐，衣服是三宅一生……搞得大家都像小 T. B.、女 T. B.。感觉大陆第一代奥美人，都是在董洽那里学会了如何做广告，而在 T. B. 那里则学会了如何过有品质的生活。

在他家里，你可以看到一个不修边幅的 T. B.，端着酒坐着，一只脚放地上，一只脚放椅子上，袜子上有时还有个洞，你眼神往那儿瞄，他也不在乎地继续跟你唠嗑，好像赵本山似的。在他家里，你可以看到一个充满幻想的 T. B.，一会儿说想在电台主持一档爵士乐节目，一会儿说想拍电影，一会儿又说退休以后想办个全由 60 岁老人组成的广告公司……不像奥美董事长，倒像个主意比主义还多的广告新兵。在他家里，你可以看到一个学无止境的 T. B.，他的书架上有很多很奇怪的书，比方说少数民族的巫术之类的，每次坐飞机，他都拿一本书阅读。在他家里，你可以看到一个心无羁绊的 T. B.，聊起他的年青时代，原来也曾经有过跟朋友喝醉了酒在大街上捅人家轮胎玩的恶作剧，也曾经狂热地喜欢摇滚乐反叛社会，也曾经有投机取巧地在人家窗外看电视做收视统计的经历……

我在上海奥美的时候，看着他端着葡萄酒在公司里悠闲地晃来晃去无所事事时，第一次感受到了他带给你的放松感，很有些无为而治的意思，效果好像也很不错。大概因为广告公司里其实都是人精，点到为止，无为而治，也许正是最高境界。

不过，无为而治不等于不治，他其实是个很有原则的人，在关键的事情上，他非常坚持。我在奥美服务肯德基一年后，因为实在觉得无法应付每月大量的促销广告，就向老板提出不做肯德基这个客户。T. B. 知道了，那天，他端着葡萄酒，坐到我的面前，跟我聊天，微笑着，但却很不容置疑地说:“肯德基是我们很重要的客户，你一定要做，而且不但要做，还一定要做好。”就这句话，让我做肯德基一做三年多，被公司同事戏称为“鸡头”，并且从客户那里学会了美食广告应该怎么做。

说起我服务肯德基，也许可以单独写一本书了。我特别感谢当时肯德基的市场总监陆穗雯。我一开始其实并不懂如何做肯德基的广告，月复一月的促销广告，也让我感到厌烦和痛苦，虽然肯德基最早在上海人民公园开店时，我也曾经排长队花了半个月的薪水去尝一下洋快餐。

为了让我们了解肯德基，陆穗雯要求我们去实地体验一周，做炸鸡、炸薯条、做汉堡，我除了没收银，连打扫店面的活都干过。心里嘀咕：咋就不让我体验一下收银呢，知道咱这么个穷小子，多想数数别人的钱呢！

一周的体验，其实我觉得重要的不是学会了如何做鸡，而是如何做人。拌鸡块要前后左右各拌 10 下。我问店长，为什么一定要 10 下，9 下不行吗？ 11 下不行吗？他说，其实行，但是如果你今天 9 下，明天就会 8 下，后天就会 7 下……然后，然后你懂的，这就是标准的意义。做汉堡，做好后 15 分钟没卖出去，就会扔掉，我觉得好馋，问店员我可以吃吗？依然是不可以……这就是我这么些年来，不管舆论怎么黑肯德基，我依然是它的铁粉，从不阻止自己的孩子去吃肯德基，而且还自豪地告诉他：肯德基的那个卡通鸡“奇奇”的中文名字，就是你老爸我起的。

我在这里，知道了对不同的对象要用不同的沟通方式。每次提案，我总要在正常提案的方案之外，加一个我自己觉得很深刻的创意，但是每次陆穗雯都笑嘻嘻地要站起来踹我，而她每次选中的我们写的创意，我都觉得好幼稚。但是当我在肯德基店里问起小朋友看过肯德基广告吗？他们叽叽喳喳地争相告诉我看过，不但看过，还能将广告词从头到尾背给我听、唱给我听，我惊呆了，我以为糟糕透顶的创意，孩子们是如此喜欢。

谢谢陆穗雯，你教会了我，创意不应只是用来得奖的，还是用来打动用户的。

服务肯德基三年多，看着肯德基在中国遍地开花，在外地出差时听着广场喇叭里放着我写的广告歌，还好笑地听到路人跟着哼唱从我身边走过……于是我又继续在广告行业里沉迷下去，无法自拔。

加入奥美，只是因为摔了一跤，而且加入后，不断地摔跤，爬起，继续前行。

如果在电闪雷鸣的夜晚，摔一跤就能穿越到自己想去的时光，我既不想穿去未来，也不想穿去汉唐宋明，只想穿去 1992 年的上海奥美。

这一次，我不会搞错麦氏和雀巢，但是《古船》依然没读。

/　20 世纪 90 年代的肯德基平面广告

北京奥美

一开始，奥美的北京办事处是以联络中央媒体的投放及政府关系为主，后来加入统一方便面的客户，逐渐形成北京奥美。

北京奥美草创一直很辛苦，陈碧富又是个很节省的总经理，常常有人批评为什么北京奥美的办公室那么不像个国际大公司，也确实难为陈碧富了。

1994 年 IBM（国际商用机器公司）成为奥美中国最大的客户，对北京奥美起了根本性的改变，超过了上海奥美，成为奥美在中国最大的办公室。到了 1995 年，柯颖德到北京设立了公关，使北京办公室实力更加强大。

谈北京奥美的草创，先由北京第一任总经理陈碧富（B. F. Chen）谈起，我们都叫他 Beef（牛肉），胖胖的（现在已经变瘦了，在温哥华半退休）。第一任创意总监林桂枝，第一任本地总经理陶雷，以及第一任本地创意总监朱幼光。

1. 陈碧富

B. F. 是做调研出身的广告人。他除了负责北京奥美，亦身兼整个奥美中国的调研主管，所以他常到中国各地了解消费者的状况。

他热爱中国，热爱历史，一有机会就走入过往的历史及人文之中。

我喜欢与他讨论时事及未来的发展，他总有与我不同的想法，或引发我的反思。喜欢他唱罗大佑的歌，可能比罗大佑唱得还好。

他为人谦虚，有时我觉得他太过于谦虚了。

/　北京奥美曾在左家庄北京商业管理干部学院的办公室

2. 林桂枝

记得是邓志祥（C. C. Tang），当时香港奥美的执行创意总监，告诉我，香港有个好文案，爱上了北京的艺术家，想来北京上班。我相信 C. C. 的判断，更相信情感的力量，二话不说就答应了。桂枝是有专业要求的创意总监，要求自己，要求属下，要求业务人员。

桂枝是少有的英文程度好的文案，帮我们解决了许多外国客户创意的问题。虽然现在她已不在奥美，只要碰到老外要决定创意时，我们还是常找她帮忙。

3. 陶雷

陶雷，第一任北京奥美本土客户总监和总经理，从国外留学回来的建筑师，加入奥美，这太奇怪了。有一次，我问他为什么不做建筑师。他说时候还未到吧！由于他的学科背景，他在人文方面的素养有相当的基础，确实适合我们这个行业。

同时，他为人谦和，对人有极大的包容力，对专业的学习力也很强。

很短的时间，就证明他是北京奥美的明日之星 。

4. 朱幼光

朱幼光，北京奥美第一任本土创意总监，是奥美少有的三进二出的创意人员，亦是北京奥美现在的执行创意总监。他有极好的讲故事能力及文字功底，当然有时也会过了点，招人围攻。

他亦是小有名气的影评人。我认为朱幼光是比较少有的体认到执行创意总监的角色、具有管理责任的人。

当年，他曾经把北京奥美的高层变动写成武侠小说，让许多人惊叹，这部小说现在还可以在网上找到。

看看未来是否会由三进二出成为四进，创造纪录。

北京纪事

陈碧富（B. F. Chen）
（1985 年加入台湾奥美，1993 年任北京奥美第一任总经理）

很久很久以前，高中入学考试。数学，考前测试我总是得满分的科目，考卷并不平坦地波状躺在桌面上。一缕阳光照过，考题若隐若现挑逗着我的视觉与运算技能，结果差两分。差两分有什么影响？如果那道阳光没有照射进来，如果自己正在闭目养神，如果自己是个遵守规则的好孩子，后面的一切是不是都会不一样？光子运动实验说明，即使中间有折射干扰，最后结果显示仍然相同，也就是说即使没有丢掉那两分，后来的生命过程路径可能不同，但是最终结局还是会一样，这就是命运。

从来没想过会写下这些，一如年轻时候从来没想过会做商业工作，更别说进入广告行当了，还是一家世界级的大公司。真的，还真有个算命的预测我将来会远走他乡安家度日，最后安葬在遥远的北方。天啊！讲笑话吗？当时觉得非常荒谬，现在看来越发不可思议。

民生东路的向西前进

午餐时间 T. B. 约见，他手指轻握酒杯，声音略显低沉，问知道今天要谈些什么吧。应该是关于前往大陆的工作安排，我想到大陆工作的愿望早已表露无遗，能够得到明确回应，自然是喜形于色，只是听完 T. B. 所说的工作内容，意外得有些不知所措。T. B. 用一贯柔和的语调略带安慰地说，这就是个 15 人的小规模分公司，事情没有想得那么严重，最后轻描淡写一句“管一个公司不像管一个部门”，这是命门、经验，没有足够的业务历练，差之毫厘，谬以千里。可惜当时没有琢磨透这话中玄机，只是一股脑儿充满西向的憧憬。

当时工作状态经常处于忙碌的乐趣与无尽的意外彼此无奈地交织着，细心的同事与客户多少察觉到我的疲态，善意警钟不断敲响，提醒到了改变的时候。跳槽、换个工作性质或者出国的念头都曾一闪而过，瞬间即逝,始终没个准调。直到一天看见公司关于征寻员工到大陆工作的告示，眼前一亮，就像武陵渔夫行至洞口，仿佛有光，也不管洞的前方是悬崖断壁抑或刀山火海，仿佛有光，终究是有光的！那天即使工作了一整夜，内心也始终是激动万分，亢奋之情不可言表。

我具有浓厚的大陆情结。烙印最深刻的是 15 岁的一天，季节性台风捎来我姐姐托人代写的书信，30 年前被遗留在大陆的亲姐姐，揭开我父母内心深藏的秘密。大陆也从此鲜活地跳进现实，遥远的故乡，素未谋面的姐姐，血缘关系真是奇妙。

1987 年陪父母返乡探亲。老家少有亲戚，好奇的乡民倒是满周围打转。我在姐姐家待了三天就出发前往自己想去的地方。空乘人员广播航班即将降落北京首都机场，我突然泪流满面，说不清楚为什么，大概就是因为到了北京吧。那次旅行游历了北京、西安、乌鲁木齐，从此以后到大陆边远地区游历就成了我年度休假的必修课程。

要去北京工作，这次出门行李比以往要沉重。妈妈问何时回来，我回答以后都在那里上班了，大概要几年吧。妈妈以惊讶的神情目送我出门，出远门的祝福语一句都没来得及说。走到巷子口，回头看见妈妈在阳台上挥手，是在说儿子多保重，还是要儿子现在就回头？

开始我并没有清楚认识到即将面临一场巨变，也不是十分清楚公司对大陆市场的企图；之所以勇往直前，既有期待改变的心，也怀有中国情愫，再加上自己的竞争力不足，掌握时机是唯一能做的。看起来有些疯狂，但这不只是去上班打拼，更是去见证改革开放，去实地参与中国社会主义建设。

这是我的一项使命！

再见，赛特大厦

出差多次进出北京办事处，正式加入的感觉倒也平常，只是对“陈总”的头衔实在有点儿不习惯。这样吧，直接用名字 B. F. 称呼不会那么别扭，这办公室原本都是用略带亲近的简称招呼彼此。

初始工作形态与台北大不同，更多的是面向媒介的工作、官方关系维护、协同客户联系。这些都是我以往工作经验所欠缺的，还好同事们能够熟练掌握，相较之下，我倒像个实习生。

北京奥美称得上直接服务客户的就只有一家台资食品制造公司。

客户头儿带领着我们参观正进行改建工程的厂区，生产车间预用地路面上还有没解冻的冰雪，走起来咯吱作响。对方操着浓郁台湾腔说：“没有回头路啦！”脑子里快速闪过他们台湾总部的影像，嗯，确实是挺难回头的，也无路可走啊！

参观结束接着开市场会议，根据调查结果，我们主张市场切入策略需要“重新检讨”。此言一出，台湾来的客户微微点头，大陆代表却脸色骤变，好像即将发生什么重大不测。后来才知道在那个场合用“检讨”一词，意味着事情决策存在可怕的失误，近乎对政策的严重指控。两岸分隔多年，语言习惯已有所不同。

会议之后回到办公室，请一位参加的同事写会议记录，同事应诺了一声，转过身刚迈出一步又转回头：“会议记录要怎么写？”嗯……问得好，这东西自己也不曾写过。好吧，去要一份台北业务的会议记录，观摩学习，照猫画虎地共同完成了平生第一份会议记录。

接待潜在客户是一项新奇工作。如果来访的是国内企业，多数时候是和同事一起会见，听着似懂非懂的词汇，时不时地关注同事表情或者肢体所发出的“注意”信号，配合做出声音或者反应，好像是相声里的捧哏。工作重点是要瞬间判断对方公司性质，对面客人的真实身份，有效掌握交谈内容的可信度，并适当地彰显自家公司的服务能力。每次会面结束，资深同事就以方才的谈话内容为教材给我做语文教育，能够尽快融入当地生活语境真令我受益匪浅。当时大多数主动上门的客户都是“碰不得”的，名头看起来很大，一碰全都是刺儿。就一次不信邪，结果以见识一张假发票告终，还好团队作业过程很愉快。

有一天来了两家客户，都是台湾知名企业，还是相同行业。上午到访的那位主管交换名片后做了例行公司介绍。强调了他们公司惊人的广告预算，交谈重点则围绕代理商的媒介投放能力与佣金比例。下午来的是位牛仔男，只说姓氏没给名片，企业驻京管理人员，不知道具体什么职位，关心的话题是广告公司究竟能够为企业做些什么，对于国内市场发展的看法，代理商与主要媒介单位具有什么实质关系。至于广告预算，对方却只字未提。当时的行业规矩是不允许同时承接同行业两个企业的生意，下了班打电话请示 T. B.，他让我自行决定。认真考虑之后还是争取与牛仔男的合作机会，直觉上我们会比较像共同成长的朋友，况且当时团队体质是需要客户能够容忍新手上路，预算是相对次要的考量，鱼与熊掌总得做个选择。

送走了突然来访的客户，办公室大姐匆忙递过了一张 A4 纸，写着办公室租约即将到期，请尽快安排续租事宜。办公室目前的空间要容纳 15 个人也确实太过窄小。什么时候需要决定？就这个月底？！哇！可以先续三个月吗？不行，都是以年期计算，要续至少得续一年。可以谈吗？不行，咱们不租还有人排队等着呢。那好吧，看了看每个月的办公室租金，再看看公司的年收益，大家合计合计，决定还是换个地儿吧。事出突然，找个新办公地点也不是信手拈来，到大楼后面的赛特饭店租了两间客房，再加上自己住的那个小套间，暂且作为中转基地。看起来是寒碜了点，还是赶紧找个地儿吧！

就在这个节骨眼儿，知名外商邀约京城六大广告公司比稿。这下出大事了，办公室作业人员都还没到齐呢，怎么办？大伙儿一边涮肉一边商量，七嘴八舌商定的最后结论："不去，哪能啊！来，再来瓶二锅头！"

比稿简报是在北京一家大饭店会议室举行的，我们一行人搭出租车前往，资深同事提醒大伙儿隔条街下车然后走过去。进到饭店大堂，果然遇见客户人员前来迎接："你们公司的车呢？准备了停车证。"他手里晃动着蓝色牌子，扎眼得很。"车停在外头了，没关系。"同事赶忙帮着打圆场，怨恨的眼神从各方看向我，似乎在说："都告诉你了还不信，车子对公司形象很重要很重要，没车多掉价啊！"

在 T. B.、董洽的支援下组成了比稿作业团队，林桂枝从香港飞来北京，主持创意策划；上海总部派来优秀的美术指导黎音，支援相关作业。没有适合的桌子可供作业，就席地而坐讨论工作，提案稿件也是创作人员趴在地上一笔一画完成的。这算是临阵磨枪吧，但怎么也得试试。参加这个比稿，即使失败了，也让大家学习到事情的困难处；如果选择不参加，恐怕在北京业内短时间难以立足。这次与其说是生意上的比稿作业，不如说更像是内部行前动员的精神展示。

意外的是，我们赢了！北京办公室第一次经由比稿赢得客户，内部士气大幅提升不在话下，北京业界满是眼镜碎地声，奥美办公室之间也颇感意外，这事件明显加快了公司发展进程。

换办公室可是牵动人心的大事。北京城这么大，搬去哪里处处都要盘算好，除了关系员工切身感受，大楼门面既代表公司档次，也关乎员工的个人体面，"外商公司哪个不是租在高级办公大楼"！至于办公大楼租金，我是人穷志短见识浅，那数字跳跃在财务报表上向我示威或者发出嘲笑。我决定把办公地点搬到北展宾馆后面一座废弃的食堂，这可谓轰动武林，惊吓天庭，也击碎了同事们入驻体面大楼的梦想。就这样，且当作我们建立“根据地时期”吧！

我心里明白，所谓的好公司有三要素：牌子、场子、车子。但现实不可行，钱要花在刀刃上。做广告公司是一门生意，一门帮着客户赚钱而赚钱的生意。会抓老鼠的猫就是好猫，商业就是商业，会赚钱才有其他可能。

邻近动物园而居

新办公室坐落于北京展览馆的后面，北展馆北路甲一号星湖饭店。按着门牌号，要是没人带路，大概是找不到地儿的，说北京动物园西面，会比较容易弄清它的地理方位。

食堂改造而成的办公室没有接待前台，几乎没有装修，一进门儿看到的就是全景，也亏了那些新到任同事们即使心里犹豫也能够将就，没有掉头就跑（也可能有）。最恐怖的是厕所，也就是乡村田野才能够看见的那种，还好同事们没有公开抱怨。至于来公司的应聘者，都是满脸狐疑，真的是奥美？那个国际知名的奥美公司？也怨不得人家。

有一回台北来客，国际大公司台湾分部的工作人员，他们大大大老板要到北京拜访，这位先来探路，目的是希望了解我们有哪些宣传资源可以协助。这可是件大事，我满脑子过滤着从新闻媒体到中宣部的各种关系渠道，看看有什么可以提供配合的。这位台湾访客从办公室门口就带着不安的表情，坐了不到十分钟就告辞，送客出门半道上他突然说了句话“你有没有觉得让台湾奥美很丢脸”，大概是指这间由食堂改建的极端简陋的办公室，也可能是在说我应对不得体。当场真不知道该回应些什么，苦笑，只能苦笑。以后 T. B. 每次来办公室都皱着眉头再三叮嘱“一定要搬，一定要搬啊”。

非常感激善良的同事们能够给我机会，相信有些应聘者会因为这办公室的破烂门面望而却步，要是因为如此让公司错失人才，实在是罪过。直到现在我也是满怀歉意，自己过于粗浅地认为赚钱才是硬道理，相信即使这样恶劣的办公环境也愿意待下去的能人最有潜力；相信只要能够赚钱，哪怕是呈现赚钱趋向，事情就会进入良性循环。已经这样了，路还是得向前继续。

人员招聘持续进行着，有经验的同事特别提醒我：所招人员必须有北京户口，否则档案归属和三金缴纳都成问题。这些既定规则对于我是既陌生又费解。开始是由外经贸人才交流中心介绍了一些应聘者，竞争优势主要强调三个方面：媒介特殊关系，能够拉生意，可以答应老板做任何事情。该怎么选择呢？两个教训：有关系的别找，有经验的不要。还是在报纸登招聘广告吧，尽管这种方式在当时的手续极其烦琐，所幸有不辞劳苦的同事负责执行完成。

笔试颇受瞩目，大概在我们这一行，当时笔试是比较稀奇的，同事们亲切请教试题详解，变得好学勤问起来。之后是面试。不愿意承认又必须接受的事实是，名校出来的就是厉害，普遍博学多闻、机智过人。有个男孩子长相土气，口齿不算伶俐，可是通晓人文地理，商业知识也算突出，一看简历，他正在名校攻读核子工程博士学位。未来的核子工程博士，他脑子读书读坏了？干吗来应聘这八竿子打不着的广告工作？“受到《一个广告人的自白》影响，特别喜爱广告工作。”知识果然是力量，厉害了，奥格威先生；一阵苦心劝谏无效，最后以不能放弃博士学位为前提作为备取。另外，笔试成绩第一的没来面试，原因不明。当时别说是手机，寻呼机都尚未普及，相关事宜都是通过信函通知。等了一段时间，没办法，只好对不住国家核子工程了。

过没几天，笔试第一名的那位突然出现在办公室，见面就质问为什么没有被录取？没来面试？面试通知书在信箱里躺了两个星期，他出差了。公司严格管理人员数量，这怎么办？也是缘分，一个念头突然闪过，既然是人口统计学博士，请谈谈自己的论文吧。《我国农村妇女的社会地位》，侃侃而谈几分钟甚是有趣。请等一下，T. B. 那天正巧在办公室，立即请他一起来听听。T. B. 听得清楚，看得明白，知道缘由，当场就决定增额录用。这位同事敢于面对挑战，主动寻求机会，大概也不是当时一般人能够做到的。

核能博士候选人广告工作非常投入，后来被挖到国际企业从事市场信息管理，至于博士学位就没有听说了。那位勇敢的第一名现如今仍然驰骋商场，业务横跨太平洋两岸。

广告公司有什么价值？土地、设备、技术、人才、商誉？替客户花钱创造更高效益才能够有价值，创造价值，广告公司最有价值的就是人。

北京分公司命好，T. B. 安排了林桂枝。桂枝在广告创意上的杰出表现已经闻名遐迩，一起工作是有些特别的感受。一天，桂枝走到我面前很严肃地说“××× 不适合当 AE（客户执行），换了吧”，说完转身就走。怎么突然来这么一段？认真思索着桂枝提到的那位同事，他确实不适合客户执行角色，该怎么办，怎么安排？黄昏时分突然看见桂枝和那位同事有说有笑地一起出门，说是到后海看花去，具体看的什么花已经忘了，当时觉得有些奇怪。第二天找了个机会问桂枝是什么情况，经过她解释，获得新的见地，不适合这个工作岗位就帮助他换个适合的，这是领导的责任。不要把个人工作能力、人际关系、道德品行混为一谈。

桂枝行事风格干净利落，总是若无其事地说“没事儿”“不怕”，言简意赅，表示成竹在胸；要是说“不能这样”“一定要如何如何”，就是下定决心，没有商量余地。有件事我一直对桂枝深感愧疚：客户市场部主管来自台湾，创意提案很不顺利，客户三番两次地提“可以请你们台湾的创意大师来协助嘛”，挺尴尬的。会后桂枝立即警告：“一定不能这样。”终于提案畅快淋漓地通过了，会议结束当口，那位客户突兀地说了一句：“是经过那位台北大师指点的吧？”我一下子不知道该如何回答，含糊敷衍过去。客户走后，桂枝非常生气：“喂，不能这样啊！这是你们自己创作的，你怎么没有当场表明态度？”她指责得对，是我训练不足、见识太浅，昧于事实的懦弱伤害了个人与创作团队的荣誉与尊严，后悔莫及。

还有件特别的事情。桂枝拿着一份简历放在桌上：“这个人很好，一定要招来。”那人大学刚毕业，请行政同事通知他面试，被告知这位已经离京回乡了。怎么办？想办法追回来！他们还真有办法联系到，后来一起工作，真是个才华横溢的能人。这事儿还真是萧何月下追韩信，桂枝慧眼识英雄，千里要人杰。被追回来的那位现如今果然成为广告行业里的领军人物。

动物园时期最能慧眼识人的要数马孟瑶，她的加入也属意料之外。T. B. 来北京，突然说要送来一个人，预算问题他会处理。一见面就记起来马孟瑶是以前台湾奥美创意部文案，只和她打过照面。她现在来北京主管业务工作。做调研的都当了总经理，文案怎么就不能主管业务？一起工作没多久，我就发现孟瑶的策略能力超乎想象，逻辑、知识与态度决定了高度。

我总觉得这简陋环境和孟瑶的优雅端庄有些格格不入，可能不会在公司待太久。幸运的是孟瑶好像对这工作环境也没说什么，至少没有当面抱怨或者有任何暗示。孟瑶的个人沟通方式也很有意思：如果她的音调明显缓慢，代表她有话要说，前音拉长表示有意见或者不同意，语音短促就是她不高兴或者生气了，简洁明了。孟瑶看似温文，可是一旦做出了决定，大概八匹马也拉不回来。

孟瑶选人实在特别，应该不是看星座，也不算生辰八字，更不观察面相，可能个人履历也不在考虑范围，关键是她的直觉，没理由，至少没有说出什么具体理由。可十几年后，当时孟瑶点了赞的都成了行业露脸人物，无一例外。我觉得孟瑶是个贵族，独具慧眼的贵族。

比邻动物园而居，这办公室一会儿工夫也像是珍禽异兽聚集区。近朱者赤或者物以类聚？

不知道从什么时候开始，我办公桌上经常被放小白纸条，内容不外乎是些芝麻绿豆大的“作风问题”。这次“被投诉”的是我们财务，她是经由财务总监亲自来京面试录用的，大眼睛，深肤色，神情鲜有笑容，额头有道微小疤痕，像个女版包青天。她做事一丝不苟，我们之间工作对话内容简单到只是“可以”“不可以”“要请示总监”，或者“我保留意见”。办事严格又攸关财务，在同事间就显得非常不近人情，毫无疑问“被投诉”排行榜第一非此君莫属。尽管如此，她还是坚守岗位，原则问题寸步不让。财务办公室争执发生率仅次于创意部，她当时应该是承受很大压力的，应该有不少委屈，只是不说而已。忠于职守愿意付出，即使被误解也不改其志，是这个行业较为突出的特性。

公司会议上，我郑重其事拜托大家不要再递纸条，有事就直接到办公室说，直接说事儿，没人会咬你，也不会秋后算账，这才缓解了纸条现象。

那时候我们服务的客户数量少而且预算也小，我们也处于新手上路阶段，与客户相互学习，彼此不嫌弃，有赢有输，有盼头，有革命感情。大家都要活着变成钢，至于怎样炼成钢，那得慢工出细活，认真培训是唯一真理。

奥美这家公司极为重视培训，办公室学习风气鼎盛，上班迟到没什么，上课迟到就麻烦了。内地的奥美办公室也是大力承续这种培训文化，并且奥美大中华区投入大量培训资源，给地方培训工作带来莫大帮助。这事儿也不是理直气壮自然天成，如果把广告工作当成靠关系拉赞助，能说会道耍嘴皮子，或者倚仗灵光乍现谓之创意，哪还需要什么培训，晓善风月吃喝岂不更加靠谱？所以用些刚毕业没有广告公司从业经验的人比较无障碍。集中培训是众所瞩目的重头戏，自有其作用，但更重要的在于日常上课，从生活中培养相信知识、分享知识、依法不依人的工作习惯。说它是信念也好，吗啡也罢，就是要把工作学习弄成跟吃饭睡觉一样正常。那时候，要是有高手打北京地界出差经过，准得求爷爷告奶奶地拜托他上课赐教。这也不是什么公司规定，或者不这样就会出什么问题。简单说，我们就是这样的，至于师资待遇，呵呵，撮一顿正宗北京涮羊肉，外加红星二锅头。

集中培训是年度大戏，好像举办嘉年华会，大家摩拳擦掌的，比尾牙气氛还要了得！有课程规划、名师指导、实战演练、团队培养，是个人才华大放异彩的时刻；也要注意纤秾合度，别搞得像武林大会，硬要弄个琅琊榜，伤了自家和气，如此反而舍本逐末，终究是要回归到提升总体战力。

实践是检验真理的唯一标准！首个正式商业战役惨败，败得很惨很惨，台湾行业龙头怎么会、怎么能败给一个名不见经传的小同乡？客户总经理头发又白了许多，副总方正的脸庞铁青铁青，旁观者们看戏眼神，数十年台湾经验真可以简单复制？重挫促使客户重新检视市场工作，也给了广告作业更深层体验，广告不单纯是视听创作，销售成败息息相关，争千秋更争一时。

客户从美国总部来北京进行消费研究，作业过程非常不顺利，负责执行的同事经验不足，过于紧张。客户面色难看地跟我说：“这是你的人，你要负责！”说完扭头就走。怎么办？没有换人的可能，只有坚持继续。第二天这位同事行事畅快淋漓，表现专业，出色完成任务，客户大大赞扬一番，执行同事也算松了口气，露出笑容。客户临上车前悄悄说：“一晚上时间，这么神奇的转变，你们是怎么做到的？”她是怎么做到的？知道自己搞砸了当时连死的心都有，晚餐都顾不上，回家在客厅一遍又一遍地讨论演练；夜深了，该休息了，明天还要继续，她依然坚持一个人练习到天亮，置之死地而后生大概就是这样的感觉。

百货业的客户初始总是和缓地表示，你们同事挺年轻嘛。确实，我们作业有很多方面不够熟练，在会议上经常遭到客户质疑。重要提案都是桂枝事先准备妥当，可是她临时有事需要去香港，出门前特别交代这次提案通过请大伙儿吃饭。第一次经历总监无法参加的创意提案，大家情绪难免紧张。有位业务同事，平日看起来闲散，不好干辛苦活儿，却特别擅长沟通协调，激励团队士气，引领大伙儿鼓劲儿，突破瓶颈；懂得经营客户期望管理，面对责难，总是挺身而出，承担压力，非常了不起的专业素质。有些才华，可能是浑然天成，或者自幼启迪积累，令人赞叹不已，也羡慕得很！

第一次比稿赢得的是药品制造商，他们市场作业规范严谨，又有国际客户背景，总是受到各方关注。产品经理都是大陆人，不同地方来的大陆人，他们都是医学或者药学专业出身。很难理解这些人放着医生药师不当，换跑道从销售代表做起，异常辛苦地爬到产品经理。会议内容要讨论新产品终端价格。干广告的哪懂得药品价格，也就是个旁听。我们那位被认为不适合当业务的同事，虽说协调驾驭的能力不足，但是收集资料的苦功夫却是全员无双，在没有百度的时代，能够在图书馆找全剪报材料，走进医院，拜访终端，最后写成报告，实属罕见的优秀品质。那几个贼精的产品经理也是瞠目结舌，佩服得不得了。要说潜力无穷，海水岂可用斗量？这里可是北京城！

生意让大家忙了起来，超时工作这个广告公司的“正常”现象自然而然地产生了。

有时候晚上六七点钟，办公室外面有人探头探脑，同事们视若无睹。我实在好奇，私下询问才知道，有的是员工家长，他们怀疑这家公司的工作性质，哪里有那么多班要加？呵呵，改革开放了嘛。不过变化也快，没几个月大家逐渐习惯这种工作节奏，加班就成了常态；工作对于个人也具备学习锻炼、累积资本的性质，这种慧根需要自悟，教是教不出来的。也有坚决下午 6 点准时下班的，有位同事来公司应聘就一个条件“准 6 点下班”，他习惯晚上 10 点上床，必睡 8 小时；尽管从不加班，他自己的分内事都完成得很出色，还经常有令人激赏的工作表现。谁说一定要加班？我们不是鼓励超时工作，关键是工作品质与效率，事情做好弄完，提早离开办公室也没什么不可以。那时候也没人来提加班费的事儿，真是奇怪。

一位年轻同事特别有意思，周六下午说有事，想要关起门来谈。好啊，这么神秘？他直接切入主题，非常喜欢这份工作，但是工资太低，希望公司能够重视这个问题。制定薪资标准是参照了同业与相关行业，应该是采取高规格的。听完陈述我也没有表示什么，只能说再研究。我对这位同事印象特别，有一回大早进公司，察觉创意部有声音，进去只见这位同事埋头做稿子。工作时间紧，负责创作的同事忙了一夜先回去休息，他在帮着做稿子。这个同事应该是有美术功底的，一个业务动手帮助创意部伙伴完善手头工作，十分罕见。

关键那天谈的重点不单是他个人要涨工资，而是他认为公司当前薪资水平不足以保障个人生活品质，他的意见提醒我们重新检视公司员工薪资环境，为后来的薪资调整变革带来契机。我感觉到自己是面对一位行侠仗义、勇于担当的好同事。这庙虽小，神人倒不少。若干年之后，这位有担当的年轻人成了总经理，是行业里有头有脸的人物。

公司去青岛海边旅游，大伙儿聊着关于未来的话题，大家共同而明确的信念是“再辛苦也就到我们这一代了，我们的下一代一定能够过上富足生活”。当我预言他们将来都会有汽车、会买房子，他们的表情透露出：你这个资本家的走狗，又想骗我们卖命干活儿？

同志们，面包会有的，一切都会有的！

多少年过去了，当年同游青岛海滩的年轻人现在都有了自己的房子、自己的车子，孩子大多在海外，他们的个人事业也如日中天。

形势变化快，随着人员增加，办公空间不够了，扩充食堂后面一排平房也不行，还是得搬家。与前次不同，大伙儿埋头忙于工作，搬家的事没人理，对搬去哪里也没有什么建议与意见，去哪儿大概都比这食堂强些。工作交给行政处理，难处还是觉得公司不够有钱搬进商业大楼，我的胆识不够或者生性抠门儿也是问题。正当行政犯着愁时，财务同事提供了一个可供选择的场所，经过行政考察，认为各项条件比较合适，新办公地点有了着落——左家庄。后来知道是他们动用了私人关系，实在难为了同事们。

这段工作经历像是与伙伴们一起在泥巴地里摸爬滚打，在欢快气氛里摸索学习，我是乐在其中，大伙儿的感觉是不是这样就不知道了，至少办公室的气氛是轻松愉快的。素昧平生的平凡人甭管是风动还是旗动，纵然短暂相聚，也心无旁骛，全力以赴，专注于工作，大概就是最吸引我的风景。

左家庄鸿蒙之后

新搬的地儿原本是所学校，办公场所由教室改装，稍稍留神还是能够看得出原样。从食堂到学堂算是升级版？据说明清时期左家庄有火葬场，听起来怪瘆人的。这说法并不靠谱，火葬是现代才开始普及的，明清京畿所在，怎么会有火葬场？三元桥外倒是有些烧砖场遗迹，八成民间以讹传讹，只是办公新居经常深夜干活，有此等故事相伴，不也聊增异趣？

组织结构变化使得人数迅速增加，除了广告部，还新建了公关公司、媒介营运机构，快步朝“交响乐团”前进，好不热闹。无须刊登招聘广告，上门求职者众，部门分工明确，人员都是主管自行决定，我至多是叮嘱预算，偶尔插花似的在面试时聊两句或者演上一段，很多新来的同事都是报到那天头一回见到。

电梯里遇见洋同事竖起大拇指赞许我们行政小伙子表现杰出。行政工作多琐碎烂事，吃力不讨好，能够四平八稳不挨骂就算好的。听闻同事们大声呼叫着随传随到，放长假协调人员安排，解决午间与加班用餐，同时想着哪里放些盆栽或者标识，可以又安全又美观。最让人津津乐道的是解决厕所问题，那时候厕所设置对于不习惯亚洲蹲的人是项挑战。与学校管事的谈厕所改建，他们要求要改就得全楼层全改，将来搬离还要恢复原状，麻烦不小。这哪儿折腾得起？虽然不是什么大事，谁也没有公开抱怨过，终究还是不能让人方便。一天，行政弄来了一把折叠椅，中间居然挖空成马桶盖轮廓……能够主动解决问题就是难得的特质。

举办了一场令人兴奋的特殊培训。制片同事主动提出通过他个人努力，安排电影导演姜文来公司与大家交流《阳光灿烂的日子》热门话题，映衬着公司氛围，大伙儿幸福喜悦、阳光灿烂得溢于言表。厉害吧，我亲爱的制片同事，现在他是导演了，实在了不起！

走廊擦身而过的戴眼镜瘦子突然一把拦住我："黄蓉的妈妈姓什么？"吓，《射雕英雄传》呢，这我哪儿知道啊！只见那瘦子志得意满地带着诡异笑声扬长而去。这位难道把金庸小说巨细靡遗地记下啦？当然这只是他个人的业余爱好，他的广闻多学在本职工作也发挥得淋漓尽致。这江湖不大，倒是藏龙卧虎，没有两把刷子估计很难在此间存活。至于具体创作实力，请参照当今奥美的创意大当家。

鼓励员工参与公司公共事务，学习讨论形成群体共识，接受与遵守共同决定。公司旅游去哪儿由同事们公开讨论决定。这种公开讨论、自由表决的方式也有不同意见，毕竟是事关公共福利的个案，试试嘛。最初多数意向是出国旅游，讨论后发现这不具可行性。当时许多人没有护照，办护照须回到户籍地，回趟老家再加上办证时间实际不可行。热情参与的多数问题有了愉快结果，也衍生新问题：负责清洁卫生的阿姨可以参加公司旅游吗？赞成的认为阿姨是公司员工，反对的认为她是临时雇用不算员工。行政用请示眼神让领导决定。既然旅游的事由大家讨论，还是大家决定，结论是阿姨不属于公司正式员工。看起来有点怪怪的，算了，都是在学习嘛。

商业午餐结束与客户一起步行回公司，路上遇见同事打声招呼："去哪儿呢？""累了，回去睡会儿。"客户表现出讶异的眼神，低声问道："你们公司的？""对啊！我们公司的。"累了就可以大大方方回家睡觉，我们的理所当然却是别人的不以为然，大概这就是公司文化。

什么时候脑子里开始浮现"离开"？真不记得了，也没跟谁商量，某天早晨随意地跟家人说我要离职，家里淡淡回应了一句"随你"，应该在那之前就做了决定。

参加公司内部的国际交流会议，一种充满仪式感的大家庭聚会，我心里总是不由自主地感觉周围不断溢出浅灰色雾气，也不知道是什么要跑出来，就是觉得浑身不对劲，逃跑的冲动时不时冒出来。怎么会这样？现在想想，语言是个麻烦，疏离感是更大的问题。

英语是自己的内心障碍，问题不出在学英语上，是心魔、偏见，甚至是业障。这几年因为生活需要，用英语的频率增加许多，即便如此，还是消除不了内心那块像胎记一样的东西。

被招安的梁山好汉换上官服就真能进得了朝堂？T. B. 曾经感叹自己渺小，应该是他参加国际会议回来的一时感触。我就感觉自己格局小，不能适应大场面，即使参加日常社交也是浑身不自在，也许是自卑吧。现在还是这样，始终没有搞清楚。果然自己有问题。

随着中国市场在国际经济的重要性日益增加，"CHINA"在会议中被提及的次数与声量明显增大，日常往来咨询邮件也与日俱增，而公司运作也以超快速转向多元化传播，从单一的分公司的角色，电闪雷鸣般地走向国际化与集团整合。系统化作业与横向协调成为这个阶段发展的关键因素，而这两项至关重要的能力都不是我所具有的，这甚至对公司整体发展是一种障碍，公司要发展就必须找一个层次更高的管理人员。

但是公司那么大，难道没有别的选择？去做一个部门主管，或者再去建设前沿基地，再或者出国学习改造？不知道，没有试着和老板讨论太多，反正我不要做自己不擅长的事情，所以就申请离职了。

待在北京奥美时间不长，说职位是总经理，其实就是个教头。算上在台湾奥美的工作时间，大概有十年，公司对自己情深义重，说走就走也不那么容易，挣扎了很长一段时间，我还是决定离开。已经忘记辞呈上是怎么写的，不管当时写了什么，估计都是套话。

辞职过程还算顺利，T. B. 安排了新的高层领导来北京主持工作，很快完成了交接任务，好好坏坏事情告一段落，也算松了口气。集结号总是有吹响的一刻。辞职之后去哪里？还是需要养家糊口的。当时客户安排了去他们公司，“像你这种开会激动得能够跳上桌子的，大概不适合我们公司”，朋友说得有道理，于是我注册了一家调研公司，这是自己的本行，相对容易些。结果阴错阳差地又开了一家广告公司。说来话长，总之是意外。“没想到你会那么快开广告公司。”T. B. 后来说。唉，不只是你没想到，我也没想到啊！

金宝街的惊鸿一瞥

多年以后，偶然缘故，我以客户的角色前往北京奥美开会。金宝街，街如其名，商业荟萃集聚财富豪气，我是头一回走到这条街上。尽管公司装修得略显华丽，奥美富有学养的气质感觉还是很亲切，这可是从学堂进了殿堂。

离开时间久远，回来几乎没有遇见熟悉面孔，却在过道上巧遇桂枝，恍如隔世有点儿太夸张了，但欣喜之情溢于言表，由于各自都有事要忙，热情地打了招呼又从过道散去。

凝视着墙上的红色大字，眼前逐渐弥漫成宽广荧幕，快进着已然漶漫的画面。最初的“避难者”既不知道广告为何物，也不曾拜读过奥格威先生的大作，就只是谋份差事，没几天就发现这地方的气氛自由坏了，太适合自己了。

奥美的凝聚力真不是吹出来的，完全不亚于袍泽，工作道义互动相生，生活事业荣辱与共。时间久了公司就变得不只是个公司，更像是个社会团体，遵从自行的纪律，形成独特的价值观，这阶段的自己俨然死忠的“帮会分子”，近乎乌托邦的想象。

怀抱革命情感奔赴大陆是趋势所致，大环境造就机遇，鹏鸟展翅翱翔还需风起云涌，聚力合宜燕雀也能一跃千里，审时度势每个时间点都是关键时刻，只是速度越变越快，从十倍速时代到瞬息万变也只是弹指之间。

给奥美广告提建议？脑子一片空白，完全不知道要说些什么！ 离开广告工作已经很久很久，仿佛和“广告”最多、最直接的联系是“跳过”，要建议什么呢？栏目前面的广告时间能够短一点，视频里面的广告可以少出现一些。创意？意料之中的、意料之外已经很精彩。

参加过几次奥美提案，印象是解决方案过于远大而超前，广告会议结束之后最常见的内部讨论话题是“他们在说什么?”，问题可能是，日常广告会议执行今年工作计划或者规划明年广宣预算，在达成销售目标的前提下经常受困于品牌建设或者广告费用投入的实际效用，这是重要议题，但是企业决策者通常并不出现在市场部广告会议上。

了解消费社会动态应该是传播系统对企业最有利的附加价值。企业竞争力很大一部分在于能够掌握未来并对其做出有效应对，但是我们大

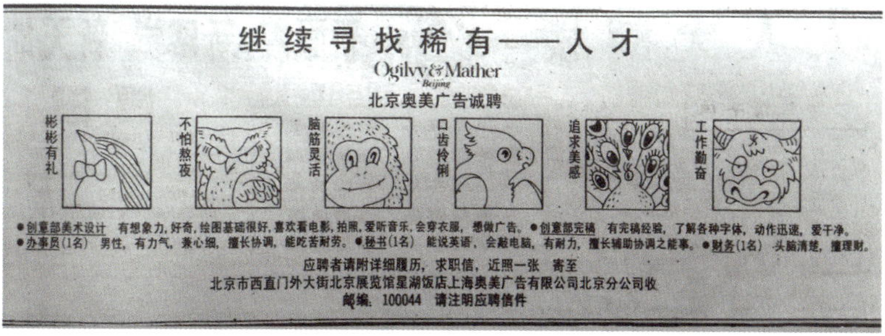

上／　北京奥美全员参加一次比稿后的合影，第二排左四为陈碧富，
第一排中间位置短发白衣的是创意总监林桂枝

下／　1993 年，北京奥美招聘广告“继续寻找稀有——人才”

部分时间只关注眼下的市场数字。都知道未来重要，可是说到花钱就很难兼顾，愿意并能够投资未来的，经常是具有强烈企图心与愿景的领导人。供应商除了自身竞争力，还能够有效提供掌握未来的信息，影响企业做出有利的投资决定，进而转换成供应商外的有利资源。广告公司在消费变迁主题上相对于其他供应系统更具有多样性与说服力，只是要注意时机与沟通对象。

我待在北京奥美的时间非常短暂，短暂到随着时间长河的流逝几乎可以忽略不计，只是这经历对自己影响巨大久远，短暂与久远也是一体两面。

回想这些年的作为，受限于自己的认识，认识有高低，能力有大小，一点一滴延续积累，没有时时勤拂拭也悟不了本来无一物。现在是过去的未来，也是未来的过去，彼此不可分割的进行式。30 年前书本记载着一个消费者可以同时具有相异的内在面貌，因此形成多重消费形态，进而演化新的市场扩充动力，只要经济条件许可。那时候认为这不可思议，但是现在消费市场似乎在朝着这个方向前进。未来是持续扩张抑或修正回归？

答应写下这些陈年旧事，动笔就觉得后悔，几乎忘记又未曾忘得干净，回忆还挺费精神。据说以个人经历写作的都充满了忏悔心情，好像不止于此。那些人事地物喜怒哀乐，要说已经不在，却历历在目；要说还在记忆中，倒仿佛随风而逝。总之都是些陈芝麻烂谷子稀稀落落游走纸张，也不知道读的人读了有什么意思。据说东西写完了也就是这个作者已死，如果自己写的有什么不周全，责任全在自己，还望海涵。

世上本无路，人走多了自然就成了路；真正的路，还得自己走过。正是，眨眼即将过去，脚下就是未来。

我心中永远的奥美

林桂枝（Kwei Chee Lam）
（1993 年加入北京奥美，北京奥美第一任创意总监）

20 世纪 90 年代，我从香港奥美来到北京奥美，当时的北京奥美办公室在建国门外赛特饭店 12 楼的一间套房。印象中办公室有一张长条白桌子，数把办公椅，几个带耳的白色瓷杯，余下便没有什么值得注意的东西了。

草创时期的北京奥美与其他处于开创阶段的企业没有多大分别，人少、资源有限。办公室有一台电脑，没有复印机。那时候复印机不普遍，我记得做好了提案稿件，要装在一个巨大的黑色皮革提案袋中，从赛特走过一条很长的过街天桥，到国贸商城的一家打印中心复印。

到国贸复印文件一直给我留下很深的印象源于一场小雪。记得我到北京奥美上班的第一天正下小雪，那天傍晚到国贸复印比稿文件也是个小雪天，特别冷。冬天黑得早，我一个人拿着沉甸甸的提案袋，走在刚下过雪的地面上怕摔倒，又怕迷路，寒风彻骨，冷得耳朵发疼，唯一让我感到暖暖的是脸上的泪水。

我实在太脆弱了，今天回想起来还觉得自己没出息。来北京与男朋友在一起是我的梦想，既然梦想实现了，还有什么不能承受的呢？怕冷可以多穿点儿，怕摔就走慢点儿，怕迷路就多问问。再说，北京奥美的这段经历，虽谈不上什么苦难，却是我人生成长中一段难得的历程。

我有幸与几位志同道合的人一起做了垦荒牛。总经理陈碧富，副总杨祁，创意主管是我，我们三人加起来便是两岸三地，幕后首脑是宋秩铭先生。当时没有几个员工，我记得公司的第一笔生意得到了北京航空航天大学两位老师的支持，搬来了台式大电脑，几周的群策群力让我们幸运地拿下了第一个客户——中美史克的百多邦药膏。

香港奥美派来了一位美术总监来帮忙，他是卢自力。百多邦药膏的标志是他设计的，一直沿用到今天。我家里的药柜备有百多邦，每次见到这个标志，我都会想起他，还有当天他做完稿的样子。

卢自力从香港带来了一大包自备的完稿工具，到了办公室便低头工作。做完稿需要用针笔，将设计好的字体用针笔画好后便要拿到晒图公司出图，再取回办公室裁切，再用橡胶液粘在完稿上。当年没有快递，一切只能靠员工的两条腿去完成。橡胶液放时间长了会凝固，要以稀释液调到适合的黏度方可使用，其间有太多想不到的问题要应付，绝非今天在电脑前便可以轻松解决。

由于工序烦琐，大家便格外小心。后来随着组织的完备，分工越来越细。美术和完稿专心做好稿子后，流程在上面贴上封皮纸，背面贴上不干胶，经手的所有人，包括完稿人员、文案、美术、客户服务人员、创意总监、流程管理以及客户，都要检查校对，在上面签字。大小稿子都要经过这个签字检查制度，有点儿像以前说的岗位责任制。于是，每件小事便成了大事。而这种由流程管理人员挨个去请人签名的手续，在不经意中既保证了作品的品质，同时令每张稿子更有分量，更值得人们珍视。

当时广告专用的材料比较匮乏。橡胶液、稀释液都是易燃品，还有裁切的橡胶板，都需要去香港或台湾出差的人带回北京。东西好不容易带过来，稿子费了许多功夫和时间才能完成，因为各种困难，无形中又为稿子增加了情感上的价值。物资匮乏不算什么，人力和时间都可以弥补其中的不足，有时候艰苦的条件更能激起人们突破困难、干出一番事业的心气。

卢自力做的百多邦标志是北京奥美创作的第一个标识，而北京奥美的第一份客户合同的英语版，则是我草拟的。

中美史克要求合同有中英文对照版本。我是在曾经受英国殖民统治的香港成长起来的，英语勉强可以应付，于是便成为团队中草拟合同的人选。作为一名广告创意人员，商业合同是隔行的事儿，这是我平生写的第一份商业文件，也是北京奥美的第一份客户合同，印象特别深刻。

来北京工作，有数不清的第一次。第一次拟合同，第一次负责建立创意部，第一次与素昧平生、不同文化的人共事，第一次用普通话提案，第一次为爱高飞远走，第一次在人生中走一条没有回头路的路。

第一次比稿胜利拿下客户，让这条不归路有了好的开端。我到香港找蔡美诗导演拍了几支电视广告片，还清晰记得广告的旁白："家有百多邦，皮肤保健康。"我是用广东话写的文案，后来问当地人，知道普通话也通，就侥幸过了普通话写文案的第一关。

稳住了中美史克，我的心安稳了许多。中美史克是合资大药厂，奥美是赫赫有名的 4A 广告公司，大家都有外资背景以及互通的商业守则，甲乙双方的合作相当默契顺利。我来北京是为了个人情感，只要能留在北京就好，其他都可以将就。所以，许多个人的不适应都要服从这最重要的前提。百多邦生意稳定后我们离开了赛特饭店，搬到西直门的星湖饭店。星湖饭店的附近是"老莫"，即莫斯科餐厅，过了"老莫"，便是北京动物园。

有一个说法是，在北京谈恋爱的北京人都一定会到北京动物园谈恋爱，而老一辈的北京人觉得到"老莫"吃饭是无上光荣，因为从前它是北京唯一一家西餐厅。有意思的是，当年我在星湖饭店上班，却从来没有到过隔壁的"老莫"吃饭，没有去过近在咫尺的北京动物园，更谈不上到那里与北京人谈情说爱。原因很简单，公司的生意渐渐多了，人开始多了，事情更多了，工作也变得更多了。

奥美在星湖饭店的办公室是一处平房，地面是红色带麻点的石砖，里面的装修是以玻璃和木板隔断的小办公室。公司通到宾馆外有一道淡黄色的中式拱形门，常有一些服务员坐在走廊里看着往来的住客。宾馆的客人不多，这些20多岁的女孩就在椅子上边坐班边聊天，谈话中带着那个年代特有的舒缓节奏，慢条斯理，轻松散淡。

那个年代，社会上的服务意识比较薄弱。到商店购物，销售员大都爱搭不理，眼皮不会动一下，扭过头只会顺便说一句:“那边!”或是干脆眼睛故意不看对方，含含糊糊地说:“没有。”我常常觉得她们活得不快乐，为她们这样的活法感到惋惜。服务意识的薄弱在当年的出租车上甚为显著。车子脏，不少还有一股味儿，司机爱绕路，尤其是听到我不标准的“广普”，更会加大油门多绕几公里路。我常常因为绕路与司机吵架。后来司机座位上加上了出租车公司的名字和司机的姓名，我便从动口变为动手，动手给出租车公司写投诉信。从首都形象、国民素质的角度出发，谈自己的经历，洋洋洒洒写上数页纸。印象最深的一次是出租车公司的领导带着司机上公司赔礼道歉。事实上，我不要求经济赔偿，只希望自己所经历的不愉快不会再发生在他人身上。这里毕竟是中国的首都，绕路是不诚实的，这种行为有辱国格。

回想起来，这只是意识问题。北京人热情、厚道、不拘小节，而当时的社会不那么以钱为尊，加上北京人天生傲气，又没有监督和投诉机制，服务不好有当时特定的客观环境因素与更深层的制度原因，不能用“糟糕”二字简单概括。

广告是服务性行业，为客户提供专业的服务是必须的，只是其中应该如何拿捏分寸，以免对客户唯唯诺诺、唯命是从，要想维护专业精神与个人尊严是很大的学问。台湾奥美和香港奥美在这方面做了坚强的后盾。当年有很多从台湾奥美调配过来的人才，手把手教导本地员工，加上奥美聘用的大部分员工都是学历高的毕业生，他们有的是纯真与热忱，以及对未来的美好憧憬。

到了星湖饭店后，北京奥美开始公开招聘，沿用了台湾奥美的招聘广告“寻找稀有动物”，刊登在报纸上。这则广告吸引了许多有趣的人加入。有学天体物理专业的女孩子王琳，有在社科院读书的贾苏，有来自北大英语系的王三强，还有机灵聪颖的沈丹、从加拿大回国的陶雷。负责美术完稿的是两位失聪的同事吴静和徐聪，还有美术何景梅、李晓峰。武汉大学的赵晋梅，友善亲和的季小宁，如花一般的刘颐，后来负责调研的陈平、申凤敏、白金江等等，先后加入北京奥美。

如今，这些老奥美人基本上已经不在奥美工作了，唯有他们纯真的面容永远留在我的心间。香港奥美以前有一个说法，叫“奥美人，奥美魂”，意思是老奥美出来的人都有着专业、敬业、正直的秉性，有着奥美独有的特质。我相信当年在北京奥美工作的同事也一样，会将老奥美的专业素养延续到他们往后的工作当中。这是一种文化资产，也是一种专业精神的体现。

当年的客户除了中美史克，还有威娜美发用品，而其中最值得一提的是一款方便米饭。一天，碧富将一个黄色的小塑料袋放在写字台上，高兴地说这是新近拿到的客户。

产品是创新粮食，只需要加热水便可以变为米饭，而且客户定好了请相声大师马三立代言。我当时不知道什么是相声，也没有听说过马三立大师，更没有见过加热水便能吃的方便米饭。这一切的新，让我不知道应该如何入手。

由于被繁重的工作包围，我没有花更多的时间对产品深入理解，只顾如何解这道用名人的题目。我直观地感到，既然是创新产品，就应该采用创新的手法。马三立大师不应该在广告中说相声，做传统的事情，他应该突破常规，做一些出格的事儿。

我建议马老当上摇滚巨星，在摇滚乐中唱“逗你玩”。我无知无畏，敢想更敢做，没想到客户采纳了这想法，而马老的家人和他本人，也接受了这个想法。于是，马老在毕生的唯一一支广告中成为摇滚乐手。

基于客户对奥美的信任，过程一路顺畅。到了天津，我们在一家疗养院见到马大师。当时，我们带了一件衬衫让马老试尺码。衣服比较紧，他将身子一缩，头往前一探，就像变魔术一样，把自己装进了衣服里，眯起双眼说："我原来便瘦，现在这胳膊一长，就显得更瘦。"多年后，我听到马老先生的相声作品，才知道他是如此出色的艺术大师，一直对自己的莽撞心生悔意。

还有一点令我感到十分后悔的是，我当时对产品没有深入了解，只是拿回家试吃了一下，心里觉得味道不怎么样，却没有提出来。这是我在专业上的过失。因为既然要为一个产品创作宣传计划，了解产品、与客户深入交流、坦率提出自己的看法是必须的。假如自己对产品没有信心，而只顾做出新奇有意思的创意，是对自己专业的怠慢，是对消费者不负责任的行为。

近年来有人在网上热议马老在广告中的造型，这件陈年往事再度浮现我眼前。每个人看见的事物都不一样。作为当事人的我，看到的与局外的网民们看到的自然会不同。于我来说，黑人穿着马褂摇着折扇以相声的形象作陪唱，马老拿着麦克风左摇右摆，而售卖的是自己没有信心的产品，是辜负了马老先生，每每想到这里，我都感到难过。能够与马老合作，是我毕生的荣幸；辜负了马老先生，是我无限的遗憾。

在星湖饭店办公一段时间后，公司的业务渐渐兴旺起来，拿下了一些大客户。人多了，公司又要再次搬家。我们从星湖饭店搬到了位于左家庄的北京商业管理干部学院大楼，从平房进入了高楼。员工人数有多少我记不太清了，只想起中午吃饭的时候，公司安排了工作餐送饭上门。大家拿着金属饭盒，许多人排队领饭。我常常跟别人开玩笑说，我这个在资本主义制度下长大的苗跑来吃社会主义的大锅饭了。

/　马老的摇滚乐手造型

20 世纪 90 年代，中国正经历改革开放的大潮，无数外商到大陆投资，汽水、汽车、食品、家居日用品、服装、酒店，无论衣食住行，都有外商参与。按中国人的说法是，老外都想挣中国人的钱。而从另一个角度去看，人们的生活品质确实获得很大的改善。生活品质的改善当然不单是由于国外的投资，各种综合的因素可说是天时、地利与人和，让老百姓的生活品质得到极大的飞跃。

记得我刚到北京的时候，行李箱中除了衣服，还有高露洁牙膏、Tempo 纸手巾、偷运的水果（包括杧果和柠檬），还有各类的设计和创意参考书、正版的 VCD 电影光盘。带那么多东西，行李超重是常态，而过海关不被扣查是个大学问。

后来我总结经验，其中的秘诀有三条：

（1）下飞机看看有没有留长发的男子。

（2）将内衣放在行李的第一层，要做到打开行李，满眼是内衣。

（3）出海关走路时脚步放慢，气定神闲。

下飞机紧跟着长发男子，是因为他们会引起海关人员注意，被拦着检查。海关人手有限，长头发男子被查，我这个小女子便可以无惊无险，趁机过关，屡试不爽。当时大部分海关人员都是男的，把内衣放在行李面上，海关人员一打开，觉得有点儿尴尬，不好意思触碰，自然便会关箱放行。放慢脚步则是信心的表现，这是我从谍战电影里学到的，也算是学以致用，立竿见影。

常言道：“常在河边走，哪能不湿鞋。”虽然我有着通过海关检查的丰富经验，但还是被海关扣下了一部封面比较性感的国外小说、水果若干，还有一次被没收了数册创意书，因为里面有一些比较性感的插图。

被没收创意书籍令人心疼。因为这些书都是从香港的书店购买后带到北京的。这些书是创意人员唯一的营养补给品。当时市场没有那么活跃，商业类的创意书籍十分难找，公司里的所有创意参考书和资料都是

/　林桂枝与马老工作照

靠香港和台湾的员工肩扛手提带到大陆的。后来慢慢有了推着小车卖创意书籍的书商，到了后来，海外与国内都有一些以广告创意为主的网站。今天，一些国外创意网站纷纷关门大吉。广告形式的转变、社交媒体的兴起，令广告不再停留在过去的平面媒体与电视广告，市场推广和宣传的手段发生了翻天覆地的改变。过去的，毕竟已经过去了。

我在北京奥美工作了两年之后离开。离开奥美没有什么特殊原因，只是希望换个环境看看。之后我到了几家 4A 广告公司工作，到上海与朋友一起经营制作公司，2007 年又重回北京奥美，数年前再度离开。

奥美是一家很优秀的公司，像个大家庭。多年来我收集了无数奥美的纪念品，红色的奥美书包、奥美雨伞、奥美毯子、小椅子、行李箱、音箱、各种型号的杯子，今天我在家中吃饭用的是一双刻着“奥美”两个字的筷子。我没有在任何一家公司体会到在奥美独有的、浓浓的人情味，奥美人之间由衷的关心与关照。

奥美让我实现了无数次第一回的宝贵经验，学会毕生受益的专业技能，更重要的是，让我勇敢面对新的挑战，永远向前，从不气馁。香港奥美的邓志祥先生和奥美大中华区董事长宋秩铭先生帮助我来到北京，是我的恩人，没有他们，我不会获得这一段人生成长的难忘经历。在此，我再次由衷感谢。

我的黄金 20 年

陶雷（Raymond Tao）

（1993 年加入北京奥美，本土第一任奥美广告中国区总裁）

2013 年 9 月，我选择在奥美工作满整整 20 年的时候提出离职。后来许多人问我为什么离开，我一般说：觉得再不走就再也走不了了。其实，当时的原因更复杂一些，有一点儿不甘心，也有一点儿逃避……现在想来，也不是很容易说清。但如何加入奥美，20 多年前的那个过程于我这个记性差得出名的人，却历历在目。

缘起

我于 1988 年毕业于北京工业大学建筑设计专业，同年赴加拿大继续追寻成为建筑设计大师的梦想。那时，意气风发的我没有想到后面那四年多的留学生活会是我到目前为止的人生最低谷的时期。1993 年初，一事无成的我灰溜溜地逃回了北京。我的父母不但没有埋怨我荒废了四年大好时光，还通过我父亲的关系替我安置了一份工作。正是那份事后看起来非常不靠谱的工作为我打开了广告之门。那是一个初创但充满了“政治斗争”的小公司，当时我的主管跟我说：“既然你是学设计的，那你来负责我们的广告宣传吧……”这个外行主管基于稍显荒诞逻辑的决定，可以说对我的职业生涯产生了决定性和深远的影响。

就我？负责广告？当时我周围连一个懂得广告皮毛的人都没有，怎么办？看书。我在书摊上发现了台湾版的“广告丛书”。奥格威的《一个广告人的自白》是我读到的第一本广告领域的书。它像磁石一般立刻吸引住了我。奥格威字里行间对人性的通透理解加上隽永的文笔（感谢译者信达雅的翻译）让我对奥美顿生想往。

无巧不成书。当时我追求的女孩子正好在兼职给奥美当翻译（国际客户过来调研需要）。她帮我和北京奥美的人打了招呼，并给了我电话号码。我很激动忐忑地拨通了电话，简单介绍了自己。对方就约我第二天晚上七点半去奥美公司面试，地点在北展宾馆。

第二天，我按时到达北展宾馆，问前台奥美在哪个房间。人家查了一下说：没有这个公司。我说：肯定有的呀，我来面试。她说：的确没有…… 那时候移动电话这种东西刚出现没多久，国内的人家里能装上一部电话已经很了不起了。无奈，我只好骑车赶回数公里之外的家再拨电话给奥美诉说方才的经历。结果人家告诉我：奥美在北展宾馆背后的星湖饭店里面。

第三天，我晚上七点半终于找到了位于北展宾馆背后的星湖饭店里面一座像库房一样的房子里的北京奥美。记得那时的北京奥美一共有 22 位员工，那天晚上我到的时候感觉大部分人都在。房子不大，一目了然，所有人都在忙活。面试我的是当时北京奥美唯一的业务总监马孟瑶。胖胖的总经理陈碧富把他的办公室让出来给我们。和孟瑶聊了什么我大部分不记得了，无外乎就是我说了一下自己在国外的蹉跎岁月。只记得她问我想在奥美做什么工作。我说我学设计的，就做设计吧。可孟瑶说，你有国外的经历，英文也不错，做客户执行吧。我没打磕巴立刻答应了。我那时候打定主意，只要奥美肯要我这个失败的人，干什么都行。我对自己说，什么都不要想，在奥美任劳任怨，干两年再说。结果，我干了 20 年。

就这样，我以 900 元的月薪开始了在奥美的广告生涯。对了，孟瑶当时还对我说了一句让我难忘的极具诱惑力的话：“你在奥美成长的速度会是在其他公司的两倍。”28 岁从零开始的我太需要这个速度了。很快我就发现，如果你每天工作十好几个小时，周末也不休息，以两倍速度成长也不是特别难以想象的事。

启程

北京奥美蜗居在北展那个“仓库”里的时间不长。但对于我来说，那是我奥美旅途的起点。

作为客户执行，我的第一个客户是德国威娜。威娜在世界其他市场

/　1994 年的奇思上市发布会

主要是服务专业美发市场，但当时洗护分开的威娜宝却是针对消费者，是高端洗发产品的代表。刚巧碰上客户要上市一个美发系列产品，品牌叫“奇思”（Design）。于是，我就跟着孟瑶负责这个品牌的上市广告活动。现在想来那时候虽然条件简陋，但对于我这种没有任何相关经验的白丁而言机会确实很多。比如我一上手就被要求写创意策略（搁在今天，一个客户执行不知道要干几年才有机会接触写策略。也许一直不会有，因为在分工精细的4A公司，这个活儿归策略人员（Planner）。孟瑶大概跟我说了一下，然后把之前给威娜另一个产品的创意策略丢给我，让我“照猫画虎”。

这就叫无知者无畏。我拿着一些调研资料，琢磨着策略样本的写法，还真整出了一版策略文本。孟瑶帮着改了改就拿去给客户提案了。没想到客户居然通过了。

威娜奇思的品牌经理叫孙跃。记得有一天我们加班做产品包装的完稿。那年头完稿是要在图片公司“植字”，然后把文字和图案贴在设计稿相应的位置上。我们干活，孙跃坐在门口的破沙发（捡来的）上等。他拿到完稿要直接奔工厂。我们完活时天已大亮。我把他从沙发上叫起来，送他出门。走在北展大院寂静无人的路上，孙跃问：“你在奥美多久了？”我答：“不好意思，才几个月。”他说：“我感觉你像做了几年的……”那一刻，我备受鼓舞。

我猜那个时期的我干活肯定是很拼的。记得创意部负责制作的一位同事不止一次说我：“陶雷，你干吗那么玩命，这公司又不是你的。”我其实从来没想到，也不太理解为什么有人会从那样的角度看自己的工作。我从来没觉得自己做事情是为了公司或其他外在的人或组织，我觉得我是在为自己努力，在积累自己的能力和能量。另一方面我一点儿都不觉得自己做的事情烦和累，有什么理由不尽力做到最好呢？

我服务的第二个客户是IBM。1994年郭士纳掌管IBM后，整合全球

/　为 IBM 的电子商务做的标识

广告代理商的业务给到奥美。我是奥美在大陆服务这个新客户的第一个业务人员。一开始我们的工作就是把纽约总部为 IBM 做的品牌广告汉化。那个阶段我印象最深的就是经常在图片社盯平面广告的完稿到凌晨乃至天亮。同一张平面广告每次要制作 30 多个尺寸不同的完稿，因为不同报纸杂志的尺寸不同。有一次事故让我懂得关注细节是多么重要。那次在我把 30 份完稿片子分别寄出后，同事才发现其中一个片子寄错了地方。那其他片子是否也有寄错的呢？于是只好全部重新出片，重新寄送。

做了几个月的汉化后，我们终于等来了为 IBM 做第一个创意的机会：IBM 个人计算机的形象户外广告。因为 IBM 在中关村拿到了当时北京最大的一个户外广告位，而纽约总部没有现成的创意可以提供。当时的创意总监高祖侃带着创意团队做出了“无论一小步，还是一大步，总是带动世界的脚步”这个创意。当时，客户和我们都很兴奋。十年之后的 2005 年，IBM 全球的个人计算机业务卖给了当时总部位于中关村的联想。

我把 IBM 客户“交出去”之后的一个案例也值得写一笔。在我的记忆里，第一次听说“电子商务”这个词，就是因为 1997 年的这次广告传播活动。我们的第一个 TVC 是男女老少都在问：“什么是电子商务？”彼时距离阿里巴巴和京东们的出现还有若干年。那时候我们也不能想象，这个词在未来的 20 年及以后，会以什么样的程度和方式改变几乎每一个人的生活。

里程碑们

原谅我的误导用词，我这里的“里程碑”说的是在我的成长过程里，周围总是有几位老师、学长在关键的时期或关键的事情上，有意或不经意地给我指引或当头棒喝。回忆在奥美的 20 年，这些瞬间总是最先浮现。

还是在北展星湖饭店，我入职奥美不到一年。台湾过来的媒介主管陈俊良专门抓住我，跟我说:“陶雷，我觉得你是一个本身有 100，却容易让人觉得你只有 50 的人。你可以试着让自己显得更有自信一些，因为你有这个实力。”

第二年，北京奥美搬家到了左家庄的北京商业管理干部学院。同年我第一次升职，成为业务经理。那时候我正在开心地忙活 IBM 的各种执行工作。有一天，我的老板湛祥国（Kenny）特意把我叫到他的办公室，一脸严肃地说:“弟弟，你已经是客户经理（AM）了，我看你还一天到晚忙执行忙得可高兴了。你看看人家邱天雪（与我同时升职的女同事），都在写策略了。你不能一辈子做执行吧?”那真是一语惊醒梦中人，我回去琢磨了一晚上。第二天上班，我径直找到湛祥国说:“我要做金佰利（K-C，也是国际奥美的客户，当时刚进中国大陆）。”那一次对话开启了我的 K-C 阶段。这个客户我从 1995 年一直经营到 2000 年，它旗下的“舒尔美”“高洁丝”“好奇”品牌上市广告活动，主要的业务负责人都是我。

接金佰利后的第一个活儿是“舒尔美”。这个本地品牌被金佰利收购以后要上市它的第一款有护翼的卫生巾。我一个大男人要为一种自己永远没有机会使用的产品做广告传播策划。那个过程是十数次在单面镜后面听调研，撕开无数片自家和竞争产品做“实验”，公司女生被我“骚扰”了个遍，问类似“你量最多是第几天”这种问题。最搞笑的是一次和同事外出坐地铁，在车厢里讨论产品，聊着聊着我就从包里掏出一片卫生巾比画，弄得其他乘客侧目。

开始弄舒尔美策略时，我有点儿找不到头绪。一天，高祖侃跟我说:“阿桂来了，你别傻！赶紧去拜师，否则被别人抢走了。”阿桂，大名叶明桂，在台湾奥美有“策略王子”之称。当时，因为他在奥美服务满 10 年且表现出色，公司给了他 6 个月的带薪长假，但条件是他得去奥美其他地区的办公室“消磨”他的假期（听着感觉也不像是放假）。于是，阿桂选择来大陆的三个办公室各停留两个月，第一站就是北京奥美。高祖侃话音没落，我就拔腿去找阿桂。待我表明来意，阿桂痛快地答应了。

那时的北京奥美没有专门的策划部门。讨论策略的时候大家一起上：总经理陈碧富，创意部高祖侃、李文君，调研部陈萍、申凤敏、白今江、王琳，媒介部（对，那时候有媒介部）张玫、张喆翔。记得我们一伙人在阿桂引导下讨论几周好几轮之后，临近提案的日子依然没有结果。一天，阿桂终于绷不住了。他先给我们举了沃尔沃汽车的例子，然后给了一句“舒尔美护翼卫生巾，给你几乎过分的保护”。大家击节叫好。

再后来的高洁丝卫生巾和好奇纸尿裤品牌在中国的上市广告传播都由我们的团队主导，过程中太多有趣的故事。金佰利的这几个品牌上市活动是我个人在广告创意策略的“训练营”，而阿桂则是带我入门的启蒙老师。

另一位老师是英国人马克·布莱尔（Mark Blair），他后来成为奥美亚太区的策略长。1994 年，他来北京奥美给我们做过一次策略培训。那次是我头一回接触著名的“策略三角形”（品牌-产品-消费者）。这个特别简单的策略工具是我后来最常用的，也是我感觉最好用同时最难掌握的策略工具。好用在于，一旦你把这个“三角关系”琢磨透了，那个指导传播和创意方向的“按钮”就自然出现了。难掌握在于，它要求你能从那三个维度挖出洞察，并且三者关系的逻辑要严密。简单的工具经常并不意味着是容易的路径。再厉害的工具也无法替代用心做功课：理解客户的商业挑战、营销目标、生意来源和目标市场、产品特点和卖点、消费者行为和动机、竞争态势、品牌历史和资产负债、企业文化和决策机制等等。没有这些信息的收集和消化并产生洞察，工具只是个空架子。

我在奥美早期的日子，团队可以花几个月的时间深入到一个品牌和产品中，收集信息，听调研，走访市场，和研发人员、销售人员聊，然后花很多时间讨论和做案头工作，跟创意人员一起彻夜动脑找寻那个神奇的“按钮”…… 那是我做广告最快乐、最有成就感的时期。回头看真是太奢侈了。

还有一件非常小的事情，和 T. B. 有关。我曾经有一段时间不知道哪根神经搭错了，常常迟到，还连续误机好几次。有一次约了 T. B. 见中国移动市场部领导，我赶到时人家两位都聊完了，当时 T. B. 也没说什么。没过多久，一次 T. B. 约主管们在国际俱乐部饭店 St. Regis（现更名为瑞吉酒店）开会，我又迟到了 15 分钟。这次老先生可能实在憋不住了，就说了一句:“一个人迟到无非两种原因，要么太自我，要么不善于自我管理。”这几乎是我记忆中唯一一次被他严肃地批评。十多年过去了，如今的我是一个很守时的人，因为当年 T. B. 的这句话会适时冒出来警醒我。

1996 年底，时任北京奥美总经理的范庆南帮着我们从左家庄搬家去了安贞桥的蓝宝大厦——一栋由北京地毯二厂的厂房改造成的办公楼。我们在那里一下子待了 7 年。那里虽然不是个理想的办公地点，但那个时期我个人的生活事件集中发生：结婚、生子、买车、买房。蓝宝大厦是我职业生涯至今唯一一个曾经有个人办公室的地方，虽然我那时的职位只是业务总监。

范庆南是一个特别让人尊敬的主管。她为人坦诚、直率、公正、专业、不摆架子，对本地员工和外来人员一视同仁。2000 年在卸任总经理之前，她特意为我和其他几位大陆主管争取到升职加薪。我很感谢她。

范庆南卸任后，当时北京奥美公关的负责人李宏兼任广告的董事总经理。李宏是中国第一代国际化公关人才中的佼佼者，有开阔的视野与格局，而且在我的印象里他结交甚广，我们经常说，“没有李宏不认识的人”。在接下来的两年时间里，我们一起开拓本土业务并颇有斩获，直到 2002 年李宏离开奥美出任福莱希乐中国区负责人。

高光

三元牛奶是 20 世纪 90 年代末我们服务的早期本土客户之一。由湛祥国带队，我的主管王三朋和我负责业务，朱幼光负责创意，徐顺利负责制作。我们给客户提了一个故事短片形式的2分钟长度的广告创意，用现在的说法应该叫短视频。湛祥国“软硬兼施”地忽悠客户，让对方接受了这个创意和它背后不菲的制作费用。而且我们推荐了当时因《阳光灿烂的日子》声名鹊起的姜文做导演。对于一个刚刚开始投入广告营销的品牌而言，这真是大手笔。以至于2分钟的片子拍完后，媒介预算只够播放十几次。

姜文确实适合拍这类故事：在宏大的历史背景下，普通人家的姐弟俩围绕着一杯牛奶的亲情故事。其中一个有趣的桥段，是拍摄完成后，我们去广州做后期。我们需要把大量的拍摄素材分别剪辑成2分钟和45秒的广告片。姜文大导演在剪辑室里折腾了一上午，剪出来一支12分钟的片子，跟我们说：“最短就这样，我不知道怎么再往短里剪了。”我们和客户闻声险些晕倒。这时候号称“广州第一剪”的剪辑师李华说：“我来试试吧。”。不到两个小时后，我们看到了2分钟和45秒的片子。姜导心里服气但嘴不饶人：“你们要是觉得这样也行那就随便吧。”三元的品牌传播获得了 *Media Magazine* 1998年颁发的年度最佳广告战役（中国）。三元品牌TVC是当年奥美全球广告集锦里唯一一支中文广告片。这个广告片当年获得了美国《广告时代》著名评论家两颗星的评价（最高三星）。当时奥美亚太区的创意大佬尼尔·弗伦奇（Neil French）非常喜欢这个作品，亲自为它做了英文配音，并推荐我们申请当年的戛纳广告奖。这个TVC很有可能成为大陆第一个得到这个奖项的作品。但这并没有发生。据朱幼光回忆，由于我英语比较好，申请表给到我，由我完成申请。但是截止日期过了一周他想起来问我，结果我彻底忘记了这件事。今天回想起来，觉得非常对不起创意团队。也可见当年我们对得奖这件事有多么不上心。对比后来广告圈评奖成风，飞机稿满天飞的热闹景象，我们当年实在是不开窍啊。

2000 年是值得记录的年份。那一年，我们赢得了两个真正意义上的长期服务本土品牌：长虹电器和伊利乳品。

长虹公司地处四川绵阳市，以前是一个军工电子企业，主要生产雷达产品和元器件，改革开放后转型为民用家电制造商。2000 年，长虹的奠基人倪润峰退居二线，赵勇升任总经理，开始实施一些改革措施。在营销方面，他指示当时的公关和市场负责人刘海中找到奥美。我们的第一个任务是为长虹的全新电视产品策划广告传播。

我们团队由李宏挂帅，我负责业务，蚊子（张文主）和邱胖（邱欣宇）负责创意，翟永康（Mickey）负责企划，张喆翔负责媒介。那半年，我们频繁地经成都往返于北京和绵阳，最密集的时候一个月跑了四趟。

新产品是采用了逐行扫描显像技术的彩色电视，相较市面上主流的隔行扫描产品，图像显示更加精密，色彩还原度更好。我们团队花了一整天时间和长虹的工程技术人员在一起了解复杂的技术原理。我们知道这次传播的密钥一定来自产品，我们需要将费解的技术概念转化成普通消费者容易理解的卖点。最后，我们把传播概念总结为“精密显像”。然后给产品起了一个直白的名字“精显”。邱欣宇想出来的口号是“还原本色，更加出色”。事后看这些似乎都是顺理成章、理所当然的，当时却费了我们很多时日，完全没有轻而易举的感觉。诸多类似的过程让我学会尊重创意和创意发展的过程。

第一次服务长虹的时间很短，不过半年。后来倪润峰重新掌权，2001 年春节刚过，我们就收到了长虹终止与奥美合作的通知。赵勇被调去当绵阳副市长。再后来，2004 年赵勇重回长虹，又召回奥美服务了 4 年。这是后话。

突然丢了长虹这个大客户，我们当年的收入目标堪忧。幸亏 2000 年下半年我们遇见了伊利。当时伊利牛奶的市场总监徐卫东来北京物色广告代理商。他首先去了智威汤逊，然后来奥美和我们见面交谈了一次，随即决定与奥美合作。这是伊利有史以来第一次和国际4A合作，没有经过正式的比稿就确定了合作伙伴。事后我问徐卫东为什么，他说："选择合作伙伴最重要的是感觉——我们和你们有没有化学作用。有了对的感觉就决定，没必要再比来比去。至于专业能力，所有有声誉的4A公司应该都在一个水平线上，比稿并不是下判断的好办法。"那次见面的团队也是后来服务伊利的团队，包括业务杨文艳、张雪梅、蔡晴、张成成，创意张文主和阿涂（涂运升），企划是翟永康和张洁（Lora）。

20年后，在服务了上百家客户后，我的最佳客户名单上徐卫东依然名列前茅——知道自己要什么，果决，有判断；知道自己不擅长什么，然后在那个部分充分尊重合作方，尊重专业。

第一次和伊利的合作由于我们的错误判断，两年后我们选择放弃。记得现在是伊利集团董事长、当时任伊利液态奶事业部总经理的潘刚带着徐卫东把T. B.和我抓到北京西边一个酒店里"臭骂"了一顿，意思是伊利没有对不起奥美的地方，我们为什么背弃了他们的信任？我觉得我们非常理亏，无力解释。再次全面恢复和伊利的合作是2008年北京奥运会之后。在三聚氰胺事件的危机中，我联系当时刚从宝洁空降伊利任集团品牌管理部总经理的程峻怡，说有需要奥美协助的地方我们乐意效劳。结果是后来我们赢得了伊利品牌的年度代理，这个合作关系一直到2021年的今天还在持续。

21世纪初，我们碰到了一个"很不起眼"的客户，一个来自河南西峡县的乡镇企业——宛西制药。宛西制药地处河南和陕西交界，当年李自成起事的伏牛山脚下。当时那里都不通火车，去那里要从河南南阳下火车再乘2小时汽车，或者飞西安再坐5小时汽车，穿越伏牛山脉到达西峡县城。企业主孙总来北京奥美拜访。孙总看上去50多岁，身材魁梧，满面红光，声音洪亮。一个小时的交谈后，我们决定去宛西制药看一眼再决定要不要做这个客户。

由于贪恋西安的小吃，我和李宏、负责策略的张洁、创意张文主和李健等人先飞到那里住了一晚，去鼓楼回民街品尝了各种西北面食。第二天租车走了 300 里山路，到达西峡县城，直奔客户的药厂。进到车间后我们都惊呆了，看到一条自动化程度极高的中成药生产线。孙总介绍，设备全部是从意大利进口改造的。在生产线的末端，我们看到一粒粒黝黑发亮的小药丸倾泻而出。那就是孙总想让奥美为他们策划传播的产品——仲景牌六味地黄浓缩丸。

这个用心做产品的企业令我们信心倍增，回来立刻开始准备，结果发现市场上有大大小小 150 多个六味地黄丸的生产厂家，其中有传播声量的大都诉求产品的功效——滋阴补阳。当时一个著名品牌的广告语是妻子搂着丈夫对着镜头说:“他好，我也好。”如何打差异化这张牌成为关键。对于六味地黄丸这样大众熟知的配方，产品功效的诉求已经高度同质化，如何能让消费者相信我们产品的功效比其他同类产品更佳，再重复疗效没有意义。然而同样的成分组成，最终产品的优劣取决于每一味药材的品质。宛西制药地处有天然药库之称的 800 里伏牛山脉，在取得优质药材方面有着天然优势。于是，我们的差异化诉求便产生了。操刀创意的李健想出来的创意表达是:“药材好，药才好。”接下来的广告活动非常成功，宛西制药的六味地黄丸销售额从 2000 年的 1.1 亿元到 2002 年超过 3 亿元，市场份额从 8% 增加到 20%，成为该品类的第一品牌，以至于客户在未来的营销传播中始终坚持这一诉求。“药材好，药才好”甚至成为宛西制药的企业定位与文化的核心组成部分，支撑企业一直发展到今天。

2001 年，李宏带着我们开始服务中国网通。中国网通是继中国电信、中国移动、中国联通之后成立的全新通信公司，致力于建设以光纤宽带为基础的信息高速公路。中国网通的总经理田溯宁是一位让我印象深刻的企业家，与我见过的其他国企领导风格迥异。田总是一位理想主义者，理性、亲和，非常尊重合作伙伴。在田总的亲自参与下，我们为网通品牌的面市推出了“由我天地宽”的广告传播活动。在当年的传播环境中，这个富于视觉冲击的电视及平面系列广告在市场上产生了广泛的影响，使得网通品牌在上市初期就赢得了很好的认知度和口碑。

参与这次广告战役的团队成员包括业务人员张颖、孙哲（几年前因癌症去世），广告创意张文主、李健、金扬，互动创意朱幼光，媒介张喆翔。

多事之年

2003 年初，我和团队通过比稿赢得了中国移动“动感地带”品牌在全国上市的传播任务。有关那次比稿，请看我当时的创意搭档邱欣宇在奥美《观点》的文章《那年，我们比“动感地带”》。

记得是 2003 年春节假期的最后一天，我和业务总监夏嵘嵘被客户叫去。他恭喜我们赢得了“动感地带”年度代理的业务，但同时传达公司领导的指示: 要求我们保证在 3 月 1 日推出这个品牌全国上市的电视广告。如果各位了解广告行业，像那样量级的品牌上市广告活动从策划到创意制作，给我们 3 个月的准备时间是非常合理的，但我们只有不到 3 个星期。回公司的路上，我和嵘嵘半天没说话，然后她问我:“这个活儿咱们能不接吗?”我明白她的意思——这显然是不可能完成的任务。

我们没有什么时间可以犹豫、斗争的。如果拒绝，那奥美可能就此和中国移动这个客户告别了。更重要的是，我们将失去一次（回过头来我甚至想用百年不遇来形容）极其难得的创造一个全新品牌的机会。

回到公司，我立刻再一次“晃悠”到了邱欣宇的座位。接下来的故事和比稿时一样——他仍旧没有办法拒绝我的请求。

“动感地带”是中国移动创造过的最有影响力的消费者品牌。上市当年品牌的用户就超过了 1000 万，3 年后超过 1 亿。奥美也因为这个品牌的成功取得了客户的信赖，维持了与中国移动长达 9 年的合作关系。

“动感地带”为 18~23 岁，也就是当年的 80 后而生，是年轻人的通信自治区，是一个年轻人当家做主的品牌。于是，一个普通的移动通信服务品牌对于年轻人有了特殊的意义和价值。“我的地盘，听我的”成为当年《新周刊》评选的年度广告语。一家媒体评价说，“动感地带创造了一个文化现象”。我觉得这是对我们最大的褒奖。

接下来的几年，由于服务“动感地带”的成果，我们又陆续赢得了“全球通”品牌、当时刚刚兴起的“数据业务”、中国移动企业品牌，还有 B2B（企业对企业）业务的年度代理。

北京奥美中国移动团队也换了几茬人。除了我上面及邱欣宇文中提到的，还有很多人，包括业务人员刘星伦、吴昊、于立、蓝婉文、郭薇薇、刘征、习熠、李宏震、张红、刘兴慧、张颖、方月，策略张洁，创意王希乐、黄杏雨，M-Zone 动感地带标识设计者张久学，等等。

回想起来，动感地带品牌上市活动之所以能一炮而红，得归功于当时我们被给到的那个极不合理的不到三周的作业时间。我们拼死拼活用了仅仅两周时间完成了从创意到广告拍摄及后期制作，然后拿着“热乎乎”的成片去提交给客户市场部部长。那一幕，我永远忘不了。部长看了两遍那支 15 秒的电视广告片，然后转头说道:“实话讲，我看不懂。”我站在他背后，听闻此话冷汗出了一身。要知道，我们根本没有时间做任何修改，明天播出带就必须送电视台才能赶上 3 月 1 日的播出。而这个播出时间是移动主管副总裁为了阻击竞争对手下的命令。部长肯定也知道没有时间修改，于是接着说:“我能不能看懂不要紧，反正这个广告也不是做给我这种人看的，只要你们判断年轻人能接受就没有问题。”说完，部长起身离去。

设想，如果当时有时间改创意、改制作，极可能出街的广告完全是另一个样子。而动感地带广告活动能不能取得那样的口碑，品牌还能不能快速赢得年轻消费者的喜爱，我会打一个大大的问号。

机会这个东西就是这样，你必须持续努力不放过任何一个可能，然后在数次失败或平庸的结果之后，它会携着天时、地利、人和突然降临。如果你总想着确认好的机会再付出努力，很可能会错失像动感地带这样初看不像是一个靠谱机会的大好机会。多年后，我听到一位知名企业家说“站在风口上，猪都会飞”这样的话时，感到非常不适，虽然我知道这位企业家的本意是顺势而为可以事半功倍，自谦他的成功来自运气，但也有不少人会做机会主义的解读。我反感一切机会主义的说法和做法。

2003 年初，庄淑芬从台湾奥美调任北京奥美集团总裁。她刚落脚北京，非典便开始肆虐。但和 2019 年这次新冠肺炎疫情相比，我感觉那次疫情对我们的生活和业务影响不大。庄淑芬到北京办公室不久便承诺大家，她一年之内一定给北京奥美搬家。当时我们已经“蜗居”在安贞桥的蓝宝大厦六年了。她居然做到了，2004 年北京奥美移居到金宝街的华丽大厦直至今日。那是庄淑芬第一次向我们展示她强大的执行力。

而我，其实来奥美以后，每 5 年会碰到一个瓶颈期，然后闹腾一下，我总结这是我的“经期”。1998 年我跟湛祥国请假 3 个月，准备申请出国读 MBA，然而不到两个月就被他喊回公司，而我的学校申请也未果。到了 2003 年，虽然刚拿到“动感地带”，再加上手头其他客户，我忙得要死，但是也没妨碍我又开始新一轮闹腾。这次我希望公司支持我去哈佛商学院读一个短期管理课程——AMP165（Advanced Management Program 第 165 期）。结果奥美还替我承担了昂贵学费的 70%。我至今对此心存感激。我另外放不下的一件事，是庄淑芬刚来北京，还碰到非典，应该是最需要我们支持的时期，而我却在这个时候“掉链子”。我一直觉得欠她一声“对不起”。

在一个公司久了，尤其是在像奥美这样的公司，你可以享受有限度

上／　2003 年我们就玩街舞和 Hip Hop 了

下／　“动感地带”和 NBA 的跨界

的撒娇和任性。而老板们也有些像家长，会有限度地骄纵你。无论我后来游荡到哪个地方，奥美一直是我心里的家。

HelloMoto

2003 年 10 月我还在波士顿熬夜苦读，接到了庄淑芬的邮件，说摩托罗拉的客户要求我做摩托罗拉 Moto 的品牌团队领导人。Moto 是当时奥美全球的一个重要客户。李睿德（Larry Renaldi）当时是摩托罗拉北亚区的 CMO，他也是奥美的老人儿了，离开奥美之前他是奥美大中华区的副董事长，相当于 T. B. 的副手。李睿德是我当时遇见过的最聪明的老外，由于他的远见和坚持，北京奥美在 20 世纪 90 年代末期就建立了数字化的分支奥美互动，也就是后来的 OgilvyOne，使得奥美在网络营销服务方面领先于其他 4A 公司。

李睿德是一个不按常理出牌的人。1999 年底 WPP 在曼谷为奥美亚太区举办了名为“Managing a Professional Service Firm”的高级研修班（内部也称 Ladendorf 课程），看这个名字就知道参加的应该是各奥美办公室或专业公司的主管，但李睿德硬是把北京奥美的两个名额给了当时位居客户总监的郭芒和我。弄得我见到一屋子总经理或总裁时多少有些尴尬。好在老板们不管心里怎么想，对我们还是很友善的。

李睿德非常明显的弱点是黑白太分明，完全不懂得圆融，所到之处破坏力和创造力一样强，也很容易伤害或得罪一些人。我总觉得，李睿德的智商足以胜任世界 500 强的 CEO，但他的情商却让他几乎在任何组织里都四处树敌，寸步难行。

我十分幸运能遇到李睿德，先作为我的领导后成为我的客户，我们私下里也是好朋友，每一次和他交谈我都非常受益。李睿德现在已经退出江湖，娶妻生子隐居泰国清迈。希望他过得开心。

/　动感地带篮球挑战赛广告片

11 月底从美国回到北京，我一边继续负责中国移动的业务，一边开始接手 Moto。我幸运地一接手就赶上了那部划时代的 MOTO RAZR V3“刀锋”手机的上市。那是一个工程学和材料技术的杰作，其影响不亚于当年摩托罗拉推出的 StarTAC。我接触这个品牌以后觉得它最吸引我的就是它背后的工程师文化，对探索新技术、新工艺、新材料近乎偏执的气质。我觉得没有这样的文化，摩托罗拉不会在移动通信领域不断推陈出新，引领产品革命。可惜的是，我开始服务这个品牌的时候，摩托罗拉已经是强弩之末。2004 年，摩托罗拉的董事会赶走了家族成员，雇用了职业经理人埃德·桑德尔（Ed Zander）作 CEO。我觉得此人实在是断送 Moto 品牌的罪人。他为了讨好资本市场，一味地追求销量，压低研发费用。他上任后 Moto 再没有推出任何真正意义上的新产品，只是不断地重复。当记者问他 Moto 继成功的 RAZR 之后还会推出哪些新产品时，他的回答竟然是“More RAZRs”。但是我服务 Moto 的那几年（2004—2007），我们和客户在中国确实做得风生水起。

2004 年，Moto 上市 E398。这应该是市场上最早的“音乐手机”。那是李睿德在 Moto 不长的时间主持的一个重要的广告战役。我们找到了当时刚刚推出第二张专辑《生如夏花》的朴树，希望他为 E398 做一首歌并拍摄 MV 及上市广告。那首单曲就是“Radio In My Head”。在 3 分多钟的 MV 里，那时很年轻的朴树走在北京的街上，发现路人只要用 E398 听音乐就都变成了他的样子。这个 MV/TVC 的导演是道格拉斯·埃弗里（Douglas Avery）。那年夏天，我去纽约奥美总部开摩托罗拉团队会议，正好 E398 的片子拍完也在纽约做后期。由于这支片子的后期制作很重（要给很多人换成朴树的头），结果严重超时超预算。记得我和创意总监邹浩扬（Wilson Chow）使劲跟客户争取追加经费（好多钱）。终于做完了后期，又因为来不及把母带寄回国内，不得不用网络传输，又花了一大笔钱。上市活动是在北京的 798 艺术区搞的，朴树和他

上 /　Moto 锋丽平面广告

下 /　朴树拍摄的 E398 广告片和 MV

的一些朋友，包括周迅都去了。那之后不久，李睿德就离开了摩托罗拉。

后来，我们为了建立 Moto 在移动音乐市场上的领先地位，推出了 Moto Music，还和 M-Zone 动感地带一样请了周杰伦做代言人。回头看当年的这些想法和尝试，客户和我们对移动音乐市场的愿景是非常正确的。但摩托罗拉这样的制造企业想跨入音乐领域，扮演类似苹果音乐或后来国内的网易云音乐或 QQ 音乐这样的平台角色，需要在企业战略层面下决心和加大投入，绝非仅仅是个市场营销计划能扮演的角色了。

在 Moto 的手机产品线中，有一个 A 打头的高端手写个人数字助理（PDA，Personal Digital Assistant）手机系列。过去这个系列的目标消费群是那些“大款”和高级管理人员，以男性为主。我们在接到新产品 A1200 后却感觉它的定位应该较以往有所改变。A1200 有着漂亮的流线造型和一个透明翻盖，提供了黑、红、白三种颜色选择，并且价格更亲民一些。客户希望借助 A1200 大幅提升摩托罗拉在 PDA 手机市场的占有率，而我们觉得应该借此产品把消费人群拓宽到更年轻的都市白领及女性。我们的核心营销创意在于“为了扩张占有率而重新定义 PDA 手机市场”。

我们给产品命名为“明”，并推出了以“洞悉”为概念的广告传播活动。“明”应该是“A 系列”有史以来最成功的产品，没有之一。“明”上市当年的市场数据验证了我们的策略设计和市场传播活动的成功和有效性。没有什么比那一刻更令人兴奋的了。

奥美中国摩托罗拉团队的创意负责人也是当时北京奥美的执行创意总监，英国人安德笙（Nils Andersson）。我非常佩服他的是，作为创意人员，他比业务人员更善于“搞定客户”。2005 年之后，摩托罗拉北亚区总裁和市场总监分别是美国人和英国人。Nils 和他们走得很近，客户非常信任他，使得那个时期在创意想法和执行费用上我们都得到了很大的空间。下面这个案例是为 Moto PEBL 手机执行的一套平面。这些创意都是远赴冰岛进行拍摄的。我们做一套平面的费用够其他人拍 TVC 了，换来

/　摩托罗拉 PEBL 平面广告

的是优于竞争对手的品质感。

其实摩托罗拉的经营也遇到过危机，震源来自纽约总部，但中国这边总体的经营情况还是不错的，所以我们不甘心坐以待毙。趁着客户新的北亚区总裁到任不久并提出要奥美给一个彻底的解决方案，我们决定来个绝地反击。那次比稿奥美动用了包括亚太区老大杨名皓在内的顶级阵容。结果我们迎来了建立一个 70 人专属摩托罗拉团队，提供涵盖广告、公关、互动、线下促销、媒体及营销咨询的真正意义上的 360 度营销传播服务的大好机会。我还动手画了摩托罗拉团队的座位图放进提案里。那之后的近两年是中国摩托罗拉团队的高光时期，成为摩托罗拉的全球创意枢纽之一，向全球其他地区输出创意。

摩托罗拉团队的成员还包括：康培霖（Keith Capella）、Edward Bell、黄淳富（Anthony Wong）、温铭辉（Tom Wan）、Patsy Lo、Dirk（艾伯通）、陆铭轩（Michael）、魏大民（Jeff）、孔煜（Denny）、马铃（Grace）、刘薇（Vivian）、王丹元（Uma Wang）、叶庭浒、郑志平、陈宁，还有很多人。

怎奈好景不长，2007 年摩托罗拉的颓势开始加速，我们的摩托罗拉业务也逐年萎缩。摩托罗拉的市场地位也早被诺基亚取代。2007 年诞生的苹果将彻底改变移动通信市场的格局。当时的手机市场可以用天翻地覆来形容，今天的全球老大，明天就被对手拉下马，新老大的位子还没坐稳，又被新手杀得片甲不留。在科技产品市场，一旦出现像苹果手机这样的“破坏式创新”，就会瞬间颠覆原有的市场格局。真是“城头变幻大王旗，忍看朋辈成新鬼”。

2003 年在哈佛商学院的时候，我有幸聆听过《创新者的窘境》的作者克莱顿 · 克里斯坦森教授的演讲。他 1997 年就在《哈佛商业评论》上提出了“破坏式创新”的概念。回国后我作为代理商，经历了摩托罗拉在市场上的跌宕起伏，完全见证了教授的理论活生生的实践案例。

Moto 曾是我非常喜欢的品牌，它的离场令人唏嘘不已。

Goodbye Moto！

未完待续

2009 年初，我被任命为奥美广告中国区的负责人。我那时开玩笑，说我是和奥巴马一同上任的。时逢全球金融危机，记得我需要做的第一件事，就是要裁员 15%。比起 2008 年，2009 年奥美中国广告的收入锐减了近 20%。我对自己说，运气真不赖，因为从那样一个起点做，无论如何不会更差吧。好在虽然经济环境不好，但员工心态比较稳定，工作也更努力。2010 年收入止跌，2011 年较 2010 年收入增长 20% 以上，利润率提高 5%。在冻结工资和招聘的 2009 年与 2010 年，员工流动率不升反降。在全球/国际客户收入大幅下滑的不利环境中，我们大力开发和耕耘本土客户，使其收入占比首次达到总体收入的 50% 以上。2011 年底，我们收到了奥美亚太区 CEO 席士博（Paul Heath）的感谢邮件："你们在 2011 年扭转了乾坤！"

谈到奥美在大陆 30 年的发展，我一直讲：没有 T. B.，奥美在大陆不会有这样的格局，更不会成为营销传播行业的翘楚。我个人体会非常深刻的是 T. B. 在拓展和耕耘中国本土客户方面的远见和坚持。其他很多国际 4A 公司在开发本土客户遇到水土不服的情况，常有的动摇甚至放弃的情况在奥美从未发生。我在北京奥美从 1996 年就开始接触国内客户，十几年下来深度接触和实际服务过的客户上百家。一开始也闹过很多笑话，但那些困难从未改变我们的本土战略。因为我们坚信，奥美要在中国市场扎根和发展，必须依赖国内客户，通过为他们提供优质服务和他们共同成长。我自己后来经营客户的理念是，相信本土客户和国际客户的差异其实等同于 A 客户和 B 客户的差异。我们要做的都是发现客户需求并提供符合品牌现阶段发展需要的传播解决方案，从这个角度，我们对所有客户应该一视同仁。当年我就是用这样的态度同时经营中国移动和摩托罗拉这两个重要客户的。

如果一定要说不同，与本土客户合作，可能相对更有成就感一些。为什么呢？多数情况下在本土客户面前，我们经常面对的是一整盘棋，对话的是企业最高决策者。在营销目标、传播定位、操作方法、创作模式甚至产品研发等方面都有很多空间让我们介入，使我们有机会真正从市场出发、从客户的现状出发，更有机会做出成果来。与中国网通、伊利、宛西制药、长虹等很多客户的合作，的确给我们提供了这方面的机会。虽然当年的本土企业从规范性上来说普遍比不上跨国公司，但从另一个角度说，这对我们也是一个挑战与机会，可以更接近市场，更接近营销，而了解这些东西对我们创造真正有影响力的传播是很有价值的。

T. B. 让我写与奥美在大陆创立相关的“回忆录”，写作过程中我也挺感慨的。我的记性不好，许多人与事遗忘的遗忘，记错的记错。写到后来，我发现自己记述的脉络还是那些留下一些印记的传播案例，以及相关的客户和奥美团队。即便后来身上越来越多管理角色，我还是坚持要把一大半时间花在与客户业务直接相关的部分。我不相信我们这个行业存在单纯的管理。脱离客户需求和市场，一定会滋生官僚主义，导致管理错误。

然而这一万多字也只能挂一漏万，大部分合作过的团队和个人都未曾提及。例如我非常尊重的创意前辈刘继武、邓志祥、许舜英和范可钦（记得一次和“范人”一起吃火锅，他和总务朱杰都喝多了。面对朱杰反复要求转做文案的请求，被逼到墙角的“范人”借着酒劲把手伸进滚烫的锅子里涮，场面非常惊悚）；还有两度在奥美紧密合作的超级文案林桂枝，她是我遇到的最纯粹的创意搭档；2011 年起任奥美中国执行创意总监的樊克明（Graham Fink）；2010—2012 年北京奥美的执行创意总监陈国辉（Bill Chan）；我带过的第一个客户执行谢静；早年一起打拼的郭芒、刘宇彤、陶炼丹、高焰、陈淞（数年前因病去世）、张雪梅、唐佳奇、陈燕、于向荣、陈萍、白今江、申凤敏、刘燕儿（Gily Lau）、肖三乐、程伟、高鲁、李后笑；早期负责培训的林友琴老师现在已经是安索帕（Isobar）全球 CEO 了，但我对她印象最深的居然是一次全国奥美培训她开场的第一句话："我知道你们这些来自不同办公室的男孩女孩一大早第一次见面都还在相互意淫，但你们现在得收收心……"；帮我在本土客户上打猎和耕耘的业务丁帅、杨石头、余晓阳、崔楠楠、李俊剑、崔颖（Cicy）、顾澄、王嘉杰、刁有前，创意陈楚雄、龙杰琦、陈宁、叶刚、卢坚凯、陈声雄、东东枪、刘桀；2008 年突然因病离世的优秀广告人和好兄弟林宗纬（Terence）；策略团队耿直的钱威志（Richard Chien）、印度兄弟黎明（Saurabh Sharma）、智商秒杀我的经济学家之女梁砾；地球表面最强人才中心的裘淑慧、王秀芬（Beryl）、孙燕（Stella）和朱丹柯"蛋壳"；超能助理高岚（Alice）和朱漫芳（Vanessa Zhu）；我的历任秘书刘琨、李莉、范淼、陆丽娜（Bobo Lu）、魏玮；永远能帮我协调到创意资源的吴茜（Sisi Wu）她们；还有在不同时期和我并肩作战的亲密伙伴北京奥美的吴荣茵（Sandy Ng）、苏宇玲（Annie Su，现在上海奥美）、洪国舜、刘颐、Monica Hung、张崇琦（Joyce Chang）、郭德榜、陈蓉、毛希勉、韦棠梦、宋宗诚、纪维佳（Remington Ji）、"奥特曼"郭元秋；上海奥美的袁勇、张曼华（Debby Cheung）、钟亍妤（March）、朱浩；广州奥美早期的梁荣志、招嘉宁、陈慧茹、梁晶；扬特品牌同盟的李怡静（Monica Lee）；……一个无法穷尽的名单。请再次原谅我无法避免的疏漏！

自打进入奥美工作，我就在琢磨自己究竟在做什么。众所周知，广告是压力和灾难不断的行业。我一直觉得，广告本身没什么大不了的，既不能拯救人类，也不能让世界和平，所以要保持一点儿游戏的心态才不会被压力打败。

我喜欢这个行业的理由之一，就是客户花钱让我们学习和试验。我觉得打每一个广告战役就和解数学题差不多。问对的问题，发现线索，发挥想象，找到答案——多么有意思的过程啊！所以我告诉自己一定要享受这个过程，不要为了糊弄过去草草了事。

我经常会想，如果我工作的全部，就只是拿人钱财与人消灾，帮助客户卖产品、赚钱，甚至把一些一般般的产品（偶尔还会碰到不好的）推广给消费者，这样的工作真的有意义吗？

广告和营销传播活动能推动产品的销售，这也许只是及格线。好的创意、伟大的创意不仅应该满足基本的功能——卖东西，还应该能够打动人（包括打动自己），甚至改变某些人的想法、行为和生活的某个层面。我觉得做到这些，就是真的有影响力了。

这，就是我在奥美追寻的意义。

那年，我们比“动感地带”*

邱欣宇（Xin Yu Qiu）
（1997 年加入北京奥美，曾任北京奥美广告创意总监）

冬天，周五。我从上海回来。

接到通知，说中国移动又来邀约比稿。

我乐了。

自从前年那次无疾而终提案不下 8 轮共近 80 个脚本之后，我对中国

* 刊登于奥美《观点》内刊，2010 年第 26 期。

移动彻底丧失了信心。那次大比稿的唯一收获，是我认识了大川，然后假公济私不用担保开通了国际漫游。

彼时奥美没有正式的执行创意总监，由陈淑华带班。

陈淑华把创意部所有中层干部召集在一起，开了个“火线会议”——周二就要提案，作业时间只有三天。

会议开了一半，我就借故溜出来了。我还有很多正事要做。

况且，那个时候我相信本人和中国移动再没有缘分了。

我正在边嗑瓜子边和美术指导打屁聊天，陶雷阴郁着一张臭脸从幽暗的大会议室长廊尽头走过来寻我。我躲闪不及，被他抓住。

至今还记得他那副心事重重又嬉皮笑脸的表情。我在奥美期间一再被他这种表情忽悠。同情、怜惜、悲愤、责任、幸灾乐祸，不管怎样，我头脑中化学反应的结果，合成一种，就是被他这种表情利用。

创意和客户服务之间的伙伴关系，不管过程如何，最良性的结果，其实也就是这种吧。我答应他，不怕背上“妨客户”的名声，破除封建迷信，打破中国移动不可战胜的神话，和他、嵘嵘，一起试一试。

再次走进会议室之前，我恶狠狠地跟他说：“陶雷，我告诉你，哥们义气害死人。”

他回应我的则是已经变成得意的微笑。

动感地带当时是只在浙江和广东有少许推广的小品牌，移动内部对它的战略定位那时还没那么吃得准。把这么一个牌子交给广告公司比稿的用意，我想一来是借题发挥考察实力，二来是有试试看的意思。

虽然留给我们的时间很短，但奥美早有一套成熟的针对青年人的电信推广传播计划备案——事后证明，如果没有陶雷、夏嵘嵘、翟永康的事前功课，一切都会有如空中楼阁——直到现在我还在想，也许只有奥美，才会有这样的准备，才会有这样随时能打遭遇战的“特种兵”。

但当时，我们坐在会议室里，仍旧对如此短的时间能产出什么不抱乐观态度。

但是，好在只有三天。

我想起一个故事，一个身体上被绑了半小时后爆炸的炸弹的受害者，安慰拆弹专家说："没事，不管结果怎样，半小时后噩梦就结束了。"

我想，不管结果如何，三天之后，噩梦就结束了。

席间，在外面提案的希乐给我打了个恶毒的电话："胖子，听说全公司召集比稿，我回不去。你参会了吗？你参会了那我就放心了——"

我对他如此相信我专业能力的回答是，在比稿期间，他组里最重要的文案和美术指导一个也没跑成，全部充公。

开会的结果，是大家分头回去想东西，周日碰面下结论。

我不怕有人批评我流俗于"伟大的诞生一定有其被神化的方式"，呵呵。

不过动感地带创意思路的产生，的确是我在早上8点起床之前迷迷糊糊想出来的。

一切起源于那句话："我的地盘，听我的。"

在这里我要向孙大伟致敬，因为在刚入行时，看过他写的一句标题——"不管怎样，也要拼出自己的地盘"，当时印象很深。

有了那句话，就有了那句口号，就有了那个涂鸦的标识，就有了后面所有创意表现的基础。翟永康从那句话升华成的品牌定位——"年轻人的通信自治区"，一直被我当成迄今为止见过的最精彩的定位描述。

当周日再次开会，我把勾在纸上的标识草样、电视广告片脚本，平面想法陈列出来的时候，大家一起默然——因为完全抛开了动感地带以前的所有资产，只留下了它的名字，但是却忠实于奥美的传播策略。

范庆南打破沉默说了句话："既然都这样了，那就做吧。"

她是奥美广告前任总经理，彼时是奥美互动的老板，要跟我们360度抱团操练中国移动。

我和组里的美术指导王涛，还有被分配到的壮丁——希乐组里的

/ “为奥美流尽最后一滴血”的光荣照

小傅、大黄，开始干活。在突击两天之后，我们为了向 T. B. 示威，在夜里两点多钟把近百张提案板从创意部一直排到公司前台的地板上。然后大伙叠在一起，拍了“为奥美流尽最后一滴血”的光荣照。

公司众首长，抽着烟，端着咖啡，低头默默地走过公司，对一张张广告牌子进行最终检视，好像在检视战场上战死的烈士。

提案当天，继武正巧从台湾过来，也参加了。

我和嵘嵘像走马灯一样轮番上上下下，口沫横飞。当我提到“主题句”，从“我的地盘”延展到各种可能性时，看到继武的眼睛在发亮。

当时我心里一闪念：师父，几年没见，我算是没给您丢人吧——

几年之后，嵘嵘跟我说，那次参会的客户告诉她，当时好多人都“惊”了。没想到我们这么大胆，给了他们这样的东西。

几周以后，移动邀我们参加“全球通”的比稿。

然后，忽然杳无音信。

又过了一周，我在台球室打球，T. B. 走了进来。

他永远是这样，端着啤酒，满脸笑容，漫无目的地在公司游荡，向各位新进员工示范一个奥美老鸟可以怎样违反纪律和无所事事。

我忍不住问他：“移动怎么样了？”

T. B. 回答：“还没消息。”

我长叹一声，跟他说：“我们就是和移动没缘分。”

T. B. 笑着骂我：“邱胖，你小子瞎说什么？”

然后，他忽然眯起双眼，好像是对我，又好像是对空气，说了句：“我觉得，这次至少我们可以拿到动感地带——”

时至今日，奥美已经服务动感地带 7 年，而且从未间断。当年参加比稿的大部分人都已离开奥美，各自找寻新的方向。

动感地带，已从一个区域品牌，成长为全国最大的电信品牌之一。

△□

朱幼光（Adrian Zhu）
（1994 年加入北京奥美，北京奥美第一任本土创意总监，现任北京奥美执行创意总监）

1993 年，北京史上第二家麦当劳——长安商场麦当劳开业。

开门前一个小时，我和赖林胜（Tim，曾任麦当劳中国华北区董事总经理兼资深副总裁）站在店前高高的台阶上，数排队的人拐了几个弯。

当时的我，是恒美广告（DDB）一个从业刚一年的小文案，作业的时候都是直接面对赖林胜，签估价单都是我拿给他。赖林胜用度谨慎又事必躬亲，长安新店开业，他只出《北京广播电视报》一个七厘米通栏的钱，而且要我跟他保证，来排队的人，队列得拐一个弯，不然就不付创意费。

极目远望，排队的人从门口一直到二七剧场路，拐回来再到门口，再拐回去，目测一两千人是有的，9 点开门，排在队末尾的 12 点也未必排得到。

赖林胜喜形于色，看他心情好，我小心翼翼地提出，创意费是要付的，而且我一会儿有点儿急事，可能要现在跑。

果然他脸色一沉，我也不知怎么，心一横，就直接说出口了："今天奥美招聘笔试，我想去试试。"

坦率跟客户沟通，尤其是跟你交情好的客户，一直说实话，是最聪明的做法。我很幸运，作为广告新人的时候，不知道怎么就习得了这个好习惯。

赖林胜叹口气，说："奥美是很好，去吧，你若跳槽，记得当面告诉我。"

应聘

我 1992 年大学毕业进入 DDB，当时公司只有 6 个人，没什么人来教我，老板们都在香港，一年也不北上几次。公司装修好的书架都空着，寥落几本复印的工具书，早已被我读得滚瓜烂熟，一本 DDB 的相关、原创、冲击力 ROI 策略教材，一本纪文凤的《点止广告咁简单》，一本大卫·奥格威的《一个广告人的自白》。这几本书我都好好读了，也不知道怎么，得出一个可能是谬误的结论：做广告就得去奥美，不然基本等于没做过……

重申一次，可能是谬误哈。

其实以那时候的信息情况，奥美有没有在北京，甚至有没有进大陆，我都不知道去哪里查问。

就这样，直到某天我在《北京晚报》上看到一个豆腐块大小的广告——“寻找稀有动物”，奥美北京的招聘广告。其中言明，请先寄简历过来，会有笔试，通过才有面试。忽然对这曲折的流程心生倦怠，我纠结了一下，结果就没有投递简历。

但是时不时地痒在心里，笔试的消息也不记得是哪里得来，就知道是撞车麦当劳开业那天，地点是永安里国泰饭店后面的一所中学里。

直到几千人的队伍排在我眼前，熙熙乎攘攘，不知何来，不知何往。我血一热，觉得还是要去的。

考场

搭“大 1 路”公车，开考半小时后，终于赶到考场。几个意气风发的年轻人守在门口，说没准考通知，不得入内。我强撑底气，尽力装出纡尊降贵的语气，说本人是 DDB 的文案，4A 业内人士，有工作经验的熟手，叫你们创意总监出来，问他可不可以给个笔试的机会。

片刻，里面出来个小姑娘，问了两句，就说：好吧，那你进来吧。我要找创意总监，结果就来了个小姑娘？不过可以进去怎么都好。跟着她走过好几间坐满人的教室，啧啧啧，那排场，一片沙沙沙的答卷声。小姑娘香港口音，她介绍说："前面是客户服务、媒介的考场，创意的考场在最后面两间，留给你的时间已经不多了，到时候我按时收卷。"

当天的考题内容我已经全不记得，只记得自己很细心，补上一份短短的简历，和试卷一起交了。

没过一个月，奥美的信封直接寄到 DDB 的办公室，还好公司几个年轻人都是一伙儿，悄悄拿给我。拆开一看好没面子，大致就是"这次谢谢你"，竟连面试的机会都没有？面红耳赤，勃然大怒，压低声音说：总有一天让奥美来找我！！！同伴们捂嘴笑，拍后背安慰：来找你，来找你哦。

面试

结果真的来找我，已是一年以后。

彼时我跳槽去了黄清河先生创立的美格广告（后合并为腾迈 TBWA）才三四个月，接到一个电话："我是奥美的创意总监林桂枝，有没有兴趣谈一谈？"

不谦虚地回忆，我很受黄清河先生器重，然而做广告就得去奥美，不然基本等于没做过……大伙儿都知道的……

1994 年 5 月初，跟林桂枝约在北展宾馆的伏尔加西餐厅，结果人来了一看，就是一年前引我进考场的小姑娘，小姑娘就是创意总监！不过知道是创意总监以后，看着也没那么小了，嘻嘻！桂枝在点了杯咖啡给我后，就一边看我的作品一边聊天。我心有不甘，讲了上次笔试不过的事儿，她解释说上次应征者就超过 3000 人，简历刷到剩 600 人笔试，结果阅卷工作量也是极大的，不得已全公司齐上阵，可能阅到我试卷的人经验不够，致使遗珠之憾在所难免。至于这次面试，是因为她前两天收拾文件，偶然看到我的答卷，觉得这个人可以啊……（此处有巨大的逻辑漏洞，比如我的简历留的还是 DDB 时代的联系电话，而我接到电话时已是人在美格。当年谁都没有手机，桂枝如何找到我实在蹊跷。此漏洞当时我并没有反应过来，多年以后念及此事，才推演出另一个故事脉络，遵 T. B. 指示，这情节有趣，放在另外一本书里去讲述。）

气氛友好，遂进行到最后的关键：一是薪酬，二是职务。我 DDB 入行，月薪三百元人民币（此处特意用汉字，怕读者冤枉校稿人出错掉 0）。两年资历后勉强升到 800，跳槽美格，黄先生豪迈，给我月薪 2500 元，桂枝听了有点儿惊讶，她说："我们这里没有本地同事拿你这么高的月薪，但我挖你来奥美，总得有所表示，我的职权范围只能给你加 500 元，这是本地同事最高薪，你得严守秘密。"我得寸进尺，问："那职务呢？"桂枝说："文案就是文案嘛，奥美文案、美指的上面，就只有创意总监了啊，你就好好做文案，再升职就是创意总监了。"于是我就表演一脸怅惘给她看，桂枝说那加"资深"二字吧，资深文案。

奥美中国有资深文案一职，皆始于桂枝，请记入正史。

这个赖皮换来的头衔，其后引发过两次尴尬。一次是参加中国区培训，遇到上海办公室杨舸、喜勇等人，他们加入奥美都比我早，也年长于我，名片掏出来，人家都是文案，偏我一个资深文案，上海同事一时茫然落寞。另外一次是加入北京后的尾牙上，抽奖环节，当年的规矩是，如果抽到主管，不论多少钱，需要加倍返还，扔回去让员工再抽。尾牙开始前总经理陈碧富大喊：小朱是资深文案，经理级，抽到要加倍返还哦……快抽到 8888 全场大奖的时候，我真的胃痉挛，深刻认识到虚荣得活该。

说回面试，桂枝最后说：你不忙来报到，我们正要从北展搬去左家庄新办公室，等搬好了你再来上班岂不正好？于是，我成了奥美左家庄时代的第一个新员工。

左家庄△时代

左家庄的奥美办公区，以“歪门斜道”著称。歪门，是说在横平竖直的北京，难得我们的院门非东非南，迤里歪斜站了个不丁不八；斜道，是说门前三条路交叉——香河园路、新东路、左家庄南斜街，没一条朝向正当的，总之就是睥睨斜视，谁也不看谁。

办公楼是一个三角形走廊，中空天井的建筑。院门口挂两个牌子：中国歌剧院、北京商业管理干部学院。院外右手边一个小商店，大招牌上“三老俏”三个大字令人神往，两年间进店数次，倒是从未见过什么娇俏的老阿姨，别说三位，一位都没有，店名来由终成谜。

歌剧院的艺术家们也没见过，就和商干院的同学们抢抢电梯，毕竟奥美只占一层。

三角形的走廊有一个好处，就是你不管去找谁，大可不必担心原路返回的无聊，谈完话继续往前走，不久也就回到自己的座位，顺便也就把全公司都视察了。那时候公司只有八条外线，哪个号码打进来，话机上就有一个灯在闪，这时就听到前台妹妹的广播声回荡在走廊里：“高焰，请接 3 线。B. F.，请接 5 线。”这个广播用途多多，通知开会，找人约饭，人身攻击……根据广播内容编造八卦，是我们上班娱乐的一部分。

公司那时大约刚 30 个人，我 24 岁，是年纪最小的。我后来常跟别人讲，我最喜欢 30 个人左右的公司规模，出去吃饭，两三桌就全坐下了，大一点儿的包间，一个就够了。谁跟谁都认识，老婆、孩子、爸爸、妈妈都见过，谁家的事儿都能一起商量，帮着出出馊主意什么的。谁客户的困难全公司都知道，一起嬉笑怒骂、支着儿，没准聊完就迎刃而解

/ 北京奥美曾在左家庄的办公区

了……温暖、琐细而放松，去上班的时候总是兴冲冲的，加班也有加班的乐子。就是那时的奥美，给了我这样的印象。

刚上班的前几天，我闹面生，觉得谁都不认识我，都不搭理我，自觉顺墙根儿走，寡言少语得自己都不认识自己了。赶上公司要旅游，三峡告别游，行政特意告诉我可以破例加上我，我怕陌生尴尬拒绝了好意，桂枝说奥美鼓励公司旅游，自己放弃可是要上班的哦。我表示愿意帮着看家。这件事至今想起来都惋惜，尤其是我后来在奥美参加的那些公司旅游，每次都充满快乐的记忆，每次都提醒我当年没去三峡是个弥补不了的遗憾。和三五交情好的同事，千里万里做伴，踏遍绿水青山，是无法替代的人生体验。

雪梅和佳奇

其实，我在这家公司也并非一个认识的人都没有，我大学时就认识的朋友张雪梅，先我进的奥美，且未经任何差额投票自诩客户部第一美女。我不知道雪梅算不算公认的女神，但她肯定是公认的“八卦女神经”。雪梅的特长是在十分钟内可以帮你彻底了解你周围的生态，后来接触到奥美的学长制（就是新入职的人会获得公司委派的一个学长，专门陪同你熟悉公司的环境和文化，但不会为你的工作答疑解惑），觉得简直就是为了让雪梅有事儿干而开创的制度。

比如雪梅讲道：B. F.（总经理陈碧富）在“统一”这个客户上很搞得定，他是个勤奋又节俭的人；Kenny（副总湛祥国）很随和，英文好，叫男生都是弟弟，叫女生都是丫头；三朋饭做得特好吃，江湖诨号“猪肉王子”；迟正仪（Ivy）是三朋女友，从台北追到北京来了；桂枝能力超强，就是脾气比较怪，经常话讲一半，人已不见了；高祖侃（另一个创意总监）人非常可爱，就是个痞子……谁空窗谁有男友，谁结婚了但夫妻关系一般，问雪梅姐姐就对了。

我的美术搭档唐佳奇，是个台湾奥美过来的台湾姑娘，是雪梅的闺蜜，她俩工余的乐趣就是捉对儿小声八卦，一边八卦一边警觉地环顾四周，远远就看见雪梅瞪圆的眼睛和佳奇压住要笑的阔嘴，是为创意部八景之一。

佳奇心思沉着细密且为人正直，我们在奥美和精信两度合作，是互相可以认对方当老板的交情。当然小分歧也不时有，比如有次 B. F. 面试了一个从美国回来学大众传播的博士，说博士对奥美也很有兴趣，带着先参观一下公司。我一见那人，土到不行，就说这一看就没在美国学到任何东西啊！不料想佳奇闻言非常不悦，她说：朱幼光你怎么能这样？你怎么能仅仅看眼外表就这样讲人家？人家是留美博士诶，还不比你厉害多了？说到激愤处，她眼泪都充满眼眶。我无地自容，有两点不敢再向她解释：第一，这人气质在国内也算土的，说明在国外根本没有融入当地，没有融入当地的留学经历，怕是价值也不大；第二，国内那时候尚有本科看不起硕士，硕士看不起博士的风气，傻博傻博，就是那时的叫法。那时普遍认为该早点儿工作赚钱，除了读书啥都不会的才继续上研究生，总之我们不会被学位头衔吓倒就是。

当年我在港台同事身上观察到的有趣的地方：一是他们对大陆同胞似乎还是有点儿“异族效应”。我们根据气质、口音这些，很容易就判断一个人的程度和背景，他们则对此完全无感。我们所谓的什么是土、什么是洋，跟他们的标准好像有点儿偏差。二是他们比较畏惧高学历，不像我们，什么学历不学历的，先看你这人对不对脾气。

总之，在全公司台湾同事的热烈期待下，博士正式入职了。佳奇第一次去参加有博士列席的会议，回来就很失落，开口跟我道歉：朱幼光，你可能是对的，这博士，怕是个傻子吧……当然她改正得也很快，很快就以收集博士的可笑言论作为新的乐趣。

博士在奥美也延续了在美国同样的学习能力不强的特点，始终无法适应，于是早早离去。祝愿他后来找到适合自己的地方，可以发挥学术所长。

培训

我在DDB习得一些做广告的技艺，但在奥美，才开始接触到做广告该有的观念。这就相当于先会了招式，才来补内功，让我的24—26岁，成为非常重要的成长期。

到奥美没多久，我就发现，跟我以前待过的公司相比，奥美更像一个校园，这里充斥着学习的狂热。主管们每周都会组织话题培训，对别的办公室飞经北京的资深人士，也采取雁过拔毛的政策：不留下一堂培训课休想离开北京。每次培训都因为热烈的提问和讨论而几乎不能结束，行政同学和前台妹妹也站在后面记笔记，大家会调整好自己的工作，争取不错过一场培训。

那是没有网络、没有碟哥、信息匮乏的年代。港台同事每次休假或探亲回来，都要肩扛手提，把最新的书、音乐和电影带进来给我们增广见闻，让我们赶上时代。尤其要感谢湛祥国哥哥，他自己是影迷，看到好看的电影，就觉得无论如何都要和北京的弟弟妹妹们一起分享才最快乐。他每次都复制好录像带，塞在他儿子崽崽的夹克衫里，经过台北—香港—北京的路线带给我们。那时候他借给我看的《阿甘正传》《肖申克的救赎》，还有三朋推荐给我的《龙猫》，对我一生都产生了很大的影响。

题外话一段：湛祥国哥哥1994年时老是跟我们讲，等你们可以买房了，记得一定要马上买房，勉强点儿也要买，因为不论什么时候，后面房价一定更贵……现在想起来，何止1994年，这简直是我一生收到的最重要的忠告。

奥美培训之下本，以新人第一次密集培训为最，就算是在左家庄那艰难创业的时代，也要把所有人拉去酒店，3 天完全脱产，什么工作都可以扔下，由公司负责向客户解释，由老生帮手分担工作。3 天时间，授课老师将奥美的策略工具、创意工具、媒体工具倾囊相授，毫无保留。奥美的任何培训以及境外交换员工项目，基本不会跟员工签订任何约束或保证条款，你本事学到了就要跳槽，也是来去自由，全凭自愿。多年以后，我看到一段对 T. B. 的采访。记者问：奥美培训投入这么大，如果员工流失，不怕血本无归吗？ T. B. 答：这就有如“天下武功出少林”，如果你在奥美习得了正确的观念和扎实的技能，就算出去了，开枝散叶，也会帮助整个行业提高水准，长久看，这绝对是一件好事。

“天下武功出少林”，这不只是一句漂亮的回答，而是奥美对知识分享一贯的态度。

1995 年春天，凑够一班人，我终于等来了自己的第一次新人密集培训，在亚运村五洲大酒店。事后才知道，行前预告片比培训正片还恐怖，雪梅、陶雷、高焰等几个老生，极尽添油加醋之能事，把培训描述成人间地狱。他们一下子讲分组辅导老师，有的负责答疑解惑，有的要故意引你入歧途，有的会在你们面前假装争吵，让你们无所适从……我说这何苦呢？老生说就是要看你们思路清楚不清楚，意志坚定不坚定；一下子又讲上次他们最后比稿时，有的老师评语如何刻薄，有的忽然中间要你们全部改用英文提案，有的说要赶飞机，策略媒体全不看了，直接进入创意环节……简而言之一句话：不要妄想全身而退。

等到我们的培训开始，第一件警告先被证实，那就是——没觉睡！

每天上午 8 点起来上课，一直到下午 6 点下课，吃完晚餐各组占据一个房间开始赶提案，讨论一开始就是吵吵吵，然后辅导老师来串门果然乱乱乱，逻辑被推翻了一切重来，凌晨 2 点发觉自己组一无所有，焦虑失眠到 4 点勉强睡去。

第二天继续上午 8 点到下午 6 点，在排山倒海的困意中听完课，根据新学的几门课推想，全完蛋了，昨天晚上想的全错。有的组饭都无心吃，即刻开始。于是重复吵吵吵，终于有人翻脸，有人流泪，有人自我放弃。这时候辅导老师们又来了，他们会好言好语地劝架，会带着零食、啤酒、饮料，温存的道具也掩饰不住他们狡黠又幸灾乐祸的神情。

然而时间就是不够了，早上 9 点就要各组大比稿。那时候电脑还没有普及，大家的讨论都是在大白报纸上写写写，最后还要找字写得最漂亮的同学，誊写到透明投影片上，我们创意的东西都是手绘脚本和设计图，裱贴黑色提案板，尽量精美整齐。

我记得凌晨五六点的时候，从酒店的走廊望过去，间间都开着门，纸张一直铺到门外，大家席地而坐写写画画，再也没有人在乎有没有别的组的人来窥探机密，昏暗灯光下，一张一张年轻而苍白疲倦的面孔，真是地狱才有的景象。

奥美新人培训的传统，提案当天，不光授课老师转饰客户评委，各级主管和老生也都积极前来观礼。我们那次，赶上周日，台底下全公司的人都到齐了。至今后悔提案前让“八卦女神经”雪梅抓到了，雪梅关切地告诉我：“你要小心了，今天‘范人’（范可钦，时任上海奥美创意总监）特意来看你，他嘴最毒辣。”我说：“干吗看我？有啥好看的？”她说：“这里面就你一个资深的，都是来看你的！”这一下，我立刻四肢冰凉。

于是，就带着这种紧张的情绪直到我开始提案，举着提案板，我知道自己的手在抖，但是控制不住。所有人都看见我的手在抖，从我的角度看，大家眼里都满是尴尬和同情。只有范可钦，忽然开始颤动他的大脑袋，还有人帮他捧哏：“‘范人’你干吗？”他说：“我抖啊，看看这样能不能看清他手上拿的什么。”我坚持继续讲我的，他又举手：“朱幼光，你要不要成立个帮派？”我上当了，问：“什么？”他说：“就叫抖抖帮，你好来当那个帮主！”

那天大幕落下的时候，我已经不在乎输赢了，回家的路上，在小面里几次差点儿睡去。忽然发现，路边的馒头柳已经绿了。天啊，进去之前明明还是冬天的萧瑟景象，我这是被关了多少年啊?

桂枝和 Scott

桂枝招我进奥美，结果没四五个月，她自己走了。

相处时日不多，记得她对我的工作方式不是很欣赏，有次早上来上班，见桌面上桂枝留一小条儿：有时候，文案写慢点儿会更好。

我素来急性子，尤不喜拖欠别人，有什么七七八八就做起来，早交活儿早去玩儿，听哪里叫我，一个人提一把单刀就进去，嘁里咔嚓把事办了，擦干净刀就走。这样的毛病至今没改，有负桂枝的教诲。

进奥美的时候，正好赶上奥美为了 IBM，放弃包括微软、美国电话电报公司、加拿大北方电讯等六大客户的大场面。这下可好，原来答应给我的客户，一下去了大半。记得微软最后一项工作，是 Windows 95 的外盒设计。作为当值文案，那盒子六个面，说明书上千个细小文字，我一个人校对了好几遍。后来看见 Windows 95 大行于世之时，每每想起 1994 年夏天我拿放大镜校字的那个夜晚。

IBM 的工作，一开始也是艰难无比。桂枝布置我和香港来的美术指导 Eva 做一个简单的招聘稿，几次三番提不过，终于客户服务扛不住了，说客户要拎文案本人过去骂。于是，我缩着头去见了时任 IBM 广告负责人徐援朝女士。她一见我就急了，说："你过来，你过来。"拎我过去站在她身边，她往楼下一指："你明白不明白？我们 IBM 那感觉，就得想象咱们是站在天安门城楼子上，你往下这么一看啊……"

我应该是明白了，回来就写了标题：IBM 不会总有空位子。Eva 配了一把毛笔画的高背椅子，简洁大气，果然援朝女士赞不绝口。满意到什么程度呢？IBM 连用这个格式三四年，招聘了少说也有几十次，后来大家都尴尬了，不是说不会总有空位子吗？这怎么又有了？

除了 IBM 和一点点宝马的工作，我跟着桂枝还做了统一、威娜和百分百果汁。她肯采纳我这个新人的建议，请川剧变脸大师来做川味方便面的电视广告，在当时也算是满有本地特色了。她手把手带我写文案，带着我去见识提案大场面。从她身上我学到不少，感谢桂枝。

桂枝走后，我就被过继给高祖侃，他是台湾奥美支援过来的，美术背景的创意总监，大家都叫他的英文名字 Scott，还美音，“死尬，死尬”，差不多就这么个发音。

高祖侃人如其英文名，走起路来浑身没有一块硬骨头，“死尬，死尬”，甩着两条胳膊就过来了。但他人是高帅的，衣品也极好，跟他熟，忍不住踩乎他两下图个乐子。

跟着高祖侃做过的最开心的客户，是“统一小浣熊干脆面”。这个产品从无到有，是北京奥美一手缔造的，是 B. F. 和 Scott 的小宝贝。你要见过 B. F. 就明白，小浣熊简直就是照着 B. F. 的样子画的。多年以后，我才在互联网上发现，小浣熊有着大批 85 后、90 后粉丝，是很多小朋友的童年记忆之一。

我接手的时候，正赶上小浣熊要出第二支广告片。当年“统一”吃晚进大陆市场的亏，主口味方便面一直被康师傅打压，就靠小浣熊一枝独秀，撑半壁江山。然而康师傅欲乘胜追击，推出小虎队干脆面，一上就是三个口味，占据货架最佳位置，把小浣熊打到最下一层。

值此生死存亡之秋，我们最后选择的解决方案也简单得吓人：往包装里加一片小小的不干胶贴画，而且要放系列贴画，让小朋友可以收集起来。侧记一个当时提案的小笑话：三朋（王三朋，时任客户经理，负责“统一”）想在提案投影片里写“系列贴画增加收集性乐趣”，哪知道打字不小心，到了“收集”后面就自动换行了，下一段硕大的“性乐趣”

小浣熊
干脆面
特大
欢喜包
统一
President
Bar-B-Q
烤肉口味
小浣熊
干脆面
特大
欢喜包
Bar-B-Q
President
鸡汁口味

/　统一小浣熊干脆面

三个字打头，与会者都忍俊不禁。那时候的投影机就是一个光学的图透台，自己放透明的赛璐璐片上去，折射镜再将印在片上的内容放大投上屏幕。三朋和投影机的笑话还不止于此，忍不住多说一个。有次他一个口水泡不慎落在片子上，折射放大很多倍在屏幕上，差不多也有脸盆那么大了，全场观众都看得见，只见三朋嫣然回头，不慌不忙不解释，伸手将那口水泡从容揩掉。

说回贴画，一开始也无非是中国名胜、世界名胜什么的，比如小浣熊在少林寺学拳、小浣熊坐着飞毯参观金字塔……高祖侃要我每张都配文案，好歹对小朋友有些教育意义，写了好多他都不满意，说："你没点儿童心吗？啊？"没办法，回座位捂着脸写，写完很快付印进入包装。贴画这招大获成功，小浣熊很快回到货架最显眼位置，把小虎队又打去了角落。中国的零食袋里附送小礼物，自我们小浣熊始。

虽然我极力掩饰，贴画里那些幼稚的顺口溜还是成了同事取笑我的素材，比如每次雪梅从客户部走过来，必在路上大声诵读：少林功夫吼吼吼！飞毯行空飘悠悠！吼吼吼！飘悠悠！

公司门口的大象

T. B. 有句话：没有 IBM，就没有后来的北京奥美。

IBM 业务体量之巨，别说比作巨轮，比作能浮起任何巨轮的大海也不算夸张。或者，对于当年那个草创时代的北京奥美，它更像一头不请自来的蓝色大象。现在，它正站在这家小小公司的门口。

一家谈不上具有规模的广告代理商，一群谈不上经验丰富的年轻广告人，确切地说，更谈不上有什么服务 IT 品类的相关经验。

我们的工作，从汉化 IBM 全球总部的英文作品开始。

首先，是奥美全球为 IBM 打造的新口号，原文是"Solutions for a

Small Planet”。两岸三地的华语文案大联动啊，也就提了一百多轮吧，记得是台湾奥美王懿行老师，最后客户选中了她的版本：四海一家的解决之道。

同样也写了几百句的我，刚见到这句时小有不服，觉得没有原文那种狷狂劲儿：这只是一个小小寰球，给它个解决方案，能有多难呢？但是“四海一家”四个字，有天下一统的气势，也凸显了原文的另一个重要含义：互联网会让这个世界的物理距离变得越来越无足轻重。但是，这句中文口号的高明之处，远远不止我当时理解的这样。其后的 20 年，我不断听到国内各行各业的领袖人物，尤其是来自互联网企业的，都对这句话表示了极大的褒奖和艳羡，每一次都让我对“娘娘”（王懿行外号）又添一份佩服。

那个时期，还有一个奇怪的现象：我们一个接一个推出 IBM 的新广告，但是大多数时候，并不知道自己在说什么。现在的年轻人可能很难想象吧：全公司只有两台个人计算机（传说中的 386），只有秘书们会打字，打开电脑，你会看见黑色的 DOS 系统，输对命令行，你才能见到视窗系统 Windows 3.1 的界面，存储介质是 3.5 英寸软盘。你再想象一下：这样的我，翻译着互联网、激光刻录、操作系统……真是不知所云。

“四海一家”整个品牌战役，由一系列史诗级的电视广告组合在一起：意大利的老爷爷还能读美国的博士学位，法国的老人家聊着激光存储，修女们讨论着互联网，泰国的轮渡船夫向客户推荐 IBM 推出的咨询顾问服务……那个时候，电视台还可以播出外文原声，所以我们几乎就成了中国第一代字幕组，工作是给这些片子配上中文字幕。可是难点在哪里呢？在我们开始的时候，片子还没有拍好，我们拿到的就是美国同事发来的文字脚本，那个脚本之简略前所未见，基本上就只是对白而已，连场景描述都几乎没有，更不要说背景资料。我的英文又很烂，都是由英文好的同事先看几十遍，直译出来，然后我们几个人坐在一起猜，猜这片子大概是讲什么故事……就这样胡猜着写，等片子来了以后，制片把我们准备好的中文跟画面对上去，你还别说，一点儿错误都没有。老天啊，这真是个奇迹啊！

现在重温，有一支苏格兰牧羊人故事的 TVC 把我自己都逗乐了，里面的牧羊人到哪儿都带着一台 ThinkPad 笔记本电脑。当年，“笔记本电脑”这个词组还没有出现，我们翻译的字幕居然是“便携机”！

IBM 业务的全球同步方式，极大地提升了北京奥美和奥美全球网络的协作能力，也让我们可以及时分享到全球先进的广告资源。当然，地域之间的文化差异和冲突也不时发生。记得我们在汉化一张 ThinkPad 的报纸广告时，接到了美国同事的一封邮件提醒：请注意文案中有一句涉及密西西比河，你们自行删掉即可。我们不明所以，于是回邮件询问缘由。对方回信：因为担心中国的消费者没听说过密西西比河。我们觉得这个信息一定要回复，一定要澄清，斟酌了一下，记得是这样回的：我们不知道美国的消费者有没有听说过黄河和长江，但是我们很确定，中国的消费者，只要是受过中学以上教育的（您可以想象，IBM 的目标消费群都包括于其中），都知道密西西比河，还知道密西西比河是美国的第一大河，所以我们的决定是，保留这部分文案。

20 多年前世界交流的程度就是这样，现在想想，有这样的误解，在那时也不是多奇怪的事情。

IBM 的工作量迅速膨胀，很快，在奥美建立服务专户的要求就提上了日程。所谓专户，就是整个团队只能做 IBM，不能再服务别的客户。我得知这个消息后，不禁焦虑起来：一来，当时大部分都是汉化工作，北京奥美尚没有发动原创战役的权力；二来，我做广告，本来就是喜欢不断有新鲜刺激，做不同的客户，才可以获得很多不同的知识。于是我萌生退意，还撺掇陶雷一起去跟湛祥国提出：我们要从 IBM 团队退出来。

公司里当然也有一些议论：就一个小文案，一个小客户经理，分什

我这部 IBM ThinkPad 755CD
可是高科技的精华！

你干吗走哪儿都带着
这部便携机？

可以放激光唱碟。

太妙了！

而且不需要外接电源！

噢，我要有这么一部就好了！！

还有，它回放录像的方式
更不可思议！

这是我俩在阿卡波高拍的。

四海一家的解决之道

/ 1996 年，IBM 的苏格兰牧羊人广告片

么就做什么吧，怎么还挑肥拣瘦呢？我自己也觉得这样颇任性，但奥美就是有这样的气氛，就是会让人觉得，你可以讲出你的喜欢或者不喜欢，讲出你的真心话，哪怕你就只是一个小文案。果然，湛祥国哥哥在和我俩聊尽利弊之后，很痛快地让我们按自己的意愿行事了。公司任由不懂事的小朋友任性，宁肯再花心力去寻找新的人选，奥美就是这样的，我就是喜欢这样的奥美。

其实我离开 IBM 团队不久，我优秀的同事们就慢慢争取到北京奥美自己来主导创意的机会，并逐渐发展出很多出色的广告战役，王希乐（时任 IBM 团队文案，现在是一位颇成功的广告导演）他们后来拍过一支广告片的新疆篇，是中国团队产出的最有影响力的作品。

1994 年北京奥美开始服务 IBM，是为一个前瞻性客户而做的前瞻性工作，IBM 当年陆续提出了很多超前概念，例如电子商务，直到十多年后，中国消费者才真正明白它在说什么。当年满嘴说着自己都听不懂的词的我们，如今像瞻仰预言兑现一般，目瞪口呆。

破门

说回我们热闹的创意部。桂枝走后差不多一年时间吧，高祖侃也离开了公司。当然，他不久之后又回来了，其中因由我已忘记，也不重要。

值得一提的是他的继任，加籍港生的 L 先生，这绝对是左家庄时期的奥美在招人上犯过的最大错误。

那么凑巧，L 先生也是我在 DDB 后期的老板，预计到跟这个人什么都学不到，是我离职的原因之一。当我听 B. F. 说他聘了这个人的时候，第一反应是：哈？我这么喜欢奥美，没想到这么快又要离开了。思想斗争颇剧烈，想去跟 B. F. 面陈其弊，又想到老板人选，岂是小小文案可以置喙的……思前想后，终于什么都没说出口。

等到 L 先生到任，全公司女生先是一片欢腾，因为他卖相极佳，长身长腿，高鼻深目，铜锣湾安东尼奥·班德拉斯是也。

然而做起事来就无法藏拙了，很快，从 L 先生办公室开会出来的客户服务们，脸上都有着同样茫然的表情，那表情就是在说：莫非我自己有什么问题?

L 先生的各种奇葩言论，也很快变成同事们餐桌上的笑料，结果就这样我出了事故。

那次是在公司楼下的一家韩国饭馆吃饭，那家饭馆是隔断装修，坐下后就看不到周围隔间的人，然而隔断上空，鸡犬之声相闻。我们五六个人正在热烈地讲 L 先生的笑话，后进来一个同事压低声音说：“你们干吗？他就坐在你们旁边!”合着 L 先生已听了整顿饭。片刻后，隔壁果然站起一个高高的身影，离去了。尴尬之余，我告诫自己，如果以后遇到同样的情形，一定要站出来说：我就在这里，你们有什么意见跟我当面说。

可是满桌人，只有我一个创意部的。L 先生没有当场发作，回办公室以后就打回了我的报销。我当面去问他，我加班的出租车费有什么问题，他说我这些加班都不是他批准的。我勃然大怒，直接跑去找总经理 B. F. 投诉，哪知道 B. F. 这个老好人，当即就掏腰包说：“小朱，不要生气，我自己拿给你。”这下我更加怒火万丈，说：“不行！你不许个人给我，我非要公司财务正规报销给我，我非要他 L 先生按规定给我批准，还不讲理了吗?”

现在回想这都是些超级好笑的小事儿。L 先生专业度有限，很快就遇到真正的考验。

那时舒尔美卫生巾即将大提案，策略上得到阿桂（叶明桂）相助，阿桂丢下一句“给你近乎过分的保护”，客户服务拿着去给创意，L 先生不久就眼睛一亮，说电视广告创意他有了。

L：一开始，有个婴儿在铁轨上，交叉蒙太奇，一列火车奔跑在铁轨上，镜头回到婴儿，镜头再到火车，婴儿、火车，婴儿、火车，轰隆隆，眼看越来越近，（一指身旁的客户服务）咱们的目标群是谁来着？

客户服务：……啊，30~35 岁的已婚妇女……

L：对！就在这紧张的时刻，一个 30~35 岁模样的妇女冲上来一把抱起了婴儿！

客户服务：……

L：火车呼啸而过，这时打出广告标语，给你近乎过分的保护！舒尔美卫生巾。

客户服务们开始跟 L 先生交涉，不久被赶出了他的办公室，奥美的规矩——创意主管在创意上有最高决定权。提案前一天，L 先生找人把脚本画出来，裱好提案板，下班前似乎感到了客户服务们暗中的虎视眈眈，转身回来给自己办公室上了锁。

然而第二天早上，舒尔美的客户并没有受到这个脚本的惊吓，不只这样，他们甚至根本就不知道世界上有过这样的脚本。因为就在那天早上，早早赶到的客户服务同事们在互相怂恿之下，撬开 L 先生的门锁，将“婴儿火车”的脚本抽出来，深深地藏了起来。

第一次别离

T. B. 十二道“金牌”从上海打来，B. F. 终于请走了 L 先生。

B. F. 这人面子极薄，我能想象他做这事的难度。有次我们在创意部大声放些咚次哒次的音乐，B. F. 进来，先是和大家共舞了一会儿，这才转身调小了音量，说：抱歉哦，我在和客户开会。他面子，就是这么薄。

创意部还一片晴空，只是没想到我自己也要走了。

起因是 B. F. 要独立创业了，跟我和陶雷谈了，创意部就给我管，那年我 26 岁，这是一个让我感动的莫大信任。

湛祥国尽力地留了，苦口婆心。我还是要走，艰难地这样决定。

于是有一天湛祥国得意扬扬地在走道里堵住我，说：我让你走！你等着过堂吧！原来是 T. B. 从上海来了，听说我们要辞职，先提审陶雷，然后是我。

陶雷一个多小时以后从谈话的房间出来了，脸色难看，我问怎么样，他只是摇摇头。

那好像是 T. B. 第一次单独找我谈话，我受宠若惊，大中华区董事长连一个小文案辞职的事儿也要过问，这家公司尊重人果然不是随便讲讲的。T. B. 那天的开场我记得很清楚："陶雷和你，你们是北京办公室的明日之星啊，我们整个本土干部的培养计划，就是围绕你们制订的，你们现在走了，那我们这个计划还有什么意义呢?" 啧啧啧，虽然我当时以及现在都对这段话将信将疑，但还是得承认 T. B. 太会讲话，太会表达，面红耳赤的我热血上涌，差点儿当场就要表示为奥美肝脑涂地。

T. B. 并不强迫我们表态，只是讲出他自己的建议。那之后，我和陶雷还是去了 B. F. 新公司的准备会，也跟亲切的孟瑶（马孟瑶，B. F. 的合伙人）进行了交谈。我现在真诚回忆，谈话都很愉快，就是不知道怎么，总觉得哪里不对。

在这种情绪下，我和陶雷去了三里屯的乡谣酒吧，一人叫了一杯长岛冰茶。一个小时后，又一起出来把两杯酒都吐在离门口最近的一棵树下，那滋味儿好难受啊。就这样难受着一起决定，B. F. 那里，不去了。

可是辞职的话已经讲出了口，我自己也有面子薄的地方，老是觉得都讲了又不走，好像要挟公司一样，虽然别人不一定这么看，但自己轴起来，就是过不了自己这关，不想落这个说法……就这样，还是辞职了。

告别那餐饭，湛祥国进包间就说：今天让你哭死！我嬉皮笑脸地说：那不能够。

那晚的结局是，我醉倒在湛祥国的大腿上，眼泪鼻涕把他的裤子都糊完蛋了。也不知道哪儿来的委屈，这通儿哭啊，这委屈啊，为什么我要离开奥美呢？

小结：我的左家庄三角走廊的生涯结束了，除了文中提到的，我还要感谢如下这些当年挚友：刘宇彤、徐顺利、高鲁、李后笑、陶炼丹、李文君、朱杰、陈燕、王琳、钟慧、玉中、张宁。

光大蓝宝□时代

离开奥美后，我换了两家公司，最后是在朋友开的一间叫智达行的小公司，这家公司在安贞桥北面，一栋叫光大蓝宝的楼里，第三层。

1997 年某天，也就是我刚到智达行才一个月的时候，公司合伙人忽然来找我，他说要告诉我一件事情，有一家广告公司要搬来这里了，在咱们头上，在四层。我问是哪家？他说：你坐稳了哦，这家公司叫——奥美。

要不要这么戏剧性啊？宿命里逃不掉的奥美是吗？偌大的华北，就没有个安静做广告的地方吗？

我坚持不去看奥美的装修，但隔三岔五就有一堆嬉皮笑脸的人从四楼下来找我去吃饭，很快发展到湛祥国正式约饭，要我回奥美。那时已经由范庆南（Jennie）接任了北京奥美的总经理，湛祥国说：Jennie 对你不熟悉，你跳到外面一年多，薪水对奥美来说太高了，不管我对你的能力多有信心，你还是要做一些让步，现在我就拿出做哥哥的架势来，一是我非常非常需要你回来帮我们，二是你必须要在薪水上牺牲一些，Jennie 才好接受。

虽然彼时我已经在智达行构建了一个短小精悍的创意团队，平时工作也非常快乐，但还是挂念奥美，挂念在奥美的朋友们，一句奥美需要我，足以让我失去理智。

于是，在离开奥美一年以后，我降薪 30%，由光大蓝宝的三层搬去了四层。

光大蓝宝办公区域是方形的，创意部大致在西北角，装修虽然不至于用奢华来形容，但跟左家庄的办公区早就不在一个级别了。

IBM 成了公司最大的客户，而我负责的团队，叫 Non-IBM team，也就是说，除了 IBM，都可以管。高祖侃已经回归，我依然在他麾下，任创意组长，下面有两个小组，邱欣宇和金杨，李健和 C，文案美指各一对。李健的搭档用 C 代替，是因为后来这个小朋友被我发现操守有问题，成了我在奥美开除的第一个人，这里就不方便提他的大名了。

回到奥美，处处都在提醒我，这已经是一家不一样的公司了。第一，公司资源向 IBM 组倾斜，他们的人数已经几乎占到了公司一半。本地主导的创意机会也比我们那时候多很多，作为公司业绩最好的组，他们甚至比其他人多一次公司旅游的机会；第二，各部门都增加了很多新人，彼此之间不再无话不说，还有很多我叫不出名字的；第三，也是最大的变化，在 WPP 的大政下，媒体部脱离了我们，和智威汤逊等公司媒体部一起，组成了传立媒体，虽然还在蓝宝一起办公，但是他们赚的钱再也不和我们算在一起了。

媒体的分割，我认为是近 20 年创意公司变局的最大肇因，我们对利润变得敏感，在选择客户上也丧失了很多主动权。

如何把简单任务变得越来越不可能

三元几乎是我重返后接手的第一个客户，说起来是很简单的一个需求：北京人喝了几十年的鲜牛奶，其实是有品牌的，只是没有人对得上号。客户准备了一笔不多的预算，来找我们做一支 5 秒钟的广告，重复多喊几遍“三元三元”，用现在的话来说这叫洗脑广告。

这个诉求，其实就是一种认知的顿悟：哦，原来我喝的牛奶就是三元啊！几天后，藏在我心里很久的一个顿悟的故事浮了上来。但是讲故事需要时间，广告的每一秒，都是金钱。我在心里预演了好多遍，无论如何，它需要 120 秒钟。

5 秒钟变成 120 秒钟，刚开始我以为最困难的会是如何说服客户，没想到，最困难的是说服自己的同伴。文案邱欣宇先不干了，他直言，他认为我这就是为了实现自己想拍大片的私欲。首先，我为奥美很好地教育了他而感到欣慰，但是大家看事情的角度不同，我不想顾忌他的误解。但是客户服务的负责人正好也跟邱欣宇持同样的看法。文案大人撂挑子，那时还不擅长打字的我，先在某个晚上自己一个字一个字地敲出了脚本，接下来又要面对客户服务的阻击。

也不知道哪里来的一股狠劲，第二天我走进副总湛祥国的办公室，讲明自己要做的事情，而且表示我一定要做到，但首先要换掉客户服务的负责人，此中如何为难，请湛祥国自己去搞定，并提出换陶雷来负责三元，我俩工作中相处的时间较长，我知道会得到他的支持。这都是些很不得体的做法，但是我没有选择。

接着我找到当时我最重要的工作伙伴之一——制片徐顺利，把脚本卖了给他，让他帮忙想，制作费超额，客户的媒体投放就会减少，我又不希望影响力受损，怎么办？结果顺利说：如果找姜文这样的知名导演来拍，影响力不就有保证了吗？

5 秒骤增到 120 秒的制作费，再加上姜文估计不菲的导演费，这个任务看上去客户越来越不可能接受，然而我打起十二分精神准备提案。第一次是客户市场部总监聂炎，她说很意外但很喜欢，这做法超越她的权限，得请总经理听一次。第二次董事总经理高总说："感谢奥美让我得到一次艺术的熏陶（不知道高总什么意思，总之感谢他），但我们是股份制公司，这么大的事儿，得请你再给我们董事会讲一次。"赢球不换阵，当第三次

/　1998 年，三元广告片拍摄现场

面对黑压压一屋子三元董事会成员时，我居然厚着脸皮，差不多一字不改地又讲了一遍。

在湛祥国、王三朋、陶雷和客户经理陈燕的一起努力下，客户终于点头了。客户通过了，徐顺利才允许我接触姜文。顺利和姜文是旧交，在左家庄办公的时代，顺利曾请姜文来座谈《阳光灿烂的日子》，请柬是我写的，记得内容是："有的人拍 30 秒的影片，还得花钱请人来看；有的人拍 140 分钟的影片，别人自己花钱来看。我们表示不服，请你过来谈谈。"姜文来的时候举着那封请柬，说：我本来不想来，一看这个请柬都写成这样了，那来一趟吧。

靠着徐顺利（跟姜文介绍说就是写请柬那小孩），看不起商业广告的姜文答应见我，我们说服了他。靠着姜文，我们又让广东的头牌广告制作公司聚光堂的朋友让步，以友情价接下了制作工作。那是菲林胶片的年代，全部拍摄耗费 8000 英尺（约 2400 米）胶片，素材总长度 80 分钟。

原以为所有困难都蹚过去了。正片上映当天，北京电视台通知，审查没过！我们一筹莫展。三元的高总自己带着片子，直奔北京市委宣传部，神奇地拿到批文，大致意见两条：(1) 片中历史画面为了追求艺术真实，无政治问题；(2) 三元是北京市民生企业，多年贡献，这是第一次做市场宣传，支持！

范庆南

三元第一次提案的时候，还有个小小的花絮。临开会前湛祥国忽然说："范庆南没见过你工作，要来旁听提案，你不要紧张。"果然范庆南一脸严肃列席，在我讲完创意后即匆匆离去。事后，湛祥国跟我讲，范庆南叫他去，说："这个人，你找回来得很好。"

这是范庆南第一次正式评价我。她在公司时主要看顾 IBM，我们工作上的接触不算多，后来听说她的一件事迹后，我心生钦佩。公司某次旅游的时候，范庆南发现自己被安排了一个单间，于是就去问负责的行政，出游的女生是双数，为什么自己是一个单间？行政说：您是总经理嘛，照顾您。范庆南说按照奥美的规矩，为了平等节约，大家都是两人一间，这间退掉。行政说：现在已经不能退了，都在团费里。范庆南说：好吧，下次再这样安排你自己出这个单间的钱。说完，她还是收拾行李去找另一个落单的女生住了，宁可那个房间空着。

她平时看起来，就是个比较庄敬的人，有不好亲近的感觉。

1998 年某天，她忽然叫我去，说："有个事情给你，你不要牵涉太多人，就你自己处理，不行损失也不大。"原来是上海奥美的客户联合利华，彼时刚刚收购了北京的名牌"京华茶叶"，可是 TVC 提了近一年没有通过，客户觉得上海的创意们抓不住那"京味儿"，上海的总经理毕璞君（Mark Bambridge）向她求援。我答应下来，问她："那对口客户服务我找谁？"她一指自己鼻尖："就我啊，创意就你，客户服务就我。"

数日后，我和范庆南登上了去上海的飞机，我发现我也是商务舱，就坐在她旁边。她说："是我让秘书订的，我跟她说，就我和朱幼光两个人出差，我可不好意思让他自己去坐经济舱。"这还不算，一路上都是她反过来照顾我，出了机场先让我找地儿抽烟，她自己大太阳下排队叫出租车，明明她那时烟瘾也蛮大的。到了酒店又是她去登记，让我门外尽可以自在地再抽一根。第二天早上电话打到我房间，说她在餐厅等我，鸡蛋是喜欢单面煎还是双面煎？

这是奥美的总经理啊，我说你这样我都不好意思了。她只问："我是不是一个基本动作蛮好的客户服务？"一脸地求表扬。

奥美的长官们（学一下台湾腔）真是对平等有执念，T. B. 直到现在都这样，出差严禁手下帮他拿包，不止这样，你去上厕所的时候，还可以拜托 T. B. 帮你先拿一下包。

顺利提完了案，出会议室后，范庆南说："恭喜！大功一件！"一脸狡猾的笑。我说不就一支片子嘛，顶多帮着监拍出来。她说："哈，让我帮忙哪有那么好善后的？我跟 Mark 说了，北京要是提过了，整个案子预算转到北京，1600 万元！"

就这样，二人组可以勉强用"单枪匹马"这个成语来形容，将京华茶叶这个客户抢到了北京，我跟范庆南也变亲近了很多。

1999 年的一天，范庆南又叫我去，关了办公室的门，说："你和陶雷几个人都做得很好，是公司可以依赖的人，我知道因为薪水不同，你们互相之间可能有些猜忌。从下个月起，你们都会获得加薪，我会把你们的薪水调成一模一样，以后请专心工作，精诚团结，奥美的未来要靠你们。"调薪的幅度，说实话很可观，所以我一时光顾开心，并没有反应过来什么。

第二天，范庆南通过邮件向全公司宣布，她已辞职，很快将离开北京。

对于范庆南的记忆就是这样，我永久地带有一部分歉疚，总觉得在她任内，我再努力、勤奋些，是不是就可以帮她减轻一些烦恼？至于她那次离职的原委，她自己文中有述，我这里不瞎揣测。在送别她的聚餐后，她说要搭我的车，出发前像亲大姐一样，数落我后备厢之凌乱之邋遢。听着她这样温暖的唠叨，我眼泪差一点儿落下来。

范庆南去了完全业外的一家公司——台湾大成集团，偶尔来北京出差，会约我们出来喝酒。说起来就是这么巧，2002 年春的一天，我接到她的电话，她说人在北京了，晚上一起喝酒啊。我说：晚上你来 T. B. 家吧，我今天辞职了，T. B. 约了几个同事送我，正好你就一起吧。结果就在这次我的告别聚会上，范庆南又接受了 T. B. 的托付，重归奥美。

好吧，也算我有一点儿功劳。

“我叫李向阳”

Larry Renaldi，意大利裔美国人，中文曾用名李向阳，中文正式名李睿德，曾任奥美大中华区副董事长，也就是 T. B. 的副手，在北京办公。

李睿德是蓝宝时代必须要记一笔的一位。记得他由东京奥美过来，一来就要起中文名字，也不知道谁那么“坏”，给他起了李向阳。他也没那么傻，先问什么意思。那人回答说：“是我们中国电影里一位著名英雄的名字。”“英雄好，英雄可以。”半信半疑的李睿德去搭出租车，问师傅：“窝胶力香 young，如何?”师傅扑哧一声，险些撞上电线杆。

回来以后他可就不干了，惊动了好多人，秘书妹妹还拿着一堆名字来问过我，最后定版官方正式中文名——李睿德。

李睿德有几个特点：一是读书特别快，一两天就要看完一本新书，然后在第二天的会议上，一定会使用他书里刚看来的观点。他这样做老使我狐疑：都不需要消化一下吗？跟我们中国人的传统阅读观念很不一样。二是看好数字未来。基本上我觉得他的兴趣都不在广告上，他是一个全身心拥抱新事物的人，奥美开始试水数字营销领域，跟李睿德不遗余力地推动有很大关系。三是鄙视一切既有秩序，什么科层、规矩、经验之谈……在李睿德看来就两个字——狗屁！四是最讨厌别人说“这里是中国，你不懂”“这里不一样”……这是他的雷区，一说就炸，众人皆知。

偏就是这人尽皆知的一点，有一次在我跟他开会的时候，我说什么他都回：“Adrian，you bullshit！（你说什么废话）”终于给我惹急了，那时候我虽只是个小小的创意副总监，但是也不能由着他这么辱骂，就故意说“中国你不懂，中国不一样，在中国我们就这样……”客户服务们拉都拉不住，我说：“Larry，you bullshit！”他掀桌而去。

这老外真是有趣，我都怀疑我是不是激起了他什么征服欲，自那次大吵之后我俩的关系反倒理顺了。李睿德每次遇见我都很开心的样子，每次都要用我能听懂的英文讲几句笑话，我在工作上的提议往往也能获得他的支持。

1998年，奥美亚太区例行的执行创意总监年度会议在曼谷举行，李睿德通知我，我将代表北京出席。

我非常意外，提醒他我只是个小小的创意副总监，他说头衔什么的都是bullshit。我说我英文很烂啊，他说英文就是个bullshit，我讲的他能听懂，别的老外也行。然后，他从抽屉里拿出1000美元现金，说你们这创意总监会，晚上肯定都是去Agogo Bar喝酒什么的，到时候你给我抢着买单，别让他们看不起咱们北京奥美，不然他们老觉得咱们是穷地方来的。那些Bar都是开不了收据的，所以他给我现金，我回来不用报销。

我大概也创下了以创意副总监身份出席创意总监会议的一项纪录，在那里终于见到了传奇人物尼尔·弗伦奇（时任奥美亚太区首席创意官），他记不住我的英文名，直接叫我Sanyuan guy（做三元的那个人），我也终于在Agogo Bar挥金如土，花光了Larry给的美元。

李睿德在北京大肆革新，筹建奥美互动（OgilvyInteractive），后来又建立互动和IBM的联合体IT team，节奏步调免不了显得张狂，文化冲突时时存在。有次他跟我谈心，说："你们中国人还好点儿，日本人我有一点儿受不了，说什么都'嗨以，嗨以'，好像答应我了，结果后面以前怎么干还怎么干，一点儿改进都没有。"看来日本的经历，颇令他沮丧。一通折腾下来，北京的管理层变动很大，不少员工也不能理解他的一些做法。没看到公司在他的设想中改变，倒是等来了发生在他自己身上的改变。

李睿德离职的那天，李宏（时任奥美广告北京董事总经理）拿着我们给李睿德做的告别海报来找我，那是一个20世纪50年代版画风的设计，一只铁拳砸倒李睿德，上面写着"美帝国主义滚出中国去!"，李宏委婉地表达了担心，问这李睿德能接受吗？我说他一定会很喜欢的，要相信李睿德的幽默感和雅量。

在当晚的饭桌上，李睿德打开这幅海报，笑得前仰后合，问是不是Adrian（我）做的。我说是。他说：“Love you（爱你）！你怎么知道我每周六早上都要打开电视看那些抗美援朝的老电影，那是我周末最大的乐趣！”

那顿晚饭超开心，李睿德模仿《教父》里马龙·白兰度的开场，凭借他的血统天赋，那口音学得简直一模一样。

这就是奥美让我最着迷的地方：身边都是些有趣的人，虽然时不时也上演着人世间的悲欢离合，认识这样一些人，还是有很多时刻让自己深感幸运。

BBS

1997 年，我购进了自己第一台个人计算机，搭载当时最时髦的 Intel MMX 芯片。所谓 MMX，就是第一代多媒体芯片，标志着个人计算机由最初的商用为主，转向后来的多媒体娱乐和互联网方向。

那时候瀛海威在中关村路口立起了那块著名的广告牌：中国离信息高速公路还有多远？

我装好计算机的第一件事，就是去瀛海威申请上网账号，伴随着一阵尖锐的“嘀嘀嘀嘀哔”声，调制解调器帮我连上了英文版的 Yahoo!，我成了中国最早的那批网民之一。

等到我重返奥美的时候，计算机已经不再是秘书专有的办公工具，一夜之间，所有的同事都配备了计算机，上网已经成为时髦同事的习惯。还记得谷歌刚出现的时候，邱欣宇盯着那个极简的界面，五体投地的那种崇拜表情。他甚至为了在日文 Yahoo！上搜索动作片明星，干脆自学了日语，听力口语可能稍逊，阅读绰绰有余。

为了协助大家，忽然之间我们就拥有了多达五六个员工的 IT 部门，李杰、万千和赵洁都是比较早就加入的员工。整个奥美都处在互联网黄金时代的兴奋感里，只是大家不知道可以做点儿什么。有一次跟他们闲聊的时候，李杰说其实他们有力量搭建一个奥美内部的 BBS（网络论坛），我觉得这个想法好啊，大家可以有个地方，慢慢开始适应互联网文化和生活。于是我们一起商定了内容板块，以学习和交流为宗旨。

很快，Beta 版就做好了，分类还相当丰富，我请邱欣宇负责推理小说板块，王希乐负责武侠小说板块，我自己占了最喜欢的影评板块。记得我还是一个比较负责的编辑，我的板块几乎天天更新，我把自己平时看的电影，抽时间写个小推荐，发在自己的板块，渐渐地，我养成了写影评的习惯。

1999 年，奥美内部 BBS 上线测试，大家都很踊跃，大号马甲注册了一堆。除了人人都知道是我的大号外，我还注册了一个叫李建国的马甲，个人口号是：李建国，你今天见过没（脱胎自“建国门—见过没”的谐音梗，北京老笑话）？这个马甲的使命就是骂街、拆台以及毒舌。所幸我隐藏得很好，最最危险的一次，是邱欣宇在聊天中忽然刺探：“对了，这李建国是谁啊？这李建国还挺逗的……”说着，他意味深长地看了我一眼，我当时生生忍住。23 年过去了，邱胖（邱欣宇），这个秘密我可以揭晓了，我就是李建国，李建国就是我！

奥美积极向数字化转变，也带来固有结构的阵痛。前面提到，新崛起的 IT team，优先占用公司资源，规模和人数都得以迅速扩张，但是生意的规模并没有很快跟上来。原先传统广告和公关的部分，一方面为前途未卜而丧失安全感，一方面为自己仍然是营业额的主要贡献者而愤愤不平。

当公司逐渐有分歧的时候，T. B. 的做法从来都是大家摊开了说，不要任其在下面暗流涌动，发展到不可收拾。于是他组织了各种交流谈话，其中最大规模的一次，是在西山明慧茶院的管理会议，公司中层以上的人都参与，当天交锋之激烈实属罕见，也留下好多传颂一时的段子。

有一天 BBS 武侠版的版主王希乐来找我求稿，说自己的板块人气寥落，可不可以请我帮着写一篇武侠小说，如果是连载的，那就最好了。

武侠小说好写，难的是揣测奥美的读者喜欢看什么。还好，奥格威早就教育过我们，想获得读者的关注，就要让读者觉得，这篇文字跟他有关。于是我就根据明慧茶院的这次热闹，杜撰了一篇叫《北京奥美的剑宗与气宗之争》的向金庸先生致敬的章回体小说。当试水的第一回在希乐的版块推出时，不吹不编不谦虚地说：洛阳纸贵！

我人生首次尝到当走红连载作家的滋味儿。那时候不论碰到哪个同事，第一句都是："更新了吗?"

要不就是："你还开什么会？干什么活儿？赶紧更新第二回，你什么活儿我帮你干……"

BBS 的热帖前面有数面小红旗，更热的，小红旗就会变燃烧的小火苗。我很快学会了拿搪："更什么？前面还没有小火苗呢……"有的同事说行，转身回去一遍一遍打开，直到帖子燃烧起来。就这样，1999 年的我学会了刷流量。连载真是催生责任心，那时候我自己的打字速度还不够快，都是手写。我的秘书李艳玲下班了也不敢走，等我结束了正经工作，我俩坐在台灯下，我写一张，她打一张，争取早点儿更新上去。

T. B. 也爱看，但是那时候他还不习惯在电脑屏幕上读东西，都是让他秘书打印出来，装订好了带着去出差，"很好的飞机读物……"他说。后来据说还流行到了香港奥美。

这篇小说中，其实颇多促狭和揶揄的演义，而且同僚皆是剧中人，大家从上到下都看得其乐融融，并没有人真的跟我计较。这是奥美跟其他公司很不同的地方，我们不讳言公司政治的存在，也不避讳谈论公司政治，公司政治可以演义，可以戏说，在轻松中可能会觅见解决方案，一如我们以游戏的心态在做广告。

继武和 C. C.

我在光大蓝宝时期一共经历了两任大老板。遗憾的是，两个老板都不大喜欢我。

首先是北京奥美的执行创意总监刘继武，继武的名作是“左岸咖啡”，确实是宗匠级的创意人。他到北京的时候，我还是小创意组长，相处下来，我难免拘谨，他更喜欢我手下的小朋友一点儿。虽然个性上他不亲近我，但是在工作和职场上他对待我很公平，该发奖金发奖金，该升职升职。继武好酒，他自己的解释是胃部做过切除手术，很小，需要一直喝啤酒撑开来点儿。于是，他每天拿着啤酒走来走去，眼镜戴得低，一双眼睛从上镜框笑出来。邱欣宇有句妙语，他说继武下午 4 点以后说的话，你听听就算了……因为那时候他已醉了。

三元累功之后，继武升我做创意副总监，我和另外一个有美术背景的创意副总监张文主联合组成一个小组，鼎盛的时候，我们组近十个人，公司尾牙放年度作品集，14 支 TVC，有 10 支出自我们组。

继武在李睿德的风波期离职，告别餐也没有叫我，大致就是这样平淡的关系。多年以后，当我和一个朋友在一家日本烤肉店吃饭时，看见裘（继武夫人）和继武忽然走进，我立刻站起来打招呼，朋友问干吗这么郑重其事，我说不管什么时候遇见前老板，都要“立正站好”。

2000 年初，还没人意识到互联网的泡沫，我服务了很多互联网客户，其中一家向我提出了 offer（录取通知），当然，是有股权的。30 岁危机正在眼前，那时的我确实正处在一个整岁数口的焦虑期，这个机会令我产生了巨大的动摇。

于是我尝试提出辞职的可能，雪梅和陶雷等好友都不是很认同，T. B. 也提出，虽然互联网是明显的未来，我若想探索更多可能性，可不可以有别的方案，不离开奥美的方案。

刚刚成为独立公司的奥美互动（OgilvyInteractive）的总经理毛希勉来找我，他说很高兴我也对互动这么看好，愿意不愿意来建立一个专属互动的创意部？他已完成大部分的招兵买马，就等一个创意总监了。作为公司最早上网的创意人员之一，他觉得我身上有胜任这个职位的潜力。

当时胆子也真大，也没考虑太久，我接受了这个职位，心里有个声音说：能不离开奥美就是最好的。

就这样，从业 8 年以后，29 岁我成为北京奥美第一个本土出身的创意总监，实现了深藏在心里 30 岁前要成为奥美创意总监的小目标。上任那天，一本红色的管理人员手册放在桌子上，上面本来有大卫 · 奥格威的电话，遗憾的是几个月前他刚刚离世，不然我不能保证自己没有拨电话给他的冲动。除了这本小红书，印有我私人名字的便签和信纸等文具，也让这个美好的早晨充满了仪式感。

富有戏剧性的是，到任互动不久之后，公司即派杨燕燕、毛幼伟和我三人赴美国参加一个用户界面设计的培训。2000 年 4 月，我们到达美国的那天，就是纳斯达克第一次崩盘的次日，我原本打算去的那家互联网公司，一夜之间烟消云散。

虽然互动的总经理是毛希勉，但当时跟我合作最多的是客户总监韦棠梦，现在韦棠梦已经高居亚太区 CEO 的位置。那时候他中文已经很好，就是不知道为啥，稍稍有一点儿唐山口音。

在互动的一年新鲜愉快，全赖我有杨燕燕这样优秀的美术强援，我们一起制作了国际咖啡组织的网站，还拉 T. B.、陶雷等同事来充当模特，获得了 *Media Magazine* 最佳公共服务网站的奖项。

我在互动的角色，应该就是一个过渡时期的选择，毕竟我没有什么计算机、编程背景，对技术问题也一知半解，所以当摩托罗拉这个大客户进到北京奥美时，我被 T. B. 召回广告部，负责一半的 Moto 业务，而韦棠梦他们也找到了 Dirk（艾伯通）这个更称职的继任者。

跟 Moto 一起到来的，还有我们中国区的创意老大邓志祥（C. C. Tang, 时任奥美大中华区执行创意总监），C. C. 是华语广告界的泰山北斗，也是我曾经的老板桂枝曾经的老板。他之前指导的作品，我们从小都当教科书来学习。就是这样一个难得的学习机会，不知道怎么，一开头又被我搞砸了，C. C. 对我有了成见，我又是个愚蠢清高的人，不肯随意低头，一来二去在工作上越来越不顺利。

只要不做同事了，其实我和 C. C. 之间就都还好。离职后，老人家打过电话给我，后来也首肯过我去他任老大的某公司任职的可能，现在偶尔打开脸书，也能看见他留下的问候。他夫人 Ivy 继续留在奥美工作，我们亚太区开会的时候还能遇到，自来得比旁人亲切几分。

经历继武和 C. C. 的事情后，我是这么总结的：当你和老板相处出现问题的时候，不要从老板身上找原因，也不要从自己身上找原因，就当作人生应有的刻痕和聚散，当作命里的必然好了，请放过老板，也请放过自己。

2002 年春天，在奥美再次服役 4 年多之后，我正式提出辞职。

还是 T. B. 来谈话，他最后一句话让我温暖：只要你自己不想走，是没人能让你走的。

谢谢 T. B.，但我们这些左家庄走来的小朋友，还是要尽量学着自己长大。

那时的总经理李宏大哥也来跟我话别，他问："朱幼光，你最初来的时候，奥美多少人？"我说 30 个。他说："你知道现在多少了吗？ 275！"

这个数字不知为何，到今天我还清楚地记得。

那时的北京奥美，已经有广告、公关、互动和群策四个公司，发展成光大蓝宝 4 层和 2 层都有办公室的规模。

我没有写给全公司的告别 E-mail，也不主张老同事们安排散伙饭，悄悄收拾东西就打算走。最后拗不过邱欣宇、王涛、傅于明等几个小兄弟，一起在后海喝了酒。难得哈，那次不用我买单。然后就是 T. B. 在家里设酒送别（范庆南回归那次），这样小规模地意思了一下。

可能稍微比左家庄那次帅一点儿的是：孤身走下光大蓝宝，回头仰望一眼，从停车场开出了我的白色小捷达，不知不觉，原来路边上的馒头柳都绿了，跟我第一次参加奥美新人培训时一样。

小结：我的光大蓝宝生涯结束了，没想到再次回到奥美，已经是十年之后。除了文中已经提到的，我还要感谢如下这些当年好友：三乐、小娃、徐彬、李辉、李维芳、李忠、方华、刘晓航、许冰、汪宇晶、孙哲、褚洁、潘静、李笑梅、樊淑秋、范淼、栗莉、朱虹、周倩、林少芬，以及新人“小白纸”，就跟着我的乐剑锋、汪洋和奥美“葛优哥”富宇。

广州奥美

广州奥美，由梁荣志（Ramsey Leung）1993年接手。招嘉宁（Charles）1995年从台湾过来任创意总监。在广州奥美建立的初期，工作是较辛苦的，不像上海有联合利华和肯德基，北京有统一方便面、IBM这样的客户。广州本地虽然有两大企业——宝洁和广州汽车，但由于我们在上海做联合利华，和宝洁是“死对头”，所以广州奥美不能碰宝洁，而广汽，坦白说，当时我们没有能力碰。

所以，广州奥美就在招人的同时，亦要找客户养活自己。

1. 梁荣志

梁荣志是个港生，在台湾我们叫侨生，即香港人到台湾念大学（辅仁大学）。他毕业之后，在台湾工作，加入台湾奥美。在台湾奥美时，他的表现杰出，得到阿桂手把手的协助，学习力强，解决客户问题能力强。之后，由于台湾奥美与奥美国际的合作，可以派人到伦敦奥美工作一年，当时梁荣志表现好，英文程度又够，就被派去伦敦一年。

相信这个机遇对他是意义深远的。

梁荣志为人谦恭，不会强求，有时当他有定见时，会设法迂回地说服别人。他是在台湾奥美长大的广告人，奥美的文化与他不可分离。

2. 招嘉宁

招嘉宁（执行创意总监），香港人，在加拿大念书，到台湾加入广告

/　黑白公主：左一白公主梁晶，右一黑公主陈慧茹，中间梁荣志助理黄嘉敏

/　广州奥美曾经的办公室——信义国际会馆，游乐场风格装修

公司，直接由创意总监做起，留长头发，表示对20世纪六七十年代的嬉皮士的认同。当他到广州时，我劝他把头发剪得正常点，但不久他还是恢复长发。

他是工作严谨的创意总监，许多小朋友会怕他，但在下班之后很会烧菜，喝起酒来会疯疯癫癫的。他与梁荣志在当年的华南示范了什么才是广告公司。

3. 陈慧茹和梁晶

陈慧茹（Cat）梁晶（Christina），黑白两公主，本土业务总监。

陈慧茹和梁晶是最早升任业务总监的本地员工。她们长得漂亮又身材高挑，做起事来干劲十足，是梁荣志强有力的左右手。当时，梁荣志还是单身，我们还半开玩笑，还有人打赌，梁荣志会选谁当老婆。

她们的故事由她们自己来说。值得一提的是，陈慧茹现任合景泰富集团品牌管理部首席品牌官；梁晶成为苏格兰麦芽威士忌协会董事总经理、中国区合伙人，都成为奥美的甲方了。

虽然她们不在奥美了，我都为她们现在的成就高兴。

华南开垦

梁荣志（Ramsey Leung）
（1983年加入台湾国泰建业，1994年任广州奥美第一任总经理）

每一秒，都是未来的过去。如果我过去的一点点经历，能带给你对未来的一些思考或启示，那就是我的荣幸。

香港人俗称开垦发展者为“开荒牛”，这词用在我身上的正面意义在于反映了我对自我目标追求的热情与意志。1993年感谢T. B.老板同意我的请求，把我从台北调派到广州，负责建立广州奥美。

20世纪90年代初，不少香港人忙着穿梭两地，用行动支持邓小平提出的一国两制，及至1992年邓小平南方谈话，整个国际氛围开始缓和，为很多人带来发展信心及机会。

香港对内地一直扮演着特殊的角色——“长期打算，充分利用”。改革开放是香港另一次历史性扮演“充分利用”的角色，从“三来一补”到招商引资，约8成外资经香港投资中国内地。有人把当时的中国与俄罗斯比较，认为后者的经济发展不理想的其中一个原因，是缺乏一个像香港这样的微妙角色。

“东南西北中，发财到广东”。广州距离香港约200公里，是内地南方交通枢纽。海上丝绸之路从开始至今，2000年来，广州一直没有停过对外通商。1949年前，广州比香港繁荣很多。听母亲说，当年广州亲友到香港，都不想逗留太久，具体是这么说的：“我广州家的厨房比你们客厅还要大。”及至改革开放初期，境外游客对广州的印象之一，就是人群黑压压的火车西站（旧站）。这里每天挤满了“发财到广东”的全国乐观同胞（被当地人称为“盲流”），在我看来却是改革开放排头兵的气场。

我感觉一般广州市民对盲流现象并没有表示热烈欢迎，却也没有拒绝。一说是包容，一说是管不了，你有你来，我有我生活。

胡镜泉是香港奥美中国办公室的总经理，一个十分随和的老实人。在他领导下，我感觉在香港奥美设立的中国办公室的工作气氛很不错。在此之前，我在香港工作了差不多一年，主要做广州分公司建立前期的准备工作，虽说是向他报告，但感觉他对我们像朋友。胡镜泉和我常常从香港红磡火车站登上来往广州两地的直通车。

坐直通车需要在香港先办理出境，然后到月台上车。初期只有内地的旧式火车营运，对我来说这种火车最棒的地方是带有厨房的餐车。检票的列车服务员制服非常整洁，头上还戴了顶帽子，有点像 20 世纪 60 年代的航空服务员，而态度却格外严肃。列车员的工作除了检票，更重要的职责是检查证件，厚厚的回乡证翻了好几页后眼光盯着照片核对，我觉得这时候报以微笑是不太恰当的。而进入车厢后，广播却散发着令人意外的温暖，广播员用极致的温柔声音亲切地说："亲爱的台港澳同胞，亲爱的海外华侨……"一下子真不容易适应过来。而列车上推小车的乘务员也服务殷勤备至，从上车直到下车的两个多小时内，她毫不懈怠，每隔十几分钟推车经过一次，不时提高嗓门通知你"有邮票卖""有咖啡饭盒卖"。假如你偶尔不小心睡着了，估计也不太会失去购物良机。

我们终于到了广州西站月台，过海关后步出火车站出口，一刹那面对大群小朋友热情地围住我们，有的热切地伸手往行李上抓，有的直接摊开手掌向你要零钱，胡镜泉之前曾经提醒我千万小心，除了注意扒手更要注意不要乱给，不然马上有更多的小朋友会从多处涌过来把我们更热烈地围上，那就寸步难移……听说香港一个上市传媒集团老板小时候就是在这里干活养家，他父亲在"文革"运动中被批斗迫害离世，而母亲也因此撑不下去生病了，年纪小的他就在火车站干活肩负养家责任。后来母亲离世，十几岁的他一个人冒险偷渡到香港谋生。

“食在广州”，吃溶在广东人的血液里。你千万不要轻易相信广东人说“随便吃吃”，特别是顺德的老板们。记得多年前一次来北京开会，北京奥美对会后晚饭安排十分精致。我们到一家位于胡同里，有着朱漆大门的私房菜。大红灯笼高高挂，房子连阁楼最多能容纳三桌，周围摆设着不少精致的古董字画，据说厨师是清朝御厨后人。我们既感动又兴奋地在文化包围下，品尝了合计三十多道清朝皇室名菜。小盘菜一个跟一个上，大家都礼貌地赞不绝口。吃完三十多道菜后，坐我旁边的广东同事竖起大拇指，低头压低声音说：“实在很难得，三十多道菜居然没有一道好吃。”实在是不好意思，其实我也有同感。当时对乾隆忽然产生一丝同情，怪不得当年他老人家有事没事往南方跑。

老一辈广东人喜欢说一句话：“吃到肚子里最实在。”一个历史上以对外贸易与“吃”闻名的城市，一面是实实在在一手交钱一手交货的进出口贸易，一面是吃得实在，都是实在。当年奥美亚太区创意总监尼尔·弗伦奇来开会，对广州的印象用一个词形容“unpretentious”（不爱炫耀），我觉得挺中肯的。那次尼尔来广州我们都很高兴。他、招嘉宁和我三人到卡拉 OK 唱歌到凌晨 2 点打烊，还不想走，服务员脸色有点儿难看，干脆把点歌功能关掉。我们居然赖着清唱到凌晨 4 点多，原来没有音乐清唱也挺过瘾的。

回想这些，发现已经过去了快 30 年。有些年轻读者可能对此有兴趣，这里描绘一下 20 世纪 90 年代初的一些具体情形：

- 上了出租车，门需要使劲才能关好，却冷不防沙发暗藏弹簧钩划破了新西裤。没事，用手按住破洞，继续进入轻工局的广通公司开麦斯威尔咖啡会议。
- 环市路广州友谊商店只允许境外人士凭证使用外汇券购物，隔壁是全城最新的世贸中心商业大楼——当时奥美广州办事处装修中，动工没几天却突然停工，原因是“关系”没疏通好，导致电梯暂停运作。

• 申请分公司登记审批工作已经持续进行一年多，办事大厅每天都是黑压压的人头，十分热闹，不少人有自己的办法挤到办事窗口并伸手穿过铁栏递上申请文件。高台负责审批的办事员每次都讲同一句话：“有新的要求，需要补充新的申请资料文件。”因此文件重新寄回上海合资公司登记地补充资料，再经过董事会各成员重新签认，两三个月后重新伸进去铁栏台上办理。两年多下来还没有盖好最后一个印章，唯有靠别的更有效办法办理完成。

• 世贸装修完毕，办事处开始运作不到一个月，一家电信顾问公司友善地敲门进来，告诉我们电话线接驳传真是违规的，建议我们交 2 000 元顾问费，不能开发票，但绝对能保证我们申请已久的电话线不会被切断。当时普通饭盒价格为人民币 2 元。

• 路上大部分轿车是桑塔纳，凑巧都是黑色，一般挡风玻璃都会贴上一两张“通行证”，恰当地表明“身份”。要辨别身份还有别的办法，一种是喇叭声音，另一种是观察车牌颜色。特种车牌车辆一般车速与技术较好，能在都市道路轻松左右穿插。

• 偶尔路上会碰到拿着“大哥大”的帅哥戴着墨镜边走边讲电话，走路不太需要看路，因为前后左右都有随行人员，毫不松懈地协助开路。

• 品牌在老百姓心中可能开始产生作用，有些同志西服袖口显眼地钉着洋文品牌标签，毫不吝啬让你看得更清楚。

• 赶着给客户提案的广告设计稿急需要喷胶完成，唯一的办法是打长途电话到香港奥美求救，赶坐火车用背包运过来。一般来说“醒目”的同事偶尔能避开铁路安检扣押的命运。

以上点滴，恍惚又回到“开荒牛”阶段的工作充实感。

在此之前，1988 年，很感谢 T. B. 同意我的申请，送我到英国伦敦奥美实习。我虽然资质愚钝，在工作及知识上学习有限，却由此打开了视野。当年广告是一个年轻人相当向往却不容易进入的行业，伦敦奥美办公室里有很多“牛剑”（Oxbridge，即牛津与剑桥）的年轻人，其中不少更向往有朝一日可以调派到神秘的亚洲工作。我是当时伦敦奥美唯一的东方人，同事偶尔会热情地询问我有关中国的情况。若干年后，好几位英国同事成了日后奥美亚太区的主管，当年伦敦奥美的客户服务部主管杨名皓，便是日后奥美亚太区 CEO，乃至后来的奥美全球董事长。

在伦敦的工作让我观察到一个国际宣传策划中心的严谨，策略策划及消费者调研的重要，以及对执行品质的严格态度。特别是广告策略，认真从消费者调研中找出打动人心的洞察。到了大数据时代的今天，无论数码有多潮，你的目的还是吸引注意并打动目标对象。流量可以用资本买到，打动力却不光是钱的问题。当年内地部分企业讲求“高端、大气、上档次”，认为广告宣传就是找到一句口号打动千万对象，有一定道理，但以拍脑袋方式寻找动人的口号，却不一定是最好的办法。广告策略与创意制作品质是多年来我在工作上十分关注的内容。

消费者会按视觉品质判定你的产品品质。还记得一次在伦敦参与一个国际黑啤酒品牌的平面广告跟拍工作，印象较深的是对于啤酒泡沫的要求与处理。玻璃杯里乳白色泡沫与黑色啤酒体有严格的固定比例，模特拿着啤酒杯的情绪需要反复酝酿几十次，必须要稳定地表现悠然自得。还记得当时摄影师的费用是 1 万多英镑，约等同当年台北一支普通广告片的拍摄费用（台币 60 万）。

在伦敦实习给予我一个思考空间，做品牌要面对更大的市场，我感觉大陆是我未来发展的方向。

说回广州。初期广州奥美都是支持香港奥美所负责的国际品牌，如麦斯威尔咖啡、菓珍、肯德基、Pepsi Cola（亚洲汽水），所服务客户都来自中国的香港、台湾，新加坡，加拿大，马来西亚……大家面对一个很不同的市场，自然会守望相助，互通气息，关系算很不错。每个人工作都是一星期七天，不是出差飞便是直通车来回香港。当年一般的外来主管与本地年轻员工相处也很愉快，当然少不了偶尔晚上还一起去当年非常流行的卡拉 OK“加班”，大家也都来“开荒”。那时感觉大家都充满希望，在此时在发展中，市场的代理商与客户工作关系很自然是互相帮忙。

开垦日子的工作回忆就是艰苦与愉快交织。

找不到鞋子上班

刚到广州，有一个月时间找地方居住，这段时间住在 63 层酒店的 52 楼。发了“稀有动物”的招聘广告后，来信确实踊跃，办事处一下子就有了 7 名年轻同事。虽然当时大家的工作主要是执行，气氛却很好。一天早上起来，我的鞋子不见了。不会吧？难道从 52 楼掉下去了？打电话去公司找个理由要晚点到，结果居然听到电话那边停不了的笑声——我就大概知道怎么回事了。戏弄是年轻公司员工福利之一，开心就好。当年的 7 名上进青年今天都当老板了，他们是：陈慧茹（Cath）、何英、梁晶、关建成（Chris）、黄嘉敏（Carman）、梁鼎雄（David）、赵晓薇（May）……梁晶后来同时任了我家里的老板。

一个苹果与专业服务

在固定电话需要人民币 4 000 元排队费外加关系申请安装的年代，糖烟酒会是一些品牌的重头戏。企业面子、品牌形象、经销商见面喝酒、销售下单等等，有些公司在这里解决一年一半以上的营业额。一年春秋举办两次，在哪个城市举办，哪个城市就人气高涨，交通、酒店、摊位、执行、吃饭……也是对地方扶持的政策。我们服务的国际客户自然很重视，所投入的展馆设计与外观都是现场最高的，呈现的效果往往也比较高档醒目。在当年的条件下，做到这样确实不容易，我们也因此总结出一些在内地工作的心得。

由于奥美服务客户的展厅档次受到关注，一个广东有名的八宝粥品牌找上门，希望我们为他们设计展厅，同时期待站在同胞角度给特惠价格。我看既然是找上门，大家就做个朋友，于是接了下来。待努力把摊位设计反复提案后，八宝粥却冷冷地简单回复不予采纳，也就此没有进一步消息……到后来可能你也想到，我们到了成都展馆就看到八宝粥完全采用了“不予采纳”的设计，只是执行及施工品质走样了。过后跟广州本地广告公司老板们交流，他们不遮掩地笑个不停，告诉我这种“剽窃”行为在本地非常普遍，本土广告公司都已经变精明了，意思是你们国际公司自己笨……“八宝粥”没有付钱，却也是广州奥美的第一个纯本地“客户”。

改革开放发展快，国家人口多，“劳务”服务自然是“低价”，也不容易落实法规保护。策划或创意设计在他们的角度看来，可能与一般劳务没太大区别。广告与设计这种东西是“虚”的，有时候还比不上结结实实的一个苹果实在。苹果起码能拿在手上弹几下咔咔响，检验好不好。今日回头看，成功的国内品牌却在较早时期对专业广告服务业建立必要的尊重，例如早期广东有不少集体所有制的家电品牌，发展至今还不断扩张，我认为它们有两个共同点：一个是重视市场营销，另一个是一把手领导重视与尊重品牌策划与宣传。

我们是被称为“乙方”的广告公司，在当年不尊重知识产权的环境下是弱势，碰到了“剽窃”，要不就调整包容度，要不就转弯绕过，适应生存，寻找价值观相近的企业合作。不过，当年广州奥美能经营发展下去，得要锻炼一双能闪躲的慧眼与嗅觉。话说来很惭愧，在此之后过了几年，我们还是被“大气”的知名品牌企业“剽窃”，欠款不付，重创下无奈裁员，这是后话。

第一次比稿

“比稿”是台湾的叫法，香港叫“pitch”，大陆叫“竞标”。

1994 年，百事可乐与广东最大的亚洲汽水公司合资，邀请几家国际 4A 公司竞逐亚洲汽水的品牌广告代理。香港奥美扶持广州奥美合力迎战，由当时香港奥美创意一哥邓志祥负责创意，我负责策略。感觉广州同事挺兴奋，大伙分散在广州进行中心定点调研（CLT）和抽样消费者调研。策略传承了多年“够气够味”口号，进一步融入感性元素，把“按钮”（Button，奥美策略术语）调整为“时时为你打气”，为当年改革开放天天努力，为充满改革希望的年轻人打气。提案在广州奥美进行，广州团队每个人脸上都挂上“紧张”两个字。小小办事处的会议室挤满了人，马来西亚籍的客户一直挂着笑容，他很喜欢我们的提案与年轻团队，他说他为奥美能在广州有落地团队感到高兴并很有信心……

结果我们幸运地赢了！

说到打仗，干我们这行还是有莫名的紧张与兴奋感，特别是客户公布我们赢得竞标的时候。随后在广州我们进行了第一次媒介预告片（teaser）与固定时段的集中拦截投放（road-block），包括电视广告、报纸与户外，一时间成为广州少见的城中热议话题。我感觉这对小小的广州奥美团队有说不出的意义，起码他们可以告诉在单位上了几十年班的父母，他们在奥美这种公司究竟是干什么的……“时时为自己打气”对我在追求路上当然也是一个很有力的鼓励。

50 员工的热情

随着发展，1995 年我们搬到能容纳 50 人的穗丰大厦办公室，就在黄花岗 72 烈士陵园旁边。我们从支援香港国际客户的角色，过渡到以服务本地品牌客户为主。广告团队层次开始充实了，增加了好几位外来的资深同事，创意总监招嘉宁、副总李慧薇、客户服务总监毛巧玲（Janet）、经理吴荣茵（Sandy）、媒介总监唐家兴（Alfred）、财务总监梁孔成（Andy）等。公共关系方面，一次在商会聚会扫描到“友台”公司的程玲（Colleen），她的加入使公关在广州开始落地运作，初步建立了整合传播集团的雏形。

依托奥格威与奥美的名声，我们得到广东一些规模较大的企业来电邀约，美的、粤海等，分量比较重的一次竞标是当年的“广东移动全球通”，对手是全省最大的国资广告公司，4 000 万元媒介投放策划代理佣金收入为 10%，占了我们当年全公司收入的三成。创意总监招嘉宁准备了视频脚本迎战，配上音乐声效，在竞标会议上投影播放。暗暗的灯光下，我能看到客户当场被感动的脸部反应。结果我们幸运地赢了竞标，找了当年还是学生的章子怡为主角拍摄广告片，制作费用高达百万元，为当时少有，但得到了客户的支持。广告片播出后可谓轰动一时，广东移动因此名声大振，全球通品牌的名字就此从广东开始，广州奥美的名声也顺利进一步提升。

“蛇鼠一窝”

忘了这是同事给我们的褒奖，还是我们自嘲，招嘉宁属蛇，我属鼠。

当年广州报业在全国首屈一指，《广州日报》开办全国广告奖，广州奥美包揽了多个大奖，而且绝大部分是本地客户作品，其中包括丽江花园华林居、广东全球通、御苁蓉、珠江啤酒等。招嘉宁哥哥笑得特别灿烂，而且懂得做人，老是把我推上台领奖，他自己坐在台下乐。现在回想，当时还是应该坚持让他上台……我们这一行虚荣心也是鼓励的动力，一体两面，看你怎么看。

当年在我与招嘉宁的合作下，广州奥美也许对广州的广告业起了点儿影响，我认为简单来说，就是基于洞察的品牌承诺与主张，勇于表现创意的“不一样”。

丽江花园是其中一个例子，我感觉这是当年广州房地产广告较明显的突破，我们为丽江花园提出了不同于闹市的“近郊社区”生活主张。一个和谐生活的品牌个性，吸引了不少“小资”对丽江居住文化产生兴趣，让一个社区成为一个品牌。回想起来，我很感谢当年客户面对不一样的广告提案，敢于接纳的勇气。还记得会议上当时女副总一拍桌子说：“好吧！死就死，就这样定了！”豁出去的她，真的得到了超预期的好回报。丽江花园至今一直是广州一个不错的楼盘品牌，而当时广州房地产广告也因此产生了一些较勇敢的变化。

另一个想要分享的案例是珠江啤酒。

20 世纪 80 年代建厂的珠江啤酒与比利时合作，是 90 年代中国销量最大的啤酒。客户早期被派到比利时，经过扎实的学习归来，对啤酒的质量相当自豪。广州报业当年虽然在全国最发达，头版全版广告却不常见。珠啤新产品广告在中秋节推出“谁说外国月亮比较圆？——好啤酒不分国界”。这个得奖广告，巧妙地在温暖团圆的中秋节气氛下，把啤酒质量、珠啤人的自豪与广州人对珠江啤酒的情怀融合在一个单纯却是全版的《广州日报》上，在当时的广州广告界也是一个热议话题，核心仍然是洞悉消费对象，从而打动他们。十几年后，珠江啤酒企业和不少经销商仍然对此广告印象深刻。

得奖之后，广州奥美的名声又晋升一级，我们陆续积极地参与了广州广告协会、广州 4A、广东香港商会，到不同大学讲课，感觉朋友越来越多，找我们的新生意也进一步增多。

风光过后进入风暴

1997 香港回归后，亚洲金融风暴使企业对宣传投入踩了急刹车。奥美媒介业务分拆为独立公司，让营运规模缩减了三分之一。一向盛行三角债的华南势态更严重。我们就在这时候碰上较大的挑战，一个主动找上我们的潮汕企业承诺数百万元年费，在我们投入大量工作几个月后拒不付款（当时广州洛溪较优惠的房子约 8 万元一套），财务上自然形成了一个大窟窿。

到北京开会，新上任的大中华区副董事长对我的财务窟窿问题主动“拷问”。这位美国同事非常严格，我管理经验不足，辩不过。而广告公司的最大成本是人，意思就是裁员——当然主要是裁减成本高的资深境外人员。记得北京会后当晚，真的是“北京一夜”，我喝了不少，宿醉到改天“滚”上飞机。裁员后的账目再经过多次来回讨价还价，终于被接受，但总得要面对被裁的同事，公司整体气氛当然变了……杨名皓曾经说过:“作为一个领导，你就不要期待每个人都喜欢你。”这句话要经历了才知道是什么意思。

随着部分来自境外主管的离开，从初创开始一直成长的本地员工却形成了一个中级主管的干活主力，支持并推动了整个公司进一步经营成长。我们幸运地恢复了过来，2000 年搬家到 80 层高的中信大厦 100 人办公室。主要也因为经济危机让房地产进入低迷，我们能够以优惠的租金价格，挑战广州最潮的办公大楼。我们在 61 楼，当时被称为全球最高的奥美办公室。面对不时开演唱会的天河体育馆，我站在落地窗前想，也许“有危就有机”。当时广州没有服务宝洁的国际广告公司差不多全在亏本经营，有的已经撤退，我们就得看自己。

从 0 到 3 亿元的“失败案例”

保健品御苁蓉品牌本属于北大研发，多年来在北大自己经营下亏损 600 万元（1995 年），在市场上欠了一些债。有太阳神保健品经验的梅先生参与接手经营，他近六尺高的个子，理平头，声若洪钟，一个人来奥美，要找品牌策划广告。我刚好出差，大家感觉他不是军人就可能是“大哥”，都不敢得罪，后来他成为我们很好的客户。

三年内，御苁蓉从负债扭亏为盈，到销售达 3 亿元，广告也得奖。

这时候发生了两件事情：

（1）北大提出诉讼，夺回御苁蓉品牌经营权，导致市场冲货的激烈斗争。

（2）一位年轻的广告人热血正义地出书批评御苁蓉是奥美的失败案例。

后来这位年轻有为的广告人成了中国有名的“国际品牌营销顾问专家”。

本地客户与国际客户

当年中国大部分国际 4A 公司的主要收入来源是国际品牌客户，而广州奥美却不同。在广州设立中国总部的国际品牌企业并不多，广州奥美唯一的选择是发展本地品牌客户，因此有境外来的同事开玩笑称呼广州奥美为“Nogilvy”，而当年本地客户的规模与价格都比国际客户低。因此，除了我本人的因素，广州奥美本质上也是北上广三个公司中最抠门的。当年的奥美全球董事长夏兰泽到访广州的时候却给我们打气，她说：“你们是少数不靠母公司给喂养客户的分公司。”

在中信大厦办公时期，广州奥美约有 100 名员工，本地品牌客户营业额占 9 成以上。我们在管理上因缺乏安全感而步步为营，却又锻炼出经营本地企业的经验。国际品牌企业需要奥美准确扮演品牌传播策划与创意的角色，而本地企业却希望我们成为更深入的“生意伙伴”，从生意

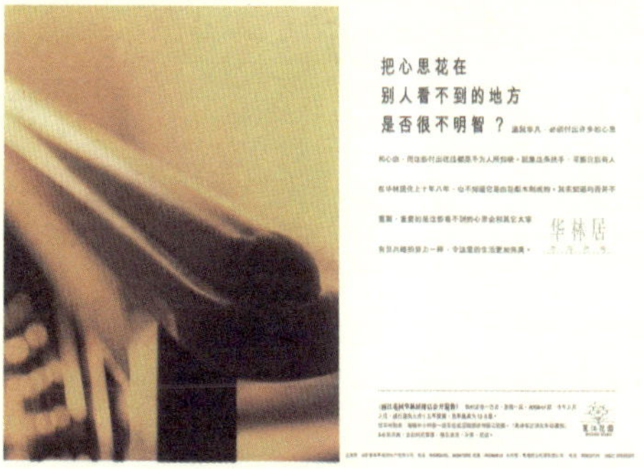

上／　1988 年到伦敦奥美实习，当年自拍没有今天方便

中／　1996 年“广州日报广告奖”金奖，广州番禺丽江花园房地产广告

下／　1996 年“广州日报广告奖”金奖，丽江花园华林居楼盘广告

策略到品牌策略到市场营销到宣传创意。

内部人才流动

广州奥美收入由于以本土客户为主，平均客户的服务价格相对偏低，除去培训与分摊奥美中国成本后，虽然勉强达标，但其实所剩无几。因此，广州同事的收入自然落后，几年下来拉开了差距，我们俨然开始变为三个奥美办公室的主管人才培养基地。北京奥美与上海奥美的总经理们都不避嫌地向广州同事招手，公共关系的主管程玲与直销互动主管段培力（James）都分别往北京和上海走，这可能是没办法的事情。一方面可能是我领导不力，另一方面是人往高处走，只好祝福他们，作为广州奥美经营者我就得干着急。

离开奥美

在 61 楼办公室忙碌了好几年，我们幸运地先后拿到一些不错的本地品牌客户，包括健力宝、红塔山等。2005 年底参加竞标，我们赢得了珠江啤酒品牌策划宣传代理权。我们以三年时间对珠啤品牌重新定位，阻挡当时金威、生力与青岛啤酒在华南市场的攻势。100 名员工的开支也不算少，赢得了珠啤，我心里庆幸 2006 年广州奥美应该有把握达标。这时候驻上海的华东及华南区的董事总经理找我，把我升为南中国区副董事长（职位改变不一定与收入有关），希望我抽时间去福建奥华奥美兼顾帮忙一下，声称是短期的。当时奥美购并建立了福建奥华奥美快两年了。我到了福州，打开账本看后有点儿发愁，原并购计划当年收入 2 000 万元，而实际账面预算只有 200 万元，购并的伙伴却在楼上开了另一家公司经营。

驻上海的这位董事总经理很喜欢唱歌，唱得也很好听，特别是 20 世纪七八十年代的英文歌曲，因此每次到广州都要去卡拉 OK。当时他正策划如何把几个分公司的资源互动整合，产生协同效益。从那时开始，我就一个星期在广州，一个星期在福建，隔周来回两地过了快一年，在航空公司与酒店业内开始认得一些熟面孔。一天他的上海爱将在广州奥美管理会议上突然说："我接管广州，梁荣志不再需要管广州奥美的事情了"……我一想自己都 40 多岁了，不出来闯闯可能就没机会了，于是当天就向 T. B. 递上了辞呈。

辞职事情拖了大半年，到 2006 年底我才正式离开，还好广州奥美当年如愿达标，而福建方面做了些调整建设。由于大部分品牌企业在闽南，考虑种种情况，我与创意总监阿挂以及一班年轻同事努力建立了厦门奥美，找到了好几个新客户重新开始。厦门让我又一次感受开荒牛的充实感，记忆包括与年轻同事们加班后吃大排档"酱油水"，厦门奥美给我最大的记忆也是一群努力热情的年轻同事。

从第一天踏进奥美至今匆匆 37 年多，个人可以说没什么特别贡献或成就，苦与乐的事情却记得一些，心存的感恩不少，我想在这里借此机会感谢我的太太梁晶和女儿 Faye，爱你们。

祝愿中国在全球产出更多强势品牌！

雷雨天的回忆

招嘉宁（Charles Chiu）

（1994 年加入台湾奥美，1995 年任广州奥美第一任创意总监）

1995 年，我在台湾奥美被 T. B. 告知有去广州工作的机会时，我这个香港仔已经在台湾工作了十年。

十年，社会发生了巨大的变化，而不变的，是台湾朋友那种让我难忘的特殊人情味。但 1995 年的台北，影响我生活最大的却是正在修建的地铁。忠考东路像个大工地，市内交通大乱，回家和上班的路变得困难重重。每当遇到下雨天，本来已经混乱的交通更让人寸步难行，而无良出租车司机在这时候不是拒载就是开出吓人的天价。开放给社会带来的不只是财富和机会，同时也引起种种争议。那个时候，我感觉自己十年的台湾生活也应该有大变化。期待变化的心让我很快就做了决定：接受 T. B. 的建议，去广州奥美上班。

广州的语言、天气、生活和饮食对我来说，都有一种熟悉的感觉。但在更多情况下，广州虽和香港一河之隔，却是一个极为陌生的地方。记得第一次有机会去广州是在 20 世纪 60 年代后期，父亲当时想带我们一家五口回乡（广州芳村）探亲，后来因“文革”而不得不取消行程。我真正踏足广州是 80 年代初期，当时是为一家艺术品杂志社当美术指导，出差到河南，在火车上见识到广州老火车站的人潮和那条代表祖国的黄河。我 1985 年去了台湾，就没有再踏足大陆了。

1995 年 5 月 31 日，心情颇轻松的我，只身来到既熟悉又陌生的广州。办公室刚刚搬到黄花岗旁边，一个充满历史记忆的地方。公司的特点是有一个大阳台。阳台后来成为我和同事们经常玩耍和进行露天烧烤的地方。公司总共 20 来人，总经理梁荣志也是香港人，从台湾奥美调职广州，在台湾未曾共事，但早认识。在他的领导风格下，同事们都很亲近，公司很有家的感觉。

一直都很重视住的我，到广州后，发现找一个好的住所还真不容易。原因是租赁市场太不成熟，可供选择的范围非常小。几经周折走遍全市，最后我才在五羊新城找到一个勉强可以的小公寓。我虽然不太满意，也只能接受。房子大约 120 平方米，景观还不错，至于家具和陈列，就不能有太多要求了。房东开价每月 6500 港元，而且事先声明只收港币。在 20 世纪 90 年代的广州，这租金可以算是天价（今天那个公寓顶多租 4000 元人民币），我不太满意也只能接受。

这些大楼管理极不专业，公共环境和卫生状况都较差。后来发现经常无故停水停电。记得有一晚，活动到凌晨回家却碰到停电，我只能硬着头皮爬 28 层回家。

我住的五羊新城（在城市东面的新区）对面是一片荒芜之地，晚上黑漆漆一片，伴着来自一些没水没电的违章简陋小屋点点火光的。时移世易，今天那里是广州中央商务区珠江新城，已变成广州最值钱的地段了。

所以当丽江花园的房子交付时，我第一时间搬离，成为在丽江花园华林居最早搬入的几户人家之一。这里环境好太多了，房子是自己设计的，软装后很有家的味道。在丽江花园的新生活，就如我们的广告标题所言，“30 分钟车程，两个不同的世界”。我们这些白天紧张忙碌的工作者，太需要一个安静慢节奏的居住环境来平衡一下心情。入住丽江花园后，有实实在在的居住体验，我为丽江花园做广告创意时更感觉到得心应手。

同事陈俊良（奥美媒介大师）告诉了我一个重要的客户真理：“见不到老板什么都不算数。”20 多年过去了，好像直到今天它还是真理。

对于草创期的公司，新生意非常重要，但有一年我和梁荣志却不得不拒绝了两个上门的新生意。记得那一天，恰好是 12 月 25 日，梁荣志要求我和他去深圳见一个保健品客户。我当然不太愿意在圣诞节当天去深圳开会，但客户就只有那一天有空。没有其他办法，我俩专程赶到深圳和客户会面。在客户的会议室，我们听取了品牌负责人对其中一款丰乳产品的简报。听完后，我们发现负责人一直没有谈到他们的产品功效如何，于是就产品功效提出了一些问题。那个负责人看着我们两个，很认真地说“无效”。接着他在我们疑惑的眼神下，开始解释为什么这款无效产品会成功。负责人说，重点是先把产品卖出去，当消费者发现购买的产品没有效果时，他已经开始在下一个省推广啦！中国够大，他们一个省接一个省，连打带跑，一圈下来够了，可以的话再来一圈推另一款新产品。以奸商来说，面对我们他也真算老实。另外一次也是在深圳，某个高科技大品牌，它当时的需求是一系列杂志平面形象广告。负责人是那种标准理工男，双方沟通极不容易，经过两轮提案多番沟通，都没有太多进展。在第三轮提案前，客户负责人拿了一张不知从哪里搞来的别人的广告，对着我们说：不用再想新的了，你们直接跟着这一张抄就可以啦！我只能说，有些生意就不管你多想做，真的做不来。

在广州，第一个创意任务是珠江啤酒在中秋节推出的金牌珠江啤酒全版报纸广告。我写下在广州的第一个广告标题“谁说外国月亮比较圆，好啤酒不分国界”。20 年后再遇客户方总，他对这个广告到今天仍然念念不忘，我的心暖暖的。创意人要求真不多。

我记忆中的几个广州奥美案例，第一个就是后来持续服务多年的丽江花园（一个在市郊的住宅小区）。这个客户的广告作品让公司和团队赢得不少好评。包括在 1997 年拿了广州日报全场大奖。丽江花园当时在广州城市的边缘。我们要推动这个楼盘卖个好价，不容易。我们以重新定义居住和生活的意义来吸引目标对象，提出社区文化的概念。广告传播出去后，大家接受程度很高，客户赢得了品牌形象，也赢得了销售。

我们在广州奥美第一条大片机会在 1996 年，来自中国电信“139 全球通”。我们的任务是为客户拍一条 1 分钟的形象片。我们大胆起用了一个全本地班底的制作团队，导演是当年还是新人的沈严，主角是年轻未红的章子怡。为了推广这个影视广告，我们还用了纸媒作为宣传工具，当时也算首创。这个广告播出后市场和客户的反应都非常正面，后来，北京奥美拿到中国移动的案子，亦与我们在广州做的全球通广告有关。

/　1996 年广州日报广告奖金奖，珠江啤酒《广州日报》全版广告

还有一个比较有意思的客户是柏高地板，他们的主产品是复合地板(在当时是很新的品类)。为了让受众了解它的耐用特点，1996 年我们为柏高地板创作了三个平面广告。值得一提的是其中一个平面广告，我在几年前还看到它出现在一个户外广告牌上，掐指一算，足有 20 年，认真长情，我猜也应该算是一个纪录。

广州办公室的同事都走得很近，大家的热情，让孤身一人的我在广州充分感受到家的感觉。随着公司成长，我们集合了来自五湖四海的人马。创意团队也慢慢建立起来，看到同事们日渐成熟，独立工作的能力越来越强，我自己也有一丝丝成就感。在广州奥美快乐地工作了五年后，因为有机会转战上海奥美，我决定北上。

上海奥美公司体量大多了，大约 200 号人，工作和人事都显得复杂些。作为一个纯粹的创意人，当年管理能力欠缺的我，有点儿水土不服，在工作上感觉力不从心。我的大部分时间都放在肯德基上，这是一个多产的客户，平均每两个月一条 TVC。幸运的是我们有位超级好客户营销总监安吉拉（Angela），让我们产出一些好作品。我们的客户还有联合利华、西门子和大众汽车。上海奥美总经理毕璞君来自南非，是台湾奥美的旧同事。毕璞君是一个很支持创意工作的老板。两年后，他也离开了上海奥美。当时上海整体给我的感觉是冷漠，我没有被这个貌似繁华的城市打动，因此工作一年后决定离开。

2001 年回到广州和朋友创办“聚形”，一个二十来人的小公司。聚形经营了几年后聚集了不少人才。在深圳认识了黑弧广告（源自深圳房地产广告公司）的创办人刘萨莎（SaSa Lau），互相了解一段时间后，决定把聚形并入黑弧广告。两年后我们成功地把黑弧部分股权卖了给奥美，并更名为“黑弧奥美”。我又重新和奥美以另一种身份继续合作。那几年因工作需要，我移居到深圳。深圳的人才来自五湖四海，他们都是赤手空拳南下深圳，大部分先落脚城中村，一步步在这个年轻的城市找到自己的位置。在中国所有城市中，深圳给我的印象是自由、年轻并充满活力。住在深圳两年的我，深深地爱上了这个城市。

黑弧奥美的主业还是房地产广告。房地产客户的特点是散布在全国各个角落，这个工作需要的是“飞”，大部分时间在路上。黑弧奥美也开始成立分公司，在成都、重庆、杭州都建立了分公司。2005 年我搬到北京，半年内协助成立北京分公司。因为在黑弧奥美的工作关系，我认识了现在的老婆。在黑弧奥美不同的办公室的工作经验还是很可贵，我见识到了中国东西南北的风土人情和文化差异，真正体会到“一方水土养育一方人”。

那个阶段黑弧和奥美的合作大部分在培训和知识分享。在 T. B. 的支持下，培训动用了奥美中国各方面的人才。我们举办了一系列培训，公司的年轻人也展现了很积极的学习精神，让公司的战力提升到另一个层次。黑弧奥美后来在全国裂变成很多家流着奥美血液的广告公司。而今天这些公司，可以说已经主导了中国地产广告的半壁江山。

2008 年，在 T. B. 的安排下，我从黑弧奥美再转回到广州奥美当董事长，直到 2015 年，终于到了要离开奥美的时候了，我想自由一点儿，做几个朋友式的客户，过懒懒的生活。本来和奥美的关系应该进入完结篇了，但在 2017 年接到梁凤妹（Frangelica）的召唤，我改以顾问的身份，再度和广州奥美合作到今天。

奥美和我在不同年代，以不同形式，断断续续合作了接近 30 年。我从不怎么成熟到退休到再合作，和奥美也可以说是情投意合。说离不开公司，离不开的其实是人，而 T. B. 一直都在扮演一个穿针引线的角色。误打误撞进入广告行业的我，回头看自己几十年的广告生涯，就是这样跌跌撞撞地走过来，感觉就像一场游戏一场梦，当然是一场还在继续的美梦……

好奇没有害死猫

陈慧茹（Cathryn Chen）
（1992 年加入广州奥美，广州奥美第一任本地总经理）

很多人说，充满不确定、变化、魔幻的 2020 年终于成为过去。哈哈，我没有这个感觉，因为“不确定、变化、魔幻”正是广告人的人生。从第一天踏入这个行业，这就是我每年的注脚和关键词。只是在进入这个行业之前，我没有任何预感。

在完成 2020 年的工作总结与 2021 年的展望规划后，我终于有机会坐下来，去完成一个对我来说既神圣又艰巨的任务，在奥美进入大陆 30 周年之际，作为这家伟大的公司在广州分公司的第一名员工，写下那一段毕生难忘的经历。

受邀时，依着白羊座“风风火火，冲冲冲”的性格，我很爽快地答应了。然而，当真正坐下来重新推开那扇因年月的沉积而略显沉重的记忆之门时，竟有“人生若只如初见”的感慨。百般滋味，咀嚼回味，合眼一想，如果能够重来一次，我知道自己还是会推开奥美这扇门。

当时只道是寻常

一切都来得如此自然。有一天朋友跟我说，他香港朋友的公司准备进大陆拓展，需要找合适的人员，是做广告的，问我有没有兴趣。抱着好奇想了解一下，顺便认识几个朋友这种心理，我答应了。

那时我在广州花园酒店担任房务部行政秘书，这在当时可以说是非常好而且体面的工作，各方面也都挺得心应手的。某天下班后，约在酒店的大堂吧见面，当时除了我的朋友，还有一位穿着西服、戴着眼镜、温文有型的中年男士一起到来。双方互相介绍，方知那人是胡镜泉先生，朋友式的聊天就这样开始。他问了我一些关于工作的情况，然后告诉我有几个国际品牌要进入中国市场，如麦氏咖啡（现在改叫麦斯威尔咖啡）、果珍橙粉、百事可乐集团等，奥美会在大陆设立分支机构为这些品牌服务……问我是否感兴趣。说实在的，当时听到这些信息，我完全处于发蒙的状态，这些是什么，我要做什么，怎么做？！除了"新鲜"，我无从判断这到底是一个怎样的机会。当时的我并没有意识到那是在面试，也就没有任何被录用的期待，只觉得收到的信息挺新鲜有趣的。过了一阵子，胡先生再次来广州见面时就正式向我发出邀请，并且说了一句让我至今难忘的话："如果想赚很多钱，广告未必能达成，但广告人可以保持对新鲜事物的追求，有机会永远走在时代前端。"这话激发了我更大的好奇（多年以后，我发现胡先生真的没有骗我）。

正是这大大的好奇，让我离开熟悉而稳定的工作，奔向充满未知的全新领域。我在花园酒店最后的工作日，我的老板、小伙伴们为我准备了很有仪式感的告别派对，满满的不舍，有些甚至还哭了。记得我的外籍老板曾先生还鼓励我好好试一下："广告是好玩的，奥美是一家好公司。"

那年秋天，刚过完新中国第 43 个国庆。国门初开，广告还处在"熊猫衬衫，你着最啱（合适）"的初级阶段，在广州叫"卖告白"。顾名思义，就是简单直白地喊出品牌，最多加句直接通俗的口号。那时学校也没有这个专业，没几个人能说清楚广告是什么。一个对广告一窍不通的懵懂少女，带着一个小书包，意外推开这家世界著名广告公司的大门。

一锅开炖的鸡汤

1992 年 10 月 4 日，我正式成为奥美广州办事处的第一名员工。没有办公室，没有招牌，我办公的地方是从朋友公司租来的一个工位。广州奥美就这样从一个人一张桌子开始。在所有人都以为色彩斑斓的行业里，我进入奥美的第一年却是清一色的行政工作，主要跟香港奥美对接跟进客户在本地业务的日常事宜，与创意无关，与比稿无关，只有来回往返地送送单、对对发票，还有就是启动公司注册的工作，以及找办公室。

大半年后，我们迎来了青年才俊梁荣志先生，广州奥美第一任老板。他给我的感觉既熟悉又陌生，因为他是来自台湾的香港同胞，同声同气但又有着在英国学习的背景。新人新事，满满的新鲜感，随着梁先生的到来，陆续有几位兄弟姐妹加入：何英、梁晶、关建成、赵晓薇、黄嘉敏、梁鼎雄、罗雪娟、林伟文。我们这个小团队，就如一群集结起来准备吐丝的蚕蛹，对着一片空白的未来，神奇地觉得，我们将会织出一张炫目的大网。

在梁荣志的带领下，我们搬进了当时广州的地标性建筑，位处 CBD 环市东路的全新写字楼世贸中心。这次搬迁，至少达到了胡先生所说的：我们走在了时代的尖端。世贸中心是当时广州对外贸易的桥头堡，很多最初进入大陆市场的跨国企业都选择在这里办公。对新进这个市场的公司来说，这是很重要的实力背书。但对我们来说，这是一个充满乐趣的小天地，我们一帮懵懂开心的年轻人每天聚在一块，边学边做边做边学。梁荣志给我们上培训课，时而严肃时而开心，感觉每天都被新鲜的阳光刺激着，牵引着，大步飞奔，有点儿不太像大家认知中公司的严肃紧张模样。

那真是一段美妙的时光，就如我们的客户麦氏咖啡的广告词：滴滴香浓，意犹未尽。当时的广告人并没有当下所说的艰辛感，也不是不累，只是会被每天说不完笑不完的事所掩盖。我们管那段时光叫“看海的日子”，很自由很惬意，像海绵一样不断吸收新知识与经验。曾经的广告荒漠，正在迎来一个体量浩瀚似太平洋的纵情浇灌。

奥美，堪称“广告业的黄埔军校”。作为大陆广告业的第一批学员，我们是幸福的，也是幸运的。广告讲求的是先进性、前沿性，所以奥美拥有很多与国际同步的培训教程。我们当时的老板们，就像今天的顺丰菜鸟，辛辛苦苦从台湾、香港搬过来一箱箱的资料。我们的课堂是国际的，也是开放的。记得刚开始，每周六别人休息的时候，正是我们恶补广告知识和吸收梁荣志分享的专业知识的时间。

每当老板不在时，我们还会自动转换学习环境，例如跑到绿意盎然的植物园，谈笑风生，边野餐边交流学习。甚至从来没有现场看过足球比赛的我们，为了解本地消费者对亚洲汽水的感情，一起跑到越秀山体育场体验。就是这次体验，让我们赢了亚洲汽水比稿。广州奥美第一支原创作品“和你一起长大”电视广告片，正是通过对儿时味道的回味，将励志故事与产品结合，激发消费者共鸣，重塑了“亚洲汽水”的品牌形象。

那一年，我们还迎来了另一位有趣的新朋友。他手提合金箱，长发飘飘，自带摇滚范儿，有点儿痞，却又绝顶聪明，他就是我们有趣可爱的创意老大招嘉宁。无论何方神圣，我们这批广州奥美“地头蛇”也不忘摆足阵势，以“下马威”来迎接这位拽拽的创意大神。招嘉宁并没有得到期望中的热烈欢迎，相反，我们都扮作若无其事，又或者故意提出各种挑战性的问题，让这位大佬吃足了冷面。及后，当我们揭穿戏码，招嘉宁才知道广州奥美原来能玩得这么大，和他“臭味相投”。

接受了众多的培训，“热爱你的客户，使用客户的产品”的精神也深深地影响着我们。尝试客户产品已成为我们的习惯。喝客户家出的啤酒、用客户生产的洗发水……一天下午我们几位同事要一起去爬广州白云山，大家都如约而至，唯独美术指导关建成没到。左顾右盼，突然远处跑来一位兴冲冲戴着头盔的小伙，走近一看，我们几个蹲在地上笑翻了。原来他没戴什么头盔，而是试用我们客户伊卡璐新上市的家用染发剂，没有经验，把头发跟头皮全染了一圈，所以远视就有了戴头盔的画面感。我们还扎堆买客户公司开发的房子，既做同事又做邻居。

直到 20 多年后的今天，我们还有好些同事保持着友好的睦邻关系，非常有爱。所有的这些，就如一锅开炖的鸡汤，热辣火烫，充满营养。

敲响时代鼓点

如果说，世贸广场是我们咿呀学语的幼儿期，穗丰大厦就是我们初生之犊的成长期。随着团队迅猛壮大，我们也进入了神奇飞跃的成长阶段。这个成长节奏，是中国经济飞速发展的时代剪影。作为国际一流的广告公司，我们服务的品牌已经从国际客户扩展到日趋强大的本土客户。借着本土啤酒龙头品牌珠江啤酒的“谁说外国月亮比较圆”和丽江花园的“鱼缸”“花梨木扶手”等经典作品，我们呼唤出本土客户的自信与自豪，成功拓展了客户事业的版图。丽江花园的项目，在房地产市场低迷时期，如平地春雷，炸开了华南房地产商开发的新局面，改变了人们对广州市郊番禺区域的认知，把楼盘打造成著名的文化社区，成为许多艺术家、广告人聚居的首选。在跟客户合作的几年中，我们通过对本土消费者做深入洞察，提出精准的策略与大胆的创意，其中好些作品我们都参与制作、演出、配音、配唱。记得拍丽江花园项目的形象片时，我跟另外一位男同事打扮成时尚精英范儿的都市伴侣，凌晨 4 点起来等日出，在项目的河岸边上来回跑无数次，一副健康、幸福、快乐的样子，可谁知道男生当时穿的是一双同是右脚的跑鞋，一直装着若无其事地跑，还真够专业的。御苁蓉客户第一次来我们公司，只提着一个包找上门来说:“我没钱，只有一些产品，不错的。”我们都惊呆了，不敢回应。但经过来回几趟热烈互动，梁荣志、招嘉宁终于决定一试。就这样，完全零知名度的全新品牌，通过一系列超越传统的大胆策划，在很短时间打响，达至数亿元的销量。广州奥美凭着这一系列叫好又叫座的作品，气势如虹，一举横扫了 17 个含金量极高的广告大奖。客户也成了我们多

/　1997 年，中国移动电视广告片

年的好朋友。渐渐地，我们成为广东本土最强大的广告服务商之一，赢得了本土最强大的客户。

1996 年，在国家开始全方位发展移动通信的历史时刻，中国电信业务分家，这是电信历史上里程碑式的事件。而广东移动正是电信改革的试点，很多新想法、新做法在这里起步。广州奥美有幸参与其中，成为历史洪流中重要的划桨人。

“全球通”、“动感地带”和“神州行”，广州奥美持续服务了十年。记忆里，这十年是硝烟满布的激情岁月。记得每次大型活动，几十个分公司的稿件要同一时间校对，同一时间发出，每次出稿都得打样，用传统的方式邮寄，后续还要跟进监督各个地方媒介参差不齐的出品品质。

这期间发生了一个让人啼笑皆非的错误。那是 5 月 17 日世界电信日，我们的传播信息除了技术，也开始强调服务。当时的标题是“服务永无止境”，但拿到十万份成品，发现居然少了“止境”两字，变成了意思相反的“服务永无”。大家连夜补救，先快印 5000 份不干胶人工贴补，又急又累，完工大醉一场解压后，又跑到现场监控到天亮。第二天早上，活动像什么事都没发生过一样如期进行。

1997 年，我们和客户共创了“广东全球通”这个品牌，制作出“全球通”第一支品牌电视广告片，当时的主角是还在上学的章子怡。“广东全球通”作为全国电信品牌发展试点，在第一步获得了成功。

随后我们协助创建了“动感地带”这一专注于服务年青一代的移动品牌，“动感地带”这个品牌名字还是我给起的呢！记得我当时想了“动感社区”“动感地带”两个名字，比稿前一刻选了“动感地带”。为了纪念我想出的这个命名，我为自己申请了“动感地带”号码，客户知道后还特别给我挑了两个尾号“6666”“9999”的号码。时至今天，每当想起或听到朋友们提起“动感地带”，那种熟悉的亲切感与自豪感，还是能让我心潮澎湃。

再后来，广东移动品牌化试点成功，集团公司打算进行全国性推广。北京奥美最终赢得了这次比稿，在此期间我们也将广东经验和成果分享给了北京奥美的同事。在陶雷大哥的带领下，“全球通”和“动感地带”成为当时全国家喻户晓的品牌和 80 后年轻人的时代印记。

这时又想起了胡镜泉前辈所说的，广告人能走在时代的前端。我更真切地觉得，广告人是能敲响时代鼓点的人，正是我们不停歇地奋力敲击，才有了时代的一个又一个强音。虽然常常被调侃为“苦逼的广告人”，但个中的欢笑泪水，常能不经意地浸泡出幸福的源泉。从每次大大小小的成功与挫折里，总能淘出那种真诚的、实在的满足感，而这，可能也是无形中推动我在这个行业中奋斗那么久的原因吧。

每个生命都被善待

随着中国经济的迅猛发展，更大的蛋糕激发的是整个广告行业翻江倒海式的裂变：广告公司经营模式的重大改变、媒介业务的分拆、广告市场业务竞争的白热化……大大小小的比稿已渐渐成为生活的常态，不眠不休的日与夜，马不停蹄地转战不同战场。

在穗丰办公时，楼上有一个很大的天台，据说这是 T. B. 当年认同这个选址的主要原因之一，他希望我们在忙碌的工作之余有个活动的场地，闲时晒晒太阳，可以的话打打乒乓球什么的。但最终这些纯休闲活动好像都没有实现。反而因为我们常常通宵作业，那里就真成了我们的天堂，累了就在天台上跳跳舞唱唱歌，玩一玩笑一笑，又继续加班。大清早伴随的是旁边动物园早起的动物朋友们的欢唱，互相打个招呼后，我们又元气满满地走上一个又一个战场，取得一次又一次胜利。

在我成长的年代里，常听到一句话：做人难，做女人更难。如果让我加上一句，可能是做广告业的女人最难吧！在没日没夜的工作中，我们似乎在事业中挥霍了所有时间。所幸，在这十年里，除了协助客户产出一个又一个成功的品牌，我也抓紧时间创造了一个一生一世属于自己的作品——我的女儿 Lauren。我很感恩 Lauren 出现在我的生命里，更感谢奥美和老板们在我人生的重要阶段所给予我的支持与包容。

这个小朋友，让我深深感受到奥美不仅讲求专业的高度与深度，更是一个充满温暖与爱的大家庭。员工被视为公司最重要的资产，所以每个人都得到尊重，每个生命都被善待。而奥美把认同与褒奖毫不吝啬地给予了每一个为梦想奋斗的人，无分这些人的年龄、性别。

在经历了忙碌不停的十年后，我的工作表现也得到了肯定，2004 年获得晋升，成为广州奥美第一位当上总经理的本地人。直至今天，我仍然感谢多年以来栽培我、支持我的所有老板：胡镜泉、梁荣志、李慧薇、汪少杰，以及一直陪伴着我、支持着我的团队和小伙伴们。

赢得丰盛的人生

在 2004—2008 年全新的挑战中，作为总经理，除了业务发展，更要对团队的培育、文化的传承等方面进行全方位贯彻落实，同时也要拥抱来自市场、行业的变化，不断尝试各种资源整合的传播新思维，赋予品牌更多的可能性。我们从广州出发，奔忙于中国大地，从草原上的蒙牛特仑苏，到雄踞华南总部的安利纽崔莱……南征北战，越战越勇，锦绣满途。

在奥美奋斗的日子中，我既像一个参与其中的战士，在烟云满布的行业里为所有客户披荆斩棘；也像一个时代的旁观者，从广告业的发展看到中国经济发展的轨迹与缩影。短短十多年间，在广告行业的综合推动下，本土客户茁壮成长，成为新的经济成长动力和支柱。广州作为华南业务的开创地、核心地，更是这块业务的晴雨表。

作为奥美第一个本土成长起来的总经理，我肩负的既是公司殷切的寄望，也是本土广告人成长的使命：奥美有来自国际的荣耀，也应该绽放出属于本地的特有光华。

正如当初在懵懂中推开了广告业的大门，人生所有的步履说到底都是时代发展使然。作为时代里的细沙，我们每一次貌似莫名的翻滚，其实都因于潮流的风向。在接下来的几年里，国内外市场发生了剧变：环球金融海啸的冲击、5·12 地震的发生、雪灾、互联网以惊人的态势高速发展……无一不告诉我们变化是我们生活的常态，无论打过多少胜仗或经历过怎样的挫折，在全新的挑战面前，我们仍需心怀敬畏，以冷静和开放的心态拥抱变化，乐观地面对与尝试更多的可能性。

在成功经历了 2008 年刘翔奥运会退赛的公关战后，2009 年我也迈出了职业生涯中勇敢的一步，带着在奥美 17 年的宝贵历练与广告初心，退出了曾经让我纵马飞驰的奥美赛道，开始了我的创业之路。这次离开同样充满着未知与探索，跟上次不一样的是历经多年的一线奋战与沉淀，我多了一份可贵的笃定。

多年以后，今天回首，直至此刻，在奥美这条巨轮上乘风破浪的惊艳之旅仍旧让我心灵激荡。

我虽然在 2009 年转换了人生的赛道，但在后来这十几年的奔跑中，发现自己能量的源泉：例如坚信团队的力量、信任开放的思维、拥抱坚毅的信念、对新鲜事物时刻保持好奇心、关心他人尊重他人，都是奥美时代在心灵的土壤上播下的种子。奥美的那抹红，如一团一直燃烧着的火，给我以前行中的温暖与激情，也如一面飘扬不倒的旗帜，让我人生的方向始终清晰明丽。

我怀念 1992 年那个充满未知的茫然的眼神，人生可以怀疑却无须过分担心；我更感恩那个神奇地出现的引路人，一路走来给予我很多很多支持与帮助的我的老板们，以及团队的小伙伴。“好奇没有害死猫”（日常大家都亲切地叫我“Cat”），相反能打开人生更新更美丽的画卷。

我相信，有很多曾经年轻过的人，会如我一般感恩奥美在大陆这30年。奥美之所以能为所有伟大的品牌服务，是因为它本身就是一个盛满了爱与关怀的伟大品牌。它给我的，远不止一个职业，还有人生中的一个使命。回应我在入门前听过的那句话：广告未必让我赚到很多钱，但是，奥美，让我赢得了丰盛的人生。

改变我一生的决定

梁晶（Christina Leung）

（1993年加入广州奥美，第一任本土业务总监）

进入奥美是机缘巧合，懵懵懂懂之间，开启了人生的另一扇门，改变了我的一生。

1992年，我从华南理工大学化学系毕业。在校期间到广东的各种工厂实习后，我就决定再也不要从事与化学相关的工作。1993年的一天，《广州日报》上的一则招聘广告吸引了我：一家叫作“上海奥美广告有限公司广州分公司”的企业，在“寻找珍稀动物”（人才对于奥美，就像珍稀动物）！黑白的画面上用线条勾勒出一个拿着公文包的小人儿，从小人儿的头部、手部、腿脚部分别标注对“珍稀动物”的要求，这个广告非常有趣，让我眼前一亮，虽然已经获得了怡和洋行的面试通知，即使读理工科的我当时对奥美一无所知，还是决定投寄简历。很多年以后，我都为那时候这个冲动的决定而感到庆幸。

那个年代没有互联网可以查询，广告也是新兴的行业，我从来没有听说过奥美，更无从了解它是怎样的公司。从招聘广告上看，我还以为这是一家上海公司，后来进了奥美才知道，是因为奥美和上海广告公司合资，按规定两家公司的名字合并在一起作为合资公司的名称，所以才叫“上海奥美广告有限公司”。于是，我跑到书店，想看看是否有广告相关的书，赶紧啃一啃，临时抱抱佛脚。结果，我找到了大卫·奥格威的《一个广告人的自白》。而这本书，在之后的几年里，被我啃了很多遍。

广州奥美当时位于广州市最繁华的环市东路最高大上的办公楼——世贸中心北塔 1304 室（比怡和洋行在中国大酒店里拥挤的办公室漂亮多了）。

面试官是一个非常瘦、皮肤黝黑、戴着一副大眼镜、顶着一头浓密的头发、文质彬彬的男人，他就是广州奥美的总经理梁荣志（两年后，我嫁给了他）。

几周之后，我成了奥美两位客户代表中的一个，开启了每天工作 15 小时，每周工作 7 天的快乐生活。

我的“珍稀动物”小伙伴们

广州奥美分公司正式成立的时候，除了老板梁荣志，有 6 个特别能玩的员工——陈慧茹、何英、关建成、黄嘉敏、赵晓薇和我。大家年纪相仿，都是爱闹会玩能拼的大孩子。随着公司组建扩展，更多的“珍稀动物”陆续加入，包括梁鼎雄、招嘉宁、程玲、余宙东、赵芝仪、沈莉等。

陈慧茹，我们叫她“阿 Cat”，她英文名字 Cathryn 的简称。她和我都是客户代表，合称“广州奥美黑白公主”。她皮肤黝黑，是健康的小麦色。她是广州奥美真正的“元老”，因为在梁荣志来广州成立分公司之前，她独自一人一张办公桌，撑起了“奥美广州办事处”，我们总是开玩笑说要给她立一座铜像。她当时最大的客户是施格兰旗下的马爹利（后来被保乐力加收购），经常有各种大阵仗的提案，尤其是春秋糖酒会之前。有一次，她去成都看展会场地，用当时刚刚流行的小型摄影机拍摄展馆的环境。由于不熟悉摄影机的操作，我们在会议室看到的是令人头晕眼花的、快速摇晃和旋转的“展览馆外围”画面。这变成后来我们一直说的一个梗。她成熟稳重，不惊不乍，对任何事情都有一种坚持到底的精神。她后来当了广州奥美的总经理。

何英，我们叫她“何老鹰”。她是媒介主任，负责媒介计划和投放。她很瘦很高，就像大力水手的女朋友奥丽芙，一头短发，英姿飒爽，平时经常穿一条白色的长裙子，走起来飘飘洒洒的。她唱梅艳芳的歌，就像原唱一样，所以有时也会叫她“何艳英”。因为每天要和各个电视台、报纸联系排期、版面，小小的办公室里数她的电话最多。根据电话那头的人物，她能够迅速变换角色，瞬间入戏：一会儿是颐指气使的大姐大，一会儿是不亢不卑的职业女性，当她突然转换语调，用轻声细语、温柔甜美、骄纵甚至略带撒娇、小鸟依人的声音时，我们都知道，那又在调教男友了。几年后，媒介部门单独拆分出来，组成了传立，她也是广州传立的“元老”。

关建成，我们叫他 Chris，他有个绰号叫“大麻绳”（广东话“成”和“绳”同音），但是他不喜欢这个绰号。他是美术指导，负责广告创意。瘦瘦高高的他，温文尔雅，时不时腼腆一笑，或高傲地仰起头，眼睛在金丝边眼镜后狡黠地眨一眨，王一博都被比下去了。他的生活品位很好，对吃更加讲究，哪里有好吃的，他都知道。我们在办公室涮火锅的时候，他负责腌制各种肉类，例如用尊尼获加黑牌威士忌腌牛肉片。一开始，他是我们这个小团队里少数的男生，而他最常被拷问的问题是：“我们几个谁最美?”他的创意作品有一种大俗大雅的风格，能够为消费者心中赤裸裸的欲望披上体面的外衣。

黄嘉敏，Carmen，梁荣志叫她“高妹”，不是因为她长得高，相反，她身材娇小。她刚加入奥美时是秘书，也负责行政工作，后来转成客户代表。一开始的两年里，梁荣志时常要出差，留下我们这群“小猴子”，我们有时在办公室看电影，或者把音响调很大声。有个周六上午（那时没有双休日，周六要上半天班，通常是培训），我们决定趁老板不在，一起去植物园“培训”。那时没有手机，梁荣志的电话也只能打进公司，他一定很奇怪，公司怎么没有人接电话。她转客户执行的时候，在我的小组，我们一起负责珠江啤酒，尽管她滴酒不沾。每次去珠江啤酒开会，客户都招待我们喝啤酒，会议通常越开越顺利，越开越兴奋，会后一行人醉醺醺回公司，只有她是清醒的。她最早离开奥美，去了李奥贝纳。但是由于我们时常聚会，后来公司也在同一幢办公楼里，在我的记忆里，并不觉得她离开了奥美，而是和我们在一起。

赵晓薇，May，我们的财务主任，后来是财务副总裁，一个非典型财务。每每到了月末，她就会埋头做各种报表，和客户对账，计算器噼里啪啦响，不用看就能快速且正确地敲打，令人惊叹。对财务的认真并不妨碍她加入我们一起疯。她温柔可爱，只有在我们没有及时收款，没有及时开发票的时候，才做出一副严厉的样子。她特别喜欢万芳唱的《新不了情》，每次听的时候，都会要求“致敬”“重听”。

梁鼎雄，David，负责调研。我们叫他“阿鼎”，他是名副其实的“大声公”（广东话形容嗓门儿很大的人）。他在一楼讲话，十三楼都可以听见，每次需要大声吆喝的时候，阿鼎就会自告奋勇，只是这样的时候并不多。我当时的客户有肯德基。为了深入了解客户，我们有一周时间，每天下班后都到肯德基的门店里去“实习”。实习的内容包括在厨房里拌鸡、炸鸡、炸薯条、制作汉堡包。虽然在之后的 3 个月里，我都不想再吃炸鸡，但是我们对肯德基严谨和高效的管理运营模式有了深刻的体会。

招嘉宁，Charles，执行创意总监。在他的带领下，广州奥美赢得了很多创意奖项，包括丽江花园、广东移动全球通等。第一次见到他，是一个星期一上午，我们开例会的时候。他留着披肩长发，提着一个银色的金属箱子，头昂得高高的，身体挺得直直的，傲娇地立在会议室门口。在后来工作的相处中，我发现他是天使和恶魔的混合体。他对于创意简报特别执着，对于没有充分调研和认真思考的简报，会一眼看穿，然后毫不留情甚至凶巴巴地训斥，我就被他“修理”过好几次。心情好的时候，他像金庸小说里的“老顽童”周伯通，把内心里不愿意长大的小孩子放出来，乖巧卖萌、任性撒野。

程玲，Colleen，奥美公关总监，后来成为奥美公关的副总裁。当广州奥美从一个小团队逐渐成长为具有整合传播功能的组织时，我们有了奥美公关，而程玲就是部门主管。她的人脉资源特别多，除了媒体的编辑、记者，还有各种文化界的人士。我们曾经一起策划了健力宝的起航活动。2002 年，健力宝成为股份制企业，我们比稿赢得了健力宝的品牌广告策划年度代理，以及健力宝集团的公关代理权。健力宝为了让经销商和合作伙伴更有信心，计划召开一场经销商大会。在我们的策划下，400 位来自全国各地的经销商、媒体记者、供应商被邀请到大型游轮上，展开为期 3 天的旅程，预示着全新的航程。新闻发布、媒体专访、经销商订货、晚宴、招待，在这三天的航程中顺利完成，而我们也结下了“战斗友谊”。

余宙东，客户执行，后来创立了自己的广告公司，我们都叫他阿东。他是我带的第一个客户执行，没有带人经验的我，肯定让他吃了不少苦。他高高大大，带着百折不挠的精神，接受大大小小的挑战。我们负责的客户包括伊卡璐、美赞臣、江中制药、匡威和科龙。匡威的工厂在东莞，一个镇子 8 万人口，其中 5 万多人是这个制鞋工厂的员工。工厂为包括耐克、阿迪达斯等国际运动鞋品牌代工，出口到全球各地。走进偌大的车间，里面是一排排的机器和人，几乎望不到尽头，巨大的横幅悬吊在车间上方，写着“ Just do it”。阿东本来就大的眼睛，这个时候因为惊愕，瞪得更大了。

赵芝仪和沈莉，Joey & Sunny，她俩是我在奥美带的最后两个客户执行，是两个活宝，“生命在于折腾”这句话，对她俩而言再适合不过了。现在她们各自创业，叱咤风云。更妙的是，她们各有三个可爱的孩子。赵芝仪有一种与生俱来的外交本领，无论是客户的 CEO，还是扫地的清洁阿姨，她都能像朋友一样和对方聊个 20 分钟。遇到难缠的人，只要她出马，最后都能欢欢喜喜。沈莉满脑子天马行空的创意点子，脑洞不能再大了。她能用正常速度三分之一的时间，完成图文并茂的提案，然后热血沸腾地说出来。我们一起做的品牌有雅芳和健力宝。2001 年，雅芳计划推出一个目标为年轻女生的化妆品 Up2U，奥美为这个新的品牌制订整合传播方案。我们请了孙燕姿做这个品牌的代言人，配合传播方案。代言涉及的范畴也是整体的，除了形象代言、公关活动的出席，孙燕姿还为品牌创作了一首同名主题曲，“换一个规则，变一个色彩，一眨眼另一个世界，要多美你来做主 Up2U”，这个曲子收录在她的唱片里，去卡拉 OK 可以点播。

在近十年的奥美时光里，还有很多独具个性、为了更好的品牌策划和创意拼尽全力的“珍稀动物”，无法在此一一列举，能够和他们一起工作，是幸运而快乐的。

在奥美“学院”练功

奥美培训特别多，也有“广告人的黄埔军校”的美誉。从零开始，到最后被选到亚太区参加未来的管理人员的训练营，帮我在品牌营销、整合传播、团队协作、运营管理等方面建立了一个扎实的、有效率的、逻辑框架清晰的思维模式，给了我一把解决问题的“钥匙”。

广州奥美一开始的员工，都是二十三四岁、几乎没有工作经验、活蹦乱跳的小白。梁荣志既是我们的直属上司，也是我们的老师。每周六的上午半天，都用来培训。他最喜欢讲的就是："我做你看、你做我看、你做我检视"的"教学"三部曲。

我（们）从如何写中英文会议记录开始。奥美的会议记录有特定的要求，要求严谨地记录重要的讨论、结论和下一步，并不是流水账的形式。我的主管梁荣志经常抓起我的报告，对那些结构复杂的从句、装饰性的形容词和毫无必要的副词大刀阔斧地删减，将模棱两可的句子重新写，让一份报告不仅语意清晰、行文流畅，还要有奥美的语言气质，因此会议记录往往需要被修改好几遍。

每周的培训，围绕着基础的品牌、营销、传播知识和各种应用技巧——如何开会、如何提案等等。培训的气氛轻松，大概是因为不用工作，还有零食和汽水，年纪相仿的我们又可以借机闹成一团。我记得我们学习"如何提案"时，对眼神、手势、语速都有要求，还用录像机录下，然后回放，大家一起讨论如何修正。每个人都要练习眼神交流——提案人如何注意会议桌上的每个听众，如何分配眼神驻留时间。每次我们在用同事练习的时候，都故意做出夸张的眼神交流，挤眉弄眼，惹得大家哈哈大笑。

每年，奥美都举办各种跨地区的训练营，来自奥美大中华区各个办公室的同事，集中在一个酒店里，度过紧张、疲惫、愉悦、收获满满的 3 天。每年，我都会参加 2~3 场这样的训练营，有知识性的，例如"品牌管家""整合营销"，也有管理类的。

其中，最让我难忘的是亚太区的一个创意训练营。这是一个为非创意人员设计的，让大家用创意的方法解决问题的训练营。参加训练营的，都是来自奥美亚太区各地办公室的"冉冉上升之星"，也就是奥美要特别重点培养的中层干部。

训练营为期 3 天，在印尼巴厘岛上的一个度假村里。不得不说，在奥美的 10 年里，我的酒店品位获得了极大的提升。

训练营每一天的课程都让我惊讶，而它给我的影响是深远的——面对不可能的任务，面对荒唐的挑战，先别说“不”，换个思路、换个角度、打开脑洞，总会找到解决方案。

第一节课上，培训师问我们，一根塑料吸管是否可以刺穿生土豆？我们都说 NO！然后，我们被分到一颗生土豆、一根吸管。很快我们发现，是的！可以的！不信，你可以试一试。

第二节课，培训师教我们抛球杂耍，就是马戏团小丑经常表演的那种，一个人把 3 个或者 5 个球边抛边接，球在面前上下循环往复，不掉到地上。一开始我们连两只手如何对付 3 个球都做不到，更不要说让它们在空中上下循环了。培训师什么都没说，只是让我们自己练习、自己体会，并于第二天课堂上比赛，看谁的杂耍抛球时间最长。我当时心想，啊，这太难了！即便如此，我和同组的小伙伴们还是一起练习了很多次，分享抛球的体会和技巧，当天晚上，我在酒店房间拿 3 个苹果和橙子练习到深夜，直到发现了抛球的诀窍，直到 3 个球能在我面前上下循环好几次。你猜，诀窍是什么？

第二天，培训师又给出新花样，这堂课是画画！呃，为什么要学这个？我又不是美指……而我一直以为画画是要靠天赋的，然而，我爸妈并没有遗传什么美术细胞给我。但是这堂课之后，我的看法变了。课堂上，培训师教我们如何细致入微地观察，如何花 40 分钟画一团揉皱了的草稿纸，再花 40 分钟画自己的一根手指。下午，我们的任务就是回到酒店，在度假小别墅的泳池边，画 2 个小时的树叶。这个任务听起来真是棒极了！原来，只要有足够的耐心，观察足够细致，当然，有足够的时间，每个人都能画，而且可以画得很不错。啊哈！

感谢 T. B. 邀请我写回忆文章，让各种美好回忆涌上心头，让我更加珍惜曾经一起工作过、笑过、闹过、争辩过、虽然离开却如初见的人们。

跨区域支持

——建立北上广共同资源，强化互相支援

草创时期每个人都缺资源，也不可能完全建立自己的资源，知识共享、作业互相支援是非常重要的。除了北上广，台湾及香港的支援尤为重要。

当时，可能得益于我是大中华区的董事长，所以每个人都要听我的。

培训在草创时期当然是最重要的共同资源，亦是我们当年成功的关键因素，当时由林友琴任上海奥美客户群总监（GAD），兼任全国培训总监。她亦是董洽的妻子，在上海生了一男一女。培训亦取得台湾奥美庄淑芬、叶明桂的大力支持，框架几乎全盘由台湾搬过来。

媒介的功能由陈俊良负责，当时还没群邑，媒介的功能本来就需要整合北上广，尤其是购买。

大陆合资方的支持在草创时亦非常重要，牵扯到许多法令的限制、员工福利，还有对国企的了解，合资方的副总屠玉华发挥了重要的作用。

财务的整合当然是必要的，虽然各个办公室有各自的财务目标，但我们看事情还是当作一个整体来看待，北上广三个办公室还是一个整体。当然，这就需要一个财务负责人来整合。李嘉钦（Danny Lee）在草创时期由香港赶来，负责建立整个财务系统。

满室月光

林友琴（Jean Lin）
（1987 年加入台湾奥美，1993 年任奥美大中华区培训总监）

满室月光

有一首很美的唐诗，说诗人在家夜读，发现窗外月亮又大又圆，于是把蜡烛吹灭。烛灭了之后，饱满美丽的月光，立刻充满了整个屋子。其实月光一直都在，但是她的美丽，要等诗人吹灭了蜡烛才能看见。

对我而言，回顾奥美的旅程，也有同样的感受。奥美进入大陆的时间，正好是广告在大陆开始蓬勃发展的时刻。我们有幸被当时的老板宋秩铭（T. B.）先生信任，作为第一批进入大陆的先遣部队，参与了这个刺激又辛苦的开创过程。当时日日埋头苦干，犹如海绵吸水，无暇欣赏大环境的意义和浪潮。1999 年我离开了当时的工作环境，经历了自己创业和把创业公司带入另一个国际集团的过程，回头来看当年的奥美旅程，就犹如吹灭了蜡烛的诗人，在时空变换的距离下，看见了不同的满室月光。

一个重视人的团队

当年的我，刚从美国西北大学得到广告硕士学位，“回锅”台湾奥美，带领一个服务国际客户的整合传播团队，也协助公司做员工培训。到上海的原因一是为爱走天涯，支持自己的另一半董洽到上海任总经理；二是 T. B. 一直强调到大陆发展的理想及大陆人才的无限可能性。他的理想是创造一个重视人才、最本土的国际公司。我觉得这个理想好棒。

到上海时，我在公司的角色有二：一是在线上直接带领部队打仗的业务总监，主要负责国际客户；二是负责大中华区人员培育的培训总监。奥美是个特别的地方，因为在其他任何公司，第一个业务角色的声音都会远远大于第二个培训角色。但是在当时的奥美，第二个角色受到的尊重、可以运用的资源，让当时年少充满好奇心及好为人师的我，在奥美中国任职的那几年，创造了许多不可思议的影响力，学习社群，参与了发明新做法和方法论的实验过程，也在不同的城市交了许多一辈子的好朋友。

当年在奥美的培训，是全公司天大的事情，不可以缺席，不可以偷懒。这一方面，我继承台湾奥美培训师祖庄淑芬女士立下的规矩，把训练当成建立奥美竞争优势及人员共识的神圣工具；另一方面，培训反映了奥美诚恳地执行自己的信念——人、知识、创造力。T. B. 常说："什么预算都可省，训练预算绝不省。"训练分为密集训练和日常训练两种。每年伊始，密集训练的日期是和公司法定假日的日程安排一起公布的。密集训练通常是 2~3 天，分为新人、中层经理人和资深人员三个梯次，企划人员、创意人员各有密集训练营。放在日程安排上就是告诉大家，请妥善安排个人时间，这些训练（通常会占用大家的周末起码一天）是公司的重大活动，不可缺席。

这种诚恳感动了当时的员工，他们风雨无阻地来参加培训。当时的资深人员，只要有排课，一定无私奉献来当讲师。大家把这件事当成一种荣誉，而不是一个负担。当时所有的总经理，只要有密集训练，必定亲临现场，全程参与。他们把培训当成观察及挑选明日之星的重要渠道，以及自己温故知新和重新充电的基本要求。这创造了一种全公司求知和学习的氛围。各地的好汉、好姑娘摩拳擦掌，希望自己的才华和团队精神在培训时被领导慧眼发现。

我则把培训当成对自己进步的挑战。奥美在国外有什么新教材可以

/　1992 年奥美在中国的第一次培训。此后，每年在不同的城市，无数次重现

翻译？不能只翻译，自己要试做过。全球有什么新作品可以参考？不能只参考，还要有新的观点，最好能接地气和国内接轨。这批人上次上过的课，我要找什么样的新东西来刺激他们？不能旧瓶装新酒，一定要想一两个新的把戏。当时没有互联网，找资料相当不方便。所以要好好联系国外的人脉，天天读书，未雨绸缪。当时奥美亚太区的培训总监伊恩·斯特罗恩（Ian Strachan）是最好的“人脑智能百度”。因为他全职培训，一直在研究新教材。我则白天服务肯德基和施贵宝，一有空档就开始构思密集培训怎么办，内容怎么生出来。因为已经放在日程安排上，不能改期，既要找到海外讲师，又要找适合的场地让同事满意，为公司省钱。我时常觉得在奥美中国那几年，训练了我个人的耐性、韧性，并激发我的创业潜能。因为资源稀缺，要把事情做好，既要靠自己的信心和毅力，还要能找到各种方法，把钱省出来、找出来乃至创造出来，让大家感受到公司的信念和精神的富足。这个磨炼让我后来有勇气可以开创自己的数字营销公司——知世网络。

密集魔鬼训练营

奥美的大陆区培训在当时被誉为魔鬼训练营。基本标准是三天半，拉到北上广某个近郊风光优美的旅馆（考虑成本，不用五星级饭店，但是要有五星级饭店的感受）。学员两人一个房间，密集上课，并且找一个真实客户案例来模拟比稿，在最后一天的早上做比稿提报。比稿的分组是很大的学问。当时我们希望能建立跨办公室的人才交流、促进合作，因此大部分魔鬼训练营是跨办公室的同层级人员结集。原则上比稿小组是把平常不常接触的同事分在一起，同时让北上广的人数尽量平均。

比稿的简报通常是前一两天才会发出，大家的肾上腺素飙高，一边上课，一边思考如何把上课学的应用在比稿上；一边熟悉同队队员各自

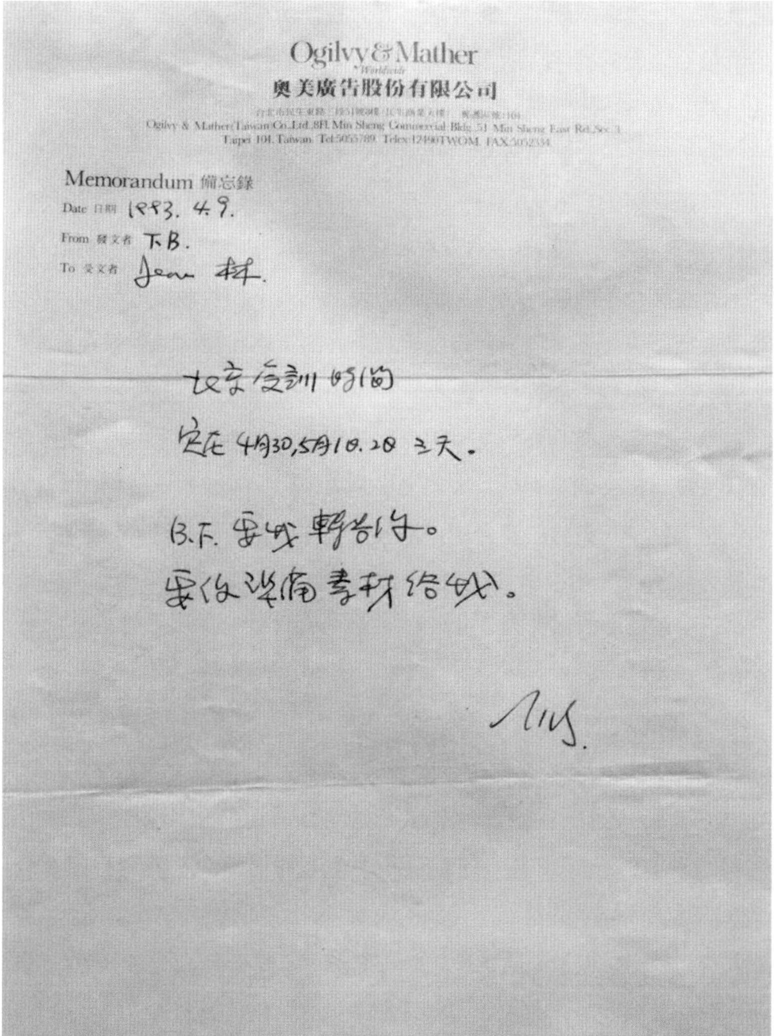

Ogilvy & Mather

Worldwide

奥美廣告股份有限公司

Ogilvy & Mather (Taiwan) Co., Ltd. 8Fl. Min Sheng Commercial Bldg. 51 Min Sheng East Rd., Sec. 3,

Taipei 104, Taiwan. Tel:5055789 Telex:12490TWOM FAX:5052334

Memorandum 備忘錄

Date 日期 1993. 4. 9.

From 發文者 T.B.

To 受文者 Jean 林.

北京受訓時間

定在4月30,5月1日.2日 三天。

B.F. 要我轉告你。

要你準備素材給我。

/ 1993年，T. B. 的便签，要求安排北京奥美的培训

的强项，一边组织下课后的讨论。因为各办公室的最高主管一般都会到场听最后一天的提案，所以大家都使出浑身解数，希望把最好的一面表现出来。

晚饭后各组会聚集起来，开始讨论案子，每天晚上十点半，主管们就到分组聚集的房间去巡房，并且送夜宵（统一方便面，我们当时的客户），并且看看大家的案子有没有什么我们帮得上忙的。第一天和第二天晚上都是笑声不断，比稿提案前一天晚上，大家披头散发地赶工，妆也花了，胡子也长了，但是坚持要出一个好的策略和想法，就像在真实的比稿前夜一样，完全不因为这是一个模拟比稿而有丝毫松懈。

除了很多人交到好朋友，因为很多跨办公室同事原本并不认识，或者从来没有机会朝夕相处，大家又多是男未婚女未嫁，年龄相仿，密集训练也造就了一些情投意合的佳话。通常在培训的第二天下午，在大家有意无意的微笑和眼神交换中，如果你嗅到空气中有一种甜蜜的味道，就可以猜出这次培训之后，可能有一两个非诚勿扰的爱情火花继续绽放。

一个百花齐放的 EMBA 大学堂

很多人才都是在培训时就大放异彩：书生样的陶雷，机灵的王文颖，木讷但充满想象力的宝琪，逻辑大师杨舸，业务大将郁海敏；黎音的慧黠，陈平的精准，梁晶的决断力。因为国际广告公司在大陆刚刚起步，吸引到很多不同背景、不同专业的优秀人才，这些人碰到一起，会让公司更精彩、更有竞争力。同期学员有革命情感，会变成永远的好朋友（或者受够彼此，永远不再往来）。当年的奥美中国是“多样性是创新的孵化器”（Diversity Breeds Innovation）的最好证明。讨论时吵得不可开交，但是不同观点永远产出更好的结果。我和北京奥美的总经理陈碧富当年尝试我们在国外看过的，和消费者一起动脑的新方法。在培训时调研部门大起辩论，认为中国消费者不能接受这种方式。后来修改了方法，也帮施贵宝的客户找到好几个后来成功建立品牌的创意洞察。大家什么都愿意试，什么都可以谈，什么都不排斥。在商业环境里，我们有一种特殊的学术风格。

奥格威当年说，他希望奥美像一所“教学医院”，有医界世代传承的方法和文化。我觉得当年的奥美更像一个百花齐放的 EMBA（高级管理人员工商管理硕士）大学堂。大家日常实战的经验和困难都愿意拿到课堂上讨论，不厌其烦一再地模拟演练，并且希望由此帮自己和公司练出在中国建立品牌的“九阴真经”，因为国外的东西搬到中国，总是要创造质变和量变的。

当年有很多同事，年龄比我大，或和我年龄相仿，但是他们完全没有因为我的年龄或企业资历而批判我，挑战我，或怀疑我。奥美，就是有着这种开放心态的地方。到现在，遇到当年的校友（大家都各据一方，成就斐然），他们会告诉别人，我是他们当年培训的老师，想起来真是汗颜。自己初生牛犊不怕虎，不知道天高地厚，实在是很幸运。这也使我后来从不怕起用年轻的干部担当重任，我总会想到 T. B. 大胆起用我们这批年轻人，只要遵循公司的文化和价值观，年龄其实不是一个考虑的必选项。

完整的圆满

很多人时常问我，如何维持工作和生活的平衡？我个人是不相信“平衡”这个概念的。因为一旦你想要平衡，就已经开始把工作和生活分作两部分，放在天平的两边。如果你真正喜欢自己做的事情，会相信生活和工作加起来是一个完整的圆。有的时候生活多一点，有的时候工作多一点，有的时候生活和工作混合在一起的滋味也很好。前提是你真正喜欢自己做的事情，也喜欢跟自己一起工作的人。前者你可以选择，后者要靠一点儿运气。

在奥美的时候，我交到了很多一辈子的好朋友，其中一位后来变成了我儿子、女儿的干妈。李慧薇（Mabel Li）原来在香港的奥美中国小组当客户服务总监，我回台湾生小孩的时候，麻烦她来上海代班几个月。我们从台北带着孩子回来，又麻烦她再多代班几个月。一代再代，最后她就在上海常住下来，再也没回香港去上班。那时候我们住在同一个小区，每天一起去上班，下班后就到我们家来吃饭，然后等孩子上床，我们继续加班，讨论客户或公司的事情。我们家的门星期六早上是不锁的，李慧薇起床后就直接来报到。我们基本上无话不谈，也不把对方当客人，和自己家人一样。有的时候星期六要加班，阿姨休假了，我们就把儿子带到公司去，一边加班，一边带孩子。李慧薇非常直爽，个性就像武侠小说里的侠女，不啰唆，事情一来，三下五除二，马上解决。

有一次，我必须去香港出差。从公司回家去拿行李，刚满一岁的儿子哭了。儿子一哭我也哭，实在不忍把他放在家里，所以牙一咬，收拾了他的行李护照，到机场自费买了一张机票，就把他带去了香港。在飞机上我打定主意要用旅馆的保姆服务，这样明后天开会的时候，就有人可以照顾他。到了旅馆一切安排好，我把保姆找来看了一眼，她慈眉善目，看起来人很好，很专业，旅馆也提供合约的保证，我就放下了心来。我和李慧薇通电话讲到这件事，她突然沉默不语。

“Mabel，怎么啦?”

“我觉得这样很不放心。你不怕她明天把你的小孩带走？这么可爱的小孩。”

“……我刚刚见过那个保姆了，也和旅馆确定过合约保证。他们说这个保姆口碑很好。我已经付钱给旅馆了。”

“我觉得还是不行。不怕一万，只怕万一。你等我一下，我想想怎么办。”李慧薇说。

结果第二天一早，保姆来了，李慧薇的父母也来了。

“Mabel 叫我们来帮你看着这个保姆，看看她好不好、可不可靠。如果不好，你后天就不能用她。”李慧薇的妈妈会讲一点儿普通话，和李慧薇的个性一模一样，李慧薇的爸爸只是腼腆地笑着。两位老人家非常坚决，李慧薇分配给他们的工作，就是当天要来看着我找的临时保姆如何照顾小孩。

因为赶时间，我只好打电话去旅馆总台交代一声房中有长辈，就去上班了。中午时间打电话回旅馆，总台告诉我老人家和保姆带着孩子出去散步吃饭了。下班赶回旅馆，保姆不见了，只剩下李爸爸和李妈妈。

“这个保姆人很好，但是你何必花这个钱呢？我们两个可以帮你明天再看一天，你们后天就回去了。孩子很乖，Mabel 也很满意这个安排。就这么说定了。”

这时孩子自动起立抱着李妈妈喊奶奶。在两老的欢喜泪水中，皆大欢喜。从此之后，我再也没有在冲动之下没有任何计划就带孩子去出差，而李慧薇也从孩子的梅宝姨变成梅宝干妈。

感恩自己当时选择了一个工作的好地方，又中大奖似的遇见天下难得碰见的贵人和好友，让生活和工作有机会变成完整的圆。

美丽的月光

1999 年离开奥美去创业的时候，我留下了两个铁柜的教材。自己数了一数，从 1992 年到 1999 年我创作、编写和翻译了近 80 种不同性质和领域的主要教材。当时认为这个数字是自己对得起公司栽培和信任的表现，现在知道了这就是这家公司在中国成功并杰出的重要理由。有几家公司可以这样重视人才的培育和知识的传承？在业绩的压力下，有几家公司可以投资在我这样的角色上，不停地研发新教材，还拉上公司所有最昂贵的人一起持续地演练，共同创造不会立即影响业绩的成品？很多公司都说自己重视人才，但是听其言，观其行，我认为很少有公司能做到当年奥美的投入和坚持。我不知道今天的奥美，对这个面向是否有了新的诠释和角度，但是我知道，我个人参与的那段旅程，这是无可争议的事实。

奥美多年来为中国广告业培养了许多人才，这些奥美校友对行业的个人影响力一直持续到今天。我们虽然离开了这家公司，但对老东家的尊敬不减，这是一个很重要的原因。广告业是一个“人”的行业，人才的进化和培育是整个行业的生命力。资本和科技的介入，永远不能改变这个本质。团队的文化和彼此扶持，加上人的品质和学习能力，是这个行业的命脉，也是永远照亮品牌创造力的白月光。

你的作为，定义了你是谁。

What you do defines who you are.

从心出发，拥抱人才*

裘淑慧（Joanne Chyou）

（1985 年加入台湾奥美，奥美中国前人力资源总监）

有一次，在香港召开了奥美集团亚太区人才资源管理及培训领导人峰会。在这次久违的会议上，奥美中国被誉为“亚太区最佳人才管理实

---

* 刊登于奥美《观点》内刊，2016 年第 39 期。

践”。我亦有幸代表中国人才资源中心（TRC，Talent-Resource Center）团队，与来自不同国家的人才资源及培训领导人分享了奥美中国在人才吸引、保有和发展等不同方面的策略与实践。能得到这样的褒奖，实感欣喜；而会场上听众的专注与会后大家热情的追问探讨更让我感慨良多。回想多年前曾代表台北办公室与亚太区各位人力资源和培训领导人分享新人入职导引的经验，转战北京后一步步将人才资源中心在大陆扎根，又成为管理者和员工们重要的业务伙伴与亲密朋友，这些难得难忘的经历，对我和身边的伙伴来说都是深刻的学习与成长。

TRC 初创构建基础

2003 年春，我从台北办公室调转至北京，担任集团人才资源总监。那时的北京奥美正蓄势待发，而我既不懂大陆法规，在北京也没什么人脉。我尽管已在台湾奥美服务了 20 年，如何在一个陌生的市场打开局面？就这样，我抱着备战般的心态北上履职。

首先，为了传达奥美将人才视为财富的核心理念，人力资源部门正式更名为人才资源中心（TRC）。这成了奥美中国在人才管理方面与众不同的起点。TRC 刚一成立，经历的第一大事件就是非典疫情的应急处置。为了应对突发的状况、稳定人心，TRC 与管理层讨论，迅速建立员工在家办公机制，随时联络，同时与行政部配合，建立员工应急通信网络，开通有问必答，当天回答并解决员工提出的相关问题。经过这样的安排，员工情绪迅速得到平复，同时工作得以有条不紊地进行，直至疫情结束。这一次的应急处置为后来实施一系列人性化政策，如应急通信网络常态化、雾霾天在家办公，甚至正在进行中的移动办公模式转变，提供了宝贵的经验；也让公司更加坚信奥美尊重员工、以人为本的灵活管理能够创造出更佳的生产力和凝聚力。多年来，市场在变，业务模式在变，员工在变，始终不变的是奥美有情的传统。

两年多时间里，TRC 结合业务需求，迅速完成了人才招聘管理体系、绩效考核体系、员工满意度调查、在线员工手册、入职导引等多项人才资源管理基础工作，规范了操作，提升了管理效率；在员工激励与发展方面，开启大红人、明日之星、学长制等项目；建立了福利休假、有问必答、福委会、奥美金币等员工关怀和保有项目。

这么多不同管理纬度的项目相继启动并非一时兴起，而是 TRC 通过不断与管理层、各级员工沟通交流以及对人才管理相关工作检视，总结出的当时公司面临的几大类内部管理挑战。而这些项目正是分别针对不同的挑战，结合管理层及员工的诉求，规划并实施。这也成了 TRC 一贯的工作风格，从实际需求出发开展工作，以协助公司和员工解决问题为唯一目的。也是从那时起，TRC 开始了对人才资源日常管理流程与操作品质的不断规范与提升。

TRC 能在短时间里完成这么多项目的规划和实施，跟管理层的大力支持是分不开的。特别是庄淑芬对我们各种尝试的积极反馈和亲身参与，让大家看到公司对人才的重视并非空谈，而是自上而下的实际行动。那些行动的顺利开展也让主管和员工们看到了 TRC 的专业与主动。我们得到的支持与配合越来越多。这些年伴随公司的发展，内部管理侧重的方向也在不断调整，其间新的问题与挑战不断出现。正是这种支持与信任让 TRC 敢于突破既成定式，不断探索新思路和新方法。

业务伙伴发展优化

经过初创时期的基础建设，TRC 越来越多地参与到公司内部管理的讨论与推进。在这个过程中，我们与业务的结合也更为紧密。因此，真正成为业务的伙伴为 TRC 在优化阶段的工作重心。这一时期，从人才策略的宏观层面开始，TRC 始终与管理层密切沟通，确保在方向上兼顾公司发展策略与员工权益及个人发展的需求。在此之下，我们以人才在奥美的生涯周期为脉络，明确奥美中国的人才资源管理体系。

日常管理层面，我们与业务部门一起完成了公司各模块职位描述，积极搜集行业信息，参与行业各类调研，完成绩效考评及员工请休假流程的电子化，拓展招聘渠道，并建立离职人员人才库，明确内部推荐流程，开启面向应届毕业生的“新兵”计划和面向在校学生的“红领带”项目等。在聚焦业务的同时，我们在员工关怀项目中又加入了欢乐时刻和下午茶两项轻松愉快的项目。

从 2008 年起，我开始担任奥美中国人才资源总监。此后，北上广三地的 TRC 在各方面加强了沟通与协同整合，力求中国区有统合的人才策略和日常操作。诸多原本在各地成功实施的项目与流程被推广到中国，大大提升了中国人才资源管理的效率和效果。

结构调整与时俱进

TRC 在建立之初，是将部门内员工按不同业务单位分成组。同一业务单位中的同事全部同时要兼顾招聘、薪资、人事日常管理等各种事务。那时候因为公司规模不大，我们强调每一个 TRC 同事具备处理多种事务的能力，希望员工一个人就可以处理所有的事情。以这样的操作模式起步，TRC 和各级员工都建立了非常亲密的关系。大家也认为 TRC 的服务非常人性化。随着公司业务的不断发展和规模的不断扩大，我们意识到这样的结构在效率上折损太多，我们看中的人性化操作也随着事务日益繁杂而面临着挑战。2011 年，我们开始认真反思并探讨了各种可能性，最终决定规划新的 TRC 架构。2012 年开年，TRC 以新的架构开展工作，以独立的招聘团队和薪酬团队来集中处理集团内所有相关事务；在各业

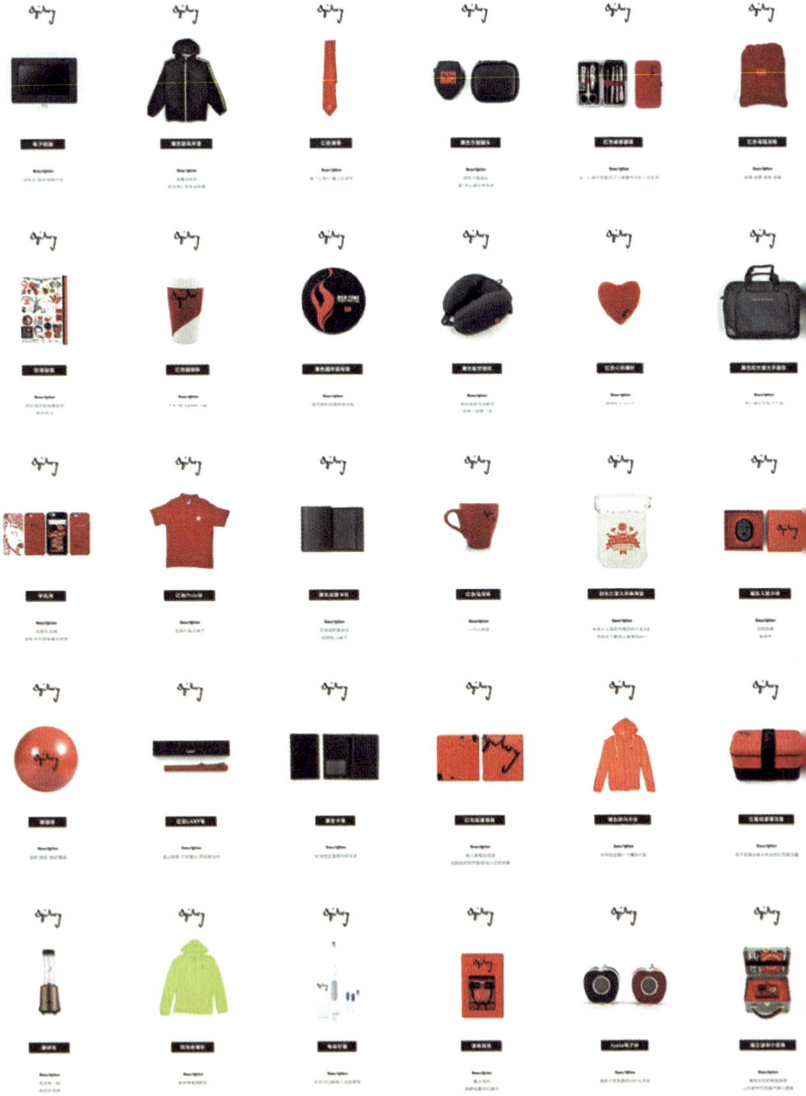

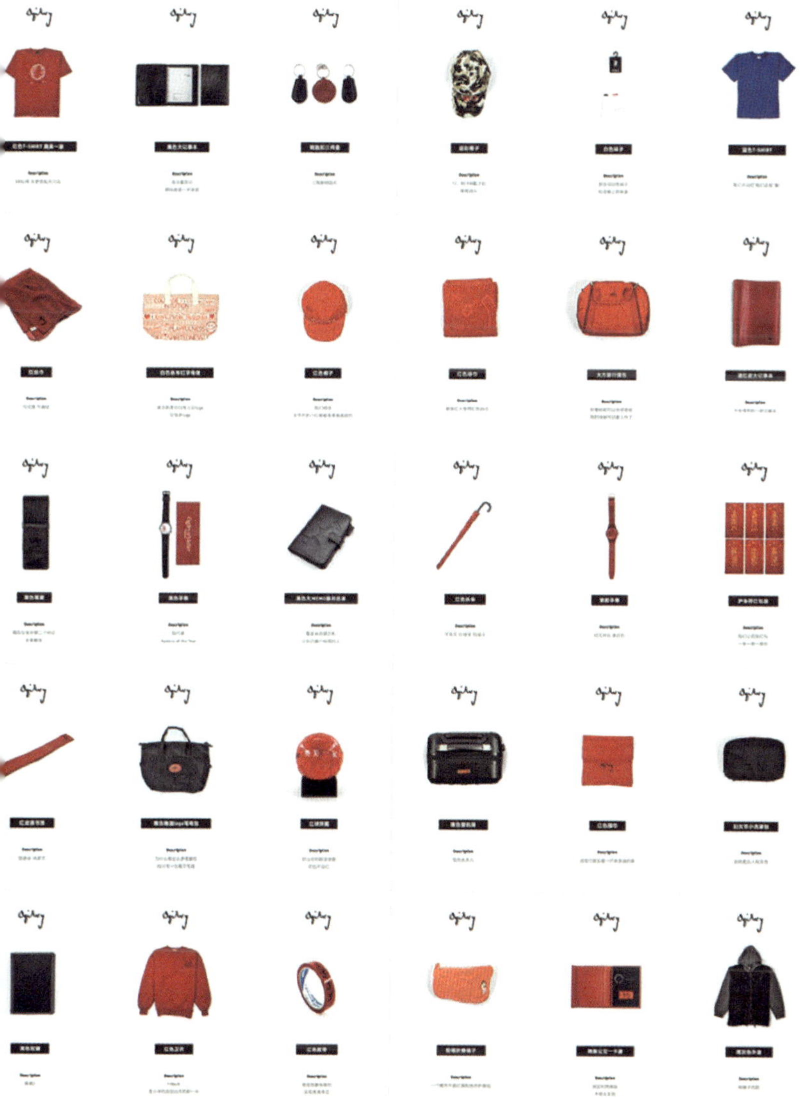

/　奥美部分周边照片

务单位下设立了业务伙伴（HRBP）和运营（operation）的岗位，来对接人才资源策略管理与日常人事处理两大类工作。管理层再一次对 TRC 的改变全力支持，并包容了短期因各组磨合造成的些许失序。事实证明，这样的改变非常及时，且为这些年奥美中国的发展提供了积极的支持。

伴随 TRC 结构性的变化，我们也开始了应对市场不断变化的管理服务升级。自 2012 年开始，TRC 着重在人才吸引和人才保有两方面深度耕耘。

人才吸引，既是 TRC 两大要务之一，又是人才与奥美产生联系的第一步。不论从哪个角度来讲，这都不是一件轻而易举的事情。即使盛名如奥美，在中国仍然时刻面临快速变化的市场及高端人才不足带来的挑战。为了应对这些挑战，TRC 主动掌握行业人才情报，自主挖掘猎寻目标候选人，精选网络渠道，精准定位候选人，并利用社会营销平台扩大与潜在候选人的直接互动。仅仅 2020 年，我们就开通了领英企业用户，并建立“奥美微招聘”微信账号。同时，我们看到内部推荐的优势，不仅更新规范内部推荐政策，让推荐成功的员工及时得到奖励（奖金和休假），同时也运用微招聘平台，发起转发抢红包等活动，调动员工积极参与人才推荐。此外，我们也积极拓展校园渠道，以“新兵”计划、实习生招募、“这一夜，我们晒作品”等各种活动，与不同属性的在校学生和职场新人进行互动。在这个过程中，我们的高管也经常以进校园演讲、担当评审、与同学们座谈等各种形式参与活动，不仅为奥美，也为吸引优秀青年进入传播行业竭尽全力。所有这些都是为了让我们找到能一起为未来奋斗的人。

员工能否在一个企业里得到成长、鼓励并且被很好地照顾，是衡量一个企业的重要指标，也是员工与企业产生联结的重要因素。对 TRC 来说，人才保有是与人才吸引同等重要的任务。这些年来，我们累积了大量的项目来促进人才保有。近几年，我们又加入了继任者规划、明星员工激励与培养等员工发展项目，以及欢乐时刻（Happy Hour）2.0、快乐早餐、谁来午餐、朝九晚五、周年纪念日 MOT、奖励假期、应急救护培训等员工关怀项目。这当中有很多都是管理层和 TRC 针对员工满意度调查中同事们提出的问题做出的回应。对于人才保有，永远有改进的空间。这也是 TRC 不断挖掘和努力的方向。

伴随这些成长，TRC 也越来越多地从不同角度参与管理层决策。在组织发展、员工编制规划、员工满意度调查、企业氛围诊断、员工关系咨询等各方面，TRC 都以数据为基础，与管理层定期进行分析讨论，并给出建议和意见。我们也非常感谢管理层在重大的公司战略规划及一些和员工紧密相关的决策中，尊重 TRC 的专业意见并以 TRC 的调研分析作为决策依据。

不忘初心，面向未来

转眼间，我到北京工作已经 13 年了。有幸与奥美中国一起成长的这段经历，对我个人而言是极大的学习与提升，不仅是在工作广度和深度上有增进，更有机会不断深入体会和探索在不同市场和文化特征下为公司积累人才价值的方法渠道。

这些年来，TRC 始终坚持三个工作原则。首先，我们坚持深入了解业务，这是让我们所有的行动不偏离重心的基础。业务培训和业务会议我们都尽量参加。对于传播行业和客户的现状与发展，对于奥美的专业技能与经验，我们都在努力地不断学习。这样才能与业务部门建立真正的伙伴关系。其次，在工作中，我们也强调随需应变。业务需求并不总能明确归类以现行方法解决，员工的需求也多种多样，这时候，TRC 就必须在授权范围内灵活应对，创造性地解决问题。最后，“以客户为中心”一样适用于我们。面对内部客户，洞悉真正的需求，做出最能帮助客户创造价值的方案才是最终目的。

奥美文化的传承是我们另一个光荣的使命。以人为本，尊重并关注员工的权益，努力为员工争取，这些都是奥美经年不变的信条。而好奇心、热情、灵敏、胆识、担当、合作这些“稀有动物”的特质和奥美的伙伴关系更应该广为传播。每一位 TRC 的同事都是奥美大使，不断以行动在内外部强化着奥美文化的精髓。

我的奥美基因

陈俊良（Warren Chen）
（1986 年加入台湾奥美，1994 年加入北京奥美，第一任全国媒介总监）

每次我们几个老奥美聚在一起谈到宋先生时，都觉得他应该写个回忆录什么的，把当初的一些经历写下来。时隔多年，宋先生终于要出回忆录了（或者是类似回忆录之类的著作），作为早年宋先生来大陆工作团队的一员，我也在此分享个人的历程与思考。

我其实并不是真正的老奥美，而是在台湾奥美成立数年之后才加入的。但因我的主要专业知识来自奥美培训，加上个人奥美文化印记比较深，所以大部分时间被认为、也自认为是老奥美。

早期的媒介环境与人才培养

在代理商这个行业，提到公司文化就会想起奥美，提到奥美公司也会立即想起奥美文化，好像只有奥美有文化似的。但时隔多年，回想起刚加入奥美的时候，是如何沉浸于一场文化的洗礼与新知的喜悦中而不知倦怠的情景，方知奥美文化的真正魅力。

当在北京举办奥美中国的第一届媒体密集培训时，从参训同学的眼神里，我看到了同样热切的激情与忘我的投入。于是我无私地传授广告相关知识与见识，因为我也是这样被教导的。我在想，在商业运作的各个冰冷的环节中，至少广告还是温暖的、人性的。我庆幸加入了这个行业，也希望真诚可以在这个行业传承。

记得我是在 1992 年第一次到大陆做培训的，在此之前我对大陆的印象几乎完全来自书本，而现实的景象实在令人难以置信。

那时在北京，我一个人拖着拉杆箱在西直门苦找北京奥美办公室，从大马路进入胡同，三次犹豫折返，实在不相信奥美办公室会在里面。最后一次，我下定决心，经过河流，穿过公园，越过铁道，终于在一个宾馆边上，平房墙上，找到一个大约 B4 纸大小的招牌，上面写着“上海奥美广告公司北京办事处”。如果不是奥美那鲜明的红色，我估计还要多花一两个小时才能找到。招牌虽不起眼，但是看到招牌却似见到亲人般感动。

推开纱门，进入所谓的办公室，首先映入眼帘的是 B. F.（陈碧富，时任办事处代表）正移动肥胖的身躯，手持苍蝇拍恶狠狠地追打一群壮硕的苍蝇。视线所及的 100 多平方米，也就是整个北京奥美办公室了。勉强可以看出奥美的风格，座位隔板是熟悉的军舰灰，电话机也是奥美的鲜红色。十字型的隔板可以坐 4 个人，电话机 4 人共享，就架在隔板十字的上面。据说因为电话线路稀缺，整个公司只有 2 个号码，总经理用一个，其余员工共享一个。所以每当电话响起，大家都会抬起头看看是不是自己的电话。经过一段时间的扭转接听，电话线终于变成纠结一团的麻花，以至于我每次跟同事讲话时，总会不自觉地把麻花理直，理顺之后就觉得心情舒畅很多。

2007 年，我作为回锅油条再次加入 WPP 集团的群邑媒体。当走进位于北京金宝街的金宝大厦时，往日奥美的克难与艰辛浮现眼前，仿佛是上世纪的事，的确是上世纪的事了。我见证了一家理想与坚持所支撑的代理商的成长，也见证了大陆市场的蓬勃发展。

时间再回到1994年2月26日，我从台北飞香港转到北京，3月1日正式上任，协议的聘雇期是两年，头衔是全国媒体总监，职务描述和报告评估等一应制式标准。在还没进入办公室之前，我自己觉得主要的任务规划都在系统建立和专业养成上。但不到3天，我就发现我所面对的问题根本是内部的无人撰写方案和外部的三角债。总监变成超级媒体策划专员，三角债则已经堵到门口，媒体单位在前债未清的情况下，拒收奥美媒体订单，在以媒体投放佣金为主要收入的年代，不能投放等于无法经营。在往后的两三年时间里，大致上就是一边催债，一边与相依为命的手提电脑到处提案与准备提案，然后还要在这个过程中建立系统和专业。

1996年年中，一批自称“黄埔一期”的本地优秀同事已晋升经理级，可以独立负责客户并带领团队。至于三角债这个时代难题，也由二级代理、财务调度、系统管理以及积极的媒体协调逐渐获得解决。当时特殊的市场环境衍生的媒体二级代理逐渐成为国际代理商与媒体之间的“软接头”，居间协调解决两者之间不相容的规定与利益。这些在当时被戏谑地称为“皮包公司”的二级代理，大部分在环境逐渐成熟当中销声匿迹，但有些在既有经济规模的基础上，致力于提升专业，持续快速发展，甚至成为上市公司。

信息的匮乏也是当时作业上的主要障碍之一。从市场环境到品牌状况、媒体接触习惯等几乎都付之阙如，连基本的广告监播也无法提供，这对媒体策略专业的限制是相当严重的。缺乏持续可靠的数据，无法进行策略的逻辑推导，影响了策略说服力。而缺乏第三方具有公信力的监播，更是直接导致了三角债的发生。

大陆市场如此之大，除了南北东西的横向，还有一、二、三线市场等纵深，加上因统计和心理变项所细分之下的圈层，亟须系统性的信息。时至今日，不去做这些基础功课，忽略细分和洞察，导致对品牌与营销的基本假设发生偏差，也仍然困扰业界。所幸数据的普及逐渐能够解决信息的匮乏，但仍须面对的还是数据诚信与对接的难题。

对于大部分外来人员来说，很可能一开始对大陆媒体的定义就错了。在市场经济体制下，商业媒体是因应广告需求而产生的，其主要收入来自广告。因此，媒体经营几乎等于媒体广告价值的经营，即受众数量和质量，以及媒体与受众之间的关系。既然广告为媒体主要收入，广告主当然成为媒体的金主，这是市场经济十分明确的机制。但在计划经济体制下并非如此，商业广告进入大陆之前，大陆媒体的覆盖率和影响力已经十分强大。尤其是电视媒体，但其主要作用是喉舌功能。当商业带动广告需求时，在既有功能上插播广告，技术上是轻而易举的。所以当品牌开始往全国化发展，中央电视台在全国收视的绝对优势成为炙手可热的媒体资源，也由于供需的极端失衡，转手利润可观，因此滋生大量的皮包公司，倒卖骗局也时有耳闻。

1994 年 11 月，中央电视台决定以招标方式进行广告资源分配。当时还没有华丽的梅地亚中心，招标会只能在相对宽敞的广告中心食堂举行，后来固定为每年 11 月 8 日或 18 日。随着经济发展，招标会成交规模逐年上升，直到百亿元。由于招标会将售出央视大部分黄金资源，没有参加招标或未能中标的广告主，在接下来的一年将不会有央视资源可用。这对于全国性或希望成为全国性的品牌而言，将是一件糟糕的事情。如果有更糟糕的事情，那就是竞品上了央视。

中央电视台就像一座大山，跨不过也绕不过，只能面对，我和团队都经常陷入沮丧与愤怒的情绪中。但在发展的过程当中，对立绝对只是个过程，时过境迁，在不断建立专业认知与深入本地广告环境下，我被邀请为中央台广告顾问，任期超过十年。

对于在那个年代从事广告媒体行业的人，尤其是购买人员，大都没少吃过苦头，包括作业流程的不确定、价格体系和业务端口的混乱。流程上，主要是从价格协商、材料审批、排期计划、客户签认、订单确认与执行、监播直到财务发票作业，整个流程并没有明确的可与不可，导致耗费大量人力与时间解决突发变故。而媒体价格更是罗生门，基于对本土品牌的保护，当时几乎所有媒体都实施三级价格，即按品牌所属企业的资金背景，分为本地价、合资价和进口价，大约的价格比率是 1 元人民币：2 元人民币：1 美元。各媒体在价格协商上更是五花八门，有去年的刊例 6 折，有前年刊例的 7 折，有特批，还有置换。其中置换更是时代特色，背景是由于运作资金上的限制，各媒体普遍缺乏现金支付能力，因此发展出以广告资源置换需求的做法。最普遍的是电视剧的广告置换，即电视台以广告时段换取电视剧播映权，如此制片公司即成为电视广告销售方。同样置换的情形，有各式播映设备，甚至办公家具等，广告资源被不懂广告又急于变现的单位带入市场，使得本已混乱的价格更加雪上加霜。好在这种情形只持续了一段时间，到 1997 年之后，媒体通过广告收入与积累，运营资金的短缺获得改善，广告置换逐步消失，在取消三级价格以及广告监播导入市场后，作业流程也相对明确与规范。

媒体广告价格始终是广告主最缺乏安全感的领域。有些广告主，特别是国内品牌的广告主，在代理商和媒体单位之间不断比稿比价；有些广告主在媒体价格协商上一律亲力亲为；有些广告主则只上中央台，因为他们觉得中央台的价格最为透明。广告主总是不惜花费数年甚至数十年尝试取得最便宜的价格。即使当今，也只有极少（或者根本没有）广告主相信他们的代理商提供的价格是最好的。这种焦虑与不信任（或者本就不值信任）造成的动荡，隐性阻碍了坚实的伙伴关系与品牌传播效果。价格当然是摆在眼前的真金白银，但过度执着于价格，或者只关心价格，从结果上看，最终会让媒体购买价格与品牌传播效果失去因果关系。

有些人看到混乱，有些人看到机会。机制和系统上的混乱，造就无数的发财机会。我相信 2000 年之前，在所有广告相关的行业中，媒体代理的利润率应该是最高的。媒体代理是后来的总称，早期的称谓就是皮包公司、二级代理或是掮客。这些公司凭借良好的人脉关系且擅长客情，在代理商与媒体之间来回获利。与此同时，奥美媒体在 1994—1997 年，第一拨经过艰苦培训与现实作业挫折的媒体专业人员与二级代理，形成极不对称的上下家。于是，有人转身投入媒体买卖行业。当被禁锢的欲望得到释放，有人汲汲营营依此发家，也有人在利益追逐中遭遇不幸。我的一位北京小兄弟，是第一批奥美培训的成员，也随着洪流卷入利益追逐的旋涡而转入媒体代理，因业务方向差异而与我们逐渐疏远。多年之后，竟然听闻他已经离世。他是在拜访客户从天津返回北京的路上出了车祸。果然是酒驾，我竟连送别都没来得及。

写了一本书

广告是市场经济的产物，计划经济是不需要广告的，所以大约在 1949—1979 年之间，大陆的广告整整消失 30 年，一代人的时间，直到改革开放之后，广告才又回到人们的生活当中，但直到 21 世纪末，广告专业知识仍然是非常贫乏的，对广告的认知也只停留在广而告之的层次，而欠缺完整的理论体系。

奥美的培训在业界享有盛名，而我是奥美培训的标兵，参加过几乎所有的通用知识培训与媒体专业培训。奥美第一届亚太区的媒体密集培训是 1989 年在香港举行的封闭式密集培训。整个行程只有上课、讨论、准备方案、提案、修改，然后再提，几乎没有睡觉和休息时间，而学习的亢奋取代了疲惫。培训结束，每个学员领到一张证书，还有 100 多页的讲义（当时是用影印机打印的投影片）。我跟同行的同事将讲义各分一半，分头翻译然后再对其他同事进行二次培训。这是奥美的规定，我们称之为取经。目的是在人数或预算的限制下，让更多的同事能得到培训的机会。这个简单的规定并不出奇，但当拿着培训的讲义，翻译整理、消化梳理，并将理论贯通去教导别人时，我发现有些逻辑在听讲时貌似明白，但却经不起推敲论证，于是越是钻研细究深入思考，越是理解深刻，有些新的体会甚至是在教学的过程中发现的，正所谓教学相长，而教的收获其实远大于学。

这份教材我花了将近半年才大功告成，一开始是奥美内部课件，后来推向客户，成为对客户的培训教材。再后来到大陆工作后，我把内容根据大陆市场做了大幅度调整，并开始大江南北地讲课，俨然是奥美的公关工具，最后这些内容成为一本书，一本专业的教科书。

1997 年，在经济带动下，广告与媒体行业的发展已经进入新的阶段，大部分大专院校也纷纷设立广告专业，但与之形成反差的是，大陆在营销传播领域的书籍和教材相对贫乏，高校使用的大多是过时的教材。当时龙之媒广告文化书店的总经理徐智明先生正在筹划出版一套丛书，将广告相关的专业知识集结出书，包括创意、策略、调研、媒体等方面。其他专业著作进行颇为顺利，但在媒体专业上却一直没找到合适的作者。几经介绍，徐先生找到我，希望我能负责撰写媒体策略部分。而我的现实情况是焦头烂额，连睡觉时间都得刻意安排，写书如同天方夜谭。但在徐先生的著作等身，立德、立功、立言“三不朽”等劝说之下，我还是在著作协议上签了字。于是，我开始了长达 8 个月的艰苦写作历程：每天的写作时间只能是在下班后，而我的下班时间大致上都在晚上十点之后，有时写到凌晨两三点，有时写到天亮直接上班。那一段时间，下班对我来说也只是换个地方工作。字数的进展也不稳定，有时可以有数千字进账，有时卡住了，只字未得；有时架构混乱，甚至往回删去数千字。

如此折腾8个多月，终于完成20余万字的媒体策略专业书，书名叫《广告媒体研究》，由物价出版社于1997年1月出版。

书出版之后，满心以为可以有丰厚的稿酬，却未想到稿费是以1个字4分钱计算（我只是把著作协议的最后一页签回，根本没有仔细看协议内容），所以稿费总共是8000多元，扣除庆功请客的费用，加上买书签送，算下来写书还亏了钱。但其实稿酬完全不在写书的动机中，“三不朽”好像也并没有提到金钱。

《广告媒体研究》广为业界和学界肯定，一时成为媒体传播领域必读书目之一，同时被北京大学、中国传媒大学等高校采用为教科书。很多人因为这本书知道我，我的讲课邀约大幅增加，称谓也从陈总变成了陈老师。

因为是买断版权，所以我无权也无从知晓该书的销售量，对出版社的授权在2002年就已经结束，但直到近20年后的今日，在网上仍然可以买到此书，且宣称是正版。作为作者，我完全没有被冒犯的感觉。有人虽然是为了利润，但却在传承品牌传播理念与专业知识，这原本就是写书的初衷，何来阻止念头。我想，上帝对盗版的《圣经》也应该不会太介意的。

2010年，应媒体环境的变化，个人对专业的领悟也有所精进。《广告媒体研究》在历经13年之后推出修订版，改名为《传播媒体策略》，由北京大学出版社发行。遗憾的是由于出版社的变动，新书已停止再版，坊间仍有二手书竞标出售，大约是100多元钱吧。我个人对《传播媒体策略》一书并不满意，因为内容较为松散，且十年之后媒体环境也有了明确的变化，希望在不久的将来能有更完整的新书面世。

The Network 和群策

1996年，奥美的媒体功能独立为The Network（奥美媒介部），至今我已经全然想不起 The Network 的中文名，可能是因为成立的时间过短，也可能是因为 The Network 本身就是个妥协与过渡，所以也不重要。

了解奥美的人都可以清楚地感受到，奥美并没有把媒体放在作业主导位置，也不相信媒体可以为其带来像样的生意。奥美相信创意，旨在创造具有销售力的广告，而媒体只是守势，无过便是功。即便是当奥美中国成立之时，全国媒体职能也归各地办公室媒体部的专业主管，而非行政主管，人事聘雇和财务配置等重要权力都归各办公室主管，媒体专业主管也只能辅导专业提升，劝导专业精神。如果碰到同心协力的区域主管，或许还能有一番作为，但如果面对“离心离德”的地区主管，不只业务推动困顿，在心理上也会产生极大的疏离感。因此 The Network 成立，对媒体人员之自主憧憬是有极大的鼓舞的。

The Network 的成立，官方给的说法中有诸多的利益，其中比较具有说服力的是，利于媒体专业的养成，以及集结购买数量争取最佳价格。事实上，国际广告公司（所谓 4A）成立媒体公司的目的基本上只有集结购买量、压低价格、争取利润。在此前提下，WPP 集团是不可能让旗下的奥美和智威汤逊各自成立媒体公司的，因为违背集结数量的前提。所以，奥美成立 The Network 终究只是个姿态或过场，一切都将回归集团利益。正所谓，凡不合理，必不长久。

因为是过渡，也不被看好，所以 The Network 的成立是很局促的，只是简单地印个新名片，然后在上海奥美办公室的厕所旁辟了一小间所谓的中国区办公室。那个新名片我一共只用了半盒左右，因为新的标识印刷巨贵，而且发新名片还得解释 The Network 是什么单位，跟奥美有什么关系。几番折腾，新名片很快就被抛弃，至于那个厕所旁的办公室，我只用来堆出差的行李和酒，因为味儿实在太大了。

The Network 结束了，没有合理的解释与善后，甚至没有正式通知，就是不了了之，所谓的全国角色，无钱无权无法落地，形势已明显无可作为。于是我跟 T. B. 提出调整工作的要求，然后就有了接下来群策（Promotional Campaign）的经历。

国际广告公司进入大陆历经数年的发展之后，在 1997 年前后大都基本站稳脚跟。但如果奥美在大陆只能服务好国际奥美转介的客户，则充其量也只是无过，真正的有功是能够开发本地客户。而如果能够开发本地客户成为国际客户，则是大功一件，因此各国际广告公司在发展相对稳定之后纷纷将目光转到本地客户的开发上。在惯例上，几乎所有广告合约上都列有行业排他条款，尤其是国际大型客户，因此，成立分店（Second Agency），以服务行业冲突的本地客户，成为发展的重要方向。

群策是奥美集团早先已经注册在案的公司，从英文名字上看是准备做促销业务的公司。1997 年，我被派任为奥美副品牌群策广告公司总经理，原本是踌躇满志充满憧憬，最后却演变成黯然离开奥美集团，结束了 14 年的奥美生涯。

群策的定位是专注本土客户的开发。成立之初，一切从简，办公室在安贞桥蓝宝大厦三楼的一个小房间，最贵的办公家具是会议桌，招聘加上收容大约有十几个人，最多时没有超过 20 人。人数虽少，但大家斗志高昂。主要服务的客户包括伊利、康师傅和海尔等。按照客户规模，如果能顺利获取较大代理额度，可能结局会有大不同。

伊利在 1998 年时远远没有现在的宏大规模，当时仍然是郑俊怀先生当总经理。我们团队第一次到呼市拜访，当图 –154 飞机在奶牛漫步的跑道上惊心动魄地降落时，我们才被通知，因为冰雹飞机降落包头。我们从包头打车到呼市时已经是半夜，客户还在等我们。当时刚好是伊利导入第一条利乐包生产线，所以我们在半夜参观了空无一人的利乐包生产车间。作为回访，郑先生也来过北京群策，因为开会到过午时间，我们真诚地邀请客户便餐，但最后才明白我们的热情邀请已经有些强人所难，终于作罢。伊利的业务推展并不顺利，主要障碍是当时客户的品牌意识似乎并不强烈，可能也掺杂一些内部的问题，我们始终未能扩大业务范围。在群策结束营业后，奥美持续服务了一段时间，直到伊利的领导团队重组。

康师傅是著名的台商，早期由于营销传播人才稀缺，康师傅启用大量台湾广告人才。基于人脉关系，康师傅与广告公司的关系也非常活络。1998 年的康师傅，正在发展饮料和糕饼等事业部，以突破方便面事业独大的格局。群策当时负责的是油脂和糕饼部分。油脂是康师傅新的事业单位，首推产品是玉米胚芽油，结果在广告片已经拍好，媒体排期也已敲定，商品即将上架的前夕被紧急叫停。官方说法是产品出问题，其后事业部也遭到裁撤。糕饼在那个年代仍只是个小单位，产品分散，各产品销量有限，难以支撑广告支出，经过多时的努力，也只留下“3+2”的产品命名作为服务过的痕迹。对广告公司而言，直白地说也就是个鸡肋。

海尔在 20 世纪 90 年代，绝对是广告公司最想争取的客户之一，尤其是国际广告公司，因为在当时看来，海尔是最有可能成为对外输出的国际客户。群策在投入大量的培训与争取，无数次的青岛出差，历经两任广告部长，终于争取到健康事业部的委任。但后来因故“正牌”奥美取代群策成为广告代理商。时隔 20 多年，至今也不想去确认到底是什么缘故了。

群策的最终解散与主要客户推动受阻当然有着直接关系，但真正的放弃是因为来了个奥美中国的副董事长 Larry，他宣称所有的本地客户开发全是赔钱生意，应该一律停止，专注国际客户的服务，这等于直接宣告群策的终止。于是，我该走了。

我在群策的时间并不长，前后大约是两年半时间，但大部分时间不是在比稿，就是在准备比稿。动荡年代容易发展出革命感情，我现在还能叫出当时所有员工的名字（因为人不多），群策至今也仍有微信群，虽然见面不多，但还是珍惜着当时的奋斗时光。

加入实力媒体与其后

1999 年，在千禧年到来之际，中国传立成立，由一群开会都直接用广东话交流的香港人管理。同年我受邀加入了实力媒体。实力媒体是一家凝聚力相当强的公司，因为有付美元的宝洁客户，在媒体领域上，尤其是省级台享有盛名。但可能是因为文化和价值观上的差异，我始终无法真正融入管理团队，所以我在实力的时间并不长，前后大约只有两年。其间虽然有很多的精彩与感动，但在 2000 年，我和团队拿着媒体交易平台的商业计划书在硅谷遭到风投的回绝之后，就已经注定我无法再回到正常的工作状态，于是离职也是必然的结果。

在实力媒体之前，我基本上都在国际广告公司工作。除了群策时期，我服务的客户也大都是国际客户或跨国公司。如果把之前称为国际模式，加入实力之后，我大概就进入本地模式，进入本地公司，服务本地客户。

2002 年，我和海润广告合组了晶润传媒，公司设在上海的恒隆广场。与过去打工的情况不同的是，晶润是合资经营，我是第二大股东。在专注投入两年之后，因为国内广告主并不会为媒体策划单独付费，代理商只能在媒体购买报价时暗藏自身利润，而购买则需要庞大的资金垫付，资金的短缺又严重限制晶润的发展，所以我还是选择离开。

我想有一些被认为想当然的事情，可能根本是个误解。专业并不必然带来生意上的成功，反而可能因为专业上的洁癖而造成生意上的障碍，因为专业人员面对项目时，直接的反应是如何解决，而生意人则想到如何获利。在离开晶润的同时，我非常确认自己不适合经商，我给自己的说法是“义不经商”，然后就释怀多了。

1994—1995 年，由于中央台广告价格涨价超快，年底的价格可能是年初的倍数，所以如果能在稍早时间预先买下广告资源伺机卖出，利润将会相当可观。而且根据当时中央台广告的供需状况，根本毫无风险，需要的只是资金调度，于是我们向国际奥美申请资金支援。得到的回复是，因为奥美是代理商，不做掮客生意，所以回绝。这件事很好地说明代理与掮客的差异，再往下深思，则可以明白为什么代理商不能做掮客生意。因为当代理商承包了媒体资源之后，就会想尽办法卖出，因而失去代理商应有的职责。都叫代理，代理什么？

相对于奥美或传立等的代理，广告资源销售公司在国内也叫代理商，都称作广告公司，但实际上性质是完全不同的。奥美属于客户代理，而资源销售公司则是媒体代理。客户代理是代理客户争取合理（最低）的媒体价格，目标是客户品牌的建立与塑造，扮演的是买方，在程序上是先卖后买。而媒体代理则是代理媒体负责销售，目标是销售利润的最大化，扮演的是卖方角色，在程序上是先买后卖。两者都称为代理商，实则完全是两回事。

如果把广告公司按一般分为国际广告公司和本土广告公司，你将会惊讶地发现国际广告公司大多是客户代理；而本土广告公司则偏向媒体代理，或者是以客户代理为名，实则为媒体代理。晶润以客户代理为经营理念，当时并未被市场接受。而在当下市场去代理的趋势中，讨论代理的分野与正当性似乎有点儿多余，但媒体代理可能会给广告界带来生意，但并不会带来繁荣。

2007 年，我加入群邑，回到 WPP 集团。这个时候媒体公司的发展已经相当成熟，消化预算获取利润的效率达到新的高度。与早年奥美品牌团队对客户的量身定制不同，新型媒体公司将流程拆解成为流水线。规格化与制式化的结果，是媒体策略变成商品，而不再是创作。媒体购买则成为生意，而不再是服务。

事实上，当媒体策略功能从品牌广告公司剥离为媒体代理商，当广告主有了媒体总监或类似职务时，媒体公司与客户的对话逐渐集中在价格折扣、千人成本、执行完整性等执行性范围，已经不再与品牌的营销传播存在太多直接关系。即使偶有创新，也大部分被媒体关键绩效指标（KPI）阻断。我在想，如果一个代理商所提供的服务跟客户的生意增长之间没有明显的逻辑因果关系，那这个代理商肯定是无足轻重的，我相信奥格威那句老的名言："让客户的收银机响个不停的才是好广告。"

2009 年，我离开群邑，但也没走远，只是从此彻底本地化，对话企业主，提供品牌认知上的解决方案。而在新媒体逐渐取得垄断性地位的环境下，我相信数据终将改变这个行业。在数据之下，广告可以被检视验证、调整，然后再检视验证。验证的内容则包括商品传播的各个环节，数据并不会造成专业的消失，只是造成专业能力的被验证。

后记

多年来奥美有个奇怪的现象，就是无论是什么时候离开，每个离开奥美的人都觉得自己待在奥美的那段时间才是真正的奥美，离开之后奥美就变了。我也觉得是这样，无可否认的是奥美一直在变。但每当看到热情洋溢、孜孜不倦的奥美员工，看到喝着红酒晃来晃去的 T. B. 时，我觉得奥美还是奥美。

见证奥美融入中国

屠玉华（Yuhua Tu）
（合资公司中方代表，1994 年由上海广告加入奥美，任奥美中国区董事副总经理）

现在看起来，奥美国际集团大中华区董事长宋秩铭和上海广告有限公司（上广）总经理熊景华的握手和会谈，对于两家公司，甚至对于中国广告业的发展，都是一个历史性事件。

奥美国际和上广的合作，诞生了上海奥美广告有限公司，标志着奥美全面进入中国这个世界最大、最富吸引力的广告市场，也在一定程度上改变了20世纪90年代以后中国广告业的理念和格局。

早在1984年奥美国际首次来上海商谈合作之时，熊总正在国外，我主持和组织了签订意向书，但是政府部门认为广告属意识形态领域，不宜合资，事情也就此搁下。改革的步伐很快，1990年国家工商总局主动推荐上广和奥美合资，我有幸参与了熊总领导的上广和奥美成立合资公司问题的讨论，也起草了一些文件。1994年，我受熊总委派，到上海奥美担任副总经理，直到2009年退休，整整16年，见证并亲历了奥美融入中国的全过程。

16年的奥美生涯，所经历者何止万千。其中的人，其中的事，其间发生的点点滴滴，有可说的，有不可说的，如今回想起来，真是恍若隔世，令人感慨万千。作为管理层的中方人员，最令我感触良多的，就是合资双方的融合过程。时值改革开放之初，双方就像两个性格各异、不谙世事的年轻人突然走到一起，彼此难免误解、猜疑、矛盾，好在大家都能以开放的心态，从相互尊重走到相互融合，直到不分彼此，共同走出了一片新天地。

16年的亲身经历，深感奥美之融入中国，并非一种单向的或机械的合作，而是一个本土化与国际化、专业和文化、人情和世故之双向的、多元的交融过程。

本文记下的，只是从个人视角看到、感受到的一些往事，算是给时代留下一份记录吧。

一、角色的融入

坦率地讲，合资公司成立之初，由于理念、体制以及文化上的差异，双方的合作算不上融洽。中方主管广告的部门认为广告属于意识形态，对合资公司有着种种规定和限制；外方则对我们的国情不太了解，摸不透中方的一系列规章制度意味着什么，大家对于合资公司的运作都缺乏经验，从而面临着不同的迷茫和挑战。

但有一点是决定性的，就是 T. B. 和熊总都是有大格局的管理者，他们之间的相互尊重和理解，可说是上海奥美得以生存和发展的基石。深具中国情怀的 T. B. 一直讲，他理想中的奥美应该是最国际化的本土公司，同时也是最本土化的国际公司；熊总也总是从战略的高度把握上广与奥美的合作大方向，认为这项合作的目的在于通过引进国际化的广告理念、专业以及管理方式，推动上海乃至中国广告事业的发展。用“高瞻远瞩”四字形容这两位掌舵人，可以说一点也不为过。

就是在这样的情势下，1994 年 4 月，承蒙熊总信任，我被委派去上海奥美担任副总经理，熊总希望我在理顺双方关系的同时，摸索出一条中外合资广告公司的管理经验。

对于熊总的信任，我至今深为感激。就个人而言，当然希望抓住这个学习机会，从业务到管理各方面提高自己的能力，但同时，面对当时公司的状况，也深感责任重大。就像奥美的策略工具“九阴真经”里有一项“广告扮演的角色”，我要想清楚自己的角色定位：一是奥美的学习者，二是奥美融入中国的协助者。

说到学习者，其实早在 20 世纪 80 年代初，由于上广承接了土畜产总公司的清凉油到非洲宣传的业务，我就参与了和香港奥美之间的业务联系。1989 年，我参加了香港管理协会举办的为期三个月的广告管理学习班。在学习期间，我常去香港奥美的办公室。正是在那里，我第一次读到了庄淑芬翻译的大卫·奥格威的书，也听闻了庄淑芬通过个人奋斗成为广告界女强人的传奇。这一系列经历，激起我对奥美的崇敬和向往，并深感无论专业还是公司管理，甚至于个人的修为和成长，奥美都是业界的标杆，值得内地广告公司学习的地方实在太多了。对于大卫·奥格威说的“永远要做广告的学生”，我感同身受。

说到协助者的角色，当时国内还处于改革开放初期，作为一个1977年从部队复员加入上广、后又进入管理层的人员，我对国内的广告管理制度，对中外广告企业在广告理念、作业流程等方面的巨大差异，认识还算清醒，深知像奥美这样的国际性公司，要想打开内地市场，除了凭借专业，还须了解内地具有中国特色的管理制度及相关政策法规，不然的话，将付出许多额外成本，或将寸步难行。所以，当熊总希望我去奥美担任副总时，我就明确自己作为中方代表，主要职责是协助外方，帮助外方了解中国国情，了解合资企业的有关规定、公司运行的有关规章制度和相关手续。一句话，尽我的能力，帮助奥美融入中国。

于是我向熊总提出了几个要求，当时中方派出的五个人中，除了财务还留在那里，其他四人已各有去向，希望不再派人，由我过去承担中方的事务。熊总痛快地答应了我的要求，而且此后也很少来干涉我们的具体事务，对后来奥美的一些举措他听完我的解释也总是能理解。同时，T. B. 对于我的到来，也表示了真诚的欢迎，而且在此后的工作中也大胆授权，给予我极大的信任和支持。

熊总、上广领导班子及T. B. 的信任，使我刚开始那几年虽然非常辛苦，但心情很愉快。

二、体制的融入

上海奥美第一任总经理董洽，当年30多岁，来自台湾奥美，既专业又敬业，充满了广告理想主义的激情，待人也极为真诚和善。但和许多境外专业人士一样，他不了解中国政府管理公司的一整套制度，需要具备各方面的批文、档案，比如外资委给公司的批文、工商局发的营业执照、招工证明，境外员工需办的暂住证，公司每年要参加工商局的年检，员工录用要签订的劳动合同以及档案管理、员工的各项福利的办理等等。说实话，这也难为了他，如果不是局内人，谁都会被这些条文弄得一头雾水。

好在大家都是善解人意、善于沟通的人。初步了解情况后，我决定从理顺公司与政府管理部门关系的几件要事入手。

1. 年检惊魂

这是第一个棘手的事：上海奥美成立 3 年，居然从未到工商局去年检。

所谓“年检”，指工商局每年一度对企业进行检查，以确认企业有继续经营资格的一项法定制度。也就是说，只有通过年检的企业才能获得下一年的经营许可证。当时，3 年没有年检的公司只有两家，一家已经破产，另一家就是奥美。按规定，一年没有年检要罚款 10 万元，3 年就是 30 万元。这在当时可是一个惊人数字，如果讲给董洽听，他一定会昏过去。

我了解情况后，让前台以后把此前往来的信件都直接送给我，我根据情况让有关人员办理，同时拜访了工商局。所幸工商局的领导和管理层变化不大，奥美的情况也得到了理解，最后的处理结果是：罚款 1 万元，写份检查，通过年检并得到了继续经营的许可证。

2. 批文丢失

当时合资公司办理很多事情，都需要对外贸易经济委员会（外经贸委）的批文。但由于奥美未建立档案，外经贸委的批文、营业执照等都丢失了。

于是只能再次联系外经贸委，登报检查，补回营业执照和外国投资工作委员会的批文，同时到海关去办理进口物品免税的本子。

就这样，逐步把公司经营所需要的营业执照、批文等等补回来。此后，我自己还建立了相关档案，以避免类似事件再次发生。

3. 合同纠纷

政府主管广告的部门在改革开放之初也是摸着石头过河，不断根据情况推出一些新的法规。由于当时奥美的管理层基本都是非内地员籍工，这方面是他们的短板，需要不厌其烦地对他们进行解释。

其中比较典型的是“全员劳动合同制度”。国家推出这项法规，主要是为了保护劳动者权益。但由于非内地籍主管不了解其中一些细则，所以在和下属签订合同时，往往忽视续订合同的时间，也就是如果逾期不签，就是事实上的使员工劳动合同继续有效。而非内地主管往往会忽视这一项，当他们想起要解雇员工时，已经逾期，就会引起非内地籍主管和员工的纠纷。非内地籍主管一旦面临这类纠纷，往往会手足无措，求助于我，希望我去帮助解决。对这些比较烦琐的事情，我需要尽力向他们解释，了解细节并协同解决。

4. 成立工会

我到奥美不久，就接到外经贸委工会的通知：上海奥美是唯一没有成立工会的公司。

我知道，董洽一旦知道此事，又要紧张起来。这是由于中外双方对于“工会”的不同理解造成的。于是我就和董洽沟通，一方面介绍我们工会的制度和作用，让他理解我们的情况；另一方面，就我准备如何处理工会和他的关系问题做了说明，以打消他的顾虑。由于当时我们彼此已相当信任、配合默契，经简单沟通，他便让我全权处理此事。

在和一些同事商量之后，我们就提出了工会候选人。在奥美工会成立那一天，上级工会十分重视，也派人来参加。会议由客户部的郁海敏主持，他思路清晰，用 PPT 为在场员工介绍新成立的工会，并以投票形式选举出了奥美第一届工会成员。

事后我听说，上级工会非常欣赏奥美第一届工会成立大会，称赞说虽然是系统内最后成立的一个工会，组织工作不但成功，还很新颖。由于上级工会了解到我们工会工作的进程以及良好氛围，后来也不再经常询问我们工会的事宜了。

奥美工会的成立，既打消了“资方”的顾虑，也赢得了上级工会对奥美的信任，而且事实上，奥美工会对于凝聚员工人心，还是发挥了相当大的作用。

三、员工的融入

改革开放之初，设立合资企业还是一件新鲜事。当时社会上普遍认为，合资企业员工虽然工资高，但各方面保障不如国有企业。即使奥美的员工，也有这样的认知。这在一定程度上影响了他们对企业的归属感。

员工是广告公司最重要的资源，员工福利是体现企业文化、让员工的心融入公司大家庭的一个重要方面。所以我到奥美的一项重要工作，就是落实员工的档案转移和相关福利。在这方面，我主要做了三件事。

1. 员工档案的转移

初到奥美，我惊讶地发现，所有员工的档案都不知在哪里。当时的员工都是社会招聘，来自学校、国家机关、报社、研究机构、企业等各类单位，大部分都很年轻，也不明白档案对自己的意义，所以都不怎么上心。我只能耐心解释。比如对创意人员来说，如果档案转到上广，通过上广就可以很快办理申请到香港开会、审片的手续。经过一轮轮说明，大家终于陆续把档案转到了上广。奥美员工中还有部分中共党员，为了他们工作方便，我让他们把档案放到人才交流中心，这点也得到了上广的理解。

2. 养老金问题的解决

当时，国有企业都有缴纳养老金的制度，合资企业的员工只能自己联系商业保险公司。现实的情况是，那时的商业保险公司根本不搭理三资企业的员工，我自己也看不懂那些密密麻麻的保险条例。奥美大中华区的首席财务官李嘉钦得知此事，帮我们联系了友邦保险，建议和香港奥美统一用友邦保险。但没想到，友邦保险在内地的费率远高于香港。好在内地保险业在这时也提出了服务宗旨，主动找到我们讨论，并愿意帮助我们完善员工的养老金缴纳制度，后来上海养老中心把三资企业的养老金也纳入了管理范围，使我们的养老金制度得以完善。

3. 补充公积金的缴纳

对于合资企业的员工来说，补充公积金是一项很大的福利。当时上海公积金缴纳的比率较低，后来政府又推出了缴纳补充公积金政策，而且特别要求合资企业实行。由于合资企业是没有分房福利的，所以对奥美这类合资企业的员工来说，缴纳补充公积金很有必要，因为有了补充公积金，就可以让大家逐步积累，贷款买房。

但当时部分员工不理解这项福利，因为要从工资里扣一定的百分比，公司也支付相同的百分比来组成补充公积金。为减少财务和员工的矛盾，我将这项福利与普通福利的优劣关系制成表格，让全体员工自行比较选择，对于少数不同意参加的员工再次阐明缴纳补充公积金的好处，最后得到了全员一致同意。过后，大家对奥美施行的福利保障普遍都表示满意。

四、知识的融入

奥美是一家尊重知识，同时也注重知识传授和传承的企业，并以此闻名业内。

如何让奥美的非内地籍员工，在专注于具体业务的同时，充分发挥他们“传道、授业、解惑”的功能，其实也是创办合资公司的初衷之一。

我到奥美以后，看到只有四个非内地籍员工：董洽担任总经理；林友琴是大中华区的培训总监，兼任上海公司的业务总监；范可钦是来自台湾奥美的创意总监；还有李慧薇，来自香港奥美的业务总监。

奥美是一家学习型的公司。那时候的员工，对于新知识学习可以说非常努力。比如林友琴培训的“九阴真经”，对于本土员工来说既耳目一新，又有不少困惑之处，大家常常自发在办公室讨论，甚至争论到很晚。以“九阴真经”里讲的“benefit”和“support”为例，我在上海广告公司工作十几年，听了以后觉得很明白，benefit 是我们给购买者带来的好处，“support”是“benefit”的支撑点，但大概因为不少本土员工来自各单位，对此总觉得搞不清楚。由此我也感到，单凭董洽他们几个人来培训员工是远远不够的，还要有更多的人来带，在实践中帮助他们更快地领悟成长。

1995 年，奥美从新虹桥大厦狭小的办公室搬到了延安西路上的怡翔大楼。随着办公条件的改善，T. B. 对公司的组织架构也进行了相当大的调整。当时招聘了一批非内地籍员工，包括创意总监、媒介策划总监、媒介购买总监、业务总监、客户总监、客户经理以及客户执行等，他们从策略、创意、媒介等各个领域的专业知识及作业流程等，通过实践全方位地带领本土员工，再加上公司组织的密集培训，极大地拓展了本土员工的视野，提高了他们的业务水平。

对于新招聘的非内地籍员工，我认为根据当时的形势发展是很好的安排，也非常必要。为此我事先向熊总等领导做了汇报，详细介绍了这些非内地籍员工的来历和将要发挥的作用，表示他们都有合同，也有明确的职责，一定会对公司发展起到决定性作用，只要业务上去，并有助于本土员工的成长，公司将会走上赢利之路。后来公司业务的快速发展，本土员工的普遍成长，证明了这一点。

奥美在自身发展的过程中，也尽力帮助上广（上海广告）。比如在T. B. 安排下，台湾奥美的叶明桂（阿桂）利用在上海奥美讲课期间，到上广蹲点几个月，给予了很多方面的培训。除了派专家到上广讲课，奥美还经常派出人员协助上广比稿，如上广参加“春兰”的比稿，奥美和上广的员工就常常一起忙到深夜。

奥美每次密集培训，都会给上广三个名额，熊总就轮流安排上广的员工来参加，上广的员工也都很积极认真地参与，后来又实施了轮流到奥美“上班”接受培训的制度。不过我觉得固定三个人到奥美在实践中接受培训，可使他们获得的训练具有连贯性，而且这三个人回去必须负责上广的培训，以便上广全员分享最新的知识，可能效果更好。

在奥美期间，我也常将所学的知识与上广的领导和同事分享，把奥美可借鉴的经验介绍给他们。在受邀参加上广培训时，我会把奥美培训中体现团队精神的一些游戏等介绍给上广，以增加培训的作用和趣味。此外，我还在上广人事部门兼了一段时间的顾问，把奥美的职务描述等复印给他们做参考。

五、法规的融入

《广告法》和广告审查也是令非内地籍主管感到头痛的事。尽管事出有因，但作为中国国土上的广告公司，我们要合法经营，就必须遵守国家对广告的法律法规。

对于工商管理部门颁布的相关法规，一般情况下我都会自己先去参加工商局广告处的各种会议，了解法规内容；回公司后按自己的理解向有关人员解释，并不定期地请工商局广告处的同志到公司讲课，让大家了解相关的政策法规和案例。我自己也努力为广告审批做好咨询工作。

在此期间，发生过两个典型案例，加深了全体员工对广告创意与知识产权关系的认知。

案例一：一幅平面广告引来的索赔案

奥美在服务上海大众汽车时，曾在一幅平面广告中采用了一张“卫星上天”的照片。想不到广告刊出后，负责这项业务的客户部员工正准备离开奥美出国，临行前告诉我，采用这张“卫星上天”照片存在版权问题，照片作者已几次委托人来奥美要求赔钱。

我看了这幅广告上的照片，想到当年在上海广告公司时，每次展览会也会采用类似的照片，布置在中央大厅，费用记得是 100 元。

据创作这幅广告的年轻员工讲，照片是从市委宣传部的杂志上翻拍的。为了寻找照片作者，我去市委宣传部打听，他们也不知是谁。但据我判断，此类照片绝不可能是个人作品，一定要有单位派出才能拍的，所以应该是职务作品，如要索赔的话，也不应该是他个人或者他的委托人来索赔。

在我了解情况后，一直没人来谈索赔。直到有一天，奥美收到上海市第二人民法院的传票，上面有起诉人的单位、姓名。接到传票，大家一阵慌张。但我想，既然知道了作者的单位，就应该有解决问题的通道。

我想到处理这件事的方案是：第一，先联系法院，争取庭外调解；第二，必须找到知识产权方面的权威律师；第三，和作者的单位联系，了解当时的情况。

当时我有一个同学是译文出版社的副社长，我想他们单位的律师一定有这方面的专家。真是天助我也，他们的律师是上海版权保护协会的副会长任彦，通过他的介绍，我到上海市第二人民法院去谈判，做了笔录，法院签字同意庭外解决。

接下来，我和公司的张红一起前往作者所在单位。当我们赶到这家地处闵行的保密单位时，单位领导热情地接待了我们，也很坦诚地告诉我们，他们知道这回事，但不清楚该员工后来处理照片的情况。我告诉他们，这位员工自己并没有和我们联系，而是找了个委托人，并告知他们委托人的姓名。原来这个委托人曾经也是他们的员工，只是早已辞职。经沟通，他们领导也觉得该员工的做法不对，于是双方约定下次约相关人员和律师一起谈。

第二次我们邀请任彦律师一起去他们单位，该单位的律师表示听从我们律师的意见。

第三次是他们单位派人到我们公司商谈赔款的问题。当时赔款的费用是以刊登广告所支付的费用为基础，按一定比例进行赔偿。为此，我关照公司财务部对相关账目进行把关，结果还好，虽然费了很多周折，“卫星上天”照片的版权问题还是顺利解决了。

记得在这个过程中，总经理毕璞君非常紧张，因为使用该广告的客户上海大众汽车也接到了法院的传票，我们的解决结果免去了客户被卷入的麻烦和经济损失。

为吸取教训，我邀请任彦律师到公司给大家进行了知识产权方面的培训，公司所有员工都非常认真地听课，并落实到了业务中，以后再也没有发生类似问题。

案例二：一起音乐版权纠纷的反转

经过上一次教训，大家了解到了在广告中使用音乐也有版权问题，所以当后来为“太太乐”制作电视广告时，由于使用了小提琴协奏曲

《梁祝》作为背景音乐，负责该业务的郁海敏他们十分自觉，事先就到音乐协会版权部门支付了费用。

谁知祸从中来。广告发布后，就有《文汇报》的记者发表文章，说《梁祝》作曲者陈钢投诉奥美广告公司侵权。我们知悉情况后，经过内部讨论，认为我们并没有错，而且还可以借此机会，把坏事变为好事，向社会宣传奥美是尊重知识产权的模范。

于是，由我出面打电话给《文汇报》以及音乐协会版权部门的负责人，让他们通知作曲者陈钢、何占豪先生，希望约时间到《文汇报》商谈如何解决。

在《文汇报》碰面时，我们表明了自己的立场：首先，奥美已支付版权使用费，问题在于音协版权负责人没有及时通知陈纲、何占豪；其次，《文汇报》作为公共媒体，在没有调查核实的情况下就发表不负责任的文章，对奥美的声誉造成了损害。我们的要求是：《文汇报》用相同的版面和位置刊登文章，说明他们的错误；音协版权部门必须吸取教训，碰到类似情况应及时通知作者，而不是几个月才发一次通知。

陈钢先生是一个开朗随和的人，说他可以出面写篇文章来阐明情况，还奥美清白。

相比之下，《文汇报》参加会议的人犹犹豫豫，说他做不了决定。我当时有点儿火了，当场要求休会，请他们换能做决定的人来，并表示我们支付了版权费，没时间跟他们耗下去。

最终《文汇报》方面经请示领导后同意了我们的要求，问题当场得到解决。

当陈钢的文章出现在《文汇报》上时，不仅我们高兴，我们的客户“太太乐”也很满意——因为这无异于又为“太太乐”做了一次广告，而且是由陈钢亲自代言。

六、社会的融入

奥美要赢得客户，除了专业过硬，参与政府、媒体组织的社会活动，赢得良好的社会声誉也非常重要。

在奥美融入中国社会的进程中，T. B. 可以说是典范。尽管与政府保持日常联系是我的职责，但真正和政府建立起良好的、相互信任的关系，T. B. 起的作用是其他人难以替代的。凡是政府组织的广告交流大会，奥美都积极参与。T. B. 不仅常常出席并讲话，也会推荐最合适的资深人员做演讲。有一次 T. B. 还从台湾请来了资深广告人，由我们公司支付他旅途和住宿的费用。奥美的每次演讲都能获得业界及各方好评，并成为媒体传播的话题。

在上海申办世博会期间，T. B. 认为奥美有责任参与这一有意义的盛事。他和我一起去世博筹备组拜访当时的负责人汪均益先生，争取到了网络宣传的业务。在这项业务的执行中，当时的总经理、英国籍的毕璞君不仅考虑到奥美的声誉，还考虑到合资双方经济收益的平衡，为此经常亲自修改相关的英文文字版本。

奥美在全国各地业务的开拓以及各地分公司的成立，也得益于 T. B. 与政府相关部门的良好关系。我尽力配合 T. B. 的战略布局，为了北京分公司挂靠和福利问题、北京公关公司的注册问题、沈阳分公司的成立、肯德基一些户外广告的批文等等，具体联系各地相关部门，并且把当地的关系介绍给分公司。

除了和政府管理部门建立良好关系，奥美还积极参加政府组织的各种创意作品评比。我记得最清楚的是第一次参加上海的公益广告比赛。

当时创意总监范可钦已经离开，总经理是毕璞君，于是我就直接找到客户部的郁海敏和创意部的杨舸、叶宝琪等，讨论如何参与这次公益广告评比。为了在第一时间确定创意的可执行性，我们还请了协理商

公益广告“星期八”

张维维导演一起讨论。

在讨论中我们决定了创意概念“心声要用心去聆听”，并发展成为两则电视广告：其中一则反映小学生功课压力大，连到同学家看看小猫的时间都没有，感叹“要有星期八就好了”；另一则讲述老年人的黄昏恋，因迫于子女反对，谁都不敢吐露要找伴侣的愿望。通过这两则广告，我们呼吁老师多聆听学生的心声、子女多理解老人的心声，由此创造和谐相处的气氛。广告获得了国内比赛的全场大奖，此后不断出现在中央台、上海台以及各地电视台的公益广告宣传时段里。

奥美对于社会公益事业的参与，为我们带来了良好的声誉以及很多本地客户，也为奥美的本土化发挥了一定的作用。

七、情感的融入

T. B. 常说，奥美的核心价值观就是“一个工作的好地方”。

在上海奥美内部，工会被称为“福利委员会”，承担着组织一年一度的旅游、各种联欢会等事宜，增强了员工间相互关心的氛围。我理解的奥美工会，其实在一定程度上扮演着国内体制和国际管理理念的融合，以情感为纽带，增强员工心灵归属感的角色。

这里我想举两个例子。

有一天晚上，我在电视里偶然看到一个叫“李鹏”的小朋友的故事，因为名字和当时的国家领导人一样，我就好奇地看了下去。电视里讲，小李鹏因为家里经济拮据，衣服都是他人送的，哪怕穿女孩子的衣服他也不觉得害羞，爸爸的愿望是他能够到李慧利中学上学，他自己的理想是一定要在中学成为好学生……看完才发现，孩子的父亲竟然就是我们公司的李师傅。

当时，李师傅在我们公司专职值夜班。为人厚道的他，家里并不宽裕，出来值夜班，也是为了补贴家用。我听说，仁慈心肠的总经理董洽经常会给李师傅一些钱。

所以，看完电视后，我内心五味杂陈。第二天到公司后，我把郁海敏、杨舸他们找来商量这件事情。杨舸起草了一份“我们能为李师傅做什么?”的公告，在板报栏贴出以后，同事们纷纷捐钱，由工会把这笔数目不小的钱款交给了李师傅。

当时，患病的李太太非常感动，亲笔给我们写了一封感谢信，在信中她表示，不会动用这笔钱来看病，一家人将把这笔钱作为小李鹏的学习基金。

李太太患病期间，依然要求李师傅去奥美值夜班，她对李师傅说，奥美对我们那么好，你还是回公司值班吧。为了让李师傅多点时间陪太太，奥美的秘书们轮流值班到晚上 8 点再让李师傅来。

对李师傅的捐助后来也没有间断。发工资的时候，工会的张红会把员工们捐助的 50 元、100 元等积起来交给李师傅；有时候李师傅到公司，会发现他值班地方的一个瓶子里放有公司年轻人捐助的钱，却并不知道捐钱的人是谁。

后来，小李鹏如愿考上了大学，但奥美员工的捐款并未停止，因为大家听说，小李鹏的穿着经常被同学看不起，所以希望用这笔不高的捐款帮助他买一些日常用品。直到小李鹏大学毕业后工作了，李师傅找到张红说:“儿子已经毕业了，我再也不能接受你们的钱了。”他把那一天放在他瓶子里的钱还给了张红。

在此之前，公司一年一度的联欢会，我们都会邀请小李鹏参加，让他感受社会的温暖，感到我们是一家人。小李鹏也的确没有辜负大家的期望。

1995 年还发生了一件事情。

公司媒介部有个叫黄宇清的新员工，一向准时上班的她有一天没有出现在班车上。同事们到了公司，很久都没见她出现，都非常焦急。当时的通信远没有今天这样发达，经过多方联系，才知道她前一天晚上因脑出血在华山医院动手术。她父母觉得孩子还在试用期，一个三资企业怎么可能来帮助支付医疗费用呢？所以就自己借了一万元钱。

总经理董洽当时不在上海，我见情况紧急，就直接打电话联系我们上级的财务负责人李嘉钦，他也表示不希望我们的员工在外面借钱，马上同意特批一万元钱给员工父母还钱，并且表示公司愿意支付黄宇清所有的医疗费用。这给了她父母很大的安慰。

黄宇清住院抢救，牵动了奥美的心，同事们纷纷前去探望，同是媒介部的林红霞更是每天前去。总经理董洽从外地回来后，立即赶到医院，跪在黄宇清的床前祈祷她病情好转。记得是一个周末的晚上，我们很多同事一起前往华山医院，当时医院的门卫不让进去，员工们表示不会干扰其他病人，只是到病房门口做一个祈祷，门卫被感动了。员工们进院后，在病房门外的小窗口看着躺在病床上曾经年轻而富有活力的黄宇清，久久不愿离去，每个人点亮了一支蜡烛，静静地为黄宇清祈祷，祝她好运。当时华山医院的医护人员见到都十分感动，并被传为佳话。

不幸的是，因为病重，黄宇清还是过世了。她父母亲在悲痛中手足无措，新成立不久的工会主动出面帮他们料理追悼会事宜。当时，我们对追悼会的程序都没有经验，预约时间也得不到解决。黄宇清的亲属都在南京，交通住宿不便，次日又要上班，所以希望能够当天来回。我们只能请求殡仪馆的师傅中午加班，把追悼会安排在中午时间。刚进奥美不久、与黄宇清同一辆班车上班的陈小云，以前在艺术研究所工作，他说研究所老员工多，他参与过这类事，主动承担制定追悼会的程序和写悼词的工作。在奥美工会和员工的热心帮助下，黄宇清的追悼会最终得以庄重而顺利地举行。

对于我们的帮助，黄宇清的父母非常感动，她弟弟也决定从原单位辞职，到奥美媒介部门来工作。当时，我担心他坐姐姐原来的工位会引

上 /　右二熊景华、中间毕璞君、左二宋秩铭

下 /　屠玉华于上海奥美办公室

起他对姐姐的回忆，问他要不要换个位置，他说“不用”，就坐在姐姐原来的工位上。黄宇清的弟弟到奥美工作很多年，做出了很大贡献，后来也成为媒介领域一家公司的总经理。

八、结语：感怀和感恩

16 年来，我经常回忆和思考我在奥美的经历。

在撰写这篇回忆文字时，我深深怀念熊景华先生！如果是往常，我会把这篇文章交给他第一个审读，就像过去向他汇报工作一样。不幸的是，熊总已于 2018 年 5 月 16 日去世，享年 80 岁，再也不能听我汇报了。可以说，没有熊总，上海奥美的初创期不会那么顺利。他的格局，他对工作的呕心沥血，对国家利益的坚定维护，还有对我的信任、对我经常发表不同意见的宽容大度，都让我由衷感佩，并永远铭记。

在奥美 16 年，我结识了 T. B.、董洽、林友琴、李慧薇、王娟娟、柯颖德、梁荣志、招嘉宁、谢秉权（Anthony）等多位同事，他们的待人处世创造了和谐愉快的工作环境，也诠释了奥美以人为本的企业文化。在这方面，一手端着杯红酒、一手捧着书的 T. B. 可以说是奥美的灵魂人物。在大家的印象中，他是中国的奥格威，是一个极具个人魅力的人。他的情怀，他的学识、品位、修养，他对中国社会的了解与尊重，对政府部门的信任和友好，对媒体采访的不厌其烦，使得奥美在政府层面和业界都赢得了良好的口碑。

在奥美 16 年，尽管开始时双方都曾面临不同的迷茫和挑战，但是随着业务的快速发展和公司在社会上赢得口碑，双方合作关系不断发展，合资的通路越来越顺畅，双方互相理解配合如同一家，同时也获得政府和业界的一致好评。上广后来的董事长戴柳、郭丽娟和 T. B. 的关系更是十分开放，大家经常交流，相互提携帮助。

16 年间，上海奥美的总经理换过好几个，本土员工也来来往往换了无数，但是我在职期间，大家都互相信任，无论有什么问题都会找我商量，大家的坦诚相待使我深信，要做好事，先要做好人。16 年来大家对我的信任和关心支持，我至今感到无比温暖，这里真的是一个工作的好地方，这股温暖至今还流淌在我的心窝。

改革开放走过 20 多年后，中外广告公司的合资已没有投资比例的规定，外方独资也可以了。奥美已深深扎根于中国。我想我在奥美的使命也差不多完成了，该到了做一点原来一直梦想做而没时间做的事了。

时代发展变化之快，今日奥美的资源、规模、条件以及环境，与我们“筚路蓝缕，以启山林”的年代已完全不同。也许我写的这些只有老一辈才有感触，对现在广告界的年轻人来说非常不可思议吧！

不让过去影响你的未来

李嘉钦博士（Dr. Danny Lee）
（1990 年加入奥美大中华区，曾任奥美大中华区副董事长、首席运营官、首席财务官）

感谢梁叔钊（Bosco）的赏识，我在 1990 年 4 月带着银行和会计专业资格，开始 19 年的奥美旅程。开始时，我主要在财务上负责香港奥美集团的直效公司（OM Direct）、设计公司（Artistree）、中国办事处（OM China）和奥美相关的行政和人事工作。

香港奥美当时盈利状况非常好，只有奥美中国办事处还在投资阶段，不断亏损。如果不是奥美亚太区 CEO 和全球 CEO 的远见和支持，奥美中国就不可能持续下去。

1991 年，上海奥美广告合资公司正式成立，15 人的团队，包括从上海广告公司抽调过来的财务经理，正式开始运营。一切的管理、财务、内控、报告、人事制度和系统从零开始。要把一个国际公司的系统和制度在国内当时比较保守的环境下建立起来，谈何容易！再加上在财务领域，国内财务人员的文化、认知、训练和习惯的不同，就更加大了难度。这是个大工程，数年间不断地在工作上、思想上和课堂上对他们进行培训，他们才变得更有效率。本来最有效的解决办法，就是从国外进驻优秀的财务人员，但在当时的情况下，这是不切实际的。在国外，优秀的财务人员是不愁没有好工作的，财务人员人力市场求过于供，再加上当时国内的工作、生活和建设环境不尽理想，有能力的一线财务人员极少愿意来国内工作，就算有愿意的，也会要求极高并挑选有前景的行业，广告行业不会是他们挑选的行业。刚开始的合资广告公司连国外二、三线的财务人员工资都付不起，更不用说一线的了。

在人事管理系统上，奥美是用双线报告系统，即每个部门主管都有两个老板，一位是在专业上，而另一位是在行政上。在当时的国内同事中，只有财务同事需要马上面对这样的挑战，因为其他同事的报告对象只有总经理（专业主管系统还未建立），但财务主管需要同时向总经理和我负责。国内公司管理制度一般都是用单线报告系统，总经理是在架构的顶部，至高无上，他的指示、做法，财务一般都会照单全收。这是公司初创时最令人头痛的事，因为奥美中国开始时是亏损的，奥美以财务目标为导向，公司有严格的预算控制。但财务同事会觉得总经理同意花的钱就是对的，总经理同意签的合约就是没问题的。这样的文化和认知差异会给公司带来风险。幸好，当时的总经理都是从奥美国际过来的，他们起码都能了解奥美的运作，不会自认为像其他国内公司的总经理有无上的权威。我保存主要开支（包括人事）的审批权（开支控制）、客户合约和第三方合约的审批权（收入和风险控制），同时不断鼓励和培训财务主管，希望他能尽快了解。

奥美是一个国际公司，国外的客户在中国各地不断发展，奥美也需要在中国主要的城市设点来迎合需求。继上海之后，1993 年北京和 1994 年广州也成立奥美分公司。跟上海不同的是，上海广告公司（奥美中国的合资中方）没有要求派财务人员到北京和广州。我们招聘“稀有动物”，但由于广告行业不在国内一、二线财务人员的眼内，没有前景，所以申请人数在十指之内，可选的更寥寥无几。跟上海一样的，就是她们在文化和认知上对总经理的理解，如出一辙。我以相同的办法面对北京和广州，并在集中财务培训时请上海同事解说，事半功倍。除了上海的财务同事被调到上广的其他附属公司，其他的初创财务同事都在奥美工作超过 10 年。

1989 年 WPP 全面收购奥美全球，在财务上要求更加严格，不仅要符合本来奥美在美国证券交易所的要求，还需要符合英国证券交易所的要求。可能因为 WPP 并购奥美后需要先处理欧美市场，对亚洲的财务更严格的要求在 1992 年、1993 年才逐步登场。更严格的财务制度、财务预算、内控系统、报告系统、国际会计准则和对英文水平的要求，当时内地的财务同事根本没法应对，于是开始了从香港调派或招聘有国际会计师资格和有八大（现在是四大）会计师事务所经验的财务主管进驻中国的做法。

在业绩方面，合资广告公司成立第一年是亏损的，第二年已有利润。利润再投资，成立新的广告分公司，形成在上海、北京和广州的网络。开始时公司在整体预算上还能打平，上海补贴北京和广州，当北京的广告业务比较稳定时，整体广告才开始赢利，但广州广告的业绩提升始终比较艰难。当广告业务在上海、北京和广州比较稳定，有一定的盈利可以支持开拓广告以外的收入源头时，北京奥美公关公司在 1995 年正式成立。

跟奥美广告一样，北京奥美公关公司的总经理是从境外来的同事，初期也都是亏损的。但因为奥美中国整体有广告业绩的支撑，所以公关公司的亏损能被接受。上海公关公司也在短时间内成立，后来还成立了广州公关公司。后来整个奥美公关的业绩整体都能赢利，但广州公关公司同样也是比较困难的。

其后的互动公司（后来的奥美互动），设计公司扬特（后来的 Enterprise IG、TBU）和行动公司（后来的奥美行动）都是因应市场需要，以同样的办法成立。1991—1995 年，奥美中国以广告收入为主。1996—2000 年，各项收入占总收入的比例差不多是广告 70%，公关 20%，其他 10%；但利润广告占 80%，公关占 30%，其他都是亏损。2001—2005 年，各项收入占总收入的比例分别是广告 60%，公关 20%，直销 10%，其他 10%；但利润广告占 60%，公关占 30%，直销占 15%，其他都是亏损。扬特和奥美行动公司整体来说一直都是比较困难的。

广告的收入占比不断下降，主要原因为:

（1）媒体投放业务的架构重整。本来占比 25%~40% 的广告收入来源全部从广告公司抽离并入传立，广告公司收入来源只有创意和制作。

（2）国际来华和跨国企业的市场预算不断调整，不利于广告公司。

（3）国内大中型客户崛起，对品牌广告的需求增加了，但奥美广告需要时间适应。

（4）互联网的急速发展，成就了新媒体的发展和竞争力，不利于广告公司，但对奥美互动的业务有利。

（5）客户对投资回报率的重视，品牌广告满足不了客户的需要，公关提供比广告更落地的解决方案，大大提升了客户对公关的需求，公关业绩不断增长。

扬特和行动公司由于市场的竞争更深更广，几个员工的小公司都可能是它们的竞争对手，小公司成本较低，市场主要靠关系和价格。但奥美公司都是以外来专业人员为主，成本比较高，价格没有竞争力。有些客户比较了解奥美的能力而给奥美机会，但奥美毕竟身处这样的市场，顶多只能有薄利。

在并购方面，奥美中国以区域策略和专业策略为中心思想，以自然增长业绩与并购业绩之比不能小于 6 比 4 为执行目标。区域策略是在北京、上海、广州以外的奥美计划拓展区域内的广告公司。专业策略是在北京、上海、广州加强奥美在其他垂直专业上的能力，包括公关、互动、扬特、行动等。

有不少国内公司希望和奥美的国际品牌拉上关系，借此可以摇身一变，成为一家有国际品牌的公司，享受奥美的培训，成为奥美的并购对象是办法之一。因此和我们对接的公司无数，但最后能进入尽职调查的，只有少数。

奥美并购公司主要是看中它们的管理人和团队。为了鼓励被并购公司的老板和主要管理人的持续努力，我们通常只控股，不百分百占股，让他们有够多的股权来维持他们对公司的归属感。在对价方面，我们是以未来两到三年的平均盈利 / 利润来计算对价。未来的平均盈利 / 利润越大，他们拿到的对价越高。如果在计算对价的第一年业绩不太理想，他们会加倍努力，希望能补回；如果在计算对价的第一年业绩超好，他们会比一般的创始人更卖命来达成理想的业绩。这才能达到双赢的局面。

以明确的方向、策略和方法，奥美中国以 30%~40% 的占比（总业绩），并购了福州、南京、沈阳和深圳的广告公司；在专业策略上，并购了在北京的公关公司、广州的行动公司和北京的数字媒体购买公司。

并购中最大的问题是财务不合规、税务不合规和法务不合规。因为奥美的母公司是在英国和美国上市，所以被并购的公司也需要符合相关的法规。本来利润非常好的公司，调整后变成利润率只有一位数或更低的公司，这对奥美在并购时可以挑选的公司形成一定的门槛。

并购后把合作公司融入奥美体系，又是另一个大挑战。这可分成两个阶段：

（1）计算对价的阶段。

（2）计算对价完成，整个并购完成。

在计算对价的阶段，新进的公司都希望自主经营，它们会非常关注奥美对它们的每一元收费，因为利润少一元，它们的对价就会少5~8元，所以它们也尽量减低开支。但它们的态度会随着它们的股权比例变化而变化，拥有49%的会比拥有30%的更希望维持低工资和低开支，所以我们面对它们也需要了解它们的心态。

奥美是大股东，拥有董事会的控制权。我们一般都会委派原公司的负责人为董事长，给他们足够的自主经营空间，奥美的人为副董事长和董事，一般事情大家都能以新进公司的利益为首，所以在董事会上的沟通会比较顺利。公司的财务官是直接向奥美的财务官报告，按时提交财务报告。

薪酬福利是被并购公司高管和员工关心的大问题。高管和员工都希望能和奥美体系靠近，这意味着需要大幅度增加薪酬和福利，但这不符合股东的利益，也不符合奥美的利益。公司会尽量平衡各方利益，逐步拉近。

培训的需求是新进公司加入奥美体系的原因之一，所以奥美也非常重视。奥美的所有内部培训都会邀请新进公司派员参加，但这并不能满足他们的需要。我们会以收费的形式按他们的要求，派员到公司专门培训。他们也会邀请客户参加，以此提升客户对他们的信心。

当计算对价完成，整个并购完成的时候，公司已和奥美有足够的磨合和相互理解。原股东拿到最终的对价，可能因为太累，有部分股东会选择离开公司，好好休息。因为按照合约的要求，他们在一段时间内不可以从事相同的行业。留下的，有些会继续管理公司，有些会调到奥美，主管更大的业务板块，这是最顺利的情况。

不那么顺利的情况是公司不合理的严重亏损，友好沟通后，如果新进公司也不愿意改正，最终只能以法律途径解决，两败俱伤。

T. B. 是我的两位直属上司之一，但他和我一直是以伙伴关系工作。

在 19 年内，我们将最初仅有 15 人、面对亏损局面的奥美中国，打造成为在中国市场营销行业最有名的全方位集团。在奥美全球中，我们一举超标完成当时的两个五年计划，业绩和利润当时排名第 2，仅次于奥美美国。

其实，在开始时，T. B. 是独行独往的，不习惯先沟通后决定的模式，我只能在他后面处理问题，但不是什么问题都可以解决的。我和他坦诚沟通后，他从此把我视为他的工作伙伴，事无大小都先沟通。我在职之时，奥美在内地和香港的所有公司包括并购公司，他和我都是董事会的董事长和董事。T. B. 说我是奥美中国的创始人之一，我受之无愧。

在 1995 年、1996 年奥美中国的黑暗时代，我们采取以退为进的策略，保持奥美中国的稳定，并把互联网的元素带进奥美中国，奠定奥美互动在互联网营销的地位。

2009 年初，奥美中国进入高峰期，我决定离开待了 19 年的奥美，离开我们从宝宝开始培养成为 19 岁强人的奥美，进军刚起步的互联网行业。我虽然人离开了，但和 T. B.、和奥美、和奥美同事们的缘分还在。我离开奥美的最后职位为奥美集团大中华区副董事长、首席运营官、首席财务官。

第三部

不同专业的发展

IBM 和奥美互动的建立

当北上广三地的办公室在广告业逐步站稳脚跟时，我们迎来了当时超大型的客户 IBM，超出当时北京奥美的承受能力。

同时 IBM 也促使了奥美互动（OgilvyOne）的设立，事实上，奥美大概是在中国最早拥抱数字化转变的公司，这要感谢 IBM，同时要感谢范庆南、李睿德以及后来加入的韦棠梦。

李睿德是在奥美洛杉矶负责微软的生意，当年，由于奥美承接了 IBM，而必须结束与微软的业务关系，奥美只好关闭洛杉矶办事处。李睿德则调到日本负责 IBM 亚洲的奥美业务体系的建立。

IBM 当年是奥美在全球最大的客户，亦是奥美中国当时最大的客户。1993 年，郭士纳任 IBM 董事长，要强力重建 IBM 的品牌，将全球 70 多家代理商全部集中在奥美一家。这在当年是广告营销界的大事。

奥美与 IBM 花了大约半年建立全球的品牌团队（IBM 内部称为 IMC 团队）。在亚太地区，中国和日本是最大的市场，尤其是中国，更是成长最快、最具潜力的市场。

IBM 对奥美来说是个 B2B、客户关系管理（CRM）、高科技的客户，当时大陆人才确实不够，只能靠美国及台湾地区输入。

当时，台湾奥美在奥美互动这部分发展得不错，累积了许多人才，在面对 IBM 客户压力之下，只好由台湾奥美调人到大陆。

这就要轮到范庆南上场了。

范庆南早年是《天下》杂志的销售，常来奥美招揽广告。当时，《天下》杂志在台湾是个强势媒体，根本不担心广告的招揽，所以做它的销售是很轻松的。

范庆南是台大（台湾最高学府）毕业的，英文又好（跟大陆一样，广告业早年缺英文好的人才），所以，当时国外部经理刘笃行（或辜耀伦）问她要不要加入奥美。就这样，她误打误撞地加入广告行业。

范庆南是个非常专注的人，当然，她愿意专注的方向或事物，她可以持之以恒，达成绩效。一旦她觉得不想玩了，你怎么利诱都没有用。

我喜欢范庆南，她从来不啰唆。跟她谈事情，几乎都不会超过 30 分钟，她永远有个定见。

IBM 成为奥美中国最大的客户，对于奥美中国是非常重要的，IBM 让奥美在发展公关、CRM、B2B 的业务及人员养成上奠定了关键的基础。

奥美公关在承接 IBM 的业务之后，亦承接英特尔及微软（西岸奥美）的业务，至此奠定奥美在科技公关领域的地位。

同时，李睿德亦由东京来到北京，加入中国奥美，他预见中国未来的数字化趋势，强烈要求必须尽早投资奥美互动。在 1999 年，奥美互动曾经达到 80 名员工，但在 2000 年碰到数字泡沫化，业务一下锐减一半，人员也缩减到一半。

李睿德离开，韦棠梦由台湾来接手奥美互动，建立数字客户关系管理的业务。

韦棠梦是个德国人，在德国念大学时，就对亚洲感兴趣，学了中文，在上海奥美由实习生做起，然后到台湾奥美工作，与张崇琦结婚，记得他们两人都是台湾奥美的客户总监。

在北京奥美，2000 年韦棠梦负责奥美互动，2007 年张崇琦负责北京奥美广告。

韦棠梦是个让中国人觉得很不一样的德国人。德国人给人的印象是积极、有效率、不苟言笑，但韦棠梦完全不同，下了班喜欢去泡酒吧，找公司同事一起去。

由于韦棠梦是现任奥美中国的 CEO，我让他特别地谈谈草创时期之外，也请他延伸书写到现在。

逐梦路上，必不孤独

范庆南（Jennie Fan）
（1996 年加入北京奥美，曾任奥美互动中国区总裁）

双重角色

在这场马拉松接力赛中，我算是第二棒，随着时间推移，赛局越来越大，特性也有所改变……

我也是看了利宜德的文章，才知当初创业的筚路蓝缕，但这正提供了广告人喜欢探索、喜欢刺激的机会。

1995 年，我受邀对中美史克演讲。时值 11 月底，飞机降落北京机场，落日余晖，铁树银花，偌大的天安门广场，我虽然向朋友借了大衣和羽绒服，仍在广场上不停地发抖，但我体内热血澎湃，心中呐喊，这是我的归属！

我和 T. B. 讨论到北京工作的可能性，我想他那时应该很高兴有人自投罗网！

T. B. 说我必须担任两个角色，一个是北京奥美总经理，一个是 IBM 服务小组的领导人。在我和 T. B. 工作的 20 多年间，他总说“我不经常丢球，但只要丢给你，你一定要接住”。

对！他不常丢球，而且不常丢好球，经常是坏球或暴投，而我都要翻跌滚爬地去接。现在回想起来，也觉得很有意思，如果都是好球有多无聊！

我上任后才知道自己有多天真，因为这根本是两个都需要全职的角色，尤其 IBM 当时是个烫手山芋，客户向我们总部投诉，对我们的服务和创意都不满意，再不立即改善，就要把我们换掉。IBM 是奥美全球的大型国际客户，不管在哪个市场都不能有纰漏，更何况是中国这么重要的市场！

T. B. 为我设定了两个目标：

（1）迅速改善 IBM 客户满意度，解除被换掉的危机。

（2）改善北京奥美运营，转亏为盈。

因为可能失去 IBM 是个迫在眉睫的危机，我不得不选择把大部分的心力投注于此，还好其他客户相对稳定，而且有副总湛祥国在管理。

IBM 当时在中国的知名度和品牌形象都远远超过其市场占有率，主要问题是价格太贵，渠道也只集中于北上广。我带亚太区的 IBM 服务小组去见识当时 3C 的大本营——中关村电子一条街，客户觉得这是个机会，成立了 IBM 专卖店。结果大部分进店的人都是为了吹冷气，但是客户很高兴，他们觉得想要做领导品牌，凡事都要做第一个，何况这家专卖店也帮助品牌接触更多人群，让他们亲身试用产品，当时还没有体验营销这个名词，而这正是客户在做的事。

每个总经理好像都逃不过要搬迁办公室的挑战，一则业务持续成长，人员快速增加；二则我们也希望不断提升办公室的质量和档次。我在 1996 年 5 月正式上任，6 月被告知年底一定要换一个新办公室，而 9 月必须做决定，这样才能把新办公室的各种费用放进来年的财务计划中（外商公司通常在 9 月就要做下一年度的预算）。

由于当时财务状况不佳，根本无法考虑 CBD 的商业大楼，我们在三环边上找到一栋由工厂改为办公室的大楼蓝宝大厦，一共四层，我们租下了第四层，奥美广告和奥美公关在一起。尽管不是最高档的商业大楼，大家还是很高兴，因为每个人有新桌椅和新电话，工作空间更宽敞舒适，总机的柜台也更体面，那个时候的我们真是容易满足。

办公室搬迁定在 1996 年 12 月 31 日，一方面隔天是假日，大家可以多一天整理而不影响客户的工作，更重要的是我希望新的年度我们在新办公室开工。当天下着大雪，我很开心，觉得这是个好兆头。让我傻眼的是搬家公司不搬计算机，他们说因为价格太高，搞坏了他们赔不起，每个员工只好搬着自己的计算机，在雪中小心翼翼地走到路边招出租车，也是一段有趣的插曲。

这栋大楼的业主是一家国营单位，晚上不供暖。有天早上，当时的创意总监高祖侃告诉我，他们加班太晚，必须自己去加煤生火才有点儿暖气，我虽然很心疼，但也无可奈何。

新办公室的设计是由当时亚太区总裁杨名皓指定的设计师来规划，奥美全球 CEO 夏兰泽亲自来参加我们的开幕，事后亲笔写了一封感谢函（不是电子邮件），至此我们知道北京奥美已开始受奥美全球的重视了，当然这和我们没被 IBM 开除掉直接相关。

亲爱的范庆南，

非常感谢一周来你在中国为我做的这一切。你的热情欢迎让我难以抗拒，北京办公室的开幕也令人忘怀，有舞狮，还有挂牌仪式。你送的礼物，我也会好好珍藏。

很开心能结识你，也很高兴你是奥美的一员。我能看得出，在如此繁杂的工作下，你依然做得如此出色。我谨代表奥美全球，向你表示感谢！

如有什么我能帮到你的，请一定让我知道，我会非常乐意的。

希望能尽快再相见！

夏兰泽

夏兰泽造访北京后，写给我的亲笔信，未假手于秘书，同为直效营销出身的我们，都相信亲笔写信会让对方备感亲切及感动。

IBM 对我们最大的抱怨在创意不够快，不够好。我们的创意人员很

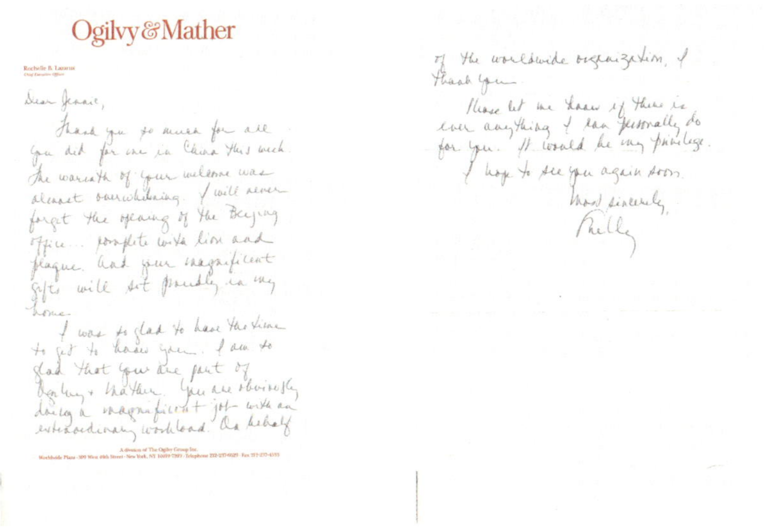

Ogilvy & Mather

Rochelle B. Lazarus
Chief Executive Officer

Dear Jennie,

Thank you so much for all you did for me in China this week. The warmth of your welcome was almost overwhelming. I will never forget the opening of the Beijing office... complete with lion and plaque. And your magnificent gifts will sit proudly in my home.

I was so glad to have the time to get to know you. I am so glad that you are part of Ogilvy + Mather. You are obviously doing a magnificent job with an extraordinary workload. On behalf of the worldwide organization, I thank you.

Please let me know if there is ever anything I can personally do for you. It would be my privilege.

I hope to see you again soon.

Most sincerely,

Shelly

A division of The Ogilvy Group Inc.
Worldwide Plaza · 309 West 49th Street · New York, NY 10019-7399

上 /　1997 年 2 月新办公室搬迁典礼，时任奥美全球 CEO 夏兰泽女士莅临

下 /　夏兰泽女士的亲笔信函

委屈，电视广告必须用全球总部提供的影片，我们只做翻译，而他们的时间、心力都专注于平面和户外，一周要出街 4~5 张平面，真的压力很大。我刚上任时听说，我们为了一张户外广告，已经和客户纠缠数月，被退创意无数！IBM 企业品牌形象广告已由总部发展，客户要的是个人计算机的形象广告。几经波折，我们最后通过的广告，客户赞不绝口，我也觉得非常精彩，这张户外广告在业界（科技业和广告业）都备受赞誉，是有名的经典（创意总监高祖侃）。可惜的是，因为工作量特别大，我们需要另外安排一个全职的创意总监和业务总监，我只好向台湾奥美、我原来的团队求助。其实就是挖墙脚啦！他们的加入对改善我们与 IBM 的关系起了很大的作用。

非常有趣的是，除了阳刚的 IBM，我们其他大客户都与女性相关，例如高洁丝卫生巾、舒尔美卫生棉、威娜洗发水、好奇纸尿裤，而做这些产品的大多数是男同事。

我记得上班的第一天，和副总湛祥国在讨论客户的工作，一个业务人员急急地来报告，当天晚上电视台要播出电影《秦颂》，湛祥国马上奔去媒介部，要求一定播一档我们拍的威娜洗发水广告，媒介部张玫立刻打电话下单，原来电影女主角正是广告的女主角许晴。这短短的 15 分钟正示范了为广告播出求最佳效率，以及不同部门的合作天衣无缝。我相信当天要临时下单一定很困难，也可以想象我们的媒介部同事在电视台和他们周旋，最后终于成功。这件小事反映了我们团队的敏感、主动、灵活，一切以客户利益为核心。

IBM 这个客户将公司的一切都一分为二，例如员工、收入、利润。非 IBM 团队对 IBM 团队十分同情，但也敬而远之。为了迅速了解问题所在并提供解决方案，我尽量参加每一个项目的内部讨论及客户提案，我并不能立即扭转乾坤，但至少对员工和客户起到了安心的作用。我的当务之急是尽快寻找资源，除了从台湾奥美找来了创意总监和客户总监，

/　备受客户和业界赞誉的 IBM 个人计算机形象广告

第三个团队也开始进入北京奥美，即 IBM 亚太区团队。他们安排了一个客户与代理商讨论策略的会议，我们在 IBM 东京办公室的一个地下室的房间，被关了 10 天，讨论内容包括市场现况、竞争品牌、IBM 的优势劣势、品牌发展目标、策略，最重要的是所需要的资源。感谢这个会议，让我以最快的速度了解这个品牌和中国的市场前景。

10 天后 IBM 全球品牌营销领导人来看会议成果，在我们提报结果后，她很高兴而且也更加相信中国是 IBM 要在全球成长的关键市场。带着客户同意增加预算的好消息，回到北京我并不能松一口气，而是要马上布置工作，全员必须动起来，以更快的速度完成更多的工作。

IBM 团队的创意总监陈淑华尚未走马上任就接到北京请求救火的邮件，一共有 11 张稿属急件，要在 20 天后陆续出街，这 11 件工作每一件都另会有 10 页左右的简述。还好这没有把淑华吓得打退堂鼓，她知道自己将跳进一个什么样的火坑。客户追加了预算就代表更多的工作，这也算是个“愉快的问题”。

这个客户 / 代理商的工作坊也让我学习到不能凡事等客户“发”工作，我们的亚太区团队主动提出我们要与客户有深入讨论互动的机会，而且支持我们所有的餐费和住宿，大家关在一起 10 天，没有干扰，全员专注，目标一致。客户对结果很满意，我相信这位全球营销领导人回纽约交功课时，应该会让她的同事又羡慕又嫉妒。

我们可能被换掉的危机解除了。

我的重要经验是面对大客户的大事件，必须拿出非常手段，大破大立。和区域团队及全球团队的互动，更让我见识奥美全球的人才，以及高瞻远瞩的企图心。

在中国市场求成长，不能只靠总部给的全球性客户，开发国内客户至关重要，开发“对”的客户更是一大考验。我们也是一边做一边学。如果只是拿出服务国外客户的那些原则“照猫画虎”，失败的概率极高。

来找我们的客户也增加得很快，但大多数都抱着错误的期望，例如希望我们能做一支广告立即解决他们销售的问题，或解决渠道的问题。有时候我们和客户讨论了好几个星期，发现客户其实只想要一句口号。我们渴望业绩、成长，因此几乎来者不拒，搞得自己人仰马翻，客户也不满意，员工怨声载道。有一阵子我们沮丧到甚至想完全放弃国内客户的开发，T. B. 不同意。T. B. 同意可以放缓步调，但绝不能放弃。

每拿到一个新客户，我们都又期待又怕受伤害。如果有一个不适合我们的客户要结束与我们的合作，我们虽然遗憾但也有如释重负的庆幸。

让我们纠结挣扎的不只客户，还有内部的许多矛盾。本地员工觉得我们起用太多港台和外籍员工，占了太高的成本，他们对同工不同酬有许多怨言。其实要把一个刚毕业的员工培养到可以真正独立作业，至少需要两年，要成长为资深主管更得5年以上，不得已我们才雇了外地资深人员。还有一件奇怪的事，不知道为什么他们认为评估就一定要加薪，两年就一定要升一级职位。面对这种混乱，还好来了人力资源总监裘淑慧，引进了专业的面试评估，升迁制度依本地市场特性做调整，才慢慢解决了这个问题。

比起前几任总经理，我幸运地拥有更多资源，站在他们打下的基础上，我们不再觉得像走钢索，随时担心掉下去而不时往下看，我们更有自信地往前看。我在完成了阶段性任务，因父亲癌症晚期于1999年6月返回台北。

没多久，北京奥美起了翻天覆地的变化，而我只是路人甲了。

暂停再重启

广告行业虽然每天产出各种创意，千变万化，但行业本身却数十年没有什么大的改变，直到网络时代的兴起，数字化的普及，网络公司迅速崛起，市场充满了一股焦躁、兴奋的情绪，大家生怕没搭上这列奔向未来的超级特快车，我们也一样。

终于掌握到一个起步比欧美落后不算太多的领域，由北京奥美带头，成立了一支数字营销队伍，即奥美互动（当时称为 OgilvyInteractive，后又改为 OgilvyOne，中文名称一直没改），采取光速扩张策略，疯狂地雇用新进人员，扩充办公室，增加电脑设备投资。网络界流行的“先发制人”“不鸣则已，一鸣惊人”（Go big or go home.），像是为我们打了一剂强心针，但是我们忘了看一看对我们最重要的一环，即“客户”，他们的反应如何。客户尚未准备好，没有客户的认同和支持，我们无法定向，光靠我们是拖不动他们的，更何况我们自己内部也有一大堆课题要解决。全新的领域考验我们的新思考模式，诸如人才技能、组织结构、运营系统、获利模式、内部整合，无一不是挑战。

我们边跑边绑鞋带，最终还是绊倒了自己。身为代理商，如果有客户而我们人手不够，是甜蜜的烦恼；若扩张太快，有人而没客户，那就是一场灾难。

经历了冲动、狂奔到脱缰如中邪嗑药般的一轮洗礼后，还是 T. B. 下来收拾残局。他决定先按暂停键，大家都冷静一下，整理凌乱的步伐再出发。

是暂停，不是退出；是整理，不是放弃。这和我个人的人生阶段也非常相似。2000 年下半年因父亲癌症病情加重回台，2002 年，父亲离世，我也进入新的阶段。这个巧合让我有机会接手奥美互动营销，错过了前面的大破大立，可惜但也很幸运，而要一起打造未来让我异常兴奋。

有了网络这个新媒介、新载体、新技术，中国的广告市场在快速成长的同时也更丰富、更多样化，奥美中国备受奥美全球的关注，因为欧美各成熟市场很难再有显著的成长，所以业务及获利成长这两项任务都落在了奥美中国的肩头。

在中国市场，我们的成长是多元化的，区域的扩张和新客户开发是较主流的方式，另外还有并购和推出的新服务，前面提过 T. B. 先知先觉的性格促使他同时推动各种可能的方案，奥美互动营销刚刚喘了口大气，T. B. 又决定推出以经营顾客关系为主轴的顾客忠诚度营销服务，小规模地试水温，不会重蹈前面迅速扩张的覆辙。

我同时负责互动营销和顾客忠诚度营销这两块业务，感觉推动难度很高。2000 年，中国仍处在一个开拓新市场的模式，客户更关心的是市场占有率的提升，消费者的品牌转移、顾客忠诚度根本不在他们的议程上。而且经营顾客忠诚度，需投资建立数据库，客户更觉得并非他们的当务之急。

互动营销听起来甚是花哨，感觉是较先进的策略，但客户也面临和我们一样的内部挑战，所以我虽握有号称具有竞争优势的两大武器，却无用武之地。

耐心不会等来客户，也不会降低奥美全球对我们的期望，所以我开始了全国巡回演讲，在分享新观念时也分享全球成功案例，行业论坛、大学演讲、营销研讨会，次数多到感觉像布道一般。

顾客忠诚度营销的奇幻之旅

在国内，不论是何种服务，想要业绩成长，一定要开发本土客户。借鉴国外的经验，我们专注于一些它们成功的案例，锁定一些已被证明特别适合的行业，例如金融、电信、信用卡、旅游（航空、酒店）、汽车、奢侈品、酒等。不幸的是这些行业在中国有很多限制条件，或者如前面所说，开发新市场都还来不及，无暇思考顾客忠诚度。我还记得前两个大型国内客户，虽然带给我们一些不错的收益和名声，但深入了解他们与我们合作的原因，我觉得有些无奈和尴尬。

第一个是一个美妆保养品，他们同意让我们建立一个营销数据库，给我们的时间非常短，但价格优渥。因为这是第一个本土客户，我们几乎全员出动，紧赶慢赶，总算赶上了在他们全国超大经销商会议时推出，并被邀请在会上做演示和未来计划说明。说也奇怪，在经销商会议后，这套数据库就被束之高阁，无人过问。仔细打听之下才知道，他们为了建立经销商对他们的信心，所以“与奥美合作”，“开发最先进的数据库”，这是一个非常有吸引力并可以建立可信度的方法，最后客户虽然付了款，但我们仍没有机会实战练兵。

另一个客户是一个国有企业，他们雇用我们作为顾问，定期向他们的分公司或高级主管分享新观点、成功案例，我们甚至还为他们发表了一份导入顾客忠诚度的白皮书。同样，这也是一个只说不练的例子，原来这是他们老总为了向领导展现其个人营销成绩的一种方式，同时也用来做内部培训和评估分公司主管。客户付了钱，我们提供服务，其中期望我们提供大力水手的菠菜，吃下去立刻变身超人的例子比比皆是，我们当然没有这种法力，客户也就浅尝辄止了。

又期待又怕受伤害

数字浪潮来得又快又猛，很快，数字营销在行业中的重要性迅速提升。在欧美出现许多独立的数字营销及网络服务公司，它们标榜特立独行，自由又奢华的工作环境、员工股票期权等，令年轻人趋之若鹜，让“抢人”的市场更加白热化。新的领域，新的游戏规则。

像变形虫一般善变的特性，也是我们必备的特质，让我们在集团内像一个多动儿，有点儿格格不入。年轻的网络世代不喜欢拘束，憎恨权威，见猎心喜，小小的脑袋装满了各种新奇又有趣的创意，像在树林中乱枪打鸟，但常缺乏核心主张，忘记品牌及营销任务。如果没有人、没有方法拉住他们，最后大家都会精疲力竭，沮丧收场。

奥美全球各地的数字营销团队，多多少少都有这种多动综合征现象。

在庆幸有这个企业成长的驱动力的同时，我们必须确保健康成长。我们纽约总部推出了“Verge，The Ogilvy Digital Summit”，这不仅是一个专业的论坛，还包括了很多新的运作工具，涵盖策略、创意、与其他传播服务整合，最重要的是如何评估层面，同时也是一套收集成功案例、内部知识积累、培训及资源共享的系统。于此，奥美互动营销强化了在市场的领导地位，也取得了许多全球性的客户，其中在中国有IBM、联合利华、雀巢、思科等大型客户，我们不再是“玩”网络的公司，而是认真、踏实地以数字营销帮助客户建立它们在市场的竞争优势。

高风险高回报？

大家都说投资要高回报就要承受高风险，在中国并购公司有高风险却不一定有高回报。很多外商公司为达到总部要求的目标，其中一个策略就是并购。并购时，公司规模、成长潜力、获利能力等硬指标是要着重考虑的，但还有一些其他软实力也非常重要，我们一向非常在意经营者的经营哲学、价值观、对未来的愿景，也很关心两家合并后相同的部分是否可以强化，不同的地方是否可以互补，还有一个难以强求、得之不易的因素就是领导层的“化学反应”。

初次见面大谈理念 、交换想法、分享心得都是很愉快的事，进入财务稽核就有点儿尴尬，这是一个冗长得分好几个阶段的过程，双方都要有耐心。你不会只看他一家，他也不会只看你一家，我们出的数字他一定不会满意，他的期望价格也一定超过我们的理想价格，双方拉锯。还好我们不是漫天减价，而是有一套清晰的准则，很多时候被并购的公司选择奥美，并非价格最高，而是大家对未来的想法相符以及奥美的文化。

完成并购签约，才是考验的开始，人员的融合、作业系统的相连接、组织架构的整合，是既磨人也无法省时的过程。

我在参与并购世纪华美的经历中，学到很多重要经验，可惜没多久，我因为健康因素，卸下管理公司的责任，这个经验未能复制。但在我的专业生涯中，这是一段既难得又有启发性的体验。

一个圆

我的健康亮起红灯了，无法再承受担任管理层频频出差的压力，T. B. 觉得我可以休息，但不要离开北京奥美，所以他指派我为服务联想的 360 团队的领导。

联想和电通合作多年，这个有人情味的客户从不比稿，从一而终。但是我们服务的部分是 ThinkPad 这个品牌，据说 IBM 在把 ThinkPad 卖给联想时提出两个附带条件，一是 ThinkPad 品牌名不能改，二是 ThinkPad 的传播仍由奥美来执行。这是何等的荣耀，前人的努力让我们享受甜美的果实。我终究又回到了来时路，站在第一线和客户讨论策略、辩论创意、拜访市场、参与调研，而且服务的是我进中国服务的第一个客户——IBM 的 ThinkPad，太奇妙了，这像是一个圆，是起点也是终点，而且是如此的圆满，让人雀跃。

好的创意永远让我更心头悸动，远超过我在经营上有好的财务成绩。碰到好客户，有清楚的简报，又懂得好创意，彼此激励，为品牌、创意呕心沥血的团队，此二者是真金不换的好命。谢谢他们让我们发光发亮，让我相信创意是广告的生命力，让我莫忘初衷，觉得人生分外精彩。

这是奥美的信念——人、知识、创造力，不只在培训，而且在每一天的工作，也是我 30 年广告生涯深信不疑的真理！

变革是我们的生命血脉，停滞则如同敲响丧钟！

韦棠梦（Chris Reitermann）
（1997年加入奥美中国，目前任奥美亚太区及中国首席执行官）
高岚　译

Innovation is our life-blood，stagnation is our death knell.

变革是我们的生命血脉，停滞则如同敲响丧钟！

这句我最喜欢的大卫·奥格威的格言，指引着过往30年的奥美中国之路。当然，变革与创新早已融入我们的血脉，但没有其他奥美能像奥美中国这样，在创新驱动下迅猛发展。

我常用这句格言鼓励新人，也将它赠予寻求帮助的人。我深爱奥美的一点，就是从未有人对我说“不，你不能这么干”。我的每个新想法、每个创新，都得到了各位老板与团队伙伴的支持。虽然许多想法都失败了，但即便如此，也没有人跑来责怪我与团队。公司鼓励我们开拓，允许我们试错，只要能一路吸取经验教训。没有这种精神，奥美中国就不会有今天的成就。

这首先要感谢所有为奥美奉献心力的人，感谢奥美中国的早期开拓者，感谢那些激励我们创新的客户，感谢所有帮助我们、推动我们进步的合作伙伴。

奥美在大陆30年来，一直都是行业先锋。从T. B. 草创奥美中国开始，到后来种种，奥美都致力于领先一步、引领行业。虽然无法事事成功，但我们总能从失败中吸取教训，加快成功步伐。

最重要的是，我们打造了一支了不起的领导团队。这些人都是在奥美成长起来的，并把整个职业生涯都倾心托付，包括我自己。我在奥美的25年，T. B. 一直都是我的老板兼导师。对他给予我和其他很多奥美人的发展空间与机会，我感激不尽。T. B. 的领导风格很鲜明，他从不做拦路者，而是随时提供建议与支持。他把荣耀留给他人，但对奥美成为一家什么样的公司，总是有着清晰的愿景。他是个有大智慧的人，无论在奥美内部还是在业界都广受尊崇。

过往25年，奥美历经了几代变化，但每届新领导或新管理团队，无不传承着奥美这种独特的文化和工作方式。

我从 T. B. 身上学到了许多。T. B. 最让我钦佩的一点就是他的“无为而治”。在我认识他的25年里，他从不摆领导架子。他有一种神奇的力量——领导他人，却让别人感觉不到正在被领导。他的角度和感觉总是很清晰，知道奥美应何去何从，但从来都乐意让别人站在聚光灯下。T. B. 是幕后主脑，最在意人才与文化，他认为，当一群志同道合的人一起做正确的事时，自然会引来追随者。

我第一次见 T. B. 是1994年，在上海。那时我在上海奥美实习，第一天报到，早上8: 30就到了公司。公司里空荡荡的，连前台都还没来，但里面的一间办公室里却传来响亮的古典音乐声。我闻声止步在一间办公室，有位男士坐在里面，听着音乐，喝着喜力啤酒，抽着雪茄当早餐。那时我都不知道 T. B. 是谁，自我介绍后，T. B. 热情欢迎了我，还给了我一瓶啤酒，因为听说我是德国人。我的奥美中国之旅，就是一个如此美妙的开端，而这也是典型的 T. B. 方式。他平易近人、人情练达、聪明睿智，是个你想与之共饮的好人选。

“最国际化的本土公司，最本土化的国际公司。”

这是奥美取得成功的另一主要因素，也是 T. B. 从第一天开始就对奥美中国和我们所有人提出的使命。他希望奥美不仅服务跨国客户，还能帮本土企业实现增长雄心。T. B. 希望我们尽可能本土化、尽可能贴近本土市场，但他同时也认识到，我们的价值也在于能把国际化的专业知识带给本土客户。多年来，T. B. 的这句话驱动着奥美的文化与人才策略。令我们备感骄傲的是，现如今，奥美大多数领导人都是中国人，而且大都是奥美生奥美养。同样令我们自豪的，是我们本土与跨国客户的比例非常均衡。中国是个如此重要的庞大市场，我们协助跨国客户适应复杂的中国数字化生态圈，同时也支持本土客户达成其全球化的抱负。

让时间回溯，回到 20 世纪最后一年——1999 年……

开拓者——增长与创新

1999 年，中国有 68 万网民，占人口总数的 0.7%。也正是在这一年，奥美在中国创建了奥美互动，从事互动与数字化营销业务。

这一步走得极富远见卓识……奥美无疑是中国最早的几家数字化代理商之一。那是最有意思、最具创新的年代之一。我们是真正的先锋，试图理清互联网对业务、对客户意义何在。业内对我们嗤之以鼻，许多广告和公关的同事搞不清我们在干什么、怎么与我们合作。老实说，我们自己也搞不太清。但我们知道并预测到，互联网将从根本上改变人们的生活、交流与营运模式；我们知道互联网将改变我们业务的方方面面；我们也知道，客户终将拥抱互联网，寻找与消费者互动的新方式。我们唯一不知道的是，数字化要成为主流，还要走那么久。20 年后回溯，我们的确在对的时间做了对的事情，今天成功的基石就是那时奠定的。

在不起眼的蓝宝大厦，互动的同事们有个小屋，著名的 401。这间屋子跟教室差不多大，在里面上班就像在学校上课。员工大多二十出头，是一群技能特殊的人才。说真的，广告公司招聘时从没想过要招这种专业。真像是在创业。

1999 年是互联网繁荣的高峰年代，新业务、新思潮不断涌现。从 1997 年到 1999 年，腾讯、阿里巴巴、网易、新浪这些行业巨头相继成立，奥美中国站在最前沿，探索这个勇敢的新世界如何发展、如何影响业务运营与品牌建设。我们引领潮流，与所有这些数码新玩家合作，共同探究基于广告的商业模式。那时，我们正处于这场互联网革新的中心。

两大关键因素让我们成为开拓者。

其一是我们的领导力。T. B. 很早就意识到，互联网将成为我们业务的变革力量。在李睿德（Larry Rinaldi，时任奥美大中华区副董事长）和毛希勉（时任 IBM 团队领导人）这两位富有远见并对科技充满激情的领导人的支持下，我们率先成立奥美互动，由毛希勉担任奥美互动第一任董事总经理。1999 年，我们超前部署，在北京筹建了一支相当大的团队。

其二在于我们的客户 IBM。作为一家科技公司，IBM 很早就想探索并尝试如何让客户以新的方式与 IBM 互动。那时我们的各种创新互动作品，很多是为 IBM 做的。必须感谢 IBM 这个客户把我们推向这个领域。没有 IBM，奥美不会是今天的奥美。

当时只有总人口 0.7% 的人上网，这对客户业务的影响极其有限。但当时我们很多工作并非连到互联网，而是连到我们给客户做的互动光盘上，把之前的平面内容用互动方式呈现。我们在互动光盘这块做得相当不错，并为很多客户，如葛兰素史克和联合利华，开发了多种互动推广材料。

其实我不属于奥美互动最早的那批人。我是在 2000 年 1 月加入的北京奥美，当时正值新千年伊始，刚刚克服了千年虫的困扰。我非常感激 T. B. 和庄淑芬，是他们最早让我进了台湾奥美，又给了我机会转调北京。就像我的职业生涯并非按计划进行，我加入北京奥美时，给我的职位是 IBM 团队的客户总监（我记得）。而 IBM 是当时奥美中国最大的客户。不太记得我有没有具体做这个工作，只记得很快我就加入奥美互动了。

到北京的第二天，我就被拉入平生第一次比稿里，为奥迪做中文网站，显然我能有这次机会是因为我是德国人。然后我们赢了，并做了第一个企业网站。从这个早期的网站项目开始，我们在中国与奥迪建立起了融洽的伙伴关系，至今已持续近 20 年。这充分证明，奥美的工作方式和强大的伙伴关系是有效的。多年来，我们就是从纯数字化业务开始，与奥迪的中国合资公司及其总部进行了多方面合作，包括顾客关系管理、数字化营销和广告。

当然，早期对我们最重要的客户还是 IBM。我们有个大项目，用 Lotus Notes 构建 IBM 中国的内容管理系统。这个大项目耗时很久，但我们的技术奇才居然做出来了。当时几乎每个项目都是头回做，所以我们卖给客户的常常是不知如何交付的东西，真的是“摸着石头过河”。

奥美互动有不少很有个性的人。李睿德很有远见，知识渊博，博览群书，非常明白互联网将如何影响这个世界、影响我们的业务。他富有远见的同时也相当古怪。他住在北京的一个胡同里，在蓝宝大厦里拥有唯一一间私人办公室，他的门总是关着，偶尔才会晃悠到我们面前。我很钦佩 Larry 将奥美中国推向数字化领域的远见卓识。而且 Larry 坚信，互联网会颠覆我们的业务。他认为我们需要彻底转型，否则我们的传统业务可能会一夜消亡。他聘用了一批出类拔萃的人才，组建了一个惊人的企业。比如我们无所畏惧的总经理毛希勉、第一任首席技术官比约恩 · 斯塔贝利尼（Bjorn Stabell）、第一位执行创意总监艾伯通（Dirk Eschenbacher）、业务总监陶炼丹，还有很多年轻的优秀人才，他们都渴望成为这个伟大集体的一分子。

2000 年激情遍地，这种干劲很有感染力。到了 2000 年 3 月 10 日，纳斯达克指数创下历史新高，也在这一天，互联网泡沫破裂。不到一年，纳斯达克市值缩水一半多，许多知名网络公司破产。这也阻断了许多客户想要加速数字化的决心。奥美互动的第一个增长阶段并没有持续太久，就这么结束了。

我清晰地记得2001年的预算。我们的预算会是这样的，各个市场都派人飞到香港，提报下一年的预算规划。我们都会花很多心思准备，规划人员、投资、预测客户业务的等级等等。但，这次不一样。

由于奥美互动没达成2000年的预算目标，当年是亏损的。我们的全球和亚太管理层都在等着我们提出计划，调整业务规模，削减成本。Larry走进会议室，一起进来的还有亚太区首席执行官杨名皓和全球首席财务官史蒂夫·戈尔德施泰因（Steve Goldstein）。Larry什么都没带，没有文件，没有预算，没有数字。他只是告诉大家，他们根本不知道互联网对世界、对我们会产生什么影响。他说，在座的没有一个人，包括他自己都没有聪明到可以抓住这个摆在我们面前的变革与机会。15分钟演讲结束，他离开了房间，留下一群人大眼瞪小眼。

Larry确实有远见，他比大多数人都清楚互联网的变革力量。我始终认为，是Larry的洞见推动我们走向数字领域，而当时其他代理商都忽视了这一点。遗憾的是还有一个商业现实摆在面前：对一家上市公司来说，只有未来愿景是不够的，还得产出业务成果。

记得我还和Larry合作过一个很有潜力的项目。我们曾设想过把当时欧洲领先的一家数字代理商引入中国，一起成立合资公司。我和Larry飞到维也纳与其CEO会面，陈述合作理由，以期大幅加速我们的中国业务。当时，他们是发展最快的数字化代理商之一，雄心勃勃想走向全球。我们还达成了一个协议，想带去给WPP看，但不幸的是，紧接着就是互联网泡沫破裂。对他们而言，这并不是在中国扩大规模的好时机。

2001年，一切都改变了。随着互联网泡沫的破裂，我们不得不调整目标，让业务进入一个可持续状态。我们降低目标，削减成本，专注于推动广告大客户的数字化转型，比如IBM、卡夫、联合利华、奥迪等。我们开始为中国的跨国企业开发数字化战略、做网站，将重点放在少数几项我们希望扩展的关键技术上。

管理层也有很大变化。Larry 和毛希勉都相继离开，而我被委任接管奥美互动。这可能是我们的业务最具开拓性、最有趣的一段时期，我完全没准备好要去运作一家公司。我不得不飞快学习如何做一名优秀的领导者，如何管理、扩大一家企业。

后互联网泡沫时代——可持续增长

接下来的几年，我们的业务不断发展壮大，还在中国达成很多个第一。我们给中国移动做的数字化营销，为中国广告赢得有史以来第一座戛纳“狮子”。这不仅是中国的代理商获得的第一座“狮子”，还是一座网络类奖项的“狮子”。我们为之自豪。

我们为联合利华开发了首个中国企业网站。这可能是当时最有战略意义的项目之一。这不仅仅建了一个网站，而且把整家公司放在一起，将其不同的产品品牌与类别统一在一个标识下。这是一项大工程，我们与奥美公关和联合利华的企业市场部一起合作，为联合利华中国制定了新的企业品牌战略，设计了新标识、新口号，完全重塑了网站。在这个项目中，我真正感受到了奥美与整合的力量，并认识到，我们需要更多地将战略与数字化执行相结合，才能在市场上脱颖而出。

我们开始与许多互联网大公司合作。由于我们是一个重要的参与者和先锋队，所以很受关注，他们都想与我们合作开拓并壮大市场。那时，他们需要我们远大于我们需要他们。他们需要奥美为其业务背书，通过我们来说服客户进入其平台。

我们还开发各种技术合作，为在中国的客户提供世界级的技术解决方案。我们与当时科技界的宠儿合作，比如 Vignette 和 Broadvision，这些内容管理系统可以管理大型网站的内容。虽然我们并没有卖出太多这样的解决方案，但它帮我们树立了技术声誉，使我们的员工有能力与当时世界上最好的技术供应商合作。

令我记忆犹新的一件大事，是 2004 年 WPP 首席执行官苏铭天爵士访问北京时我们安排的一次晚宴。我们觉着，把一些知名互联网企业创始人组团共进晚餐会是个好主意。经过一番协调，我们成功邀请到搜狐的张朝阳、网易的丁磊、腾讯的马化腾和新浪网的一位创始人（忘了是谁），这是我参加过的最有意思的晚宴之一。大家本以为这些人肯定常碰头，但其实这是四大巨头第一次坐在一张桌子前。晚宴原本安排在晚上 7 点到 9 点，但最终直到午夜才散场。他们聊了很多话题，比如创业公司面临的挑战，互联网将如何改变商业、中国和世界。尽管他们都很有洞见，但那时在那个屋子里，即便想到天边，也没人能想象到今天，中国作为一个完全数字化的经济体，如何在引领世界，而他们这些公司会市值数千亿美元。

这场晚宴让我坚信，我们有巨大的机缘来继续加速数字化转型，并与这些未来的巨头一起成长。

奥美互动最初以 OgilvyInteractive 的名字进场，但 2002 年成立了 OgilvyOne，作为主品牌来推动我们的数字化扩张。范庆南成为 OgilvyOne 的负责人，在数字化营销、顾客关系管理与数据上推动奥美大步向前。

我们有个梦之队，北京的陈蓉和胡洁燕，上海的郑龙匡，还有两位最优秀的数字化创意人——北京的艾伯通和上海的友汉（Johan Vakidis）。有意思的是，这些当时的领导者后来大都创业成功，或成为客户与广告公司的高层。

有个大创意，我还记得是为阿迪达斯做的营销活动。作为阿迪达斯在上海的数字广告代理商，当时给他们提案一款名为“THE ROOK”的互动篮球游戏体验。这是一场精彩的营销活动，领先到当时几乎没条件能做出来。幸好我们与全球顶尖的数字化制作公司共同创造了这个体验。

/　为中国移动做的数字化营销，赢得中国广告业界第一座戛纳“狮子”

即使放在今天，这场活动从体验营销角度来看也非常出色。它在中国取得了巨大成功，赢得很多奖项。

这个项目由上海的执行创意总监友汉，展示了热情与决心能带来何等惊人的结果。我常在想，如今大家的冒险精神都跑哪里去了？当时那么多客户都愿意承担更多风险，去尝试、去钻研。

我们业务的另一个重要里程碑是赢得摩托罗拉的全球业务。2000 年初的摩托罗拉就像今天的苹果，而 Moto RAZR 是市场上最酷的手机。我们在北京有一票优秀人才，管理着摩托罗拉的全球业务，安德笙（Nils Andersson）担任首席创意长，康培霖负责全球业务，黄淳富是策略负责人，温铭辉分管中国业务，胡洁燕领导摩托罗拉的数字化转型业务。这是我们首次在中国负责一个 360 度全套整合的全球客户，它是奥美在中国、在亚洲最大的客户。我们给全球数百个市场输出创意作品，当然我们也针对中国市场做创意。这也是一个全面整合的客户，我们第一次从战略、广告、数字化营销、媒体、零售一直做到公关。

与世界上最好的制作公司合作，使我们产出了行业领先的优秀作品。他们所有的手机发布都由我们做，同时我们也协助他们推出 MotoMusic（一个数字化音乐平台），以期发展出一个完整的数字化服务生态系统，并首次探索如何通过在线服务赢利。即使 15 年后回望，我们当时的表现也堪称典范，具有标志性的意义。

应该说是客户把代理商推向下一个发展阶段。摩托罗拉让我们成为全球的创意玩家，推动我们深度参与移动设备和移动互联网带给世界的变革中，这样的变革需要顶尖数字化专才的支持。

在北京举办奥运会之前的几年里，我们继续引领市场，带给客户创新的解决方案。我们与韩国 OPMS 媒体效果公司一起建了合资企业，与 WPP 旗下的移动体验公司 Iconmobile 建了合资企业，并于 2007 年收购了本土领先的数字化媒体公司世纪华美。

时至今日，我仍然以与 Iconmobile 和 OPMS 的合资为例来阐述奥美中国的理念。以上两家都是各自领域的市场龙头企业。这两次合资，我都去找了我的上司 T. B. 和亚太区管理团队，满怀激情地承诺跟这两家成立合资公司会带来怎样的结果。两次，我都得到了无条件的支持。奥美的管理层信任我，还提供了财务支持。但最终，这两次合资都未能成功。那时太超前了，很难做到可持续发展，但公司从未有人因这两次合资的失败责怪或为难我，而且我们从这两次合作中学到很多东西，让我们在媒体效果和移动领域比他人提早取得优势。

我想对那些身在奥美并有志向的团队负责人说，在奥美的 25 年里，几乎没人跟我提过什么大胆的商业点子或建议。许多人都指望着“公司”来做，或许是他们害怕失败。事实是，奥美绝对支持创新，鼓励并奖赏创业精神。失败不是问题，只要你能有所学习。

世纪华美，也就是后来的奥美世纪（Neo@Ogilvy），扭转了合资不利的局面。世纪华美是中国排名前三的大型线上媒体公司。2007 年，其数字化媒体收入超过了群邑集团。这让我们一夜之间声名鹊起，坐上了数字化大玩家的交椅。现在，我们不仅有能力开发数字化营销策略，还有能力将其付诸实施。奥美世纪成为奥美互动旗下的一大品牌，并在未来几年里协助我们实现大幅增长。

2008 北京奥运

2008 年绝对是我们在中国数字化业务的黄金年，我们围绕北京奥运所做的创意成为巅峰之作。

很荣幸，我们帮许多奥运赞助商做了营销活动。我们为阿迪达斯做了数字化展示，为强生做了大量的数字化营销。我们还与伊利合作，它当时是中国最主要的数字化媒体采购商之一。

我们为强生所做的奥运宣传，是另一个难忘的经历。为了实现其在中国的业务雄心，强生决定成为2008年北京奥运的赞助商。他们在中国有三家主要的合资公司，这也是这三家首次携手，就整体战略和营销活动达成共识。所有的资源都用来支持这一重量级奥运活动。

我还清楚地记得那次比稿，是在2007年的复活节，星期一，在上海。那是一次超高标准的比稿，强生全球首席营销官布赖恩·珀金斯（Brian Perkins）都出席了，奥美当时出席的有我们全球首席运营官史蒂夫·海登（Steve Haydon）、最强创意大脑谭启明与钟顺兴（Eugene Cheong）。

比稿过程超级紧张。前一天晚上，我们都觉得，出色的创意有了，亮眼的整合营销活动有了，但少个大标语。我们需要一句特别有力的中文标语，于是就给奥美中国所有文案发了个简报，要求大家给建议。在上百个选项中，“因爱而生”脱颖而出。看到它的第一眼，我们就知道，妥了。直到今天，我们都没能为这个标语找到合适的英文翻译。

提案当天，我们来到上海的一家酒店。那天来了好几家广告公司，我们是最后一家提案。记得第一件事，就是我们的全球首席创意官问我，哪里能找到IT人员帮忙安装设备。显然我们没带IT人员，大家都很紧张，因为我们的笔记本电脑、音箱、投影仪统统接不上。最终由我客串IT人员，接好了线路，连好了投影。一切顺利，我们完成了提案，展示了令人惊艳的创意、亮眼的整合奥运营销活动，带有很强的数字化与内容营销元素。当展示到中文标语时，我们能察觉到房间里有股魔力，强生所有的中国员工立刻点头微笑。提案完，我们就离开了。15分钟后被告知，我们赢了！没想到，我们又一次当场赢得大单。

那句中文标语是关键，获得了所有业务部门的欢心，他们觉得标语表达出了强生真正的精神和价值观。我们把强生定位为不辞辛劳的幕后守护者，保护大众的安全与健康。继而我们发展出一个亮眼又成功的奥

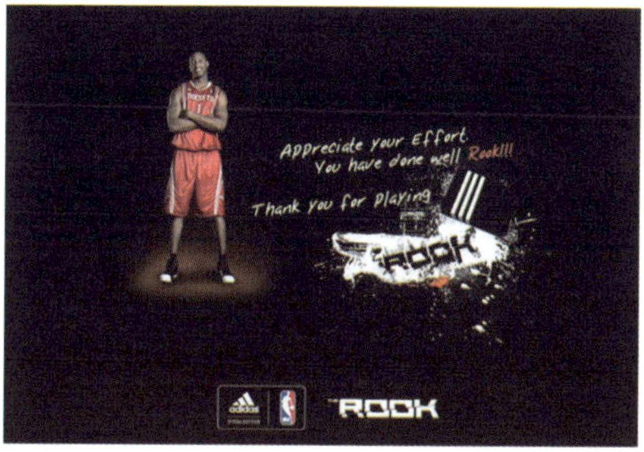

上／　阿迪达斯“THE ROOK”互动篮球游戏体验

中／　韦棠梦与庄淑芬

下／　强生“因爱而生”系列广告片

运营销活动，“因爱而生”也作为强生中国的企业口号，一直沿用到今天。

我想说的是，单纯的数字化或孤立的数字化活动只是沧海一粟。一个强大、差异化的品牌宗旨与创意，能让大家工作有意义，让品牌与众不同，效果也会好很多。

我们做了许多与奥运相关的工作，整个 2007 年与 2008 年都忙碌异常。最后，我有幸被客户——大众汽车邀请，参加了 2008 年奥运会的开幕式。真是难忘又魔幻般的体验。它向世界展示了今天的中国，这可能是中国软实力的最高体现。在那座体育场里看演出，看各国运动员进场，那感觉实在是太棒了。

后奥运时代——数字化成为主流

奥运会结束了，大家都觉得有点失落。奥运会之前的几年，我们如此精力充沛。奥运会结束后，北京的氛围就不太一样了。不过，我们的业务与数字化市场仍在稳步提升。到 2009 年，所有客户或多或少都在数字化上有了支出，但大多客户仍将其视为广告渠道的一种。

那几年，资深管理层也有一些变动。范庆南转调资深客户服务岗位，负责大客户联想，而我接任奥美中国互动负责人。胡洁燕去了摩托罗拉。陈蓉成为北京奥美互动负责人，之后于 2011 年，接替我管理奥美中国互动。陈蓉担纲这一职务，让我很是自豪，因为她是这个职位上的第一个本土人。陈蓉是位真正的创业者，有很强的商业意识，以巨大的热情推进着我们的数字化产出。

我们请来林淳（Natalie Lam）担任上海奥美互动的执行创意总监。林淳来自全球顶尖数字化热店之一 RG/A。她在 RG/A 服务耐克时获得了很多宝贵经验，所以能带领团队为威富的多个品牌，如范斯（Vans）、北面（The North）和李（Lee Jeans），创作出好作品。我们谈了很多有变革意义的客户。这三个品牌无疑给上海奥美办公室带来全新活力。人人都想服务它们，尤其是范斯和北面，因为工作内容主要在数字化和社交领域。我们为这些客户做了很多获奖作品，也有很多优秀人才因它们而加入奥美。

我们开始意识到，所有的业务都应该数字化。以前默认的是，只要是数字化业务就都由奥美互动负责。现在，我们要让奥美互动回归本源，把关注点放在顾客体验、顾客关系管理和数据上。奥美世纪专注于效果类媒体，奥美公关开始关注社交媒体，奥美广告也开始为客户提供数字化广告服务。

虽然这样做会减慢奥美互动的增长，但从集团角度看是正确的。数字化必须融入我们所有业务当中，特别是在中国。这是深思熟虑的一步棋，肯定能让奥美中国成为有数字化基因的整合代理商，而非仅仅是数字化代理商。

陈蓉 2013 年离开奥美出去创业。尽管很喜欢与她一起工作，但我还是鼓励她大胆尝试，去追求自己的创业梦想，祝愿她一切顺利。

2014 年，我们聘请到一位大人物——舒嘉泉（Jacco Ter Schegget）来负责中国奥美互动。我们觉得需要那么一个人，把中国奥美提升到新高度，带来新视角。舒嘉泉是数字化领域的重量级人物，此前担任 Tribal DDB 的欧洲总裁。他为奥美带来了新视角、新抱负，最重要的是，他让奥美互动重新聚焦在核心技术，即顾客体验上。我们自发进入新的服务领域，如电子商务、用户体验、忠诚度、顾客关系管理与社交化营销，为奥美互动注入新活力。舒嘉泉打造了一支出色团队，引进很多新人才，给我们的业务带来当时急需的国际视野。

尽管业务本土化很必要，但我也对不同文化与思维方式的人聚集在一起所能产生的力量深信不疑。几家最好的代理商都置身于多元文化的市场。来自不同文化、不同成长环境的人的观点，会帮助我们产出更好的作品。作为一家全球代理商，我们需要融汇世界各地的创意、想法和观点。

在舒嘉泉的带领下，奥美互动蓬勃发展。奥美世纪开始出问题了。到 2014 年，世纪华美的所有创始人都离开了奥美世纪，我们失去了市场领先位置，也错失在中国数字化媒体领域保持领先的机会。我本人最大的遗憾之一，就是我们浪费了在数字化媒体领域的巨大领先优势，未能将奥美世纪打造成中国的媒体巨头。我们本来万事俱备，还领先一步。从数字化媒体领域的规模来看，奥美世纪本应成为一个大生意。

这是并购中常有的挑战。并购协议是这么设计的，按前 5 年的盈利能力，完成股权交割。于是许多企业主为了赚大钱，只专注前 5 年的业务，尽量优化其回报，推动利润增长，却没有对公司未来的服务与业务进行投资。短期主义对任何企业都没有好处。并购的另一挑战是，一方面我们希望原来的企业主保持动力，在业务上继续发扬使其成功的创业精神，另一方面我们又想把他们整合到奥美集团里，接受奥美文化，利用奥美资源，最重要的是，让我们能用正确的方式引导这些并购企业。

舒嘉泉团队为奥美赢得了一个服装品牌的大客户。我们为其开发了全自动微信顾客关系管理程序，这是我们第一次提供此类服务，该品牌至今仍是我们的客户，我同样将其归类为对我们的业务有变革意义的客户。它迫使我们开发并加强私域流量方面的专业知识，用技术管理大量微信用户，以设定个性化产出与目标。成为我们在国外谈的最多的案例之一。每当奥美或 WPP 需要用一个强势案例来证明我们在中国的数字化专长时，我们就会说到这个品牌。在帮其做项目管理的 6 年中，它的微信用户从 400 万增长到 2000 多万，这赋予了品牌能直接与客户沟通的超能力。

这个品牌的工作促使我们开发自己独有的技术平台——OMS。在为品牌做开发时，我们意识到有样东西没人做，即一个技术平台，能让在中国的企业浏览各种社交平台，了解顾客群，当时还没有这种平台。我们没去独立研发，而是与一些领先的技术解决方案供应商合作，为客户提供一揽子解决方案，帮助他们在不用大量技术投资的情况下，更好地管理其微信账户和顾客。OneX 是 OMS 的一个关键产品，现在被众多客户用来管理各种顾客体验项目。

从奥美互动到一个奥美

2016 年，杨名皓突然辞去奥美全球首席执行官的职位，由苏腾峰（John Seifert）接任。苏腾峰为奥美制定了新格局，将奥美所有的业务整合到一个品牌旗下，大大简化了我们的财务架构，将各种汇报体系整到一张损益表上。

整合的一个后果，就是我们的一些专才看不到公司未来，他们宁愿以专家的身份继续职业追求，也不想成为被整合的那部分。于是，舒嘉泉于 2017 年离开了奥美。

奥美互动这家公司就这样消失了，在全球，奥美世纪也被并进传立媒体。之前的奥美互动，现在被称为公司的一个“专长”，即消费者体验与电商。

又到了在新领导带领下重塑业务的时候了。任士林（Sheilen Rathod）于 2017 年从香港办公室转调到奥美中国，担任消费者体验与电商这一专长的负责人。任士林的领导风格与舒嘉泉截然不同。舒嘉泉是位出色的商业领导者，任士林则更像策略与顾问，在新架构下，任士林的技能正对路子。任士林的角色更多是确保整合后我们能拥有适当的专长与资源，以便能为客户提供消费者体验与电子商务上的解决方案。

从公司战略而言，“一个奥美”是正确的，它将所有技能整合在一起，提供给客户的是个完整的业务方案。但其缺点在于：原来的一家公司，变成了一个专长，所以我们失去了对深度与专业度的关注，我们对增长、对某些需要投资的业务领域关注不够。随着数字化的成熟，客户的预算也有很大比例花在线上，他们需要专家的合作。然而，即使我们有很多这样的专长，但当客户在找商务、数据或顾客关系管理的专家时，我们却往往不是其首选。我们成了一个自我品牌建设有问题的品牌代理商。

在中国，我们的整合做得还是不错的。鉴于现在我们做的营销几乎都是数字化的，所以增长依然很强劲，我们将奥美互动之前的许多高层安排到奥美网络的关键整合位置上。但从全球层面来看，奥美显然失去了昔日的光彩，增长问题日益显现。

尽管许多市场都举步维艰，但 2019 年可能是奥美中国近年来发展最好的一年。我们实现了强劲的增长，这在很大程度上得益于在中国的整合发挥了作用。我们切实做到以数字化为核心。有很多客户，我们以前纯以提供广告服务和拍片为主，现在转为协助他们开发数字化内容与服务。我们成为社交与商务领域的主力军，在数字化呈现、社交策略、数据计划、大幅提高电商销售份额上，与众多客户展开合作。但即使成功了，随着客户与市场越来越扑朔迷离，我们越来越觉得自己的深度还是不够。

有意思的是，我们的许多传统客户仍未将奥美视为一个主要的数码玩家，过往数十年，他们把奥美当“广告公司”一起合作，因此无法贸然把我们当作数字化合作伙伴。同样地，我们可能也没能尽力说服他们相信奥美的数字化演进。分析不同品类或同品类的不同客户，我们所做的工作很多取决于我们与其关系有多“新”，这一点很有趣。比如，与客户 A 合作了 30 年，除了品牌建设外，我们几乎没做过别的；客户 B 是 5 年前开始合作的，与客户 A 行业相同，我们却在为其做最先进的营销，全数据驱动、自动化、个性化，持续关注销售转化率。我们在做所有这些的同时，仍在坚持做好创意，助力其品牌的差异化，达成长期增长。

我们也越来越多地与中国的数字化颠覆者合作，数字化是他们与生俱来的本领，虽然卖的是消费品，但他们的运作方式和互联网公司无异。这些内容工作室或刚起步的小公司全年无休、全天候地自己做营销运营。看到这类玩家后，我们发现一个机缘：我们可以向上游移动，做策略与咨询，把下游执行的部分留给他们。

必须承认，多年来我们的数字化业务大多来自跨国企业，但情况在改变。很多本土客户现在找上门，让我们协助开发更具战略性的数字化体验，以便与顾客建立更持久深入的联结。这种客户大都拥有大批量的微信关注者，却没有带来足够价值，或者他们的商业业务存在问题，盈利增长不足。

2020年，疫情来了。鉴于2019年的成功，我们本来对2020年充满乐观。2月疫情暴发，影响所有人。虽然这一年无论是员工还是业务，都很挣扎，但令我自豪的是，我们没有经历重大挫折，终于走过来了。当然要控制好业务的短期下降，但总体而言，我们稳住了。数字化营销上的变化更大。消费者的消费模式在过去的9个月，生生达成了过往5年（至少）才能有的变化，在社交商务、交付、在线服务、人工智能驱动自动化上也出现了新模式，这在过去是难以想象的。

2020年，我们知道，该为未来10年的发展打基础了。

2019年9月，全球首席执行官苏腾峰退休了，奥美请来安迪·梅因（Andy Main）接任。安迪是空降来的，之前是德勤数码的CEO。安迪的顾问出身给奥美带来了新聚焦点，上任之初就组建了一个全球策略委员会，以期重塑奥美。他的简报很简单。作为一家全球企业，奥美已经五年没有增长了，他希望我们制定出一个把奥美重新推向市场的战略。虽然广告仍是奥美的大头，但市场封顶了，而咨询与顾客体验市场正在全球范围内暴涨，这是个高达2万亿美元的市场，我们必须赢得胜利。

这一战略的结果是，我们梳理了现有的12大变革板块，重新拾回5

大业务，各自设立领导团队。

这些业务是：

增长与创新——专注咨询与策略，助力客户达成增长雄心，并提供品牌与数字化转型的咨询服务。

广告——在所有平台和渠道上，通过顶级创意，让品牌声名远播。

消费者体验——获取、增长及保有顾客，提升顾客价值。跨私域流量、商务与数字化体验，驱动增长。

公关——驱动品牌在自有、赢得媒体上的影响力。

医疗健康——与制药和保健企业合作的全球医疗健康业务。

我们的 2021 年战略很简单：大力投资并发展体验营销业务，在广州建立数字化内容中心。在体验营销方面，我们将增加服务的深度，特别是在商务与社交 CRM 上。我们在中国也筹建了沃维特营销咨询公司（Verticul），这家公司负责奥美的全球营销技术，这让我们在技术产出上有了大幅提升。广州内容中心正在组建中，希望能借此推动自动化与技术应用，从而以最低成本为客户大规模开发内容。我们已经看到这些服务所带来的巨大商机与需求。

我们将在 2021 年全面实施新战略、新架构。虽然要做的事情还有很多，但我坚信，焕然一新后的奥美能更好地达成我们的使命，成为助力客户成长的全球最佳平台。

在此，我想感谢过往 20 多年一起奋斗、勇敢的奥美中国同事们。他们是真正的巨人。其中许多人都成为我的知交，不少人成为成功的客户、创业者或我们的竞争对手。我想说，无论你们在奥美工作多久，都与奥美中国的成功息息相关。能成为这个团队的一员，我无比骄傲，也很感恩能与大家相互扶持，携手数十载。

奥美这个名字在中国的分量远超其他市场，无论业内业外，家喻户晓。奥美中国的每一代新领导层都传承着奥美的火种，肩负不断创新、优化业务、引领市场的重任。

是 T. B. 造就了今天的奥美。在我们这个行业，鲜有人留下宝贵资产，但 T. B. 是个例外。过往 30 年，T. B. 成就了许多重要的里程碑，其一就是他所铸造的企业文化会永久传承。奥美的文化如此强大、如此独特，一定会代代相传，不断推动奥美走向辉煌。

奥美公关的建立

公关的业务在中国是重要的，没有任何一家广告代理商有公关的业务，只有奥美。这是奥美在早期已发展了公关和 CRM 及数据的不同专业，并提倡整合营销传播对品牌建立的必要性。在台湾奥美亦是如此操作。

我必须说奥美公关的设立、成长，是成就奥美中国今天的关键因素。

说起奥美公关在中国，要由马建伟马爷说起。在 1991 年之前，香港奥美的同事马爷，已与北京 FESCO 有联系，当时每家外商的员工，都需要在 FESCO 登记，协助外商管理本地员工及处理与政府相关的福利要求。当时 FESCO 北京有个公关部，他们常与我们合作，协助我们处理国外客户与相关部门的关系。

FESCO 有两名员工李宏及乔天云，与我们常接触，让我们印象深刻。他们待在政府机关，了解政府的运作，同时又有接触国外事务的经验，例如李宏在纽约待过大概 4 年（1985 年底到 1989 年 4 月），担任中国驻纽约总领事馆的文化领事。这些经验都是绝佳的公关历练。

当初我们是想与 FESCO 北京公关部成立合资公司，谈判过程不是太顺利。同期，奥美在上海与上广的合资顺利进行。当时，我们下了个判断，找一个合资对象就好，免得太复杂。

后来，我们与上广成立奥美公关，邀请李宏及乔天云加入。他们成为奥美公关的最早本地员工，而且一开始就是资深员工。

柯颖德在这之前由台湾来到大陆，负责公关业务的开展。

柯颖德是 1991 年由纽约奥美公关来到台湾奥美公关，任职副总经理。1995 年他决定来北京，接手奥美公关的建立。

柯颖德是在美国乡下长大的，为人诚恳、正直，天生的公关人。他由美国最好的公关学院雪城大学（Syracuse University）硕士毕业，立志要做专业的公关人。他到中国，马上就察觉到大陆公关具有无限的发展前景，而且有许多潜力无限的人才有待奥美去发掘、培养。

现在回想起来，奥美早期设立奥美公关这一支队伍帮了奥美的大忙，没有任何一家国际广告代理商有提供公关服务的能力，这强化了我们整体的服务，亦强化了奥美整体能力的形象。这些确实要感谢柯颖德和李宏对公关的执念。

做广告的人常常有点儿看不起做公关的人，总认为公关就是写新闻稿及做活动罢了，没什么策略思考。

事实上，公关必须思考多个维度、多个利益相关的人或群体，例如政府关系、社会趋势、股市、压力团队、产业、内部员工等等，消费者只是其中一个对象。

广告的重点就在于消费者，必须深入了解消费者，形成传播策略及创意，相对公关来说，广告单纯多了。

当然，现在不一样，面临互联网冲击，你会发现，传统的广告人在面对变化时反应是较慢和较痛苦的，不如公关人适应得快，这与他们的日常专业思考及作业是有关的。

接下来由柯颖德和李宏来谈一下奥美公关的草创。

奥美公关在中国的起航之路

柯颖德（Scott Kronick）
（1995 年加入奥美中国，2021 年前任奥美亚洲公关及影响力首席执行官）
高岚　译

在美国中西部长大的我，从未想过未来半生会在亚洲度过，这要感谢奥美，是这家不可思议的公司给我带来了机会。

我出生在密歇根的弗林特，那时的弗林特是个汽车城。当时我对中国的唯一认知是，如果在海滩上挖个洞，一直挖一直挖，就能挖到中国，大人们都是这么哄孩子的。哦，还有，圣诞节假期仍在营业的，都是中国餐馆。对我们而言，中国是个神秘的国度。孩提时，我和我哥还常模仿大卫·卡拉丁在当时热播的电视节目《功夫》中的打斗动作，他在剧中扮演一位爱好和平、在古老西部漫游的少林僧钱关昌。

直到 20 世纪 80 年代初，美国社会才开始对亚洲有更深层次的认知。那时，日本是亚洲之星。日本人在美国买了大量地产，日本企业正发展为世界领先的汽车制造商，企业高管们都迷上了日本的管理哲学，大学里的年轻人都在学日语，因为日本正崛起为一个经济强国。

我就是在这个时段进入职场的，在纽约一家小公关公司做客户执行。刚开始工作，我就有幸遇上出色的客户。美国管理协会算是我的第一个客户，我还专门花时间阅读他们的出版物《如何做一名更好的管理者》。那时我也很幸运，与美国管理协会当时的 CEO 托马斯·霍顿（Thomas Horton）博士成了密友。霍顿博士写了一本书叫《什么对我有用》，当时我还是个刚毕业的新人，负责这个项目。这本书是对 CEO 们的系列访谈录，讲的是全球领先的 CEO 认为哪种管理与职场哲学最起作用。我给这本书做宣传，也因此有很多时间与霍顿博士在一起，他成了我的导师。

一天，我正考虑要不要读个 MBA（工商管理硕士）或去上法学院，霍顿博士给了我一个完全相反的建议。“去亚洲体验一下吧。亚洲正在崛起，这比读任何一所学校都要好。”他建议道。于是，我把眼光放开，开始在有全球业务的著名代理商中寻找工作。我参加了几家公司的面试，终于在 1987 年中，在 D-A-Y/ 奥美公关公司找到一份工作。D-A-Y 是纽约一家著名的公关公司，专门从事消费者公关，奥美收购它是为了在消费者公关上扩展业务。随之奥美又并购了另一家公关公司 Adams & Rinehart，从此为奥美的公关业务打下坚实基础。

这一时期，奥美不仅在美国本土并购公关公司，也在亚洲积极扩张。20 世纪 80 年代中期，奥美在整个亚太区开始设立公司，或成立合资企业。1985 年，奥美与国泰建业合资成立台湾奥美广告，由宋秩铭和庄淑芬领导，他们两位是我在亚洲 30 年的重要领路人。

在纽约做公关对我来说是种质变。记得当为客户所写的文章刊登在《时代周刊》、《新闻周刊》和《财富》等杂志上时，我兴奋极了。我特别喜欢为客户去争取电视台报道，记得一开始还去找过 CNN。我亲眼得见赢来的媒体报道有多强大，于是决定，如果需要有个人去联系媒体来做报道，去塑造某种观点或行为，那我一定当仁不让。

在纽约工作了三年之后，我觉得可以考虑跨洋工作了，于是就跟老板谈了谈。第一个机会是在 1990 年，去澳大利亚，我特别兴奋。《鳄鱼邓迪》这部片子刚刚上映，澳大利亚很热门，而且澳大利亚籍的著名歌手奥莉维亚 · 牛顿 · 约翰还是我的偶像，她在电影《油脂》中演女主角，电影上映时我正青春年少。尽管澳大利亚几乎在我想象不到的远方，但它还是魅力十足。不过，我最后没能去成。

一年后，我被叫到老板办公室。约翰 · 马加里蒂斯（John Margaritis）是当时的 CEO，他说：“Scott，我们在台北有个工作机会。”我欣喜若狂，点头如捣蒜：台北一直是我想去的。我跑回办公室，开始查台北到底在哪里，最后意识到，是在中国台湾。此后不久，我就飞往台湾，去看看我是否适合这个职位。

20 世纪 90 年代初，台湾以制造业闻名美国，服装、电子产品、玩具等，都是台湾制造的。我妻子魏丽锦（Lisa Wei）是台湾生台湾长的台湾女孩，她之前曾和哥哥姐姐们一起，在家里组装圣诞灯，我后来常跟她开玩笑说，她做的圣诞灯就是我在密歇根弗林特的邻居们用来装饰圣诞树的。

台北给我的最初印象，是开车去酒店的路上，看到成千上万的人都在骑摩托车。我这辈子还没见过这么多摩托车，不可思议的是，一辆车能载许多人。之后我在台湾稳定下来，带着相机四处游走，还专门去拍一辆摩托车能载多少位家庭成员，记得最多的是一辆双座摩托载了 7 个人。

到台湾的第一天，我就见到傅本君（Ruby Fu），她是台湾奥美公关的董事总经理，是她面试的我。记得我还准备了一整套作品来推销自己。第一次会面，Ruby 坐我对面，描述台湾的这份工作内容，而我就开始说服她，为何我是适合的人选。之后是一连串的面试，T. B.、庄淑芬、在台北的其他同事，之后我又被送去香港，去见时任奥美公关亚太区 CEO（现已故去）的史蒂夫·里昂（Steve Lyons）。史蒂夫既慷慨又热心，他安排港丽酒店的豪华红色轿车去香港机场接我。我还记得，车里有台传真机，还有好多好多的酒。史蒂夫在文华东方酒店请我吃早餐，并告诉我说，台湾团队想要我。这一天，地球上再没人比我更幸福了。我返回纽约，准备我的亚洲之行。

1991 年 6 月，我飞回台湾，准备开始新征程。回忆起在台湾的每一分钟，都那么迷人。傅本君非常好客。3 周后，我终于忍不住跟傅本君讲，相信我，不用人随时陪着我，我也会活得好好的。我在台湾买了我的第一辆车，租了一套漂亮的公寓，找到几个能一起踢球的好朋友，一切都很棒。我被派驻台湾，是为了把奥美公关在纽约的经验带给台北，我非常努力地去达成这一使命。在台湾工作期间，奥美公关做到了业界领先，我们的业务蒸蒸日上，国际和本地客户都来找我们提供公关服务，几乎每周都有一场大比稿，难以置信，市场对专业公关服务的需求有这么大。

到中国后的第六个月，发生了件大事，与我余生息息相关。台湾奥美每年的公司旅行闻名业界，1991 年底，我选了印尼巴厘岛的路线。那时，我未来的妻子魏丽锦（Lisa）在奥美做媒体购买，她和母亲也选了一起去巴厘岛，缘分天定！记得在巴厘岛时，我情不自禁一直围着 Lisa 转悠，上赶着帮她妈妈背行李，以期给她留下好印象，一门心思想让 Lisa 看上我。回台湾后没两个月，我就开始与 Lisa 约会。虽然我很喜欢 Lisa，但有个问题，她不怎么会说英语，而我一句中文都讲不了。有一天我们共进晚餐，Lisa 掏出她的英汉快译通，我把要说的英文敲上，然后它转成中文。我们开始就是这么沟通的，但 Lisa 英语学得很快，我也能说一点点中文了。两年后，我们终于可以无障碍交流，于是，我们结婚了。今年是我们结婚 26 周年，还有两个好孩子。

婚礼之后不久，1995 年，又有一个机会出现在我面前。奥美要在大陆设立公关业务。当时由 Doris Lau 和张曼华（Debby Cheung）带领的香港奥美团队，正在开拓大陆的业务，奥美准备进入这一市场。T. B. 被任命为大中华区董事长，开始组建团队。那时已经有了北京奥美广告，负责人是陈碧富，到了筹建公关业务的时候了。对我来说，一生难得有这样的机会。我一直有带团的想法，现在可有实战机会了。

1995 年 5 月，我和 Lisa 飞去北京，想看看大陆的这个机会是否适合我们。入住希尔顿酒店后，我们遇到了即将成为我终生密友之一的人——李宏。李宏是内定的副总经理，但对我而言远不止于此，对任何想在奥美集团最前沿的公关领域干出点成绩的人来说，他是位完美的合作伙伴。如同我所崇拜的最佳公关专才一样，李宏在大陆非常有人脉。他能第一时间拿起电话就安排好一场会议。他交际广泛，一直如此。还记得很早期时，我们和当时奥美全球的 CEO 夏兰泽一起出差，李宏的摩托罗拉寻呼机一直不停嗡嗡作响。夏兰泽对此印象深刻，我记得她当时对奥美亚太区 CEO 杨名皓说，李宏给她的印象太深了。

奥美公关在大陆的起步年代，真令人怀念，我们在北京、上海和广州设立公司的时机恰到好处。北京与上海是 1995 年、广州是 1996 年开业的。北京的第一个办公地点是在左家庄，那个办公地点条件简陋。当时很多员工都知道一个广为流传的故事，那就是我没法使用蹲式厕所。大学时因运动损伤做了膝盖手术，所以我蹲不下去。起初，我想尽一切办法，试图说服房东建个合适的厕所。但没成功，无论给多少盒烟，也不管付多少钱，房东就是不给换厕所。有时我都有个暗黑的念头，觉得他们就是把我挣扎蹲厕所这件事当个乐子看。于是我不得不离开公司，走过几条街去用昆仑饭店的洗手间。1995 年夏天，我是昆仑饭店洗手间的常客。

后来问题终于解决了，我买了几把残疾人上厕所时用的椅子。在搬离左家庄前，这些椅子我足足用了两年。记得办公室还存着几把残疾椅，搬离左家庄后，我还专门办了个欢送会，处理它们。

我们在左家庄办公时，只有三名员工，总经理我、副总经理李宏、公关顾问乔天云（小乔）。小乔和李宏是一起加入的奥美公关，两人都是 FESCO 外派来的。FESCO 是外国企业在华聘用当地员工的必经渠道之一，负责所有外企的中国雇员必须享受的福利需求。奥美曾考虑与 FESCO 一起办合资公司，最终未果。尽管李宏和小乔来自 FESCO，但他们还是选择了奥美来拓展自己的公关事业。李宏的伯乐是香港奥美 20 世纪 90 年代初的领导人乔纳森·布卢姆（Jonathan Blum），非常有远见卓识，也是他最早希望促成我们与 FESCO 的合作。

奥美并非大陆第一家公关公司，在我们之前有以下几个先驱者：爱德曼、博雅公关、伟达、福莱国际等。但奥美有着它们所没有的非常能干的本地员工——李宏和小乔。我们是大陆公关业早期的安飞士（Avis），“我们更努力”，一点点成长，接单一个又一个客户，不到一年，北京团队就有了 15 个人，上海业务也在起步。李宏把刘海明推荐给上海奥美，他们之前曾在政府部门一起共过事。海明极富沟通技巧，帮我们拓展上海业务。我们还从香港转调过来一位公关专才克拉丽莎·傅（Clarissa Fu）与海明合作，一起开拓上海这个潜力十足的市场。

一个真正的转折点出现在 1998 年，我们在《财富》杂志合作伙伴的招标上胜出，协助举办中国有史以来规模最大的 CEO 商业论坛。1999 年的《财富》全球论坛是中国现代商业史上的一个里程碑，据说著名的美国在线时代华纳交易的种子就是在这次的上海论坛播下的。成为《财富》杂志的荣誉代理商，是奥美公关的一个里程碑，也让我们成为中国真正具有影响力的公关公司之一。

奥美全球的业务战略是积极拓展地理区域，一旦这些市场时机成熟，就引入专业技能，最终打造一个全方位 360 度营销机构，以此服务于我们的客户，协助他们在每个接触点打造、管理、发展其品牌。这是 T. B. 为奥美大中华区描绘并不断完善的愿景。如今，奥美公关在中国有 500 多名员工，我们成为国内领先的国际公关公司，而且因中国的业务成为主导，我们在 2020 年还被评为亚太十年最佳公关代理商。

奥美公关的一路成长，要归功于很多人，其中就有叶明桂。他是位出色的品牌策略大师，一个很棒的家伙。20 世纪 90 年代中期的某一天，我刚到北京不久，他也正好出差过来，我们约在一起吃了个午饭。席间，他突然严肃起来，眼睛在浓密的黑发下直视着我，很平静地问了个尖锐的问题：“Scott，现在你得偿所愿挑起这副担子，你想过下一步要做什么吗?”我自信地看着他说：“我要开发新客户，聘用员工，然后就准备起飞了。”他依然盯着我，继续问：“那你的人才战略呢？聘用谁？原因何在?”每次招聘时，阿桂的诘问都如暮鼓晨钟般给我警醒，我会问自己：

“为什么要聘用这个人？他如何融入团队？他能为客户提供什么？”

幸运再次降临。为更好地服务日益增长的宝马业务，我们从一家本土公关公司挖来宋宗诚（Frank Song）。宋宗诚是位汽车迷，他展示了自己的公关经验，并接受转变。他在服务宝马期间表现出色，记得有一年，在给他做年度评估时，我都控制不住激动的情绪。他的客户业务直线增长，他本人也成为这个领域的资深专才，我为他骄傲。如今，宋宗诚依然是我的密友，他已成为汽车领域最成功的公关专业人士，宝马是他的大客户。

早年间，我和李宏还聘用过一位来自新疆的应届毕业生陈梁（Jenny Chen），她做前台和行政。陈梁非常聪明，接待客户、处理问题的方式非常与众不同。我曾用一句西方谚语“早起的鸟儿有虫吃”，向她解释早起工作的好处，结果她抬起头看着我说：“没准我就是那个迟起的虫子，所以早起的鸟儿就错过了我。”陈梁对本职工作很在行，和她一起工作对我来说也是一种历练。

早期让我乐意在中国工作的一点，至今都没改变，那就是年轻人的乐观精神。李宏很早就告诉我：“没有轻而易举的事，但万事皆有可能。”我们闯出一片天地，接到很多非常重要的大单。在宝马设立代表处之前，我们就开始为其工作；我们协助一家全球领先的保险公司获得了中国业务准入证；我们甚至为江泽民 1999 年访美集思广益。我们向江主席的团队提议，请他参观纽约证券交易所，并敲响开市钟，结果他真的做了！这一举动象征着中国想成为主要经济体的意愿。

如果说找到对的人、服务大客户是业务出彩的两大条件，那第三条一定就是创造一个有影响力的营销活动，引起大众话题。我最喜欢的一个案例，来自一位极富创意的员工与 IBM 间的互动。2000 年初宋磊（Phat Song）是我们 IBM 团队的公关顾问。自成立以来，IBM 一直是奥美的大客户，而宋磊则是团队中最聪明、最具创意的客户负责人之一。

宋磊有清华大学话剧社团的背景，服务客户时，也常把科技和话剧表演方式结合在一起。某天，一位 IBM 客户问他："能帮我们写本小册子，宣传一下 IBM 中国的价值观吗？我们正准备一场招聘会，需要相关材料。"宋磊回答："恕我直言，我不打算弄本宣扬 IBM 价值观的小册子，但如果你给我介绍一票 IBM 的老员工，我会采访他们，把他们的故事写成书。"这就是宋磊写的那本书——《品味蓝色》，大获成功，不仅多次再版，而且客户还告诉我说，时任 IBM CEO 的彭明盛（Sam Palmisano）也读过这本书，还想在 IBM 内部更广泛地推荐。

这只是我们给客户做的造势创意之一。还有一年参加 IBM 年度销售大会，当时滕丽华（Selina Teng）、赵晓光（Rick Zhao）和另两位服务 IBM 的公关顾问，加上宋磊，一起为大会做了个动画视频，还搞了一首关于 IBM 销售人员生活的搞笑说唱歌曲。记得现场 1000 多名观众，都对着视频和歌词，歇斯底里地笑个不停。

这个时期，中国很少有公关公司用创意文案技巧与技术销售人员进行沟通，而我们却有这样的人才。大卫·奥格威说要聘用号角鹄，那些具有天赋异禀的创意才华以及振奋人心的领导能力的人。我们有一群号角鹄，滕丽华、宋磊和赵晓光就是其中的代表，他们目前都是奥美中国的资深负责人。

此外还有众多其他员工与客户，都曾为奥美中国公关的成功添砖加瓦。我们长期服务的客户还有英特尔、美国运通、福特、世界经济论坛、CFA 协会、资生堂、辉瑞等。

2000 年中，我们迎来一个转折点，一家有全球愿景的中国知名企业找到我们，这就是联想。2004 年初，我们接到一项任务，要帮他们做一个发布会。联想已悄然签约，成为国际奥委会有史以来第一家中国顶级赞助商，而我们要负责的，是他们在中国的全球发布会。记得当时我特别自豪，不仅因为这项工作强化了我们的体育营销技能，而且无论对奥运还是对中国，都是具里程碑意义的大事，而我们也成为历史的一部分。发布会非常顺利，世界各地都开始知道有个中国牌子的计算机叫联想。这份全球奥运新闻只是联想的一个前奏曲，他们酝酿着 2005 年初一个更大规模的活动。

2005 年初冬的一天，在北京，我接到高盛公司的电话，要我第二天就紧急从北京派人去香港参加一个会议。我问原因，他们说暂时保密。菲力普·利西奥（Philip Lisio）是当时财经团队的负责人，我就把他派去了。结果就是，联想收购 IBM 个人计算机业务，而奥美负责沟通策略与执行。这个收购案之所以重要，有多重原因。这桩交易不仅引发一系列中国企业的海外并购活动，它们都用“做个联想”来描述自己的收购企图，而且联想此举对北卡罗来纳州和其他地区成千上万的人影响巨大。我还记得，这件事引发联想一系列关键问题，如公司构架、劳工问题、内外沟通等。并购案期间，我们甚至还收到过来自 IBM 个人计算机死忠粉的“恐吓信”，表达他们对并购的失望。

如今，联想作为最早从中国崛起的知名品牌，早已登上世界舞台，这期间，有不少人为其著书立传。对我和奥美公关而言，这场收购案强化了公关公司在关键交易中的重要性，这指导了我们后来做出的许多决策。

2000 年初是我们飞速发展的好时候。1999 年，奥美公关还协助亚信在纳斯达克上市，这是第二家在美国上市的中国公司，也激起其他中国企业赴美上市融资的兴趣，我们服务过的客户包括网易、百度、新东方等。

在一路发展壮大的同时，我们还摸索出一套区域品牌营销服务，旨在帮助中国城市树立自己的品牌，吸引海外投资与游客，2008 北京奥运与 2022 北京冬奥会就是其中两例，它们远不止是体育营销。我们与西安合作，将其定位为“一带一路”的走廊；我们还与许多较小的城市合作，讲出自己的动人故事；但最难忘的，是我们做过的一个创意营销活动，将成都定位为中国“最值得一看”的城市。营销活动聚焦在成都

上 / 1995 年，柯颖德和妻子魏丽锦
下 / 《周一晨邮》

的一项特殊资产——熊猫上，我们创造了一个“全球寻找熊猫守护使”（Pambassadors，熊猫与大使的两个英文词合体）的活动，利用各种媒体鼓动全球人民都来申请，做熊猫守护使，最后收到了来自世界各地成千上万份申请，还有全球各种媒体报道。其精彩之处在于，那时全球大多数新闻媒体在谈到中美关系时，负面报道居多，而我们却在其中赢得这些媒体主动给出非政治导向、让人觉得中国有意思的媒体报道。这期间还有个宝贵的经验，那就是熊猫胖达是个宝，只要有它在，上新闻、上电视轻而易举，分分钟都精彩。活动的效果是惊人的，还为我们赢得了许多奖项。

这个时间段，我们的员工人数也直线上升。1995 年初创时，团队可以聚在一张餐桌前，讨论客户、策略、中国的种种变化等。随着业务发展和员工成长，我们需要找到不同的、有效的方式进行沟通。其一就是每年举办一场中国业务峰会，作为一个主要的沟通平台，向员工传递我们的发展方向，让来自不同办公室的员工相互联结，一起分享最佳案例。峰会变成了练兵场，每个团队都有机会在数百人面前展示其最佳作品。我喜欢这样，不仅因为它演变成一个大型培训会，而且每个人都可以从别人的创意工作中有所收获。中国业务峰会最终成为一场盛会，我们还邀请来自世界各地的奥美领导人出席并担任大赛评委。

另一种沟通方式是两周一次的内部邮件，我称之为“周一晨邮”，让员工了解最近进展，从所附案例中获得灵感，与公司保持步调一致。我是在北京奥运前开始动笔“周一晨邮”的，一写就是 12 年，两周一次。“周一晨邮”分享了我很多观点，包括赢得新业务、丢了客户、怎么挣钱、建立关系、应对危机管理、失去亲人等。此外，我还为员工的成就而欢呼，分享一路走来的经验教训。“周一晨邮”最终成为分享最佳实践的一个平台。我在这一过程中学到的是，奥美公关这样的服务性企业需要在恰当的知识管理体系下才能蓬勃发展。我们利用“周一晨邮”，把出彩的工作向奥美内部其他部门分享，这就是一项有效的知识管理活动。

过去十年里，奥美公关在中国的影响力一直在延续，这期间，我们在亚洲做出了三个世界一流的营销活动，这是由全球领先的公关行业刊物 *Provoke Media* 票选出的。我们为英国旅游局做的“英国等你来命名”，邀请中国消费者为著名的英国地标景点起中文名，赢得戛纳公关金狮奖，这是中国公关代理商第一次拿到该项金奖。

把握时间点很关键。在卓越的人才、出色的客户、优秀的作品支撑下，我们成功的另一因素是抓住机会，并借此打造核心竞争力。过往十年，我们在汽车领域做到了这一点，在中国企业出海业务上做到了这一点，我们的体育营销也因 2022 年北京冬奥会而深深扎根。

从小时候想挖洞挖到中国开始，我已经走了很长的一段路，但从没想过会在大中华区生活 30 年，这一切都多亏了一位客户兼导师的建议、一个去台湾的机会、一位贤妻、奥美在中国的业务拓展，还有一路走来有缘相识的优秀人才与卓越客户。奥美在中国有着出色的公关业务，而我，也有了一个符合梦想的职业生涯。

心中难以散去的宴席

——北京奥美 1993—2002 印象点滴

李宏（Hong Li）
（1993 年加入香港奥美，1995 年加入北京奥美，曾任奥美广告北京董事总经理）

过去这些年，每年 T. B. 都会把在北京的、过去在奥美工作过的旧时同事招在一起，大家天南地北、中外古今地畅聊。其中总少不了有人把大家年轻时的趣事、糗事拿出来说。也许是因为这批人不管到哪儿都心里面常互相惦记着，所以每年只要有时间，大家都会尽量往一起聚，而 T. B. 家就成了大家聚会的场所。虽然老话说，没有不散的宴席，但每年奥美旧时员工的聚会不知从什么时候开始，成了大家心中散不去的“宴席”。尽管碰到 2020 年这样的疫情，但大家在微信圈里早就又聚上了。

谈到对奥美的印象，我不禁思绪万千，林林总总，但总得有个地方开头儿吧。如果从头儿说起，那从 T. B. 和他周围最早参与奥美进入大陆的决策人说起是最为恰当的。

奥美 vs. 中国

初识 T. B. 还是 1993 年春天，当时是在香港奥美太古城栢嘉商业大厦的电梯里，T. B. 和胡镜泉，好像还有陈俊良。只记得 T. B. 和胡镜泉的衬衣白得耀眼，胡镜泉穿了条背带裤，是那时很多香港 4A 公司广告人的标配。

和奥美结缘是在 1992 年。当时奥美公关亚太区董事总经理乔纳森·布卢姆和奥美公关香港总经理新加坡籍的伍先生来 FESCO 商谈成立一家合资公关公司的意向。当时奥美亚太区急需一名既熟国内媒体又可以在英文和普通话之间互译的员工到香港工作。在 FESCO 推荐的几个人选中，我有幸被奥美选中，并在 1993 年春天到香港奥美亚太区总部实习和工作。

1992 年邓小平南方谈话开启了中国前所未有的改革开放新局面，随着逐步实行和推广市场经济、完善多种所有制并存、实行“按劳取酬、多劳多得”的分配制度、加快推出对外开放和吸引外资的立法和政策，这些举措使很多外商外资特别是从事服务贸易的外国公司，都把亚太区发展的重点放到香港，并做好了进入大陆的准备。

自1990年12月从文化部辞职后，我和很多当年从国家机关和部委辞去工作到私营机构或企业去寻找出路的青壮年人一样，也选择了“下海”的路。在刚离开“铁饭碗”最初的几个月里，我一直在做临时工，给来访的国外作家、摄影家做翻译，或者给一些会议做英文翻译。直到1991年6月，听朋友说北京有家机构叫FESCO，通过FESCO考试后就可以进入外国公司做雇员，薪水会比一般行业高很多，还有出国培训的机会。我很快通过了考试，被FESCO录取了。在寻找外资用人机会的同时，FESCO先把我安排在人力资源部，后来又安排在公关部工作，主要是为在京的外国公司和商社提供用人和聘人服务。在FESCO遇到奥美是我一生际遇的一次重大转折，也是我亲身投入中国过去30年改革开放洪流的开始。

离开北京前，FESCO公关部刘燕玲经理介绍我认识了奥美北京代表处的季晓宁和杨洁。从她们的聊天中我听到了T. B.的名字，当然还有首席代表马建伟和谢思明。记得当时刘经理讲到T. B.是奥美大中华区最高的领导，将负责开拓大陆市场。当时奥美代表处在赛特大厦。刘经理还带我去奥美在北展宾馆后面的一个临时办公场所星湖饭店，算是最初北京奥美的办公室。在那里我见到了后来一起共事的北京奥美的第一任总经理陈碧富，还有陶雷和高焰。

1993年初，我作为奥美公关亚太区总部在国内寻找的合作伙伴（因为当初广告、公关行业还是内地公司控股的限制性行业）、FESCO派出的第一批到香港奥美培训的员工，来到香港实习。第二批被派去的是乔天云，从香港回来后也和我一起投入建立奥美公关在北京的工作。小乔跟我共事很多年后，又去过几家外企，最后在全球最大的水泥公司拉法基公司企业传播部担任副总裁直至退休。

到了香港后，我真正感觉到那时候所有奥美的广告、公关、直效、媒介四大业务板块服务的全球和区域性客户，如卡夫、百事可乐、壳牌、宝马、美国运通、和记黄埔、长江实业，正以最快的速度进入大陆市场。同时，随着内地的开放，一批国内公司也开始寻求在境外市场融资和发展。记得 1993 年国务院批准在香港上市的 8 家公司（“老八家”）中，奥美公关就获得四通、马钢和上海石化三家上市的财经和媒体传播，并组织海外路演等工作。记得那个时候, 奥美在香港对客户提供整合服务已经开始，所以服务同一客户的不同业务板块的客服经常集中在一起讨论客户进入大陆市场的方案。当时除了奥美亚太区和香港奥美的牌子外，在广告公司中专门为胡镜泉的办公室做了一块“奥美中国”的牌子。也是在胡镜泉那里，我认识了潘燕琼（Ella Pooh）和吴荣茵，两位后来分别做过奥美广告上海和北京的总经理。

在电梯里胡镜泉给我介绍 T. B.。我想 T. B. 一定当时经常在台湾、香港和大陆之间飞来飞去，因为我忽然意识到其实我在电梯里曾几次见过 T. B.，只是没有人正式向我介绍他。估计那时候，作为整个团队在大陆开拓奥美业务的负责人，他必须在很短的时间内解决在不同城市寻找合作伙伴的事情、在内部按客户需要搭建奥美全球、大中华区（台湾、香港、大陆）在四大领域针对不同客户的服务团队，包括每个办公室团队的架构和重要的职务安排，同时要解决服务客户的人员，特别是外来空降人员的生活安排。

现在回想起来，当时奥美从全球走到大中华区经历还是蛮曲折的。1993 年我到香港才了解到，当时盛世长城、麦肯光明、电通、李奥贝纳都在内地于 1985 年前就建立了合资公司，并且通过它们在内地的合作伙伴运行了相当长的时间。相对竞争对手而言，奥美进入大陆市场的速度就显得有些慢了。所以 1993 年，奥美亚太区换了两个董事长，包括后来 51 岁就去世的原奥美亚太区直效董事总经理英国人罗德 · 赖特（Rod Wright），离开奥美后他曾任腾迈全球业务拓展负责人。还有只上任不到半年的法国人弗朗松 · 泰格（Fransoir Tigere），他的职位很快被 1983 年

/　中英文双语出版的《中国记趣》

加入伦敦奥美的杨名皓接任。很显然，1991 年 T. B. 被任命为奥美大中华区董事长，也是奥美全球授权让 T. B. 组织人马尽早进入大陆市场的重要一步。这个说法在很多年后得到了证实。

我 1997 年在纽约，经美国著名律师楼合伙人斯坦利·普莱森特（Stanley Plesent）先生介绍，见到了广告界的传奇人物肯尼思·罗曼。肯尼思·罗曼是 1985—1990 年的奥美全球董事长。那是 1997 年秋天的一个晚上，普莱森特夫妇约了肯尼思和我在纽约十大私人俱乐部之一的世纪俱乐部见面。肯尼思·罗曼在广告行业享有盛名，是因为他的三本非常有影响的书，一本是《怎样做广告》，一本是《写作的妙用》（*Writing That Works*），还有一本是《麦迪逊大道之王：大卫·奥格威传》（*The King of Madison Avenue：David Ogilvy and the Making of Modern Advertising*）。席间，这位曾在奥美工作过 26 年的传奇人物特意跟我谈起他对奥美在中国市场的印象。他说，那个时候他非常关注奥美在亚太区和中国的发展，在离开奥美之前，他知道奥美准备开拓大陆市场，他也知道 T. B. 在台湾奥美一直做得很好。他说他离开奥美这些年一直在奥美最大的客户之一美国运通担任 CEO 的顾问，经常听奥美的人讲到亚太和中国市场，T. B. 的名字也是他们必提的。当他听说 T. B. 做了奥美大中华区董事长后迅速组织人马进入大陆市场，并在短短几年就使奥美大中华区的业务增长到亚太区的一半。他说，“看来当初找 T. B. 是找对人了”。

说起 T. B.，这位离开奥美后被美国运通 CEO 请去做市场传播顾问的行业传奇还讲了一个故事。他说当他第一次看到 T. B. 的名字时，曾想为什么宋先生会用 T. B. 做自己名字的称谓。T. B. 在英文中是肺结核的简称（Tuberculosis），他说当时他还真犹豫如何叫得出口。就在写这篇文章的前几天我见到 T. B.，还跟他求证过。T. B. 笑着说是呀，当时开全球董事会电话会议，每次叫到他，他都故意咳嗽两声，像是提醒人们他的这个很特别的名字，电话另一端的人也马上能接住 T. B. 的幽默。想到后来我在奥美见到的陈碧富（B. F.）、郭德榜（Billboard）、陈淑华（If）、Jusus、Devil等等，这些我们看上去很有意思，但着实让老外瞠目的名字，着实让这些人从伦敦或纽约走出国际化的第一步时就开始体验到文化差异。我的另一个合作者奥美公关亚太区的董事长柯颖德，前两年写了一本书《中国记趣》，有一章就专门写大中华区员工的名字曾经让他咂舌的经历。这算是他遇到“文化冲突”的第一课。

作为奥美公关进入中国最早的外籍人士，柯颖德也是奥美中国的一位主要领导者。虽然出生在美国密歇根州的弗林特，年轻的柯颖德对外部世界的好奇心使他从纽约大学毕业后就来到亚洲并落脚台湾奥美。在那里他结识了他的妻子魏丽锦。从某种意义上来讲，柯颖德是我在工作和事业上最好的合作伙伴和“人生导师”。他对朋友的真诚、对客户的关心、对公平正义的坚守和对“真”的不懈追求都是我一直非常崇敬的。从离开奥美直到现在，他和他太太也一直是我很好的朋友，这一点在行业内外凡是认识我们的人都很羡慕。这一点其实也要感谢T. B.，他是我和柯颖德这么多年友谊的支持者和背书。我离开奥美18年了，但在这18年中，每次在T. B.家的聚会上，他总是会叫上柯颖德和我一起。

其实在奥美的头几年，我和柯颖德都是年轻气盛，干起活儿来非常拼命。我比他年长一岁，属牛，他属虎。我们在一起很多年，成了一起长大的“发小”。作为犹太家庭长大的孩子，柯颖德对母亲的孝顺是让很多人称道的。她母亲也喜欢艺术，尤其喜欢戏剧和电影。有几年她母亲竟然把我加在她家的电邮里面。柯颖德有一次说，他告诉他妈妈，如果他在中国发生问题，我会是他第一个找的人。我告诉他，我心里其实也是这么想的。

刚成立奥美时，我和柯颖德出差去上海，T. B.把他上海的公寓钥匙给柯颖德，还告诉我们他的酒在哪里。真不记得在T. B.上海的家我们吃过多少次大闸蟹。那时候吃上瘾了，现在每年秋风一凉，我就要去上海吃。其实 T. B. 是无意间在这样的场合把“同情与关怀”传递给大家。

奥美真正意义上的全球化是从奥美进入大陆市场开始的。除了 T. B.、柯颖德一直在一线，作为亚太区 CEO 的杨名皓也起到了非常重要的作用（维基百科他的介绍中三分之二与他在亚太区的业绩有关）。杨名皓接任奥美亚太区董事长和 WPP 亚洲区董事长后，在他的督促下，奥美在亚太区用了 13 年时间，在中国、印度、印度尼西亚、越南、泰国、日本、巴基斯坦和孟加拉国快速扩张。他对整个奥美集团最大的贡献是建立起全球 5 亿美元的大客户 IBM 在奥美亚太区的营销网络。他后来荣升奥美集团全球董事长，退休后又去牛津作副校长。他给予奥美中国的支持可能是历任亚太区 CEO 都无法比肩的。在他的支持下，奥美大中华区不但做到了在行业中一直保持竞争优势，而且在过去 40 年中还在台、港、大陆三地培养出几代有本地经验和全球视野的广告营销人才，今天还都奋战在各自的岗位上，这的确是难能可贵的。如今奥美已经在大中华区成了行业的标杆。T. B. 更成了行业中值得尊敬的行业领袖和奥美大中华区的“灵魂”。

创意 vs. 生意

互联网和互联网上内容传播的多样化、碎片化、即时性，改变了广告服务人员传统的作业模式。从由品牌向消费者的单向灌输，到以品牌为中心按不同兴趣、习惯和其他标签形成圈层，与品牌形成即时的互动，内容变复杂了，渠道从垂直单一变成纵横交错了。客服人员在单位时间内的内容、创意输出、媒介组合搭配形成的“触点”都要成倍增加。这在今天可能已经成了广告和营销公司通过转型能够做到的事情了，但在 1998—2005 年这是非常不容易的事情。

首先，传统广告的创意人员，为一个品牌的广告文案和视觉表现，已经不再有两三周的时间去准备。以客户为例，1994—1997 年 IBM PSG（个人系统部）推出一个产品的时间平均需要 6~8 个月，这和诺基亚推出一款手机进入市场的时间差不多。而到了 1998—2003 年，这个时间大大缩短了。IBM 过去在全球媒介投放总量中用很少的比例支付奥美全球广告客服、调研、创意的费用，这对急于在全球市场发展并建立起支持客户服务网络的奥美而言就非常窘迫了。由于奥美在全球各个地区的分公司体现出的效率也不同，尤其在中国大陆这些新市场，对市场和消费者调研往往费时长、效率低，再加上各个作业组别在完成一项任务时对投入和产出算得不是很细，所以大量的时间消耗在内部沟通上。

虽然奥美和 WPP 一直主张为客户建立 360 度品牌管家式的跨业务服务，以提高传播效率、降低不必要的不同作业人员重复劳动成本。但做到这一点是非常难的。这需要建立一支队伍，既了解甲方，面对整个供应链各个环节，解决相关沟通和传播的成本与效率的关系，同时又能最精准地向乙方跨作业组别的部门传达和提供可以为不同平台最终做出有意义和有目的的内容和传播输出，即时投放后又能监督这些传播出去的内容是否奏效。这件事其实在过去 20 年各家公司都在不断摸索。奥美在全球、亚太区和大中华区是行业领跑者。

在奥美大中华区，有关“创意”的培训和实践是最多的。从 IBM 整个电子商务的全球广告投放在中国落地开始，所有的文案和平面以及电视广告，还有公关的科技内容传播，再加上在零售渠道的促销活动，各个组别都把做出有“创意”的内容、形式和推广方式视为头等重要的事。一时间 IBM 的电子商务不再只是围绕主服务器、网络服务器和 PC 服务器的硬件产品介绍了，创意中的“天山采雪莲”的老汉可以快速地把稀有的俏货卖到千里之外的任何地方。通过网络和商用软件、行业应用，IBM 在互联网环境下为大企业、中小企业和个体商户都创造出了很多“场景应用”，让人们一看就可以了解这些应用和解决方案的好处。

“广告和传播必须解决客户的生意问题”是奥美整合传播的目的。很多年以后，在完全另一个场景见到当时的创意总监陈淑华和高祖侃。陈淑华正热衷做儿童试验剧场项目，并且有了自己的平台“大山派”，而高祖侃也做起了自己的广告公司。我们又聊起当时给IBM做的活儿。从他们嘴里我才知道奥美那时每年要为IBM做147个广告稿（包括平面、网络），还有电视广告片，这在现在估计只是IBM一个月要求广告公司输出的工作量。IBM也锻炼了奥美各部门的人才，如当时奥美公关做IBM的滕丽华，现在已经成了北京奥美的总裁。

说到这里，不能不说一下过往这几年中遇到的遗憾。其中一个遗憾是在奥美认识绝顶聪明的战略家李睿德后来并没有能如他所愿在这个市场上做下去。这个1981年进入智威汤逊，1984年进入奥美，经历过全行当在北美、澳洲和亚太区打拼多年的资深广告人在2003年从奥美大中华区副董事长的位置上离开之后，又先后在摩托罗拉、海尔和Joy Communication公司担任首席营销官，但最终还是选择离开这个行业和团队，这不能不说是一个遗憾。可能是在乙方耕耘IBM多年，熟悉IBM从硬件、软件、系统切入四大领域13个垂直行业，产品、服务通过系统集成商合作伙伴下沉到行业垄断企业以外的所有中、小、微小企业的商业运营模式，熟悉李睿德的人都对他在给不同客户判定品牌和商业方向时的战略眼光十分钦佩。同时为他十几年前对互联网对传统行业的影响的判断所折服。其实当初奥美搭建大中华区领导层班子的时候把他从IBM在亚太区主管的位子上调到中国担任大中华区副董事长也是看中了他这一点。在奥美争得亚信的生意、网通的生意和中国移动的生意上，李睿德都给客户和团队留下了深刻的印象。然而，其实就像我的另一位同事，北京奥美的总经理陈碧富临离开奥美时跟我说的，人各有命，来这里是他的命，能不能待得住也是他的命。这句谶语，也许解释了我们在这个世间错过的很多事情的真相。很多事情不是你看得准就能做得到，需要让你周围的人都了解和认同；很多事情要做的时候先要看到做的成本，如果改变的成本太高，高过改变带来的回报，可能就要等一下。另外就是沟通的艺术。沟通的基础是真诚。最糟糕的是一个人让所有帮助过他的人都失望，这可能是另外一个需要有的品质，就是善良。而且千万不要高估一个人的力量。一个组织就像一艘行驶在大洋中的航船，要想改变船的方向，靠一个人或者几个人的力量是完全不可能的。历史上大公司的大船掉头也都需要自上而下，或自下而上地随着战略方向的调整来改变整个组织的行为。服务行业提高运营效率，最容易想到的是通过砍人来降成本。但如果砍人的原因没有充分地沟通，留下来的人未必认同，整体效率仍然不能得到提高。

一个好的主意需要创意，一个投放的组合，从平面到电视、到网络、到户外都需要有创意。还记得美国运通为故宫博物院捐赠的所有宫殿的说明指示牌吧？还记得奇巧（Kitkat）把北海的座椅涂成红颜色，用白色油漆将奇巧涂在座椅上，一夜之间让品牌在北海公园“触达”全年所有游客的特有的户外投放吧？还记得英美烟草百年庆典那条舞遍大江南北的555尺长的世纪长龙吧？还记得“路虎”汽车作为英国国家珍宝由英国副首相赫塞尔廷送给故宫博物院的发布仪式吧？

说到路虎的命名，还有一段插曲。Land Rover被宝马收购以后，一直在筹划将Land Rover投放到中国市场。第一个要解决的问题是给Land Rover及其品牌下的Range Rover起个中文名字。当时由于该公司在亚太区华语地区使用不同的经销商，所以Land Rover用的名字极其不统一，有的市场叫“罗孚”，有的市场叫“陆华”，而Range Rover这款高端四驱车在1992年投放市场后就没有中文名字。在Land Rover投放之前，宝马和Land Rover市场部就与广告公司、公关公司迅速组成了Land Rover中文命名小组。记得宝马市场传播部的马庆生、天联广告（BBDO）的2名人员和奥美这边（我和柯颖德、宋宗诚等）都是命名小组的成员。经过数轮筛选和针对消费者接受度的调研后，我们将 Land Rover 的中文名锁定路虎、陆虎，但对 Range Rover 的所有备选中文名都不满意。Range Rover 是英国“皇家坐骑”，同时又是香港野生动物保护协会首次开进齐齐哈尔从事丹顶鹤保护的四驱越野车，当时配有卫星电话和冷暖保温设施，可以让驾乘者享受驰骋在野外的乐趣。这些消费者利益需要一个和产品品牌相配的名字来表示，确实不是一件容易的事情。纯音译肯定是不够的。最好还跟母品牌“路虎”产生关联。记得有一天，我翻《辞海》，按 Range 的音翻到“览胜”，赫然出现在我眼前的解释简直就是个完美的中文名。览胜，览尽人间胜景。加上提手旁则更有驾车的感觉。我跟几个同事马上把这个名字提交给客户，并尽快做了国内主要方言不同区域的测试，结果喜欢这个名字的比例是最高的。1996 年 5 月 20 日，当英国副首相赫塞尔廷将“路虎”汽车的模拟钥匙交给中国国家文物局局长张文彬时，“路虎”和“揽胜”已经成了后来被亿万中国人接受并喜爱的品牌和产品名称。

还有作为全球第一站发布的诺基亚 6110 的全球发布（已经成为哈佛商学院的案例）、摩托罗拉 Zip 的发布都成了当年的热门话题。我要特别感谢那时跟我和柯颖德一起共事的乔天云、曹刚、刘海明、宋宗成、程玲、田宏、陈良等奥美公关的同事们。

到了 2001 年，当时只有 300 人左右的北京奥美，广告、公关、媒介、互动和促销五支团队的收入已经达到 1.4 亿元人民币。服务 IBM、卡夫、摩托罗拉、伊利的收入占到近 50%。在这个背景之下，T. B. 带着团队开始开拓国内客户。北京奥美在原有的不同业务部门的服务团队中组建了国内客户服务团队。2002 年是奥美自创建以来国内客户进账最多的一年，而且都是大品牌，其中包括长虹电子（精显彩电）、中国网通、中国移动（模拟转数据）、普天、宛西制药（广告一直用到今天），还有蓝星洗液出的“天地一家”等等。这些国内客户不仅给公司带来营收的增长，更带来了创意团队的表现空间。回想当时 T. B. 和团队去四川绵阳给长虹彩电提案，那是第一次和罗兰贝格合作，把长虹一款提升品牌的电视机在消费者心目中“还原本色”，出色的“惊现”确实让人感受到了品牌传播中创意的力量。

网通是另一个让团队尽情发挥的客户。前段时间跟田溯宁一起吃饭时碰到当时网通的 CEO，还谈到北京奥美帮他们做的企业形象广告。在他眼里，目前推 5G 还没有赶上当时奥美帮助推网通和宽带的效果。“由我天地宽”已经成了比中国网通的企业标识更能植入人心的符号，已经深深地印在人们的心里。他还能清楚地记得奥美当时服务网通团队的所有成员，从张颖到陶雷、从张文主到李建。他觉得遗憾的是，后来由庄淑芬带着团队提出把网通作为运营商能够承载的一切，用“承载”表现出来，和前面的形象广告就可以配合得相得益彰了，可惜后来的变化使得这个主题之下的广告没能做下去。跟田总吃完饭当天晚上，田总就把他手机上存的当时做的所有电视、平面广告一个不漏地发了过来。一个广告能使甲方的热情温度如此长期地保持下去，实在让人觉得暖心。

为网通、中国移动、普天等客户的服务让北京奥美也尝到了当创意能帮助生意成长时的乐趣。记得到 2002 年上半年，北京奥美广告第一次在规模和利润上赶上上海奥美。随着创意的目的越来越向帮助客户生意倾斜，奥美在新上任的亚太区 CEO 杨名皓的带领下加快了在亚太区的布局。谈到奥美大中华区在 T. B. 带领下的增长，还必须要谈到杨名皓和他的老板 WPP 的苏铭天爵士（Sir Martin Sorrell）。这三个人组成了让奥美和 WPP 后来得以飞速发展的领导层天团。回过头来看，他们在几个战略决策上的眼光相当接近：

（1）创意必须配合客户销售，广告公司必须把制作单纯有创意的广告变成提供有创意地支持品牌沟通和影响消费者的内容、渠道和手段，最终帮助客户增加销售。

（2）起决定因素的是人才，我们需要提供创意内容的人才和利用网络科技提高传播效率的人才。

（3）从不自满，敢于创新，追求更好。

对奥美数字营销公司的投入，就充分体现了以上决策眼光。在行业复合增长率达 30% 容易挣钱的年代，从利润中拿大钱投资扩充互动营销的队伍在当时是很难让人接受的。广告公司按传统作业部门划分资源的方式使这样的举动受到巨大阻力。2000—2002 年奥美大中华区在此方面的投入在以后的十几年中给奥美在中国市场的增长注入了动力。2008 年奥美大中华区互动营销带来的收入比最大竞争对手多一倍还多。

老板 vs. 老师

在写这篇文章时，我问了几个奥美旧日的同事，包括柯颖德的老板傅本君，让他们简单描述一下对 T. B. 的印象。这些在不同年代加入奥美，在奥美担任不同职务的人在描述 T. B. 时都有一个认同：T. B. 对奥美的影响是不动声色、润物无声的：他在与不在，你都感觉得到他的影响。

那么到底什么是他的影响呢？芝加哥洛约拉大学商学院商业伦理学教授阿尔·吉尼（Al Gini）和他的共同著作人达特茅斯学院教授罗纳德·M. 格林（Ronald M. Green）在描述商业领袖应具有的美德时说：领袖不只拥有行业技能、绩效卓越、职业不凡、名衔一堆，领袖美德的核心是他的人格。正是在他的人格和与道德指引下，他的追随者们会不断为了正确的原因和正确的目标去做正确的事情。

那么 T. B. 人格中影响大家最多的是什么呢？首先他本人就是个“学习型组织”和“创意思考”的践行者。T. B. 的“三宝”是书、音乐和酒。在奥美待过的人都对 T. B. 这三宝很熟悉。

好几个人提到 T. B. 的“无为而治”、貌似“嬉皮士”的风格，比如总拎着瓶啤酒到办公室转；比如 T. B. 喜欢的都是“垮掉的一代”的诗歌，音乐也是鲍勃·迪伦、甲壳虫、U2（可能因为他的手下当时就是这一代人）。T. B. 通过自己的方式把手下唤醒，即使是在工作场所，唤醒他们的无畏，唤醒他们的纯真，唤醒他们的“创造性思维”。

“聆听”是 T. B.“平等”美德的体现。我曾经参加过奥美和中方合作伙伴上海广告公司母公司上海东浩集团的董事会。当时上海方大股东非常强势，奥美在中国则刚进入市场没几年。看得出上海方当时对行业的了解和对这个合作伙伴的了解也是有限的，所以整个会议前半部分，基本上都是上海方在说，T. B. 作为奥美合资方代表非常认真地聆听。即便是在有些时候，具体参与合作的上广的熊景华熊总和屠玉华屠总已经坐不住了，开始和他们的上司解释了，T. B. 也总是耐心地劝他们让他们的上司把要说的话全讲完，然后他再很诚恳地回答他们问到的每一个问题。

T. B. 总是在大事上把握方向，但从来都不越俎代庖。记得我做总经理的那几年，每年公司的年终总结会上，T. B. 总是让我们每个人，包括奥美广告、公关、互动、媒介、行动，都准备好各自负责的部分在会议上介绍，即使在亚太区和全球董事长面前，他也总是鼓励我们自己讲。记得有一次是奥美全球董事长夏兰泽到亚洲途经北京，在很短的时间里要向她介绍一下北京奥美的情况。由于准备得仓促和紧张，我那天发挥有点儿失常。下来以后，我觉得很懊悔，以为 T. B. 会不高兴，没想到 T. B. 反过来安慰我，让我觉得很体贴。

不仅 T. B. 富有人格魅力，他周围的一群人也都个性不同、内涵丰富。他们是庄淑芬、叶明桂、白崇礼、林友琴和奥美亚太区的澳大利亚籍师爷伊恩·斯特罗恩（Ian Strachan）。由庄淑芬任主编的奥美企业杂志《观点》还出了书。所有高管包括 T. B，只要在北京，每次都会到场跟员工一起参加听课、讨论和动手实操的培训各个环节。我印象最深的是跟

T. B. 参加 1995 年秋天在上海举行的大中华区的管理层培训。奥美大中华区的广告、公关、媒介部门在香港、台湾、上海、北京和广州的管理层都来参加了。培训的主题是“人、知识和创造力”。在那次培训中，我体验到这个团队品格中的勇气、真诚、无惧、同情与关怀，团队成员公平、知识卓越、创造性思维、对审美的敏锐、无私的特质，以及个人在组织中形成的集体品格一旦转化在组织效能上产生出的巨大力量。

我大学毕业后，在 4 个地方工作过，37 年里经历了无数的人和事，包括文化部 7 年、FESCO 2 年、奥美 9 年、福莱希乐 16 年和一个家庭小微企业 3 年，今天想起，我经常会对在不同地方遇到的不同的人，特别是多年以后还能沉淀成朋友的人心怀感恩之情。是你们使我的经历如此丰富，从你们身上学习到的东西让我受益无穷，回味无穷。

上／　从左至右：柯颖德、傅本君、李宏
下／　1993 年李宏初到香港奥美

扬特品牌顾问与奥美行动的建立

扬特品牌顾问公司，是专注在 CIS（Corporate Identity System，企业识别系统）、品牌架构的公司。我常说，扬特是奥美集团的尖兵。

许多客户（尤其是本土客户）一想到提升品牌或重建品牌，就想到拍支 TVC，想个新的标语，或是重新设计一个企业标志。

事实上，品牌更新或重建是个大工程，而且内部认知重于对外宣传。相信品牌的企业应该了解品牌是企业的核心，是企业长期追求的方向，牵扯到一个企业存在的目的，不是单纯的企业标志及标语。这就是扬特存在的角色，协助客户理清企业品牌的核心、品牌架构，协助企业内部形成对品牌的共识。同时，协助客户形成企业标志及标语系统。

许多广告公司都认为它们也能做（包括奥美），事实上，这是很大的误区。扬特在品牌架构及视觉体系上还是更为专业。

我请谢祯忠（Roger）来讲述扬特草创阶段，由台北来到上海，设立扬特的故事。

奥美行动（OgilvyAction）是一家专注销售渠道的公司，协助客户制定渠道策略，执行并检视结果。

台湾市场较小，销售渠道较容易了解并掌握，但大陆确实太大了，靠一己之力建立销售渠道是不太现实的。

所以，我们采取并购的策略，碰到达生（Dawson）公司。该公司帮助宝洁管理一万多人的零售店的管理人员。经过一年的谈判，达生在2007年正式加入奥美，成为奥美行动，就成为我们线下的执行公司。后来WPP把全球奥美行动整合BAT的生意，改为经纬行动（Geometry Global），经纬行动脱离奥美集团，独立经营一段时间后，最近又整合进入VMLY & R，成为VMLY & R Commerce（中文名字依然是经纬行动）。渠道是非常关键的，在草创时，可以直接面对购买者，了解消费者的行为，又可以在购买现场促进实际销售。

现在是电子商务的年代，许多行为可以在线上进行，但线下仍然是不可取代的角色。当然，最理想的还是线上线下无缝整合及互通。

奥美与达生的合作一直很顺利，要特别感谢达生的董事长邓小雄先生和CEO傅秋红女士。

江山如此多娇

——草创扬特品牌同盟

谢祯忠（Roger Shieh）
（1982 年加入台湾建业，1991 年任扬特中国区董事总经理）

年轻时有位朋友到青藏高原旅游，回来后他跟我说：“有一段路我走了三天，四周景色没有变过，你信不信？”那时我这个一天就可以把台湾从头走到尾的人还真不信。2001 年我来到上海，负责创建扬特在大陆的第一个办公室，每天看着这广阔的大地、庞大的市场、众多的人才，我才意识到我也要开始一段朋友所言的惊喜之旅了。

在展开旅程之前，我先介绍一下扬特品牌同盟（Superunion）的背景。扬特是 WPP 集团旗下专注于品牌咨询与识别设计规划业务的子集团。

扬特这个集团的创建其实有些偶然。

1995 年 5 月，WPP 集团创始人苏铭天爵士（Sir Martin）到亚洲视察，来到台北站，5 月 10 日下午参观台湾奥美，并听取各公司的业务简报。我那时负责台湾奥美集团下的一个子公司“奥美识别管理”。

奥美识别是原奥美集团旗下负责线下设计的艺术设计转型而来，是 T. B. 因应许多客户有 CIS 需求单独创建的公司。因为全球奥美并没有这项业务，所以所有的作业都凭靠本地人才经验积累而成。这个过程很辛苦，这也是为什么许多公司想积极加入成熟集团的原因。

回到简报现场。在重要大角们报告后，轮到奥美识别。当时我其实对我的简报是没有底的，以为 Martin 会奇怪，怎么会单独跑出这家公司（虽然财务上他是知道的，也归他管），业绩也不怎么样（相较于其他广告、公关、互动）。

我保守谨慎迅速地结束报告，只希望别出错被问问题。

此时，未来的扬特集团出现了关键的时间点。

忽然 Martin 回头跟他的“书童”（他出门随身都只有一位助理，帮他扛着一个公文包，里面装了他随时可控管的全世界办公室的材料）要了那本厚十几厘米的 WPP 全球办公室百科翻了翻，然后对着我们说，他发现过去 WPP 在全球也买了一些小型的品牌咨询与设计公司，或许大家整合成一个集团，分享资源，会更有利于未来成长。

会后大家如释重负地结束了紧张情绪，但我却忐忑不已，喜的是公司见到了未来往专业成长的曙光，忧的当然是会不会真的发生，要多久才实现。

Martin 真是个专业的行动派。

1996 年初，新年迎来了新的希望。伦敦传来令人雀跃的消息。

WPP 将旗下 AGP（Anspach Grossman Portugal，纽约，1969 创立）、Sampson Tyrrell（伦敦，1976 创立）、SBG（Sidjakov Berman Gomez，旧金山，1981 创立）、Artistree（香港，1982 创立）、Ogilvy & Mather Identity（台北）整合成 Enterprise Group 集团，展开人员、技能、客户分享的工程，由 AGP 的吉姆·约翰逊（Jim Johnson）与 Sampson Tyrrell 的萨姆·桑普森（Sam Sampson）共同执掌。

其实这个发展我有一些小小失望，因为同为 WPP 麾下执业界牛耳的朗涛（Landor）并未入列。可能朗涛已具备全球成熟运作的模式了，这也可预见未来市场将有一番肉搏。

至此，一连串行动开始推进。奥美识别加入 Enterprise 字样。1996 年 10 月纽约的合伙人会议宣告集团未来愿景与策略。1998 年正式全体改名为扬特（Enterprise IG），并加入德国汉堡 Windi Winderlich，成为第六个办公室。

前面铺陈这么多，也是要记录 T. B. 当时小小的起心动念居然推波助澜，在未来变成惊涛骇浪。

回到我们的旅程。

2000 年中，T. B. 告诉我扬特应该在大陆落地了，问我考不考虑去发展。

其实奥美识别自 1994 年开始，就因为奥美中国各位先进同事的关爱而开始服务大陆的客户，如上海家化、步步高、广州经济开发区、重庆牙膏、德克士等，大陆业务的占比也逐年攀升。

上海家化是我们在大陆的第一个客户。

我第一次踏足上海，初入眼帘的东方之珠充满了印象中怀旧的情调。路上满眼的自行车，你挤我我挤你的，我都觉得如果一辆倒了会不会倒一整片。

自奥美在虹桥的办公室到北外滩的上海家化总部，是上海那时的最西边到最东北边，这经延安路的跨越需花费 2~3 小时车程（那时还没有延安高架道路，延安高架 1997 通车）。客户非常的尊重与礼遇超乎我的预料，这是大陆客户给我的第一印象。其实后来遇到的客户都类似，我深深感受到中国人的传统礼仪。

经过多年的经营，我花在大陆的时间越来越多，几乎每个月有两三次出差，其实这样的业务推进是没效率的。

因此我们 1999 年决定在上海设置一位业务总监代表，作为客户与奥美日常联系的窗口。

徐燕（Sharon），一位瘦瘦的、美丽的上海姑娘，是扬特在大陆的第一位本地员工。

我们安排她在上海奥美公关，运用公关的资源对外慢慢营销扬特并开发新生意。我们也通过徐燕的个人人际关系网络接触到上海本地客户。有一次她安排我们见到了东方航空的营销副总，从她与客户的互动中我才知道他们先前有私交，我也才意识到这些年虽然往大陆跑得勤，但有多不接地气。我们之前就只是在摆地摊罢了。

回到 T. B. 的问题。

进入 21 世纪，中国迎来了新的发展机遇，加入 WTO 带动整个市场翻天覆地的改革，本土品牌将面临全球品牌在国内的竞争，也面临成长须走进世界市场的压力，科技产业的崛起、资本市场的逐渐开放、国有企业的改革、企业合资并购的兴盛，这一切都意味着引领品牌服务产业蓬勃发展的时代的来临。

奥美经过 10 年在区域与个别传播专业领域的发展，T. B. 的拼图里也终于来到这一块。同时扬特历经 5 年，也整合成奥美全球 11 个办公室的品牌咨询设计集团，并制订出未来的成长计划，亚洲市场将占比 20%，而这里面中国市场当然是最重要的（日本当时虽是全球第二大经济体，但众所周知外国品牌服务是不易进入日本市场的）。

2000 年 T. B. 提出在中国市场发展扬特的想法，经由杨名皓与戴夫·艾伦（Dave Allen）（当时扬特全球 CEO）的催生，两个集团一拍即合，同意各以 50% 股权成立合资公司，共同发展亚洲市场，并委任亚洲奥美集团负责管理。杨名皓任命香港奥美总经理迈克·墨菲（Mike Murph）兼任扬特亚洲 CEO。中国市场的开创真正自此启程。

我知道这是迟早要面对的路，此时忽然就来了。T. B. 的领导风格是只告诉你天要塌下来了，但你自己要去选择躲不躲、怎么躲，想清楚什么需要他协助，他会全力去帮你。所以我也没太多思考，回家家当收一收，房子卖一卖，就举家抱着搬迁的心态搬往上海了。

为什么是上海？当时在计划第一个办公室时，考虑的是北京或上海，以当时的商业环境而言，上海在交通、人才、信息的流通度，与国际接轨的程度，等等各方面优势较明显。

我在 2001 年 2 月落地上海，开始进行筹备工作，也展开了我人生一段全新且充满惊喜的旅程。

新，一切从零开始，没生活过的地方，没办公室，没作业小组。

惊喜，这是中国，未来可能成为世界最大的经济体（在下笔时看到英国智库预测 2028 年中国将超越美国），而我将在这里协助引入创建一个国际品牌公司。于个人，上海是我小时候只能在书本上遥想的东方之珠，未来可能是我人生的第二个故乡（我女儿、女婿现在都在上海工作、生子了）。

其实相较于 T. B.、董洽及其他先行者，我算是幸福的，前 10 年的高速发展已经使上海跟世界接轨很多，而且还持续日新月异地发展，生活上与台湾的差异并不大了。

要设立公司，首要之事就是要有个中文名字。在策略上要传达这是一个全球品牌咨询服务公司的印象，所以想法上以 Enterprise IG 音译为主，并传达与品牌相关的含义。

头脑风暴六十几个名字后，“扬特”出现了，我们期望为客户创造的品牌“名扬而独特”。另外还有“扬特爱及”，意思也很好，也很合乎大陆把每个音都发出来的习惯，但我还是较老派，相信名字越短越好。

虽然有挚爱出现，但我们还是以自己的专业步骤，挑了五个去登记查询，并做碎石子调研。幸运之神眷顾，扬特身经考验全部过关，落槌!

扬特命名这件事在这里大书特书，其实有些私人的成就感在作祟。能为一个全球品牌集团定中文名传承未来，觉得蛮酷的，而这也是总部唯一管不了的。不过也不能太乐观，事物没有永恒的，近日听闻，我们那 WPP 同门、历史悠久的市场劲敌朗涛被并购整合，品牌退出舞台了。伤感！之后，扬特的英文名字在全球做了几次改变，但在中国我们一直使用“扬特”这个中文名字。

接下来是办公室设置。有两个思考：(1) 形象上应独立于奥美集团，成为 WPP 集团的一员；(2) 新公司管理及资源应用上如何有效连接股东奥美。最初想法当然就是独立找个办公室，最好是上海老洋房、外滩的万国建筑楼，有点独特，又可能创造些扬特的品牌故事（像朗涛就是在一条船上起家的，所以标志上有条蒸汽船）。

当然这是梦想，投资太大，一开始预算上是支持不了的。最后在毕璞君（当时上海奥美的总经理）与李嘉钦的协助下，我在上海奥美办公室那栋楼——梅陇镇广场 31 楼，找到一间独立小办公室。因为初期计划人员不超过 5 人，在这区域 A 级办公楼要找这种小面积、价格又可接受的诚属不易，还是通过奥美的影响力促成的。打虎还是亲兄弟啊！

办公室有了着落也只是个起头，还有千头万绪待兴，我需要一只手，一只接地气、办事利落的手，协助我处理解决外地人无法执行的细节。

本来我还有徐燕，但这时她却另有高就了。对于徐燕，我有些愧疚，她来的这两年多孤身一人工作于上海奥美公关，台湾奥美识别与她进行隔海管理与联系，其实是不容易让她产生归属感的。这两年多我与她见面的次数屈指可数，甚至有时如拜访非上海的新客户，因为预算的考虑，她也未能一同前往。她当然有成长的压力，而我们却无法给她有计划的协助。她能撑这么久我真心感激，所以这时点被更好的工作挖走，也只能为她高兴。

徐燕的即将离开并未降低她的效率，离职前她全力帮公司找到新一代的生力军与客户。

2001 年的春燕为我们传来喜讯——杨冬岚的加入与取得华润涂料集团的项目。

杨冬岚（Sandy），行政助理，另一位土生土长的上海姑娘。她应该算是扬特名下第一位员工。

杨冬岚有明显的上海人待人处世的手腕，我观察到她好像有种超能力，就是遇到陌生人能在最快的时间跟对方处得像多年老朋友，我真是佩服得五体投地。也是因为她的超能力，在扬特运作开始上轨道后，我同意她调任商务拓展的工作。

杨冬岚的加入为公司创建安置了强力的发动机，而华润涂料的合约为我们加满油箱，公司可以加速往前奔进了。

来到上海，我心中最为忐忑的就是客户在哪里？生意在哪里？二月的上海天气冷冷的，而我却一脑子热，左脑有千头万绪办公室成立的事务要理，右脑一直回绕着客户、客户……

我想我是一直被幸运之神眷顾的人。一天手机响起，广州奥美大老板梁荣志（Ramsey）来电。我们在台湾奥美是同事，他是个热情的人，他的习惯是有好消息一定会亲自打电话跟你说。我一直喜欢接到他的电话。

电话那端传来“Roger（敝人在朋友间的小名），欢迎你，终于来大陆了。我有个顺德的客户要介绍给你”。Ramsey，你都不知道那时我心里有多爱你。

时隔多年，我还是要对梁荣志说：“Ramsey，谢谢你。”

顺德华润涂料集团，旗下有三个中低价位的涂料品牌——华润漆、爱的漆、世纪明珠。面对高价位市场的兴起、立邦与ICI进口品牌的竞争，客户找上奥美寻求解决方案。奥美在检视客户的品牌现况后，给他们的建议是在品牌传播前应该先理清各产品品牌的定位，整理品牌架构与识别，这才能让传播事半功倍，因此推介了扬特给客户认识。

这个项目对扬特而言不只是创业作，而且是完整的扬特品牌服务的展现，品牌定位、品牌架构、品牌识别、包装设计、店头规划，非常完整的改造。另外很重要的是，我们要协助客户与外国品牌一争天下，这是我们最大的动力。

为了取得这个项目，我与杨冬岚提前全力找人，因此徐晓东、李刚健、金佳骋在这时迅速到位。由于办公室还在装修，毕璞君很义气地借了一间他们已经不够用的会议室，让我们在里面办公。还是那句话，打虎还是亲兄弟啊！

那半个多月，四五个原本不认识的同事挤在那张会议桌前共事，快速完成了团队磨合，形成了很高的士气，这是我没预料到的。

四月迎来了春暖花开。我们签到了华润集团的合约——扬特的第一个项目。我们也搬进了我们的新办公室，虽然很小（只有 8 个工位加上 1 个小会议室），但很温暖，很有士气。我们准备好了，要启程了！

先检视一下地图。

面对这么大的市场，竞争这么激烈的环境，而手上资源少，才真的觉得定位与策略是很重要的。

在当时品牌专业服务的产业链中，广告传播当然是主流，而品牌设计则是较低价值的服务，品牌顾问服务则属刚起步，大多由国外管理顾问公司如麦肯锡包揽，或由国外专业公司跨境服务。朗涛与 Interbrand 也像我们前两年仅设置代表。

我们的动作部署似有些超前，因此，投资多大规模才有效益，成为最大课题。

因为奥美的合资与主控管，我们认为可以以其网络运作平台优势来规划，就是上海办公室直接发展品牌战略顾问的技能，突显扬特是高端顾问的形象。与麦肯锡等咨询顾问公司直接竞争，也通过时间差及定位拉开与直接竞争者如朗涛的距离，并能与主流的广告集团形成互补，不让它们将扬特定位为竞争者。

其实我们虽直接剑指麦肯锡等咨询公司，但其实它们并不在乎，因为这个领域不是它们的主要业务收入，而且也不是专长，只是因为客户要求统包于企业咨询管理的内容罢了。

至于设计方面的投资，我们则放缓，因为顶尖的设计专才难寻且成本很高，一开始投资太大。我们可以运用网络优势，将设计相关的工作联结台北、香港扬特办公室一起合作，也为它们创造生意。

也因为这些战略思考，所以一开始加入我们的徐晓东、李刚健都具有咨询或产业背景，不是广告传播行业出身，华润的项目设计的工作也因此全由台北办公室负责。

从此我们开始南征北讨积极征战，中关村证券、成都卷烟、浙大网新、德隆投资……陆续成为我们的客户。

在全面开拓的同时，我并未忽略一项重要的任务，就是如何在潜在的强大竞争者觉醒前，将扬特推至我们行业品牌排行榜的前端。

我会有急迫感，是因为从当时全世界的视角来看，朗涛与 Interbrand 在发展历史、规模、实力上绝对比扬特强大很多。当然也可能它们大，所以暂时忽略了对这一市场的投入。我必须抢先机！

我说服奥美让我提预算，进行对外营销与公关传播。

为什么说得那么困难？奥美这个股东本身就是传播专业的公司，加上它本身长期拥有极高的品牌资产，所以并不太需要太大的营销传播投入，奥美公关也固定在执行企业传播规划“Hero plan”对外建立声誉。因此他们觉得先不用做这类投资，如有必要，就纳入奥美公关“Hero plan”顺道做就好。

但我认为，放入奥美去执行，一则无法走出奥美的阴影，二则在“Hero plan”执行过程中，以大小先后评估，我们一定是被最后考虑的。

我要求一笔较大预算，聘外面的公关公司来执行。这当然在奥美有些小反弹，尤其奥美公关。油水怎能流外人田呢？后来几经波折，也靠集团财务官李嘉钦的谅解与协助，我终于拿到了我要的预算。谢谢李嘉钦一直帮我忙。

接下来我让杨冬岚到外面为我搜寻本土公关公司。我的要求是，不要大，不要专业，老板尽可能是媒介出身或与媒介关系很紧密，且未来老板必须可以亲自操刀作业的公司。

在选择过程中，我们遇到了金霞女士，她的公司叫什么我已不记得了，但她符合我的条件。我在见面时告诉她，我了解公关专业是什么，但我不需要，我只要求你保证一个月有几次在那些商业媒介上的固定露出、几次的访谈安排或讲演，我们按结果付费。如果能承诺，合约我立签。

Dicos
德克士
Huarun 华润涂料
中关村证券
天颐科技
TIANYI SCIENCE
步步高
电器
C&D 建發國際集團
GREATWALL
上海家化
Bristol-
永大集团
YUNGTAY
冷酸灵

/　扬特的作品

前些年我在台湾奥美时有段时间还兼管奥美公关，当然了解公关专业。而以那时来说，我现在对客户的要求，只会被公关公司骂是不了解公关的烂客户，并踢出门外，哈哈！

金霞没有令我们失望，扬特知名度与日俱增，且我们锁定的“品牌架构”议题也逐渐在企业界发酵。以扬特目前在中国市场的地位，我相信当年的坚持绝对值得一书。

变，才是硬道理。

2002 年下半年间，台湾奥美识别的董事总经理谢祯舜（Andre）向 T. B. 建议合并台北与上海办公室。T. B. 与我都觉得这是个很好的想法，尤其上海扬特未来的发展需要更多资深人员的协助。

谢祯舜，你没看错，我们名字只差一个字，是我失联的堂兄，小时候我们彼此都不认识，直到工作了才在职场上相认。他是创意设计背景出身，但也有很好的商业头脑。因缘际会，他也进入台湾奥美集团，成为另一个公司的总经理。1999 年他也跨入奥美识别，与我、蔡玲君共同成为公司经营伙伴，并主掌创意设计。由于谢祯舜的加入，我们的创意设计水平又上了一个台阶，尤其是谢祯舜在空间设计领域的专长，为我们带来新的商业机会——连锁店面识别。2000 年，蔡玲君因私人原因离开，我也一直重心在大陆市场，谢祯舜就担起奥美识别董事总经理的重任。

合并的工程在拍板后就马不停蹄地迅速推进。台北办公室这两年的营收，大陆生意的占比也近四成，就是承接了上海扬特项目设计的部分，因此我们认为是时候投资扬特，使其具有本地的设计功能，而谢祯舜也可跨两岸在设计部门负责发展、管理与培训。至于台湾奥美识别，则缩小规模，提升绍雍中（Alex）负责台湾市场的业务。

业务的成长及合并使人员增加到十多人，办公室不够用了。2002 年我们从梅陇镇商厦 31 楼搬到 23 楼一个大三倍的办公室。新的办公室，新气象，也出现了许多新面孔。

黄唯啟（Michael），扬特聘用的第一位本地设计人员，标准的上海好男人。

他进入扬特前有自己的个人工作室，因为接了扬特发出来的一些手工活而认识了谢祯舜。我们合作了一段时间，谢祯舜认可他的设计手工活及工作的态度（读者们如果认识谢祯舜，就会知道这有多不容易）。在我们决定聘雇本地设计时，谢祯舜第一个想到他。我当时认为这不太可能，因为他有自己的公司，赚的钱绝对比来我们这儿拿薪水多。但是我错了，谢祯舜找他谈他就答应了，就把他的工作室收了。我对黄唯啟的评价是，一个有远见的年轻人。

进入2003年，我们在各领域都有新的斩获：长城葡萄酒、春兰家电、中华企业（地产）、利群烟、金信金融、江铃陆风汽车。而全体将士拼命攻城略地的结果，我们发现了一个潜在的问题：从客户产业与地理分布，要周全地管理项目，资深人员严重不足。2003年3月全国遇到非典（SARS）的攻击，我去南京出了一趟差，回来在家关了两个星期，许多作业都因我而停顿，更觉得问题的紧迫。

这两三年培养的人才几乎都来自非传播服务业，咨询专业的养成本来就需要时间，客户的服务管理技能更非一蹴而就，尤其我们在作业上常常需要直接面对客户的顶级领导。我没有三头六臂。

2003年春节两岸实现了节日包机直航，也带来了扬特未来发展成现在品牌咨询集团的转折点。

李怡静（Monica）现任亚洲区扬特董事长。

李怡静原任职于台湾奥美公关，也是我在兼管奥美公关时的同事。她那时年轻，入行没多久，却在同事眼中是工作狂魔，常听说写东西写到没回家睡在办公室了。她有种特质，客户对她的黏度很高，尤其是客户的高层领导。

2003年两岸直航，她负责台湾华航直航的公关事务，前来上海部署。她来找我这位老朋友打招呼，我们碰上了面。在言谈中她提及对来大陆工作有强烈意愿，并已取得台北办公室老板白崇亮（Joseph）的默许，代表台湾奥美公关来驻点上海，开拓些跨越两岸客户的生意。但由于一直没有履行正式的手续，她其实很没有底。我当时直觉发现找到对的人的机会，心里一阵窃喜。

我告诉李怡静，你就按老板说的去做，就先来上海吧，来了如果一切顺利，就继续待在奥美公关，如果不如预想但还想待在大陆，那可以考虑来扬特。

李怡静在上海为台湾奥美公关工作了近半年，那时我们取得了伊利牛奶品牌定义的项目，正缺足够的资深人员来管理。情急之下，我们以向台湾奥美公关买时间的方式请李怡静来协助伊利的项目，我也想通过这个合作“勾引”她来了解扬特在做什么。以前其实没有跟李怡静合作过，只粗略了解她有服务客户与项目管理的长项，但在伊利的项目中，我发现她的咨询与策划能力同样令人惊艳，尤其在企业品牌领域。她是个百分百的扬特人。

2003年9月李怡静正式加入扬特，也开始引领扬特进入另一个发展阶段。业务上南征北伐，中粮集团、金地地产、新奥集团、建发集团、柳州重工集团先后收入囊中。专业知识领域上李怡静投入很大心力，将国外办公室资源及人员培训做适合中国市场的落地与整合，奠定了扬特未来五年发展的基础。

行至2005年，我就年迈交棒退休了，行文至此也要告一段落了。而扬特品牌同盟已在这些先行者的培育与新生代的接棒下，2021年迈入第20个年头了，而这后续就留给李怡静来落丹青了。

最后想用李怡静感谢T. B.为扬特品牌同盟的支持与贡献所说的话来结尾。

/　从左到右：李怡静、谢祯忠、黄唯啟、小武

T. B. 对中国企业建立品牌的理想，体现在支持扬特在 WPP 集团中作为品牌战略咨询专业公司的角色，并推动扬特与奥美的多方协作。每每提及扬特与品牌战略时，他常挂在嘴上的一句话就是：定位策略与识别系统的建立是每个品牌发展历程中的第一里路。

第四部 整合

整合的必要性

草创的整合，随着公司的快速成长，越来越呈现其必要性。

在不到十年间，公司由一二十人发展到近千人，尤其是北京及上海两地，有广告、公关、互动、扬特、行动（OgilvyAction）等不同专业。

当时，我们就觉得有设立区域领导人很有必要性，所以就从香港调来汪少杰（Joseph Wang）到上海，由台北调来庄淑芬到北京，担任区域领导人。

汪少杰，亦人称 Joe，与我确实有缘分，一见如故。

当年我开始接任香港时，花了将近半年时间待在香港，发觉我是不适合的。因为香港的作业语言是以英文为主，广东话为辅，我英文不太好，也不会讲广东话，确实造成管理及面对客户的困难。就在这个时候，Joe 打电话找我碰面，当时我还不知道他是香港广告界三杰之一，另两位是朱家鼎、黄霑。

记得我们碰面是在我台北阳明山的家，坐在阳台的木板凳上，望着至今难以忘怀的美景，我们聊了许多，我才知道他是国民党高官的后代，曾到台北念高中，还住在眷村（台湾管军人住的家属宿舍称为眷村），之后到美国念书，难怪他是我碰到过的普通话讲得最好的香港人。我们年龄相仿，而且李奥贝纳的文化与奥美确实相近，所以，Joe 就很自然地接手管理香港奥美，而后到上海。

庄淑芬在台湾与我共同创建台湾奥美，一直是我的工作伙伴。在她来大陆之前，也多次来参与培训，并支持许多人员的转调。

当时北京快速成长，确实需要个“大人”来坐镇，于是我找她来到北京。

她来到大陆，更具体地将奥美的信念及做法在大陆落实。同时，她与裘淑慧一起，把台湾的人事系统管理经过修改带到大陆，也将奥美文化在大陆落实。

对她除了感谢，还是感谢。

一个非典型奥美人

汪少杰（Joseph G. Wang）
（1995 年加入香港奥美，曾任奥美大中华区副董事长）

我是入广告行业 25 年才加入奥美的。

曾经管理过不同的香港 4A 广告公司，和香港的“才子才女广告组合”黄霑、林燕妮当过搭档（1978 年我第一次有机会进入大陆，代表一家香港牛仔裤品牌到广州设立品牌展览体验店），也当过香港 4A 主席，与广告神童朱家鼎草创灵智广告，1992 年为达彼思广告成立了中外合资公司。也就是这段时间我在上海认识了范可钦同学，本以为又可以有机会跟另一位广告达人合作（他也答应过来做达彼思中国创意总监），没料到就在这时与亚太区老大就中国发展策略意见起了分歧，跟范可钦合作的计划只好告吹了。结果他不但没有生我气，反而介绍了 T. B. 给我认识。1995 年我以奥美中国副董事长身份进入了这个大家庭。

我一个土生土长的“香港仔”，其实和上海非常有缘分。

我的祖父 110 年前从祖籍杭州移居到上海寻求商业机会，从商百货业。

我父亲毕业于上海圣约翰大学化学系，并在上海认识和成功追求到跨省求学的广州美人——我的母亲。

1948 年举家移居香港，1949 年在共和国建立了一个多月后我便出生。

父亲到了香港干什么呢？身为吃货的他干脆在尖沙咀弥敦道新乐大酒店隔壁开办了雪园上海饭店，结果很快雪园就成为很多江浙移民同乡在香港的首选食堂（去年导演王家卫为了他当时在构思的中国版《广告狂人》电视剧搜集资料，跟我喝下午茶时告诉我，他 1963 年和母亲从上海移居到香港时，先于他们到港并已经在那里打拼的父亲，第一件事就是带他们到雪园饭店吃家乡菜）。

我从美国留学回港后，就在我姐姐上海的童年朋友林秉宽（Sonny Ling）先生和美国麦肯广告公司合资创办的华美广告公司工作，当时有可口可乐、雀巢、英美烟草等国际客户，在香港广告界排名第一。林秉宽负责管钱和经营，他弟弟林秉荣在美国留学，负责客户管理，经常和老外客户到外国记者俱乐部吃午饭玩扑克牌，回到办公室已经喝得脸红红的，不愧是香港当时真正的广告狂人！若干年后我为达彼思在中国寻找合资对象，也是林秉荣在上海将上广的熊景华先生介绍给我认识。“可口可乐”四个字的中文命名出于两位林先生之父林振彬先生之笔，他是名副其实的中国第一代广告人。

为什么谈奥美上海之前要描述这么多关于香港的事?

因为上海和香港确实有很多共同之处：两地都是中国的商业中心，也是中国最国际化的城市，都是以金融为主的大都市，是中国最具有时尚生活的地方，最后就是两地的成功很大成分都是靠外地移民打造出来的，都是移民城市（当然今天的深圳也是）。

也正是因为这些共同点，上海奥美以及上海其他的国际公司和行业都有很多香港人在此打拼。而香港人到大陆工作和生活的首选城市也往往就是上海。我 2004 年进驻上海的时候，李家舜（Michael Lee）主管奥美广告，郑龙匡（Jason Cheng）主管奥美直效营销，张曼华（Debby Cheung）主管奥美公关，吴荣茵（Sandy Ng）主管品牌策略，杨马佩华（Annie Young）主管财务部，之后还有吴凡（Ng Fan）加入，形成了上海奥美“四大天王”创意团队 [还包括来自新加坡的朱耀亮（Kenny Choo）、马来西亚的李兆光（Kevin Lee），还有 2020 年离开了我们的台湾老大周俊仲（Murphy Chou）]。很多内部管理小组会议用广东话讨论基本没有问题。在这班管理团队的协助下，上海奥美的经营也很顺利：他们的态度都非常积极，都希望在中国这个大市场里发挥个人作用，坚持专业水准，

上 /　1981 年汪少杰和黄霑在公司尾牙玩游戏

下 /　奥美拿到香港迪士尼乐园客户时，汪少杰跟客户全球高管迈克尔 · 艾斯纳（Michael Eisner）和鲍勃 · 伊热（Bob Iger）合照

为客户和公司尽快找到最有效的解决方案，他们具有高效率、快搞定、少废话的香港精神。当然上海奥美还有台湾人和东南亚侨胞，也有英国、加拿大、印度籍的同事，在上海这个接受甚至欢迎国际人士的城市，大家工作都非常和谐。还有一点，这个领导班子也有香港人另外的特征：都很会打算盘，尤其是在上海财务官杨马佩华和大中华区首席财务官李嘉钦对生意经营熟悉了解的引导下，季度、年度和五年计划的预算达标问题都不特别困难。

虽然如此，我抵达上海奥美的过程也并非一帆风顺。

1995 年进驻香港的奥美中国办事处，本来 T. B. 说先在那里熟悉一下奥美企业文化和融入组织一段时间后再转驻到内地，没料到两星期后就接到日本烟草客户为他们的七星（Mild Seven，现在改名 Mevius）的中国大陆和香港的广告业务招标。他们同时邀请了日本广告巨头博报堂、电通以及他们的台湾分公司与香港奥美到东京去比稿。因为我之前在别的公司负责过万宝路和 555 香烟的品牌宣传工作，而且手头上也没有什么正式的业务需要处理，于是香港老板迈克·墨菲决定派我出去迎战。虽然大家公认日本公司找广告代理 99% 都会给“自家人”，奥美的胜算不高，但是因为那个年代烟草公司的预算是市场里最大的，所以也决定一拼，反正大伙儿起码可以到东京吃一顿痛快的，就用这种较为轻松的心态到日本作战。比稿当天我想肯定只有奥美是用英语和日文翻译，而主要的提案并非广告宣传这么简单。我们提案的内容是，建议在中国内地举行一项多种户外运动的国际性越野赛（经合作伙伴 IMG 邀请一些历届国际奥运得奖运动员参赛）。一场相当专业但经过翻译后比较漫长的提案终于完成了，在座的几十位日本烟草中高层无动于衷、毫无反应，很严肃地静坐，也毫无发问！看到这个场面，我们也只好道谢了。正当我们准备收拾投放器和音响之时，一位西装笔挺、身材瘦小的老先生站了起来，跟着其他在场日本客户也全部起立，准备走了，没料到这位老先生竟然开始鼓掌，其他人都呆了一下，随后也开始鼓起掌来！老先生最后说了一声“Thank you”点了点头就走了。后来才知道原来这位老先生正是日烟的国际业务总裁！当晚虽然无法解读客户真正的反应，但也没忘去东京另外的理由，拉大队到六本木驰名的牛排烧烤店吃喝个痛快，第二天一早还带着酒意便登机飞回香港。一周后收到客户通知：我方赢了！随后的日子里，奥美特地为这个客户设立的群策公司的团队开始每一两周来回飞日本一趟，很艰辛地谈判合约和项目具体内容，以日本人对细节的高要求谈了足足一年时间，中间两次差一点儿谈判破裂，但最终还是谈成，年预算 1000 多万美元，成为奥美亚太区最大单一客户，也是品牌整合最 360 度的客户。在香港回归祖国的 1997 年，第一届比赛在中国航天火箭发射基地四川西昌山区启动，可是我个人就没办法回内地，因为客户决定他们的中国总部放在香港，而担当品牌活动领班人的我也必须在香港。奥美之后几年在云南大理、丽江和马来西亚沙巴总共举行了 5 届七星越野挑战赛。也在这段时间，迈克 · 墨菲决定退休回英国老家，香港奥美和华南的集团总管一职就让我来当了。

2004 年亚太区老板杨名皓和 T. B. 分别约我吃饭，告诉我终于可以让我进入大陆了，可以去接管上海了。1995 年在香港的“短暂学习适应”变成了八年之久的长征，所有奥美文化都已经牢牢地进入我的 DNA 里了！其间经历了亚洲金融海啸、SARS 非典型肺炎的激烈冲击，公司预算短缺，裁员中保持士气，巩固价值观，营业额、盈利率再求增长，经营管理尤其是危机管理上真学习了不少。

到了上海才知道，原来我又掉进了一个危机坑！

早前 T. B. 从香港聘请了一位英国人到上海当集团老总，这位仁兄是我在香港认识的，非常聪明能干，脑筋灵活，也成功地管理过一家非常有创意但规模比较小的国际广告集团的香港分公司，但没有任何实质的大陆经营与市场经验。碰个正着，他要管的是一位同样非常聪明能干、脑筋灵活而且有多年在中国成功管理国际广告公司的香港人。李家舜的广告业务单元占据了上海奥美集团约 70% 以上的业绩。我一直觉得 T. B. 是一位非常乐于实验的管理经营者，喜欢聚集不同类的优秀人才，尝试把他们放在一起看看会发生什么特别的化学反应，有时候可能会擦出很精彩的火花，但这一次恐怕就产生了切尔诺贝利式的灾难，可以说注定要一触即发！外来的这位英国朋友不久后不敌各样的阻碍，就举白旗打退堂鼓了。

在这样的气氛下接管上海毫无疑问是一个挑战，但是为了到内地工作，我也毫不犹疑地答应了两位老板的要求，而且非常感激。

到了上海没多久又收到上头的信息：夏兰泽有一位美国好友，准备让她的企业进军中国大陆这个庞大市场，当然也邀请奥美中国加入比搞行列。无论生意还是大老板的面子，都告诉我这是志在必得的项目，很可能会奠定我在奥美的前途……或没有前途！夏兰泽的好友就是名气响当当的梅格·惠特曼（Meg Whitman），她领导的品牌是互联网销售平台全球巨头 eBay。

我第一时间跑到李家舜的办公室，让他做好作战准备。小伙子回复："抱歉，没时间，不如你自己带领吧！""没关系，"我说，"让我找在香港合作多年、现任上海策划总监的吴荣茵一起组织团队应战吧。""抱歉，她在忙联合利华，有海啸式的工作量，没时间！"随即下令吩咐吴荣茵不能分散精力。

哦，了解，这是给菜鸟下马威，试探反应，看会不会像之前的老外一样知难而退！结果吴荣茵给了我印度奥美调派到中国的策划者桑德普·瓦苏德万（Sandeep Vasudevan），一位逻辑和分析能力很到点的男孩帮我做策划和组织团队。连同创意总监吴凡和美指汤姆·沈（Tom Shum），团队很快就打造了一个视觉和信息很简单、很鲜明的案例去比稿。结果客户拿下来了，向老板交足功课，救了自己的前途，李家舜也开始微笑了（毕竟预算都会进账广告公司），结局圆满。唯独担心一点：提案时和后续我们都一直提醒要防范竞争对手，需要改善生意模式，适应大陆的市场和消费者，不过客户方深信淘宝的免收费生意模式，不可持续，肯定很快就会被拖垮。没想到这个先烧钱垄断市场占有率的模式日后成为中国无数互联网电商的成功策略，而给了 eBay 这个全球品牌最难忘的滑铁卢。

交代 eBay 的故事有两个原因：第一，它直接影响了我在上海的个人发展和前途；第二，这说明面对中国这个巨大和文化独特的市场，所有之前在外地所学到的假设都必须先放下，从白纸开始分析研究，因为市场绝不会迁就你的假设。至于这位英国朋友的故事，我到现在还没有想通究竟会不会是国际公司老板想放一位同声同气的同僚去侦察这班中国同胞如何管理奥美中国，以便将来可以让外来人接班？相信 T. B. 自己也未必完全知道。总之，让一个外行人去管理内行人，失败的概率肯定很高，那当初又怎么会让它发生？

之前董洽同学已经提及很多上海奥美草创时期的杰出精英同志，例如我在任的时候也非常值得敬爱和特别帮得上忙的屠玉华屠总。董洽在任那段时间可能是上海奥美最精彩的时段，因为做先锋打拼天下的日子都是最难忘、雄心勃勃、热血沸腾的时光，我们后来人都是站在他们肩膀上才能看得更远。

但我还是想记录三位与我共事、我认为杰出的上海本帮同志。

朱浩是一位出色的摄影师，也是当时奥美行动的创意总监，为人敦厚，态度淡定，情商高。之前奥美提出的 360 度品牌管理概念，要求寻找比较具有整合性、多元化、多媒体的品牌体验方案，往往令奥美广告的创意团队很纠结，但朱浩的创意思维非常立体，没有第一时间从 30 秒电视广告或平面出发，而是从现在俗称 UX（用户体验）的角度构思，很新鲜，很受客户欢迎。我几次跟他商讨让他当上海奥美的负责人，但考虑后他都婉拒，因为觉得自己乐于创作过程但不擅长管理，有自知之明，虽很可惜但我完全理解。

另一位是储文（Michael Chu），奥美公关，从影响（受众感受）的角度出发，思维清晰、灵活、敏捷、周全，是一位“海龟”，操一口流利的英语，很契合奥美中国“国际的本土化、本土的国际化”方针。当年法国达能食品集团和中国民族品牌龙头企业杭州娃哈哈集团打官司，娃哈哈的公关全程交了给奥美，结果在中国的官司都赢了，可是在国外的输了，几年的官司打下来，每年的公关收费都非常可观。储文负责这个案例，得到客户的积极肯定。

还有苏立（Edward Su），开始时当客户代表，结果因为他的市场与消费者分析能力出色，被李家舜提升为品牌策划总监。在 T. B. 让我负责一些本土公司并购项目的同时，苏立也表达对行政管理这方面有兴趣，刚好他协助我在南京银都广告公司的并购做培训，在苏宁电器客户的管理工作中他得到银都老总张丽女士的欣赏，就顺理成章地成为银都奥美总经理，进驻南京。

这些上海同事都是精英级人才，可是他们过了几年后都出去自立门户，或进入新经济、互联网公司去了。这个事实令我想到奥美如何在中国这个高速增长、日具万机的市场环境里保住杰出的本土人才，传承奥美文化和价值观？这本书里面奥美中国故事的描述者现在都是六七十岁的人，是否有青黄不接的感觉？

其实上海团队里面有很多都是非典型奥美人，包括我自己。我说的典型传统就是有相对长时期在奥美系统里被栽培和成长的人，因为他们的价值观都是鲜红色的：尊重人、知识、创造力，是带脑筋的正人君子。奥美中国有今天的成就地位，很重要的因素就是它的高管团队都是有十几年及以上在奥美共事合作的伙伴，彼此的了解和默契很关键，这是绝大部分国际公司没有的优势。当这个因素被时间逐渐削弱时，整体的组织精神、文化、价值观也很容易流失。所以今天的奥美至关重要的课题是如何保住精英、保持群策群力的精神去打拼未来的30年！

另外同样重要的课题是：究竟什么是21世纪的广告公司？或许根本就不应该叫广告公司了。今天无论是哪个行业，颠覆/破坏已经成为口头禅，广告行业也不例外。我记得2009年准备退休时还跟自己说："好了，大数据不懂也算了，反正退休了！"谁知最近再思考一下，又觉得数据也只不过是量化了的知识，而不同的平台也只是不同的输送方式罢了，其实广告还是没变，还是为品牌讲故事的工作，需要讲得响，讲得动听。只是今天的消费者注意力短暂，要快、要翻新、要多元。广告人应该定位为品牌内容创造者，而技术要从信息传播者成为迪士尼的"想象工程师"一样的人，成为创造和制作品牌体验的工匠，技能培训也可能要调整。

最后要提到就是规模的重要性。中国人口14亿，所有成功企业的量度标准都是世界100强、50强、10强等等。奥美和它的母公司WPP在国内、在全球都是数一数二的广告企业，这个规模让它吸引了很多眼球，拥有很高的知名度，更重要的是得到很多国内大企业的认同，毕竟"物以类聚"。但是在今天媒体碎片化，选择多元化、时间压缩化、知识和信息全球化的情况下，规模是优势，还是象征大、慢、繁复、贵、僵化？

这些问题都需要智慧比我高、年纪比我小的专业人士去探索找出答案。总而言之，奥美给了我13年的宝贵学习和体验，只要继续有激情和文化，继续尊重人、知识和创造力，我肯定，奥美中国未来30年会发展得更好、更光辉！

快乐远航！

一路有你，奥美有情

庄淑芬（Shenan Chuang）
（奥美大中华区前首席执行官）

人生就好比一场线上游戏，一切的一切就是提示你专注眼前，只有得分才能继续通关前进。于是，当真实世界容许你停留片刻转身看来时路，在眼前飞速快闪的影像，反倒是感性十足且难以忘怀的美好时刻。

下文记录的是笔者流光溢彩的片段回忆，希望为本书尽一份力量。

非典期间，逆势登陆

2001 年，我把台湾奥美办公室从民生东路搬到当时新开发的信义区之后，一如既往，主动积极向公司表达希望转换跑道的想法，也清楚指明大陆市场为下一步的目标。当时奥美亚太区负责人杨名皓和奥美大中华区董事长 T. B. 虽然对我信任有加，也必须思考再三，转而要求我给予公司两年时间安排接任人选，那段等候新职的沉潜时间，置身现场却又不得不抽离的情景，如今回想，真是难能可贵的职场经验。

君子一言既出，驷马难追，身为领导人的杨名皓和 T. B. 说话算话，提供两个城市让我选择，经过简易评估后，判断上海办公室已有不错的业务基础，我毫不犹豫地选择北京办公室，原因有三：（1）挑战艰巨程度较高；（2）集团整合潜力十足；（3）全新体验北方城市。

过完 2003 年的春节，我告别当时还在世的年迈母亲以及依依不舍的家人们，从台北桃园机场出发，经由香港转机，那一年还没有两岸直航，一早出发，黄昏落地。在下自以为意气风发，更难掩振奋之情，孤家寡人抵达陌生的北京机场，从此展开当时根本无法想象的奥美中国 13 年的难忘旅程。

第一天报到记忆犹新，那是一栋由地毯工厂改造的办公楼，北京奥美默默无闻地跻身在非商业区的破旧巷弄里。我踏入公司，面对接待柜台，自我介绍我是谁……反正那一天，所有我认识的领导管理层都不在办公室，幸好人力主管是旧识的裘淑慧，她在等着我。有趣的是，到了吃中饭时间，资深人员依然“下落不明”，裘淑慧善解人意，担心我遭受冷落，赶快在附近餐馆安排欢迎新领导的丰盛午餐。说实在的，乏人问津的我当时处之泰然，却将心比心想着日后新人就职时，尤其是资深主管报到，公司必须有一套接待的程序，避免在第一回合的公司体验中刻下被搁置一旁的印记（借此机会，特地一提，自此之后，在珍惜人才的方方面面，与我心有戚戚焉的裘淑慧，巨细靡遗，一手打造了奥美在亚太地区被行业内视为典范的人才资源管理系统，从北京办公室落地生根，开花结果，一直推广到奥美中国，同时也培养了一支强大的人资团队）。

对于刚到北京奥美的我，开疆辟土扩展生意，绝对是无法动摇的最高绩效指标。长久置身广告界，不知参加过多少场的新生意争取，从来不畏惧比稿的我，登陆不久的第一场比稿，是韩国 LG 电视机，非常戏剧性的内部准备过程。为了打赢此战，我决定临阵换将，自己上场带领新团队，以展现奥美多元创意能量为目标，动用三组人马，面对会说流利普通话的韩国客户，总共提了三套作品，最后我们赢得了生意。第一战的胜利，不仅带给团队无比的信心，同时也因此多少建立了我这位外来领导者的若干“威望”。那一段时间，奥美广告国内业务负责人陶雷，在我“穷兵黩武”的原则下，两人总共参加九场比稿，场场凯旋。前途正一片看好，心中暗喜我的转换跑道，似乎天时地利人和，只差敲锣打鼓告知天下了！

无奈，理所当然从来不是人生常态，始料未及的非典暴发了，重磅来袭的危机处理，惊醒了正在异乡匍匐前进的开拓者。在这行，人人都知道新生意固然可喜可贺，但是如果客户无法下单，九场胜利等同九场春梦，苏醒时万事皆空。以上所描述的，就是在下 2003 年的新生意总结——只听楼梯响，不见人下来。

说实话，那一年因为非典暴发，家乡的母亲与好友们都纷纷劝我打道回府。所幸，天生好强的我，拒绝接受一切还没开始就提前放弃的选项。何况，长年的行业见识，早就练就我一身不畏艰难的行事作风。当务之急是改弦易辙，新生意先放一旁，立马调配资源，专注内部组织的改造，重新建立人才制度，大力宣扬组织价值观，打造奥美企业文化，同时也系统性规划员工培训活动等软硬兼施、并行不悖的措施。塞翁失马，焉知非福，也因为这一年的业务停摆，让我初到异地却拥有充裕的时间，从容不迫地思考公司的当下与未来，仿佛度过一种全速冲刺之前的短暂宁静。

整合集团，首重人才

严格说来，我是奥美亚太地区第一个被赋予集团整合任务的领导人，后来由于各市场对于整合营销传播的需求，这个职务变得正式而普遍，后来奥美网络广为使用的英文头衔是 Group Managing Director（集团董事总经理），职责就是集团负责人。正因为我在台湾多年累积的整合经验，后来转战北京奥美办公室时获益匪浅，有效地缩短了学习曲线。

据闻有此一说：北京集团管理层有人知道我即将登场之时，提问为何需要集团领导人，增加公司成本。此质疑间接传到我耳朵里时，本人已身在京城，心想只能以速度换取时间，用行动证明一切！没想到天助我也，当时的奥美中国在 T. B. 的领导下，开始筹备第一个五年计划，于是我站在巨人的肩膀上，利用这把“尚方宝剑”，搭配因地制宜的成长策略，所到之处，畅行无阻。

言归正传，当时的北京办公室被众人认为是一盘散沙，说白了就是多家传播技能子公司，经由不同领导人各自向上发展，毫无意愿横向整合，表面礼尚往来，实则泾渭分明。多年经验让我心知肚明：此时鸭子划水不动声色才是上策。我不急不缓，按部就班了解每家的业务状况，判断领导人的管理习性，摸清相关人士的沟通方式，也从经营角度考量市场趋势、客户需求、员工心态，再加上一对一的深入访谈，终于从瞎子摸象到一窥究竟。

虽然当时 T. B. 并未明确指示，但我深知身负重任，如何全面强化经营理念，提升整合营销传播技能与改进客户服务品质，也必须配合总部与亚太地区整体策略，壮大北京的营业规模，与此同时，人才招聘、培养与保有都是公司发展的关键因素。

长年经验告诉我，集团整合并非一蹴而就，唯有全盘考虑哪些层面需要整合、哪些必须保留空间发展，才能确保公司活力十足、生机无限，而非为整合而整合，失去整合的真正意义。多元化人才绝对可以促生创意，但奥美当时维持权能平衡的矩阵组织，保持同心协力的作业模式，才能运转顺畅。

管理集团之前，首先面对的挑战是人才问题：怎样吸引人才、塑造人才、培养好人才，好的人才进来以后，如何培养、如何保有；或者说在这个行业竞争激烈的体制下，如何体现人才的差异。这是一个值得整个行业的管理者探讨、思索的题目。所以我与前文提及的人力资源总监裘淑慧一起脑力激荡，“无中生有”创建多个项目。如在创始人大卫·奥格威生日的 6 月 23 日，我们打造了“D. O. Day”，以此名象征文化日。一开始举办每年一度的公司嘉年华，后来由于集团规模扩大，人多好办事，转向变成集团公益活动，例如种树或粉刷民工子弟的学校等。年初的尾牙仿效“春晚”，剪视频练歌舞，上上下下齐参与，员工非常投入，其演出的水准，点评者都说几乎可以上电视表演了！此外，还有运动会、公司旅游、福委会，印有公司标识的周边产品，不仅现职员工喜爱，连出走的老员工都辗转回头抢购……无疑，奥美的企业文化，多年来也因上述具体而微的诸多作为，在业界闯出了名头。

另一个挑战是如何寻找并培养一群情投意合、可以长期合作的本土客户。这也是我当时被赋予的重要任务。当年我之所以强调长期，是因为本土客户与广告公司合作多数都是短期行为，企业以如此的心态来经营品牌，就好比明明是可以长久经营的婚姻，却选择天天试婚，最后不会得到家庭，也进不了“城”。本土客户想要和外商竞争、抢夺市场，一定要改变意识，树立长期合作发展的观念。所以借着奥美图书出版的宣讲机会，我开始周游北方几大城市，宣扬品牌与整合营销的理念，认认真真地告诫品牌主，树立品牌占领市场，就好像打仗，任何一个环节，哪怕是一个微小的错误都会影响全局，何况临阵换帅呢？品牌建设是一个长期的工程，绝不要期望一朝一夕就有所改变。

回到整合的主题，当时的我，并未采取外籍领导人惯用的100天计划，反其道而行之，我采取低调策略，先做再说。对我而言，整合是目标，过程更重要，仪式不能少。于是，挑选黄道吉日，我召开上任之后第一次集团360管理大会，邀请所有领导层与核心主管一起到“长城脚下的公社”开会 。当时集多国建筑师、精心设计而成的“公社”开张不久，动用公关负责人柯颖德的人脉关系，我谈了非常划算的价钱，让北京奥美的领导人可以共度两天一夜。后面附的那张大家坐在户外空地的集体留影，至今依然是我在奥美中国最喜欢的照片。

此外，刚到北京前三年半，我选择齐家园的外交公寓当作北京的家，看着园区内大片草地，心生一个“另类整合”的主意——举办周末的烤肉宴。不过心中惦记公司正大肆整顿，不宜耗费公款，特地自掏腰包邀请公司主管和朋友一起户外相聚，活动第一年聚集了大约30位来宾，或喝酒或烤肉或聊天，大家高谈畅饮，不亦乐乎。

第二年如法炮制，公司也开始成长，来宾数虽然增加，甚至有人带吉他献唱，我还是自付花费。烤肉宴第三年，公司规模早已不同，主管比起前一年多达两倍，加上朋友，总数几近 70 人，我终于认清现实，这活动的确需要有人赞助，只好厚颜跟 T. B. 开口，请他分担酒钱，我继续负责烤肉费，狮子座的两人天性慷慨大方，完全没有考虑动用公司费用。

如今回顾，当年实在想太多了，主管们非工作时间的聚会，也是公司聚会，我又何必多虑？多年之后，有人告诉我：他们都以为那三年的烤肉晚会是北京奥美付钱举办的！哈，作为主办人的我，实在亏啊！尽管如此，印象中的齐家园烤肉聚餐，大口吃肉，开怀畅饮，宾主尽欢，不仅黑夜中提升彼此的袍泽情谊，无形中也促进整合的认同感。

整合的概念，在我三寸不烂之舌的鼓吹下，埋下日后大家同心协力的种子。为了剑及履及地落地实施，北京集团每季举办“360 Council”的高管会议，让各技能领导人通过沟通平台定期沟通；我们也组织了“360 Club”的中层主管会议，利用每年的员工调查报告结果，通过工作坊的头脑风暴，达成大家共识的解决方案。至于年轻员工，我们特地挑选各公司的“明日之星”，以 Orchard 之名，在北京近郊的果园餐厅定期聚餐，让年轻一代彼此认识，建立集团内的横向人脉，也期待后起之秀得以养成整合的作业观念。

后来，我担任奥美中国的首席执行官时，也把“Council”和“Club”推广到其他城市，至于是否落实，则尊重当地办公室负责人的最后裁决。

乔迁女王

此处插叙一下，2003 年 3 月，也就是我上任不久，T. B. 以直属主管身份下达两道刻不容缓的明确指令：

（1）把北京奥美搬到一栋像样的办公大楼。

（2）协助筹建中国4A，借由规范广告市场提升代理商的专业地位。

至于我的本业——当时北京奥美集团董事长兼任奥美广告总经理的职责，就尽在不言中。从T. B. 的思维高度看来，那是个人理所当然且必须全力以赴的工作，与他“操心”的范畴无关，更不抵触剑及履及地添增指令。

搬家，是现代人生活中不可承受之重！至少对我而言，这些年来，不知有幸还是不幸，经历无数动荡，或公司或个人，原因堂而皇之，乔迁势必不可避免，记录绝对神勇。当初我着陆北京，让T. B. 松一大口气——终于有人能搞定前人筹划数年却一直未能决定的公司搬迁。数次“前车之鉴”，让我高度重视：（1）内部员工的沟通；（2）设计公司的甄选；（3）搬迁作业小组。一切就绪，除了忙于公司经营的“大事”，我也亲力而为新址设计的“琐事”。

我们的设计伙伴是位英国剑桥的建筑硕士，在中国执业长达十年，还有一位品位超卓的模特夫人。老英夫妇深谙中西合璧的美学理念，光看他们在北京日坛公园的创业办公室就令人万分折服。对我而言，此乃另一自我挑战——如何借力使力，让对方一展长才，创造一个截然不同的新奥美办公室。

那一年，京都的乔迁大事众所瞩目，亚太区的老板们都投以关爱的目光，当时杨名皓特地指派亚太地区的创意大头目谭启明（Khai）到北京，协助我察看原先T. B. 已经决定的一栋办公大楼。其实我心中自觉那栋楼很复杂，商住两用，地点也比较偏，谭启明也非常不满意，但因为同意书已经签订，无法轻易修改。煞有介事地准备施工蓝图时，设计团队突然发现法律限制修改大楼承载量的问题。换言之，这栋楼不符合现有法律的规定，万一大楼承重出问题，谁敢负责？经过你来我往的讨论，大家决定必须启动寻找新地方的按钮，当时我暗自雀跃，只要不是这栋楼，我愿意花时间努力寻找。此时T. B. 直言：“好吧，你必须快速找

上／　庄淑芬摄于她亲手创办的奥美画廊

中、下／　粉酷和“上议院”

到新地点，因为和旧房东已经签署搬离的合约了。”

说时迟那时快，贵人又来相助。隔几天，WPP 地产顾问公司就告知金宝街有栋新的华丽大楼。我马上放下公务，急速前往，眼前就是光秃秃的毛坯房，必须从头设计装修，看来又是本人的兴趣，也是在下的强项，太好了！只是好事多磨，加上谭启明的投入，出自建筑师家庭的他，重视所有细节，对于设计构想要求再三修正，蓝图敲定颇费时日，多线沟通之复杂，可想而知。

经过那一段时间的磨炼，原本担心多头马车的我，却由衷感激谭启明的高品位与高标准，我个人也因此学习甚多。设计图通过后，真正付诸执行时，我的得力助手也是当年的特别助理——高岚，全力以赴，功不可没！在她聪颖高效且亦步亦趋的督促下，设计团队终于让北京奥美以全新面貌重现江湖！

一个“空间中的空间”终于诞生了，其中蕴含了我梦寐以求的画廊概念。为了彰显北京的地域象征，我发动创意伙伴为所有会议室命名。于是“中南海”“内阁”“上议院”“下议院”“天坛”“地坛”“大卫营”“外交部”纷纷出笼。威震四方的权力之所，从此成为大家朗朗上口的日常用语，例如听到“请到‘中南海’开 360 会议”，顿时人人精神抖擞，拭目以待。

当然，我仍不改“苦中作乐”的本性——粉酷、黑库、撞酷、图书室、IT 房、吸烟屋也一应俱全，光鲜登场！值得一提的是，记得搬家之后，当时还在奥美的邱胖（本名邱欣宇），特地跑来跟我握手致意，他诚挚地说：“庄姐，你为人民服务！”那一年，北京奥美的办公室设计，也上了知名的国际设计杂志。

创办中国 · 4A

我必须由衷感激 T. B. 的高瞻远瞩，他长年累月念兹在兹，希望将广

上／　2004 年 4 月北京奥美集团 360 管理大会

下／　2006 年中国 · 4A 在人民大会堂举办成立大会

告业打造成具有社会影响力的创意产业。这种情怀也一直与我的个人心志相互呼应，自然义不容辞地接令行事。不多久，通过 T. B. 广结善缘，我迅速结识了几位“血气方刚的资深壮年”，包括沉稳老练、雄心壮志的刘司长保孚先生，天马行空、挥斥方遒的刘大师立宾先生等人。

经过多次讨论，大家一致认为中国广告业正在蓬勃发展，机会无穷，但相对无序且缺乏行业标准与规范，同时广告作品也少见获得各大国际广告奖；除此，员工素质参差不齐，而且面临严重流失的困境。长此以往，广告行业势必无法发挥对客户、对政府单位和对社会应有的影响力。举例而言，当年在搜索政府机构的定义时，广告业根本不属于创意产业！为了改变现况，大家有志一同，决定成立一个以精英公司为成员的行业组织，以提升行业价值、培养行业人才、聚集能量服务客户为目标，同时也促进中国广告的整体作品水准。依稀记得一提及作品，大家都正色严肃地说：我们必须举办国内指标最高的广告创意奖！

既然目标清楚明确，大家就同心协力广发英雄帖。T. B. 与我的任务就是出面邀请各大国际代理商参与，而刘司长主要负责遴选本土代理商，在有限的人手之下，大家不分彼此共襄盛举。我也因此结识了大陆诸多知名广告公司当时的负责人，儒雅认真的莫康孙（麦肯光明）、诚恳公平的郑重桥（智威汤逊）、中视金桥的刘矜兰、省广的戴书华……我的新跑道就开始展开一段风风火火的“花样年华”。

因我 20 世纪 90 年代时曾担任两届台湾 4A 理事长，比起大陆同业可能比较熟悉行业组织的运作方式，承蒙刘司长与 T. B. 的信任，我就义不容辞着手编写并订立行业规范以及相关的组织章程。文化上的同源，让我们得以参考台湾 4A 的一些既有资料，并借鉴世界广告协会的经验，最后经过商议，一口气出台了《中国 · 4A 工作条例》《中国 4A · 作业手册》《广告主手册》。当时我们洞察大陆广告市场势将国际化的端倪，中英文双语版因此横空出世！

2005 年 12 月 17 日，中国 · 4A 正式宣布成立！ 28 家始创会员由 16 家国际代理商和 12 家本土代理商组成，我也很荣幸被大家选为第一任理事长，当时忝为理事长的我所订立的愿景就是打造一个具有社会影响力的行业组织。2006 年 3 月，我们在中国人民大会堂召开第一次全员代表大会，设立了公关组、创意组、社团 / 学校 / 工会组、培训组、法规 / 政府组、媒体组、会员组与广告主组等 8 个工作小组，并要求大家定期开会，就相关议题贡献心力。

从建立网站、人才培训、行业交流一直到创意金印奖的推出，在会员的群策群力下如火如荼地进行。中国 · 4A 草创时财源拮据，但是为了建立组织的知名度，我们无所不用其极，汇集资源为中国 · 4A 大力宣传。2006 年 12 月第一届金印奖颁奖典礼，我以理事长身份“厚颜”动用公私两重关系，大胆邀请了两岸三地享有盛名的蔡康永担任第一届主持人，同时也邀来当红的创作歌手周杰伦与俏丽迷人的周迅等大咖来颁奖。当时的颁奖典礼，通过同业们大力争取而来的旅游卫视转播。大家在热情高涨地推动之外，适逢第一届评审铁面无私的严苛评选，中国 · 4A 创意金印奖从此一炮而红。

2007 年，我继续担任理事长，在所有会员的热烈支持与高度参与下，又将中国 · 4A 推进学校，诞生了为培养人才铺路的“大师进校园”活动。

此后的岁月，就在“团结、紧张、严肃、活泼”中无声无息地溜走了……一晃十年，仿佛昨日！

2005—2015 年，正是中国广告业蓬勃发展的十年，尤其是网络广告。在此列举若干简单数字就可以让人一目了然：2006 年，大陆广告媒体投放总量是 1668 亿元，2015 年是 5082 亿元，十年之间增长了两倍多；而网络广告，2005 年前尚未被纳入统计，2006 年官方金额为 25 亿元，2015 年已高达 1968 亿元！一切的进展，从无到有、由小而大，如今中国广告市场在全球舞台的分量与昔日完全不可同日而语。

作为行业先锋，中国·4A的日常运作与时俱进，一切数字化。2010年我第三次担任理事长，带领公关组设立了中国·4A官方微博，定期发布4A相关信息。此外，我们也通过当时风行的开心网、豆瓣和视频网站广为宣扬，并与粉丝密切互动。中国·4A的各届理事长，都不约而同地秉持乐在其中的开放心态，除了开展既有的活动，也定期举行专业论坛分享知识，同时在近年与其他组织的合作交流也更加活跃，借力使力，发挥更深远的影响力。中国·4A历经筚路蓝缕的草创期和坚韧不拔的成长期，在十年有成的建树下见证了中国广告业的演进和改变。展望未来，广告行业正面临严峻的考验，在互联网当道和科技领航的商业环境，如何发挥群体智慧，共创崭新里程碑，无疑将是中国·4A无数个未来十年的挑战。

回首过往，我必须特别感谢当年刘司长和T. B.的大力支持，以及所有创始会员给予我足够的信任，让我深感荣幸能与大陆的同业们一起创造历史！

奥美中国，与我有缘

我和奥美中国的缘分可以追溯到20世纪90年代中期。当时我担任台湾奥美广告公司的总经理，而T. B.早已两岸三地飞来飞去，协助奥美亚太区拓展大陆市场。据我所知，最早由香港奥美在大陆成立代表处，后来T. B.接手管理，在上海通过合资公司，不计一切代价将代表处晋升为分公司，筹划正式的组织编制，也对外广征人才。

想想当年，大陆的广告市场开放不久，如何建立专业的本地团队，亟须热情洋溢且有抱负的广告领导人。T. B.干脆转向语言一样且人才济济的台湾办公室，二话不说，直接询问业务部和创意部的中坚干部。经过一番询问与面谈，当时中选的是口才敏捷、中英文俱佳的董洽，另一位是创意十足的点子王范可钦。身为总经理的我，难免本位主义，心里嘀咕人才将会因此流失，但于公于私完全无法反对；毕竟大陆市场正是总部一心一意准备耕耘的新地带；再加上那时候奥美价值观，公司都必须尊重个人自由意愿，转换工作地域也不例外。

好像没有挣扎太久，两位平日交情匪浅且年轻有为的职场兄弟，决定手携手前往上海。从同侪眼光看来，那是野心勃勃且具有前瞻性的举动。只是当时董洽已婚，夫人林友琴也在奥美工作，从公司角度而言，我知道这一抉择，代表台湾办公室即将有三人离开，心中非常不舍，只好自我安慰说他们都还在奥美大家庭，不算真正的人才流失。

经过大概一年时光，上海奥美的总经理董洽、执行创意总监范可钦与负责培训的林友琴，终于效法他们在台湾接受的长年累月的培训传统，大费周章筹划一场远离办公室的外出培训，当时选择诗情画意的苏州。他们精心设计课程与内容，邀请了台湾奥美的资深人员担任培训讲师，而我刚好也在受邀名单中。

义不容辞，觉得能共襄盛举很有意义。准备好相关教材，我就飞到上海，先拜访他们居住多时的家，再前往苏州参加培训。要知道，当时的大陆市场，可以作为人才培训的酒店与外宿场地相当罕见。依稀记得那一次培训所在地是一家花园酒店。根据主办方的说明，那是当地非常好的星级饭店，服务员相当殷勤友善。记忆中，台湾奥美也有资深创意总监前往，有“二哥”之称号的吴力强也是讲师之一。

过往习惯，为了上课效果与熟悉教室环境，我一抵达目的地，通常都先要求看培训现场与投影设备等，身在异地，却不担心晚上住宿何处。教室由酒店的会客室改装而成，当时没有现代屏幕，用了一张大白布帘做背景。大家无所谓，就地取材，反而觉得充满创业趣味。

吃过晚餐，一天劳累下来，大家各自回房间休息。服务员带我走到所谓款待领导的独特房间，这个房间单独坐落在蜿蜒曲折的花园一角。直觉告诉我，这里和其他奥美人所住的区域有段遥远的距离。心里百思不得其解，非常纳闷，需要这样“孤立”我吗？只见微弱的黄灯，室内一片幽暗神秘，厚重的古典家具摆放其中，挂着白蚊帐的大床铺，正等候来访宾客……进入夜里，窗外树木摇晃不已，显得鬼影幢幢。生平最怕这样的“野外”住宿，我心忐忑不安。那个年代没有手机，找人的话，只能通过酒店电话，终于辗转找到友琴，然后尴尬无比地提出要求——可否来我房间，然后一起共度夜晚。

时间久远，不记得准确细节，反正那天友琴被迫“抛弃”了丈夫，前来相陪，我几乎涕零，至今由衷感激。以上是我第一次参与员工培训，记忆犹新，仿佛昨日。

这种领导独享权益的特殊经历，2003 年转战北京后，我也碰到过一次。那是与作业团队至绵阳，听取当地电器客户的年度简报。舟车劳顿的三小时公路里程，夜里碰到倾盆大雨，记得坐在身旁的陶雷，转头贴心地问我是否习惯。我回答他：别忘了台湾都会刮台风，这就像典型的台风夜。抵达目的地，跟随大家走到客户所经营的当地饭店。只见伙伴们一前一后快行，都往一楼通道右转，只有我落单，被服务员带离并搭乘电梯直通高楼层，然后服务员非常负责任地开了房门。好大一个房间，好大一间客厅。我当场愣在那儿，不会吧？要我一个人住在如此宽敞巨大、绝对可以开庆生会的“总统套房”？本人心生惧怕，今晚别想睡觉，我一定要换房间！

服务员此时早已离开，我毫不犹豫地拖着行李，再搭电梯直奔接待柜台，哇啦哇啦地表达意见：“我要住普通房，就是和公司伙伴一模一样的房型。”真是难为那位柜台女接待员，终于成功换房间。我走出新房门一探究竟，只见隔壁房客，穿着内衫短裤、手持牙刷，大咧咧地走出房门奋力刷牙，转头突然看到我，像见鬼一样，大叫一声，原来是负责创意的邱胖（邱欣宇），可爱的他惊讶地问：“庄姐，你怎么在这里？”我笑着回答：“不然，我住哪里啊？”

第二天一早，客户派车接大伙儿到会议室开会，我也不例外。团队刚坐下来，以为要开始听简报，突然有人指名找我，说要出去一下。不明就里，我只好恭敬不如从命。原来是一男一女，带我坐车逛绵阳，足足两个多小时，我心急如焚，又怕不礼貌，直到他们转头问我：“庄总，还有哪里想去走走？”我赶紧致谢也当场婉拒，直说要赶快回去和团队会合。后来，陶雷告诉我，他从来没有碰过类似的经验，我太幸运！

最后，谈谈我与北京奥美的缘分。比起很多人，我加入北京奥美的时间其实比较晚，20 世纪 90 年代的后期才结缘。那时候北京办公室还在左家庄，总经理是陈碧富。我刚好与友人去北京旅游，顺便应邀分享台湾奥美的作品集，会议室挤了不少人，让我受宠若惊。我穿着橘红色的上衣，当时的创意人员、喜欢摄影的朱幼光，随性帮我拍了一张照片，并好意寄给我做纪念，我一直留存着，后来在台湾出版第一本书《企业有情》时，征得他的同意，当作封面使用，在此特别谢谢他为当年的我留下难忘的身影。始料未及，多年之后，我请调奥美中国，而且落地北京。前前后后加起来的时光，也编织了一段如数家珍的美好岁月。

平心而论，我一直缺乏 T. B. 乐于冒险犯难的壮阔胸怀，后者一向以开疆辟土的先驱获得大家肯定。自叹永远不如他的我，更非第一批转战大陆的广告人士，感觉在事业发展阶梯上慢了好几拍，起跑不够早，折腾不够多，志气不够高，瞭望不够远。后来，有人好意安慰我：“来得早，不如来得巧。”

此说甚是，因为台湾奥美在开创与发展阶段，挑战与困难虽然不间断，但业务绩效长年亮眼，创意作品精彩纷呈，公司也一直备受瞩目。而我在台湾，曾任广告公司总经理，也曾远赴伦敦工作，后升为奥美集团董事长，漫长的工作时间，性质大不相同，挑战截然有别，成就感实在难以言喻。其中，不为人知的、也是我不肯轻举妄动的原因，源自单纯的动机，现在说来何尝不是一个自以为是的杞人之忧：“伙伴们都在外奔波，总要有人看家吧。”

幸好，后来自觉开始原地打转、重复做事，而挑战也不如早期，眼看在外商指日可待的职场寿命，不禁心生日益强烈的改变念头——换跑道探索新世界，就决定放下当时既有的一切，主动提出转调的工作需求，也获得上级老板们的支持，终于得以成行。

13 年来的身临其境，亲历非典暴发、北京奥运、上海世博等，躬逢一个广告世界飞跃成长的时代，何其荣幸参与奥美中国两个成功达标的五年计划。与此同时，也经过金融海啸的时代考验，数字时代的典范转移，领导世代的交替迭代，以及人才辈出的有缘共事。在事业生涯从不恋栈的我，第三度提出折返台湾奥美办公室的要求，在 2014 年秋天顺利交棒给德籍的韦棠梦。后来，我又多留一年，重新回来担任北京奥美集团负责人，直到公司继任人选出现。

2016 年 2 月，我正式从大陆回到台湾，继续担任奥美大中华区的副董事长，也数十年如一日地主编奥美的《观点》杂志。当年 6 月，我开始兼职台湾 WPP 集团董事长，负责统筹控股公司旗下的公司运作，建立统筹协作的平台与彼此往来的商业合作。三年中我推出主题各异的 WPP 集团思维领导力论坛，在此过程中不仅动员大集团的金头脑、年轻世代的企划团队，而且论坛成果也广受客户与媒体的认可。无疑，这是我个人回台湾五年之后最引以为傲的亮眼成绩。

2021 年 2 月底，我终于按下暂停键，离开已经工作长达 35 年的奥美集团，无论内部还是外部人士，都非常惊讶我毅然决然的决定。台湾奥美集团特地为我举办一场名为“非常淑芬”的广告之旅感恩会，2 月 19 日在台北的文华东方酒店盛大举行。从来没有想到居然是在退场之时，才能实现我多年的心愿——登高一呼，号召不同世代的奥美人前来赴会。

/ 庄淑芬与俄罗斯套娃

每一位奥美高层管理人员都会收到一套俄罗斯套娃。大卫·奥格威语录：如果你经常雇用比你弱小的人，将来我们就会成为侏儒公司；如果你每次都雇用比你能干的人，日后我们必定成为一家巨人公司。

当晚，我也邀请一路走来的职场贵人、好友、名人等共襄盛举，他们都开心出席。一位朋友开玩笑说："Shenan（我的英文名字），你在办婚礼吗？请了这么多人！"

那天的晚会内容，经过创意人员精心设计，无论晚会数字邀请卡、主题看板、制作物、为我专门录制的长影片、历年奥美总部老板们与同事们的录像讲话、现场贵宾们的致辞致意，加上我的"看照片说故事"的传承分享，以及才华横溢的男女来宾演唱等，节目丰富，内容精彩，绝大多数宾客从头到尾热情参与，没有早退，甚至载歌载舞，欲罢不能。我说那可能是疫情期间地表上最长的晚会。事后，好多人都真情流露地说，那是他们近年来参加过最感动也最成功的退场晚会。每个人至今都回味无穷，也意犹未尽。

时光流逝，往事如烟，我如今的心境，犹如苏轼古诗所描述：

人生到处知何似？应似飞鸿踏雪泥。
泥上偶然留指爪，鸿飞哪复计东西。

最后也最重要，我由衷感激曾经有缘共事的好伙伴，无论大家身在天涯海角，我想大声说：一路有你，奥美有情！

第五部

经验与省思

这个过程确实是共创，也确实是草创。

各方好汉，因缘际会，大家碰在一起，扛着奥美的旗帜，累积了许多学习心得，或是感受。

相信大家都在这一过程中一起长大，可能学习或沉淀不同，我尝试写下一些客观及主观的看法。

本土化

当年（大概 1992 年）我们就提出“本土化”的政策，这是我们在中国最重要的策略。

对客户而言，本土化是在把国际品牌在中国落地的同时，亦把品牌在中国做大做强，进而带到全球，成为中国的国际品牌。

对我们而言，尽快把本地员工养成，让本地员工主导奥美中国的经营走向。在这同时，我们并不排斥外来的员工，外来员工会带来国际视野、协助了解、服务国际客户的老外，我们期望是愿意走入中国的老外。中国的市场是很具自身特色的市场，亦是非常国际化的市场。所以，本土化一直是我们在中国的关键策略，一直坚持不变。我们尽管遭遇了许多挫折，还是坚持到今天，亦会到未来。

在员工方面，我们用心培训，没有设防，提供所有的信息，在知识分享上是全部开放的。曾经有些员工把一些培训资料拿到网上拍卖，或是出去开公司，标榜来自奥美。大家一度想限制或规范这些分享，但我觉得“奥美是没有机密的”，分享越多，对自己的挑战也越多，逼迫着我们进步，挑战自己。

同时，我们在吸收外来的知识时，亦非常重视本土化，由翻译开始，毕竟多数人还是以中文来思考的。

我们亦认为，未来我们是可以发展出适应中国情况的理论基础的，尤其中国在新的营销及媒体环境下，会越来越有自己的独特性。

在国内客户方面，我们面对极大的挑战。国内的客户也处在草创的阶段，产品质量及渠道建设是它们普遍关注的重点。广告就是建立知名度，一支 15 秒或 30 秒的广告片，品牌就是一句口号。同时，客户普遍认为品牌广告是没有销售力的，我们经常碰到的说辞是，“等我们有钱了再来做品牌吧”。

营销部门的职能亦不够清楚，只做上面交代的事，然而交代又不清楚，所以，我们都要试很多次才能了解到底“上面交代”的是什么事。

所以，我们的人是有比较的。如果客户是外商就较为清楚，营销部门的职能及代理商的关系也较为顺利。

当时，有许多本地员工是拒绝做本地客户的，有时确实需要强压他们去做，告诉他们这才是奥美中国的未来。

在这一过程中，我们对客户做了许多培训，分享国外案例，让他们了解营销及营销部门的职能，逐步产出一些好的本地案例。当年最有名的案例应属中国移动“M-Zone 动感地带”，可以说是中国第一个针对区隔市场（年轻人）所做的品牌活动，引起了极大的反响。

本土化（在员工及客户的落实上）以及发展我们自己的知识基础，一直是奥美中国的关键策略。

我认为未来可能更为关键。同时，亦要有能力包容外来的员工及国际的客户，两者是相辅相成的。

前面提到的柯颖德总结出来的奥美本土化的走向，是非常正确的。

“最国际化的本土公司，最本土化的国际公司。”

说来还蛮有趣的，当我们继续推动这个政策时，居然有些外来的人（多数是华人）及本地员工，觉得奥美太本土化了。有些还不错的人跳槽到其他国际 4A 公司，有些本地员工拒绝做本地客户。

这确实让我们疑惑。还好，短期的挫折，并没有折损长期的目标。

主体性

保有主体性在公司经营上是很重要的，对于属于国际全球网络一员的奥美中国尤为重要。

同时，我们在中国面对的是在中国的品牌（不论是国内或是国外的品牌）及中国的消费者，是具有其特殊性的。当然，我们必须了解及学习国际上的知识及做法，但不能失去主体性。

尤其是我们处在创意行业，更为突显主体性的重要。国际有许多创意奖，许多人都把它们视为标准，甚至花时间去研究怎么得奖，并制作假稿去参奖。

你只要看下泰国与日本的创意作品，就可以了解他们的主体性相当强烈，一看就知道来自哪个国家。

看日本、韩国及中国的有些电影更为清楚。

主体性来自我们长大的过程，在生活上所吸收到的文化、价值认定，工作上来自对老百姓深入的了解及感受。公司的经营管理也一样。

我们这一代人（或几代人）都是学习西方的经营管理思想长大的，尤其当你属于国际网络中的一员的时候，更容易失去主体性。

所以，在工作中，我们应该更自觉地分辨哪些具有普遍性，哪些具有差异性。我们有时候都太自然地接受全部，觉得中国进步得很快，至少北上广基本上快要追平国际了，但这不是重点。就算接近，我们的差异性在哪里？了解了这些，才会逐步形成我们的主体性。

当然，我们也看到西方营销 / 广告的发展至少已经上百年了，中国才不过 40 多年，我们还处在不断总结的过程，西方已形成许多案例及理论可供我们参考。

国内的顾问公司兴起，应该是最早呈现主体性的现象，它们借鉴国际顾问公司的经验，用不同或更贴近客户的方式服务，并形成自己的理论基础。这是值得赞扬的现象。

最近十年，许多新一代的创意代理商的出现（或被称为热店）都是可喜的现象。事实上，我更关心的是，奥美中国如何在奥美全球中能够更自觉地体现我们的主体性。

台湾奥美目前可能是最具有主体性的奥美。台湾的市场不大，但也没有小到被忽略的地步。所以，台湾奥美只要每年达到承诺的财务目标，同时把在台湾的奥美国际客户服务好，不会投诉到总部，大概在台湾我们要怎么做就没有人会管。

但也不是说我们不理奥美全球或亚太区的变化，对于大策略的改变及研发出来的新做法，我们还是积极地吸收，调整成适合台湾的做法。对上可交代，对市场、对客户可交代。

就以创意来说，可以在国际上得奖当然好，也会好好庆祝一番，但我们重视的是对客户销售的影响、在台湾社会上的影响力。

我觉得过往（及未来）的台湾奥美确实重视呈现它的主体性，你可以由台湾的创意作品看得出来。

奥美大陆业务对奥美全球越来越重要。就以每年的预算规划来看，反复讨论许多次才会定案，都在设法要求如何增长，不论是收入或利润，当然，这也体现了奥美中国大陆业务的重要性。同时，在主要策略的调整方面，奥美中国亦被期望与世界同步，例如最近的“一个奥美”的改变，以及新 CEO 安迪 · 梅因对咨询及数字的重视。奥美中国的接受及落地是重要指标。

在这种情况之下，如何维护奥美在大陆业务的主体性，就更为重要，或说更为困难（与台湾奥美相比）。

这就要更为了解或更为自觉地清楚奥美在大陆业务的差异性在哪里，“自觉”是重要的。有时，我会认为这与你是否是中国人有关，与你是否懂中文有关，或与你的英文程度有关。“语言”在我们这一行是重要的。

我一直坚持，在奥美中国，我们的所有文件都必须中英文对照。在奥美讲英文的比例越来越多，但看得懂英文，不代表就能真正了解它的内容是什么。翻译，对一个国际公司来说是非常非常重要的。尤其当你谈到原则、理念或是创意概念时，更为关键。越来越多的公司要求新进的员工要懂英文，然后就理所当然地认为大家既然都懂英文，就不用翻译了，然后，很自然地就把英文当成作业语言，这是非常危险的。

当不用母语来作业时，你就会失去你公司的主体性，就会成为某种附属公司，只是刚好落地中国而已。如果你是一家生产球鞋的制造商，可能问题不大，但如果你是个营销、传播及创意领域的公司，就会不自觉地失去主体性。所以，在外商公司经营上，必须坚持双语，而且中文的呈现不要只是翻译式的中文。

当然，主体性的呈现可以在许多地方。例如，如何对待员工，如何开除员工（没有必要用国外的方式，通知的同时就要人家马上走人……）。

人与人的关系及组织架构是很容易体现主体性的地方，而创意作品的产出如何突显主体性则更是关键。

大陆很大，比较不易突出各地的特点，不如台湾区域小而较易突显。不过我们亦逐步发现，北京、上海、广州、深圳因地域的不同，人的差异以及管理风格的差异、创意作品的差异已经开始在显现各地的主体性，未来会有点儿接近欧洲不同分公司的状况。

主体性来自差异性，来自自觉。期望未来中国的各个办公室有所省思，这是一个提醒。

区域策略及并购

中国之大，走上这片土地，就能深刻感受到。在初期，有时我们会接到客户的电话，答应了之后，查一下地图，就开始后悔答应太快。有时，搭飞机下来，再搭火车，客户再来车接，一下子又是三四个小时。（当然，最近这 20 年来交通改善许多，但距离还在，只是时间缩短了。）

如果生意接下来了，后续服务是个问题，确实有时心有余而力不足。

同时，客户关系的建立亦属不易。需要当地的合作伙伴来建立良好的关系，这样可以逐步转化外来的专业。

我们在进入中国早期，即拟定了八大区域策略，除了北、上（包括南京）、广（包括香港、深圳）三大区，还有东北、中区（武汉）、西南（成都或重庆）、台湾、厦门。

当北上广发展到一个地步，另外五大区亦会较为独立发展，不止在商业上，在文化上，亦会有相对独立或不同走向的发展。

因为中国够大，人够多，客户亦够多，所以我们就想如何超前部署。我们如果仅靠在北、上、广的发展，是难以覆盖到其他区域的。

所以并购的想法自然产生。当年并购主要是从区域的策略出发，同时考虑到产业类别的补充，例如汽车、电信及房地产类的客户；以及能力类别的快速补充，例如渠道促销管理、数字化及一些相关的技术。

在十年之内，我们得益于奥美在行业的声誉，并购了许多家不同类型的公司。根据不同的策略类别，即区域、客户类别、规模、专业来分，有：

阳光加信广告——区域（沈阳），客户类别（电信）
阿佩克斯广告——区域（成都）
世纪华美——专业（数位广告）
奥华广告——区域（福州、厦门）
西岸公关——专业（公关 / 科技产业）
银都广告——区域（南京）
黑弧广告——专业（房地产）
达生——专业（渠道促销、管理、体验营销）
星魅 XMKT——专业（渠道促销、管理、体验营销）

奥美在中国确实开了并购的先河，也得到苏铭天爵士（WPP 全球 CEO）及杨名皓（奥美全球 CEO）的大力支持，进展速度很快。

这一过程也让我们学习到了许多。

我觉得并购策略必须清楚，规模及市场占有率不会是唯一，也不应该是唯一的策略。

并购前在策略清楚的同时，亦需要了解并购对象个人（创办人或大股东）未来的发展策略与我们是否有共识。

同时，更重要的可能是并购之后双方的做法，这是我们经常碰到的问题，初期策略目标是清楚或有共识的，可一旦落到做法上，就问题一堆。

在财务纪律方面，奥美是个国际性公司，它有着严谨的财务纪律，管理着全世界200多家子公司。所以，一般情况下，我们都会派任财务官入驻并购公司，确保财务运作符合奥美全球的要求。

我们在并购时，看重的是稳定的经营团队及客户关系。但什么叫“稳定”，确实是个判断题，在相关人士的心中，是会变化的。而且在中国，自己当老板的意愿，确实甚于发达国家。在这一过程之中，创业精神（或自己当老板的企图）亦普遍存于许多人心中。

这也就是为什么我们很重视经营团队，考虑到当我们并购之后，经过对赌期之后，谁还会继续做下去、发展下去，成为“高级白领”。

当然，创业精神对一个企业是很重要的，但相对较为成形的企业希望的还是企业内部创业，这意味着允许你创业的同时，还必须遵守整个企业的管理规范。

在并购许多公司之后，我们就碰到过类似这种状况而产生出的冲突。多数创办人在对赌期之后即离开或是交给经营团队，再去寻求另外的机会，或是退隐。

并购的关键是必须了解企业掌舵者对未来的规划，以及并购之后如何整合。这些都在进行并购之前就必须说清楚并形成文字。

当年，我们并购进来的公司曾经一度占到我们收入的20%。同时，我们在整合过程中，亦有心有余而力不足的时候。

或许我们走得太快了。

在区域策略上，我想我们是走得太早了。北上广还是集中地，北京、上海两地对客户及人才的吸纳力还在不断强化。我还是认为区域策略是对的，只是时间未到。区域经济发展未来将会逐步形成。

在专业策略上，我们较为成功，尤其是当某项专业与奥美业务具有互补性时。例如，达生的生意奥美集团是不会发展的，所以我们在客户共享及协助上取得不错的成绩。但后来 WPP 因为全球最大客户英美烟草的要求，成立了“经纬行动”，将达生并入了它的全球体系。

行业策略在中国当时较不易成功。当有汽车、医药、科技、电信等行业的客户时，你应在客户类别发展并累积行业的知识及经验。但当时我们的客户关系仍占相当大的比重，经常人不在，关系就减弱。

当年我们一直想以并购的方式进入汽车类别，但一直没有谈成，就只有靠自己的努力了。现在奥美在北上广三地至少有 10 个以上的汽车品牌，逐步建立起汽车类别专业的形象。

产业专业的策略，西岸公关是个成功的案例，强化奥美公关在 IT 产业的专业形象，应属并购及整合过程最为顺利的案例，现已成为奥美公关的一部分，专注 IT 及医疗健康产业。

未来的并购方向将会朝向与数字化转型相关的技术及咨询，在协助客户转型的同时亦加速奥美的转型。

建立分店的反思

分店（Second Agency）这个描述是不好的，这代表着有些贪心。为什么这么说呢？因为设立的缘由是为了规避“竞争条款”。就是说，你做了麦当劳就不能做肯德基，这在国际上是行之有年的常规，所以才会有分店的产生。

在中国却不是这样的，你把某个行业别的厂商做得很好，同一行业类别的厂商都会来找你。例如，当年我们 IBM 做得还不错，结果许多 IT

行业的公司都来找奥美。

我觉得这是中国市场够大且尚未成熟，还没有出现像国外麦当劳与肯德基那种头对头的客户。

在中国，最早是由香港开始，我们为了做七星烟草而设立群策（Promotional Campaign），因为全球奥美做英美烟草。之后，陈俊良在北京设立群策，开发国内客户。因为当时少有人愿意参与国内客户的开发及作业，后来又设立了苏豪坊（Soho Square），我记得是为了海尔及资生堂的业务，由虞晨曦（Arthur Yu）担任董事总经理，至今想想确实有许多艰辛。

1992 年台湾奥美成立“运筹广告”，后来与达彼思合并，更名为“我是大卫”。当时是希望做一家“小而美的创意精品店”。“小”是组织，“美”是团队，“创意精品店”是结果。当时的奥美，非常成功，成长迅速，成为台湾最大的广告公司，同样也产生大公司面临的优秀人才拥挤互斥的现象，管理不易；作业上，流程复杂，效率降低；客户多，资深人员无法兼顾；作品能维持整体品质，但不够突出。这种背景之下，成立“小而美”的分店是合理的思路。

分店的最大挑战是“美”，也就是组织优秀的团队。优秀的人能在本店为什么要去分店？如果是人才，本店就想留，为何要送去分店？这些问题都反映出看似无法挑战的人性。

事实上，好人才一定是逐水草而居。对小型广告公司的“水草”，我们的理解是：

（1）对理想客户的定义是创意空间及互信的可能性，不是体量。

（2）减少繁文缛节的作业平台。

（3）“真正伙伴关系”的家庭气氛。

在经营管理上，要清楚一些准则：

（1）野心是作品，不是规模。做大是本店的宿命，做美是分店的使命。多年来，多次放弃一些体量大的客户，主要考量是对创意环境有伤害，不得不放弃。

（2）只围绕优秀的执行创意总监及董事总经理去打造创意团队。让他们拥有自己认为契合、优秀、互相加分的创意伙伴。

（3）资源集中，核心就是创意。以薪资为例，薪资总额创意至少维持在 50% 左右，其他策略、业务、行政总和是 50%，没有比薪资的比重更能代表公司的基本策略。

（4）简化，专注擅长的事，例如某几个产业。

（5）确定每个客户都有一个资深人员在操盘作业。

业务总监认养客户，以客户最重要的需求来决定，不一定是资深业务，也可以是创意总监或是策略。

（6）管理层“务必”世代交替，维持小公司该有的年轻、热情、活力。

二十几年来，台湾奥美的“我是大卫”一直活跃在台湾的广告圈，每一阶段都拥有很好的优质客户与作品，但并非一帆风顺，也几度历经困顿时期。反思下来，都是方向有误，偏离了小而美的初衷。

分店在形象与体量上难以与本店抗衡，但只要作品优异、做得好，自然拥有财务与管理上的自由，甚至更加自由。形象上的独立性自是必然的结果。

分店必须有自己的差异及主体性，才能走得下去。

这篇反思主要来自邓台贤的沉淀，他在台湾的“我是大卫”待了 25 年才退休，在美国及拉丁美洲许多国家设立了“我是大卫”这个品牌，创意作品表现都不错。在中国，如果有适当的团队，我们也可以在中国设立，来面对创意热店的竞争，期待。

常碰到的管理问题

整合及组织架构

公司逐渐大了，就会碰到整合及组织架构的问题。诸如系统、流程、责任归属、审批……

如果你是个主管，每天还在这些事情上花费超过10%的时间，表示你的组织及整合是有问题的。

我常怀念在台湾草创奥美的时期，当时大约80人，我都认识，叫得出他们的名字。每天下午五点之后，没有会议时，我可以拿瓶喜力，逛一下公司，打招呼，看一下工作进展如何，公司重要的客户及提案做到什么地步，有什么问题，团队之间出现什么冲突。

在公司逛一圈，你就可以了解公司的状态，一切了然于胸。

记得大卫·奥格威讲过，要找员工就到他们的位置上找他们，不要叫他们到你的办公室。坦白说，这段经历对我影响很大，我认为一个主管（或总经理）最好不要直接管理超过100人（最好是80人）的团队。如果超过，就应该授权给另外一人，逐步分裂为两个团队。我们通常把这叫作细胞分裂的做法。

在不断的分裂之后，就会碰到要整合的问题，一个公司总要有些事情需要整合，例如培训、知识的累积、人事、财务系统、特定的专业……

于是就产生横向整合的架构，从而形成矩阵的架构。

记得曾任IBM董事长的郭士纳曾说过，“矩阵”是人类智慧能产生的最理想的组织结构。他的意思是你没有选择，即使不满意，也照着做吧。奥美一直活在“矩阵”的架构里，几乎多数人需要至少面对两条线的报告（指面对两个主管）。抱怨常有，有些时候也想去改变，但还是又回来了。独立的小公司可以避免这种情况，但小公司还是要成长，逐渐扩大，又会回到“矩阵”之中了。

不知未来是否可以突破?

或许可以，不过可能较困难。如果负责业务的人具有各种专业的能力，或是具有某种专业的人具有业务的能力，这是有可能的。

但由于我们行业的专业分工越来越细，而且也与公司的体量有关，所以，要突破，大概机会不大。

评估及纪律

评估及公司纪律的问题，是每过一段时间都会回来的议题。

事实上这两个议题非常重要，因为这与每个人都有直接关系。

怎么评估牵扯到员工是否升职或加薪。(评估之后不一定必然加薪，虽然许多人都有这个期望，照这个推论是否接受评估完，有人可能降薪?)

纪律又牵扯到每天的作息。奥美一进中国就没有打卡制度，我们相信自律、自爱，同时又尊重每个人的日常生活及家庭状况，所以一直排斥制度化管理。

那为什么过一段时间是否打卡的问题又会回来？这个问题反反复复解决不了，我觉得是人的惰性，反正奥美就是自由，没人管，所以公司就逐渐散漫了。

自由来自我们是个创意的行业。你可以在马桶上想出好的解决方案，也可能在做梦的时候，也许是在电影院里刺激出想法，但你必须随时让人找得到，开会必须准时，交件要准时，同时交出好东西。

这是我们的铁律。

有些人可能以为奥美自由，什么都可以，那就大错特错了。有些主管认为奥美自由就不敢管，那是主管失职了。自由是我们的价值，因为我们相信放松才能产出不同的解决方案，这是不变的。

如果有人要利用这个原则来逃避责任，主管必须清楚，相劝几次之后不改，那就必须叫他走了。小心劣币驱逐良币。

评估及纪律是非常重要的，而且必须双头并进。

评估牵涉到矫正、改进、如何进步。

纪律牵涉到公司的基本规范，相关的专业及作业的态度，可以逐步导正公司普遍认可的行为。

核心团队

每个公司不论大小，都会有核心团队，以确保公司的运营、存活、发展。

靠一个 CEO 救一个公司的英雄年代已经过去，例如通用电气的杰克·韦尔奇，可能是最后一个。我常问分公司的总经理你的核心团队是哪些人，我想见见或一起晚餐，基本就可以判断出来经营的能力及公司文化。

另外几个我常问的问题是：你个人的薪资成本占你核心团队比例的多少？你的核心团队的薪资成本占你全公司比例的多少？

许多人反问："那正确的比例应该是多少？"我的回答是，我也不知道。只是这个比例反映了你的经营策略，反映了你自己及你在核心团队的角色，或说对整体公司的作用。一般公司的核心团队都是 6 人左右，较大的公司或许到 10~12 人。记得有人研究过，人的最大极限是直接带领 12 个人。每个人时间是有限的，管理者都应该花至少一半的时间面对客户，面对外部的竞争，另外一半的时间面对内部改善，面对人的事情，这才会是较为健康的运营状况。核心团队是非常紧密的小组，常常碰面，虽然多数是非正式的碰面，但正式而有节奏的碰面（即会议）是必须的，讨论公司策略的执行、重要变革、客户的运营、财务状况等，确保公司向前推进。

正式与非正式的会议或闲聊都是一样重要的。公司经营上正式团队及非正式或是自然形成的群体，都同等重要。自然形成的团体，可能是有兴趣听爵士乐、去K歌，或一起踢球，或是同时进公司的同僚，等等。非正式的团体经常是取得民意的最佳来源，有时是对于公司变革的看法，有时是对公司如何改变的看法的来源。每个次级的团体都有意见领袖，管理层应该重视并了解这些群体，许多好的想法经常来自这些人，也许他们的意见都不太中听，但多数是对的。

对经营层来说，要听得下去、听得懂。多数员工都是善意的，都是为公司好，尤其像奥美这样靠人的公司。

我记得孙大伟曾经说过，“奥美没有坏人”，这是我听过的对奥美最好的褒奖。

管理与专业

当你的公司越来越大时，你就会碰到管理能力及专业能力两难的问题。为什么说是两难呢？

我们的行业是靠顶尖的专业人员提出顶尖的解决方案，协助客户强化品牌，达成销售。所以，有够多够好的专业人员才能造就一个好公司。

但好的专业人员不一定是好的管理人员，或是有些好的专业人员在管理的俗务上没有兴趣。

成为管理者或主管，你个人所负责的团队会越来越大，你的职务亦越高，相对的薪水也会较高。而身为专业人员，你只能负责少数客户，不可能量产。所以，从世俗的角度来看，好像要走管理的路才对。

我们的行业必须切记避免陷入上述的迷思。

好的管理者可以吸引好的专业人员加入，让他们有好的环境可以做出好的方案，创造可让他们自由发挥的环境。

顶尖的专业人员会渴望与顶尖的人合作、共事。竞争难免，但是在竞争的同时，大家可以无私分享自己的作品或最近的学习。

对管理者来说，找到顶尖的专业人员就可以吸引更多好的人加入。同时非常重要的是，专业人员的薪资可以比管理者高，这才能体现对顶尖专业人员的礼遇。

认清自己到底是管理导向或是专业导向的人才，这是相当重要的事。

而这两类人才，在公司受到相同的尊重。

包容

可能大家都同意，“包容”在管理上是必要的，包容不同的意见、不同的看法或是不同个性的人。

我认为，如果在你的团队里有一两个人经常跟你唱反调，这会是好事，尝试去听他们的想法，去讨论，进而形成共识。这不容易，但要尽力去做到。

我曾经碰到一个管理者对我说过，他受不了大家都在谈“包容”，有点儿太泛滥了。这没有错，有人会以“包容”为名以利自己行事。

在这种情况下，作为一个管理者，必须清楚自己的底线在哪里，而且让你的团队知道，如果不同意你的底线，那就走人。我在奥美30年的职场生涯之中，见过有不少人才在无法被包容或互相包容之下而离开，这是非常可惜的事。

我觉得看人应该看人的优点，用他的优点，然后在团队建立上，弥补他的缺点。

对我而言，这才是包容。

越级报告

我们应该鼓励越级报告，不是每个主管都会让他的属下愿意跟他谈工作上或生活上的困扰。

奥美有个不错的制度，当员工碰到问题无法与自己的主管沟通时，可以去找 HR（人力资源）的人咨询，然后由 HR 的人与主管沟通，设法避免敏感，这个制度在奥美已行之有年，成效还不错。（许多西方的企业开始在 HR 部门设立有心理咨询师参与的专业小组，协助企业内部的沟通。）

越级报告经常被误以为有政治企图，甚至被贴上告密的标签，这是不对的。在奥美，越级报告是允许的，亦是被鼓励的，但有一个重要的前提，你提的问题将会全盘转述给你的直属上司，以便共同寻求解决方案。

请人离开

在我们的行业，一年维持 20% 左右的流动率是健康的，在 20% 之中，多数是自然流失的，包括被挖墙脚、不喜欢主管、去其他行业或受不了我们的氛围等，都属自然流动。

当然，如果超过 20%，甚至达到 40%，则属不正常，公司一定有大问题。这一定跟开除员工有关，开除员工彰显到底什么样的人才是我们需要的员工，关乎公司价值观。

当然，我们可以说希望我们的员工怎样怎样，坦白说就不如你开除你不认可的员工来得直接。

这是价值观的示范。请人离开本来就是困难的事，作为一个有担当的主管必须自己面对，不应该假手人力来做。

同时，你必须确信你开除这个人对他是好事，因为你已经给他机会了，给他时间改进，但成效不佳，你必须坦诚以告，说不定他走了之后会找到更适合他的工作。在这里，你已判定他不行了，他再待下去是没有意义的。

在我的过去，曾经被我开除过的人，有两个后来碰到我，告诉我，很感谢我当年开除了他。居然谢谢我，让我很感动。

另外，经营一个公司有时会由于大环境或大客户的异动，降低人员成本，这时候应该由资深人员（成本较高）起，思考需要请哪些人离开，留住合适的人，同时亦彰显我们要哪种人。

我相信，诚实、公开面对是关键。

公司恋情

这是个有趣的问题，但也经常造成麻烦。

我们这个行业，工作时间较长，致使较难（只是比较，或对较懒的人而言）找到对象；同时，我们的工作性质又需要紧密而有深度的沟通，工作之余，又喜欢呼朋唤友去酒吧喝酒或去 K 歌放松一下。

我记得在台湾我还年轻时，碰到比稿，一起加班到凌晨两三点，然后到舞厅跳舞跳到满身大汗，直到凌晨四五点，回家洗澡，换上西装，上午九点到客户的地方提案。这种工作生活是经常发生的。

这样的工作显而易见使公司成为容易滋长情愫的地方。所以，奥美的情侣、夫妻档不少，还有人统计，高于其他公司的平均数。

早期，大卫·奥格威一度想要杜绝这种现象，避免造成管理上的困扰，所以设定了一个原则，结婚之后，其中一方必须辞职。执行一段时间之后，发觉年轻人不一定要结婚，可以同居，后来就放弃这个原则了。

不过，我想还是要有些原则的：避免在同一小组，避免上下属关系。

但是，如果不能避免以上情况，我觉得当事人都必须自觉，不论你做得多么公正，都不会有人相信，尤其涉及升迁和加薪。

这是必然的承受，亦可说是代价。

客户及做案例

回想起来，草创过程确实要感谢当年客户的支持。

北京有统一、中美史克、IBM、中国移动、长虹、伊利、摩托罗拉……

上海有上海大众、联合利华、肯德基……

广州有丽江花园、广东全球通、御苁蓉，珠江啤酒……

奥美在大陆草创的阶段，招来完全没有经验的新人，进入公司，当时第一任培训总监林友琴及北上广三地总经理，还找当时台湾、香港的资深人员协助，每年进行三天的强力培训，当时称作“魔鬼训练营”。

培训完，大家都想真正上战场。

我觉得幸好有些客户愿意给奥美机会。

我相信也是有些客户感觉到奥美人对于实战的饥渴。

我觉得这是非常重要的。在奥美中国后来逐渐长大，手头上的工作每天忙不完的时候，“对客户的饥渴”就有点儿变化，对新客户就开始较为冷淡，就会呈现挑选的心态。失去饥渴的态度，这对公司的成长是要不得的。

我觉得我们在草创阶段的饥渴态度感染了客户，从而救了我们。

我一直认为来找我们的客户，不论通过网络，或打电话，甚或直接就来公司，不论大小、适合与否，资深人员都应该耐心与客户见一面，好好谈一谈。如果不适合，态度要诚恳，好好地告知。

事实上，客户端在当时亦处在相同的情况，他们亦想证明自己的想法是否可行，可否采用一些新的做法来撼动市场，同时撼动上级或同业。当时确实是个难得的客户与代理商都有意图共同创作出全新作品的局面。

这些机会回想起来，确实难得，期望可以重演，或根本不可能再重演，可惜。

我们的行业事实上蛮简单的，找对人，碰到对的客户，用好的创意解决客户生意的问题。

好的创意首先要解决客户的问题，然后还要在业界引起反响。小范围在客户的业界引起关注，大范围则是在整个营销界及社会引起反响。如果你可以不断产出好的创意，客户会自己找上门的。

对内我们常说的“make case”（做案例），就是这个意思。

但我们经常做得不够好。事实上，我们这个行业每天都在做案例。只是每次的案例客户是否买账，是否够好？每次我们都花了许多时间、许多精力才来面对客户，但可能有许多原因，客户说不行，重来。重新提案，重新来过。广告公司之所以赚钱不多，就是因为重做的次数太多，又无法降低重做的次数。

所以，如何累积案例是非常关键的，不管成与败，不管客户是否通过，都要累积起来，形成档案，让全公司所有人都可以方便地查到相关资料。这个客户否决的案子，可能另一个客户会接受；这个客户所面对的市场不可行，可能另一个市场可行。这可能是间接降低重做成本的办法。

但累积案例不容易做，需要有个存档架构，并要求每个人做完任何一个案子，都要按照架构形成档案，而且是个可以自我学习的档案，由具有自我学习能力的机器人，协助有需要的人。这确实是个大工程，我讲了 30 年，还是没有做到。现在，科技更为进步和方便，期望奥美可以做到，一旦做到了，可能会降低重复提案的次数。

“重复提案”如果可以改善，不仅可以提高效率、节省成本，还可以大大提高士气，提给客户的东西会越做越好。很少客户了解这个关键。

我们常说，客户是我们的衣食父母，稳定的客户、成长的客户才是我们成长的实质来源。

降低重复提案的次数，确实不容易。

这需要你对客户的许多层面都比较了解，包括：你是否足够了解客户要解决的问题？客户的对手与你的了解是一致还是接近的？你的团队与客户的团队是否合拍？你对这个客户的经营策略或公司的经营策略是否清楚？

相信，有许多环节都可以列出来，也都很重要。

最根本的还是两个字——信赖。信赖来自所有细节，包括许许多多：准时交件，解决日常的小危机，讨论社会议题的看法，甚至是对某部电影的看法……

当然，不断解决客户的问题才是根本，逐步建立起客户对你的信心。事实上，这是不容易的。相信每个人的从业生涯之中，可能碰不到 5 个这样的客户。一旦碰到了，是一辈子的幸事，一旦形成信赖，就是一辈子。我们现在还会碰到十多年前的客户，换了不同厂商，还会回来找我们。

这是可贵的。

对客户，还有两件非常重要且不容易做到的事，即开除客户及拒绝比稿。

当一个客户，尤其是较大的客户，非常难缠，甚至有时恶形恶状，一个想法或一张稿子，可以改 N 次，不断换团队，没有人要做。这时，总经理就应该介入，了解状况，与客户直接沟通。如果客户认为这种情况是正常的，我们就应该拒绝（或开除）这家客户。

一个公司可以拒绝甚至开除一个客户是非常重要的行为，代表我们的价值观。

另外一个是拒绝比稿。

在我的工作中，一直想拒绝比稿，但一直做不到，只对小客户可以不比稿，碰到大客户还是得比！事实上，真正做到还是在我离开台湾到大陆之后，台湾奥美做到了。

大卫·奥格威就写过他反对比稿，客户应该了解代理商过往的历史、案例、能力，然后见下团队，看看双方团队可否互相磨合。我认为甚至可以先签订 6 个月的合同，试用 6 个月（试婚）。这都是比较健康的方式，而经常碰到的状况是客户经由比稿想要获得他要的解决方案。

这就是根本问题，客户是要解决方案，或是要有能力持续提供解决方案的团队。而选择方案是当下，并不代表下一个是好的。选择团队才是选择伙伴，一段时间一起共事，一起不断解决问题，创造销售。

拒绝（或开除）客户及拒绝比稿对广告公司的经营是非常关键的。

有一种比较极端的讲法，“什么样的客户造就什么样的代理商”，这是相当正确的事实，客户对代理商是非常非常关键的，什么样的客户造就什么样的代理商，而不是倒过来的。尤其是大客户，一定会影响代理商的作业及文化。

就如早期，在奥美中国，IBM 造就了北京奥美，联合利华、肯德基造就了上海奥美，珠江新城、美琪面膜造就了广州奥美。现在华为造就了深圳奥美，海尔造就了青岛奥美。

慎选客户、清楚客户策略长期经营哪些客户，是广告公司经营非常重要的关键因素。

有时你会碰到两难的状况，就是客户够大、又难，无法拒绝。这就要告知团队，大家忍着点儿，同时找其他客户来取代，并告知团队要忍多久。

有影响力的作品

奥美的作品是我们增长的来源，引起业界及社会上的反响越大，越能增长奥美在市场上的知名度，当客户需要代理商时，自然就会想到奥美。

当年在信息不足的情况之下，许多行业的信息及案例，都来自香港及台湾的行业杂志，尤其是台湾的《动脑》杂志，还有台湾辅仁大学广告系颜伯勤教授所写的《成功广告80例》、奥美出版的《奥美的观点》。当时，台湾奥美有一些成功的案例，流传到大陆。例如捷安特自行车、飞利浦小家电、麦斯威尔咖啡，以及后来的左岸咖啡（得力于叶明桂的推广）。

确实，这些都帮了大陆奥美的大忙。但我们还是要靠自己在大陆创造有影响力的案例，才能在大陆立足。

幸好，我们有一些案例确实在当年造成一些业界及社会的反响，由此逐步在大陆建立了创意的声誉。

例如：

雷达表，第一张在上海《文汇报》的广告。

美国运通，第一张在《人民日报》的全版广告（据说刊登出来后，广告部主管还被检讨，原因是浪费太多空白的版面）。

上海大众桑塔纳，第一支60秒的电视广告片“走遍天下都不怕”。

贝克啤酒，“走自己的路”海南集瓶盖的促销活动。

肯德基，创立了快餐店广告的范本。

中国移动，“M-Zone动感地带，我的地盘听我的”，针对年轻人的分类，同时找周杰伦做代言人。

丽江花园，开创房地产广告的新纪元。

IBM，“四海一家的解决之道”，让全球的活动在中国落地。

新加坡奥美的中国银行企业形象广告，在中国落地，掀起企业形象广告片的风潮。

摩托罗拉，在中国制作的广告，成为全世界的企业形象广告片。

……

许多案例掀起整个社会的风潮。

慢慢地，社会大众、客户及行业人士，体验到了我们这个行业的价值或作用。

好的案例自己会说话。

培训 vs. 自我学习

培训一直是奥美所强调的，亦是在业界最为大家所赞赏的。在草创时，培训在奥美是近乎神圣的事情，无论讲师还是学员，都必须全力以赴。

培训是强制性的，没有任何理由可以缺席，包括客户的事情都不是理由。同时强调学到的东西马上用到实际的作业之中。

奥美是个有研究癖好的组织。有一次亚太地区的伊恩·斯特罗恩（Ian Strachan）把所有奥美曾经发展出来的思考工具整理起来，大约150 套。

思考工具方便内部作业，亦方便对客户说明，当然有时奥美亦把自己搞得太复杂。

不过思考工具对一个组织体是重要的，大家使用的作业语言是相同的，方便沟通，整合一致的方向。

许多客户对于品牌，甚或营销都缺乏一套一致的作业语言或基本的方法论。所以在作业之中，我们亦经常输出我们的方法论给客户，有利于双方的作业。

相信对于培训的重视及落实，奥美会继续下去。

但随着大环境的改变，信息及科技改变的速度加快，制式化的培训有时会显得太慢，而且与我们相关的信息确实太多或是变化太快。

所以，我们必须让我们的人有能力并有渠道去自己吸收、自我学习。正规的培训还是必要的，共用的方法论及文化相关的议题、对创意的态度、对人的看法、团队的合作、公司的愿景，还是应该经由强制、制式化的培训来达成。

人与文化

再来就是人的问题，大家都知道我们的行业都是靠人，对的人来做，才走得下去。人对了，就有客户，就有好的作品，就有影响力，其他的客户才会来找你。但你怎么知道你碰到的人是对的？

这确实是个大问题，至少对我是。

我觉得是运气，也是缘分吧。

就如我们在草创台湾奥美时碰到孙大伟、林森川，真的是缘分。当时怎么知道他们那么厉害，只是做着做着，好像他们很厉害，就清理战场，让他们更厉害。

什么叫清理战场？就是给他们自由的空间，支持他们做对的事。

记得早期林森川做了一个盖世威（K-Swiss）球鞋在台湾新上市的平面稿，整张稿就摆了一双球鞋，标题文案是“这是左脚，这是右脚”。当然，设计本身是很好，林森川是少有杰出的美术总监。

当时几乎每个人都反对提给客户，只有他坚持这是对的。他认为盖世威唯一的特点就是外形，于是就直接放上鞋子，不要啰嗦。

我记得我还问他，这样做对吗？消费者会买吗？他说，会的，而且只能这样做。我回答说，那就去试吧！结果，客户居然买了，广告新上市起了很大的反响，而且得奖无数。

这个广告是我认为最能反映广告本质的作品。

对我来说，这叫清理战场，支持对的人做对的事，在某种程度上，也可以说你要赌对人。

当然，人的问题，对我们这种行业是关键，又是复杂的。

就以刚进公司的人为例，你如何认为他是对的人？面谈时你认为对的人进来之后发现不对，是经常的事。就以我来说，我的失败率大约为50%（据说是庄淑芬说的），或可能更高。

在奥美我们常说，新进人员前半年学习如何融入奥美，这是你的能力或责任，认定之后，奥美就有责任协助你成长（当然你还是有自己的责任）。

当你越做越好，公司就要设法清理战场给你，让你继续发挥。

给对的人发挥的空间及资源。当然，最重要的是给你适合的人，形成你的团队。这又是一个大工程，做对了，决定你是否成长，亦决定公司是否可以继续成长。

有些人只适合做好事情、解决客户的问题，而不适合带团队。

这在我们这个行业是很关键的事情。

带队的能力不是人人皆有，带小队及带大队能力亦不同，做管理工作的人必须懂得分辨，同时更重要的是要与你判断的人取得共识，可能某人就是只能带个小队，专注在客户及做出好东西来就好。

许多好的人，都是因为没有与管理层取得共识，互相的期望不同而离开公司。

事实上，我们许多人都不容易逃脱世俗的看法，就是既然我做得不错，又被公司认可，所以我就应该有更大的头衔，我要加薪，我要管更大的

/　K-Swiss“这是左脚，这是右脚”平面广告

这个广告是我认为最能反映广告本质的作品

团队。同时，又会与同事去比拼，这种没完没了的事，在不同公司之中不断重演。

事实上，这些戏码为什么不断地重演，最主要的问题出在两个因素上：

第一，相互沟通不够清楚。例如，告知属下，他的时候还不到，有些人比他强；或是，他不适合再升了，会面对不胜任的情况；等等。你必须非常清楚地沟通。

第二，承认公司资源不够支撑，没办法，以后再说。

当然，坦诚的沟通，必须面对失去好员工的风险，但去冒这个风险事实上是唯一的路。

就如许多人问要如何开除一个人，我的回答是没有什么办法，只有据实以告。

我同意这不容易，但作为一个管理者或上司，这是你必须做到的。

我们常说评估是非常重要的，同时评估也是双向的，不只有上对下，亦包括下对上及平行单位。

但我必须说有关人的制度及系统尽管不错，却无法明确落实，容易流于形式。

我觉得最好的方式是每 3 个月或 6 个月或 1 年（视资深程度的不同），能够有一段不受干扰的时间深谈，真正地互相了解、互相评估。这是要花心力及时间的，所以我认为向一个人直接报告的人数最多不能超过 10~12 人。（我认为这会因人而异，一般最好是 6 人，至 10 人已到一般人的极限了。）因为每个人的时间有限，同时又需要很多时间面对客户及其他事情。

如何可以保有资深人员？尤其是奥美一级、二级主管多数在奥美待了 10 年甚至 20 年以上，这在我们这个行业是较为少见的现象。

当然，除了客户因素，奥美在大陆可以顺利成长，确实与我们的一级、二级主管的稳定有关。他们确保了文化的传承、作业质量的可靠、培训的可持续。

许多奥美资深人员被问到为什么会在奥美待那么久。

多数人的回答都是他们也没想那么多，就一直做下去，或是许多同僚都是一起长大的朋友或同一时间进来，看到大家一起成长，看到朋友结婚、生子，就像一家人。

稳定的资深团队确实是重要的，但也要小心“资深的陷阱”，就是当一群人在一起十多年，互相都了解对方的习性，我们在工作上常听到的话，例如“他就是这个样子，算了”。反正大家都在一起那么久了，就放弃了冲突，另行回避之道。事实上，这会延缓变革的速度，这在稳定的资深团队之中，是必须注意的事。

另外一个关键因素是如何让资深人员继续有生产力。任何公司都一样，资源有限、职位有限，不论公司大小都一样。

我们经常看到的状况是晋升一个人，走掉另一个人。

坦白说，这是很可惜的，但也没办法。

但我觉得还是要尽量避免，我们可以因人设事，亦可因事设人，这个弹性必须保留。这会加大我们解决问题的空间。

另外，资深人员必须面对自己的问题，其成本必然比其他人高，所以必须自觉自己的贡献在哪里。另外一个可能更重要，是必须能被“用”，同时又能指引后辈。奥格威讲的“教学医院”对资深人员尤其重要，它可以确保奥美的长存。

当大家对人、对问题逐步弄清楚并且逐步达成共识，文化即逐步形成。

文化这个词是与奥美最常见的连接，甚至有人提及奥美是唯一具有文化的广告公司。我们许多员工去了其他公司之后，经常会说那家公司没有文化。

事实上，不是没有文化，而是不同的文化，不是奥美的文化。

文化来自理念，你怎么看你的公司，你的经营理念是什么。当你的理念清楚之后，就会影响你的经营策略、做法、流程……最后形成公司多数人认同的行为模式或一些规范，甚至一些独特语言或看法，逐步形成文化。

经常被多数人认定的行为，才是文化。

奥美文化的形成当然必须感谢大卫·奥格威先生。他在早期草创奥美时，就很清楚他的经营理念。你从他的第一本书《一个广告人的自白》中，就很清楚他要怎么管理一个广告公司。我几乎可以确定我们这一代人或下几代的广告人都看过这本书，它影响了几代广告人。

他的观点当然影响奥美人，影响公司的策略及做法。

例如，在奥格威决定开展全球化时，即提出要让我们的全球客户走入奥美每一个办公室，都觉得这就是奥美，包括走入不同公司的感受，包括作业的语言及方法都应该是一致或相近的。奥格威认为奥美应该是个教学医院，资深医生手把手教实习医生，是我们行业的关键。然后他进一步要求把累积的知识“写下来”，产生了后来的“神灯系列”，早期在台湾及大陆的奥美都受益于这套教材。

事实上，“写下来”是非常关键的。这就是累积知识，我们的行业需要有扎实的知识基础，才能确保我们产出的质量，然后逐步由质到量，逐步成长。

这就是奥美文化形成的一部分。

尤其是教学医院的理念，是非常重要的。资深人员必须有能力带经验少的人员，同时必须把自己的累积整理出来，形成文档，可以培训、开课，文档亦可传承，让别人来使用。这就逐步形成我们对知识的重视，形成我们文化的一个重要部分。

人在我们这个行业是很重要的。员工怎么被对待是关键。

在奥美有几个关于人的说法或看法。

- 我们欢迎合适的人离开了之后再回来。一般来说，会回来的人，会更加认同奥美。
- 奥美会因人设事，也会因事设人，尽量给对的人大的空间及弹性。
- 新人培养是重要的，加入前半年是你的责任，融入奥美之后，培养你成长是奥美的责任。
- 越级报告应视为正常，谈话的内容应对相关人士公开。
- 鼓励正面冲突（只是不要打架）。
- 老板是个工作（在奥美如果有人叫我董事长时，多数是有麻烦事要发生了）。
- 在奥美包括守夜的大爷，都叫我 T. B.。
- 公私不分（公私分明，会扭曲你的生活）。
- 创意是我们的根本。
- 做假稿是不道德的。

…………

这些只言片语逐步形成我们对人的看法及做法。

早年在台湾，由于公司规模越来越大，需要在人事管理上形成制度或系统，以利于落实我们对人的看法。我们曾经想由外面找有经验的人力资源加入，但都不合适。后来我的特助裘淑慧表示她有兴趣尝试，我想她是非常了解我们对人的看法及做法的，所以就由她任人事部主管，草创一套制度及系统来反映我们的理念及做法，落实在公司的系统之中。后来公司在大陆的规模逐渐大了，庄淑芬在 2003 年来到北京，就与裘淑慧一起，把台湾的一整套系统及制度搬到大陆，当然亦经过许多调整。

所以，文化来自自己经营的理念及看法，逐步形成一些行为，形成多数人一致的行为，然后再以系统及制度来固化行为。

当然，固化之后亦会产生负面的状况，即有些时候太形式化、太僵化了。

比如在奥美常会听到有人说“奥美就是这样的”，尤其对新进人员。我常说，这是“语言暴力”，尤其对资深的新进人员，会让他们很辛苦。资深人员进入奥美的存活率相对低的现象也必须承认，这在未来的发展中是需要谨慎以对的。

对创意的看法

我们行业的本质是用创意来解决客户的销售及品牌的问题。

创意首先要做对，即有效的方向会帮助销售及品牌力的提升。这就是对的策略、有效的策略，然后根据这个方向产出的创意，才是对的。

我们常说先做对，再做好。那什么是好呢？

找到对的方向，算及格。然后，在产业类别的竞争范围内是突出的，算是中等。你的创意在满足前面两个条件之下，可引起整个社会的关注或谈论。最后才是你主管的看法或是纯美学的看法，甚至才是得奖的可能。许多创意人员经常是倒过来看的。这是不对的，甚或是不道德的，因为我们拿了客户的钱是要成就客户的销售及品牌，不是来成就我们自己。

甚至有创意人员还为做假稿参奖而辩护，这是不能被接受的。

事实上，我同意在某种程度上创意人员是不同的动物，他们每天都要面对提出的东西是否够好，而且骗不了自己。

早期有次我问当年亚太区的执行创意总监尼尔·弗伦奇，他是如何管理他的创意人员的。他回答说，很简单，只要创意人员让公司可以找得到他，可以准时参加会议，可以准时交件，可以经常或偶尔交出好作品，日常管理就交给他的流程管控来分配工作，确保准时交件。

看起来好像蛮容易，也很清楚，但做起来不是很容易的，他必须在作业中逐渐形成作品的高标准，发掘好的创意人员，协助他，培养他，协助对的人做出好作品。

当然，好的资深人员亦要面对客户，了解客户，说服客户接受好的作品。

我碰到过好的创意人员，几乎都是好的销售人员，同时了解客户的生意，可以与客户成为好朋友，可以把生意带走，孙大伟就是个极佳的例子。

广告公司就是铁三角，业务、策略、创意三个人或三组人，找对人，理顺合作关系，公司成长就不愁了。以往的广告公司还是较为线性的流程，即了解客户的营销和生意上的问题，带回来与策略讨论，从对消费者的了解来寻求策略方案，再交到创意的手上，提出创意解决方案。

我们常批评这种线性的流程，造成我们在内部流程上花太多时间，例如创意等简报下来才动工。

所以，我们提倡，重要的案子，资深的铁三角应该一起面对客户，第一手了解客户的需求，当面讨论可能方向。我常说，资深策略及创意应该直接面对客户，不要在家等简报，开完会，坐在出租车上就可以讨论如何解决问题，回到公司之后，各自就可告知各自小组开始动工了。

当年媒体环境较单纯，不是电视就是平面或活动。当然，现在大不相同了，媒体环境复杂了，加入许多科技元素，形成不同网络平台的属性及创意的形式。环境确实变复杂了。以往媒体计划，由于环境单纯，大家都不那么重视，现在不同了，每个品牌、每个产品，甚或每个广告营销战役，都要清楚自己面对的生态系统。而这个系统希望是个闭环，就是你的信息、你的活动所刺激的反应如何被记录，如何流动，如何成为可被有效分析的信息，包括企业外部及内部信息，线上及线下的活动及销售，皆可以整合在一起。

所以，传统广告公司的铁三角是不够面对如此复杂的环境的。在策略上，要有品牌策略、数字策略、媒介整合策略，还需要大数据的分析师、了解平台的技术人员加入创意形成的过程。

这些情况都在过往十年间形成，可以看到许多公司都无法适应。

幸好，奥美早期奥美互动即对客户关系管理、对数据分析极为重视。IBM 及英特尔的高科技客户让我们对高科技及网络有更早接触，虽然整体而言还是要适应、调整。

但不可讳言的是，在现在的大环境中，好的创意较不容易突显。我们现在需要花很多力气来包装成功的案例，并设法宣传出去，让客户、让业界知道是奥美做的案例，这项工作越来越重要。同时，亦不可否认，大环境弱化创意的重要性，短平快是个常态。

但这是必然的，幸好客户亦面对相同的情况，也不知道该怎么办，造就了绝佳的双方一起面对的机会。复杂的环境，反而进一步强化了我们与客户的伙伴关系，一起学习面对大环境的改变。

由于环境复杂，改变快速，我们常会迷失在其中，而忘了我们行业的根本在创意。

事实上，在一个广告公司里，创意思维必须无处不在，应该植入每个人的工作之中，无论是对内或对外，都应该有创意的思维。

由于公司有一部分被叫作创意人员，他们的产出叫作创意作品，所以自然公司要有创意，这是创意人员的职责。

事实上，这是多数广告公司的迷思。

业务人员服务客户需要创意，面对客户的营销规划需要创意，策略人员在思考形成策略时更需要创意，在分析逻辑推理的同时，需要创意来形成策略。我们的 HR、行政、财务也都应该发挥创意，来从事他们的业务。

创意对广告公司来说应该是根本，并且无处不在。这种公司氛围必须形成，鼓励创新，愿意冒险。我们常问，你今天提出的东西比昨天好吗？

/　2006 年的“大卫·奥格威日”，宋秩铭重申他提出的奥美宗旨：
尊重人、尊重知识、尊重创意 / 创造力

我们常常总结，我们的文化来自我们的经营理念，即

对人的尊重，

对知识的尊重，

对创造力的尊重。

第六部

对未来的一些想法

“一个奥美”及顾问的生意及数字转型

大概是5年前，杨名皓把全球CEO的角色交给苏腾峰，苏腾峰做了一个重大的决定，把广告、公关、互动及线下渠道与活动的四个不同专业公司合并成一个公司，这个策略我们叫作“一个奥美”。

这个策略的来源是许多客户认为奥美太复杂，和奥美合作要面对许多人，签许多不同的合约，太麻烦。我们因此希望能够单纯化，让客户面对一个团队、一张合约，根据客户的需要，建立多功能、多专业的团队来服务客户。

我觉得这个改变，是由于美国奥美的问题，美国奥美无法根据客户的需要，建立一个服务团队，而且过程复杂，客户也会在这种情况下深感挫折。在中国，我们就没有这个问题。但是，我们是国际公司的一员，对于大策略我们还是要遵守的。所以，在中国“一个奥美”的进行较顺利。

但事实上，这对奥美中国是有伤害的。最大的伤害是不同的专业逐步减弱，对内及对外皆是，尤其对公关。我觉得对内可以整合成“一个奥美”，但对外还是可以保留奥美广告、奥美公关、奥美互动以及体验。

由于奥美广告还是最大的生意来源，以至大家都往品牌广告倾斜，而荒废原本各自的专业。

奥美中国的团队向来在合作上问题不大，但我们还是要跟随全球的改变。幸好，全球 CEO 最近换为安迪 · 梅因，从顾问公司过来，强调品牌顾问、数字化转型。看起来应该是在中国改变的方向，事实上，我们已在朝这个方向走。

期望奥美全球的改变可以有利于奥美中国的发展，事实上，这也是我之前提到的，奥美中国必须保有“主体性”。

草创时期我们就认为奥美应该在中国成立品牌顾问，我们与许多世界一流的顾问公司一起服务过相同的客户，他们的收费是我们的好几倍，他们的服务内容有些属于我们的范畴。我们可以做，也可以做得比他们好。

尤其近十年来，许多顾问公司更是宣称可以做品牌顾问，有时候它们做不下去，就来找奥美帮忙。

纽约奥美早在十多年前就成立了奥美顾问服务小组，奥美中国直到三年前才正式成立顾问公司。奥美成立顾问公司确实有其必要性，但也有它的困难。奥美本身长期累积的形象是广告、公关及数字化解决方案的提供者，客户不认为奥美是顾问公司。同时，我们的服务方式或流程亦有问题，我们是向客户接工作，针对市场问题提出解决方案。

顾问公司是与客户一起发掘问题，探讨方法，共同形成方案，而且多数情况是到客户那里与客户一起上班，一起立项，工作到方案形成，有时半年或一年。更重要的是顾问公司有完整的资料库，根据以往的经验和客户的需求，形成清楚的知识架构，并要求每个员工完成任何个案，都必须根据公司的知识结构存储资料，以备公司同人查询，累积知识。

对照奥美，储存资料或案例的累积都是零零落落的，经过那么长的时间，虽在改善之中，但确实不够。基本上，顾问公司的服务作业产出是可以复制的，而我们的是不能的。一方面，我们受竞争条款的限制，不能同时为竞品提供服务。有时还被限制，解除合约之后，还要在一年至两年之内不能接受竞品。同时亦包括人员的限制。另外，顾问公司基本上是个逻辑及经验的属性，而奥美是创意的属性。还有就是面对客户的层级，顾问公司经常可以与CEO或董事长层级的客户对谈，而奥美经常碰到首席营销官，甚或只是产品经理，这是必须突破的。同时，数字化转型又是每个客户需要面对的改变，尽管奥美在这方面已有许多人才及经验，但较少客户会想到奥美。

所以，在顾问这块业务的改变，奥美必须走出自己的一条路来。首先思考面对奥美的形象或客户心目中奥美的形象，我们如何去改变。

- 更好地去包装我们的经验，宣传出去，改变形象。
- 顾问团队的服务方式完全不同于现有的奥美，会是另外一批人，或是我们的业务总监（BD）具有顾问咨询的能力。
- 组织结构调整。
- 让顾问团队可以进入现有架构，又可以维持其独立性。
- 经验、信息的知识架构性的储存，形成容易使用的“活”的资料库。
- 数字转型的解决方案模型化更为具体。

一个关键问题要思考的是，顾问的生意在奥美集团的占比期望是多少。这很重要，这牵扯奥美整体的生意模式要改变到多少，人员的组成要调整多少。

有一点可以确认的是，奥美不是一般的顾问公司，亦不是一般的传播集团，不是大好，就是大坏。

差异性明显，主体性要清楚。

大湾区

事实上，在还没有“大湾区”这个概念时，我们就一直尝试让香港、广州两个办公室合作，从人员交流及客户的合作上开始，但一直不是很顺利。最后我们就暂时放弃，我想时机确实还未到。当时设想是简单的，香港奥美是个成熟的公司，可以就近协助广州奥美的发展。

当时两个办公室落差太大，香港奥美都是国际客户，境外来的员工占比相当高，广州奥美都是国内客户，还在学习的初期阶段。

当时看起来有互补性。不过台湾奥美及福州奥美、厦门奥美的试行就较为成功。我想台湾及福建的同理心较易建立，或许是因为多数台湾人来自福建，语言差不多。但是香港与广州情况也差不多，后来我想可能香港与广州的差异比台湾与福建的差异更大，较不易有同理心的产生。互相之间的心态都没有摆在正确的位置上。或许当年我们做了太多超前部署。不过我想，大湾区确实已经快到时候了。

广州是个我喜欢去的城市，东西好吃，几乎任意一家餐厅都有一定水准。广州人踏实，明显较不官僚，较会就事论事。

广州的民营中小企业向来很有活力。如果我们可以结合一些草创品牌或老品牌（广州有 500~1000 个上百年的品牌，可能更多），一起把品牌及销售在中国做大，进而做到世界各地，不是不可能。

近来有些厂商到欧洲去买一些好的小品牌在中国的代理权，在中国销售，有点儿类似 100 年前的德记洋行[1]。

广州的产业链多属制造业，从汽车、家电、家具、音响到各种民生

1 德记洋行，清朝时期的英国公司，协助西方公司在亚洲落地的贸易及经销商。

必需品。深圳快速崛起得益于深圳股市的设立，激发了许多草创的科技公司及人员会集到深圳，深圳近十年的发展有目共睹。当然，华为及富士康的龙头效应是明显的。广州及深圳都得益于东莞、惠州、前海等大后方的支持。

最近几年到深圳，有个较大的变化是，你问他们是什么地方的人，越来越多的人会回答“我是深圳人”。

香港人必须以更多的同理心去看待内地的客户，毕竟营销及广告的概念才在内地发展了30年，香港奥美在香港所接触的客户（多数是外商）都继承了一两百年累积的基础，这个差距是很大的。有些经验对于香港可能是很自然的，但进了内地就不是了。这对香港奥美是机会，但也是困难。

当年香港是亚太区的中心，又背靠内地的大市场，许多国际客户以香港为亚太区的枢纽。随着时代的变迁，国际客户移入中国内地，东南亚的枢纽角色又被新加坡取代。香港本身市场又太小。相信香港在未来中国的发展中必定有其必然的角色，重新定位必须明确。

所以，大湾区会是奥美中国下一阶段成长的来源，如何根据客户的需求及不同的人才来源形成坚强而有共识的团队，而且必须是一个团队，用一张损益表，不可以是三个。

期望尽快达成。

后疫情 / 后数字化

疫情对社会到底会有什么影响？这是现在的热门话题。根据专家的说法，新冠肺炎在疫苗研发出来之后还是不会消失。我们都要学习与新冠一起生活，就如一般的流行性感冒一样，但它在感染力及致死率上会较高。

相信疫情势必影响我们的生活及工作，或许很难恢复以往的“正常”。是否容许有些人在家里工作？是否可以节省一些办公室的成本？与公司客户关系的建立是否要改变？公司内团队共识的建立是否改变方式？……

这让我想到后数字化，我们行业或奥美会怎么改变？

数字化对我们的行业的冲击不亚于新冠的冲击强度。差别是冲击强度是逐渐的，时间更长，至少已经五年以上了。数字化是必然的，相信大家都已接受。年纪稍长的人，要设法学习专业变化，然后再去生活在数字化之中。年轻人自然地生活在其中，学习相关专业的部分。

这确实有很大的不同。

所以，世代轮替是必然的。但在这轮替的过程中，我们必须反思，我们的行业是否还是原来的行业，还是已经不同了。我觉得是有不同的。最大的不同在于，我认为我们不只是传播的行业，还是营销传播的行业，以往我们认为营销是客户的事，我们只是配合提一些意见。当年，由于营销的信息都掌握在客户方，不一定完整地分享给代理商，我们就只能较为被动。

现在不同了。现在大数据越来越完整，结合电子商务的数据、客户方的数据及不同平台的数据，将其整合在一起，可以更清楚地评估营销及传播的所有活动。

这是好事，以往我们经常抱怨客户不分享市场信息，现在客户可以把成堆的信息与你分享，期望大家可以一起来解决问题。

这对我们而言，需要更多的能力来面对，比如大数据的分析能力，了解及运用技术科技的不断更新能力。你做的事，可以不断地被检验，不断地被修改，你的角色与客户的角色可以是不分的。

每一个客户及每个品牌，都必须要清楚自己的生态系统，包括企业所有的活动、运用的媒介及平台、线下的活动、经销商的活动及销售等等。所有的活动都应该被记录，资料或数据可以流动，可以被记录及分析，而且是闭环的。

当年，有人说广告费至少一半是浪费的，但不知道是哪一半。

我想现在应该不是问题，营销或广告费用要花多少钱的困扰亦可解决了，只要闭环明确，信息可流通。

奥格威的名言："一切为了销售，否则我们一无是处。"在现在的大环境里，这是可以被清楚地证明的。

我们不要迷失在点击率上，销售才是根本。

这是好事，同时亦是挑战，能力的挑战。核心能力应该是数据分析能力以及与营销、传播策略与创意能力的连接。

这对我们行业的本质是否有改变？许多人都认为不同了，甚至有人说 4A 快死了。

我认为我们行业的本质还是在创意。创意的本质造成我们行业的不同，文化的不同，对待员工的方式不同。

我们面对问题，根据数据，清楚逻辑推演，消费者洞察，深层了解人性……以此为基础，提出创意解决方案，我觉得这才是我们行业的本质及存在的价值。

互相支援的精神

过往草创的过程，在大中华区就是一种互相支援的精神，大家共同成长，似乎是自然形成的。

台湾奥美草创初期，香港支援台湾；奥美在大陆草创时，香港、台湾支持大陆的发展；上海奥美才刚发展起来时，就来支持北京；北京在有了IBM这个客户后，又反过来支持上海及广州的发展。

事实上，在当时，我们就以这种精神，期望大家都可以一起成长，一起面对困难。现在，大家都长大了，体量大了，开始面对自己的问题，没有办法（或心思）来协助其他办公室，甚或同一办公室的其他组别都顾不了。这确实让我非常有挫折感，有时只能用我的职位去强压，但我觉得这是不对的，这种事情应该是自然而然发生的。

当然，我们亦有相关的系统及流程去鼓励互相支援的发生。我觉得奥美在中国要走到下一步的成功，这会是关键的一步。

当然，财务的压力大家都有，我们都处在WPP的禁锢之中。但，如果我们都在为财务数字服务，而没有较为长期的看法及做法，那我们继续待下去还有什么意思呢？奥美中国的主体性在哪里？

所以，我们第一线的经营团队，包括区域领导人需要有共识，在客户开发及互相支援的系统上有共识，最重要的是互相支援的精神及态度，而不是事事以财务数字为考量。

尤其是上海、北京的体量，不可能抽不出人力来帮忙。我觉得是不愿意，这是必须避免的。

WPP & 奥美

WPP堪称20世纪的奇迹，短短十年成为世界最大的传播集团，奥美亦无奈被收入WPP。

我与苏铭天爵士虽然常常意见不同，但还是佩服他的。他很重视中国的发展，经常来中国，出席各种与官方的会谈，重视与政府的关系。

多数奥美的员工对苏铭天爵士很有意见。事实上，我了解他是受了股票市场的限制，许多对的、较长期的投资他是没法做的，只能一季一季地看数字，确实有些悲哀。而奥美做的是品牌，告诉客户要长期投资。我们同时告诉大家，客户关系是要长期经营的。

这确实是矛盾的。

曾经一度有人向苏铭天爵士建议是否可以把 WPP 中国集团切割出来，在中国上市。这个建议对 WPP 在中国的员工是非常有吸引力的，同时亦可体现中国的主体性，但后来还是不了了之。

后来的睿智德（Mark Reed）接手做 WPP 整合的工作，他曾说过："我不可能让 100 多人（100 多家公司）向我报告。"

这一步当然是对的，尤其是把一些数字化的公司与传统的广告公司整合。

但，未来 WPP 最重要的是如何把群邑拆解，把媒体策略与创意公司整合在一起，群邑还可保留购买优势及研发中心。

而且未来媒体的价格会与创意有关，而不仅是量。研发中心必须掌握平台数据资料的来源并具有分析能力，与策略创意公司合作。当然这是有难度的，群邑是 WPP 最大、最赚钱的公司。但如果现在不做，相信未来会影响整个 WPP 集团，不要等到太迟再去做。

奥美的未来

我记得奥格威在他 70 多岁退休时，有个记者采访他，问："你觉得未来广告业的发展会是怎样的？"他回答："我对未来不感兴趣。"我或许了解他的心态，既然走了，就不要有那么多的心结。

但对我而言，确实有些心结。奥美的成长确实与它的文化、理念有关，在未来是否可以继续保有？这些理念在未来是否会是个阻碍？坦白讲，这不是由我来解答的，期望我的年轻伙伴们来解答。

对个人而言，我还是有一些期望。作业上，品牌的现代化结合营销现代化技术更为落地到品牌各个方面。体验营销结合数据整合及分析能力的加强，产出更深入的洞察及杰出的创意还是根本。

不要被作业上的琐碎或媒体网络的碎片迷惑，了解中心思想是品牌、销售和判断有效性的基础，但需要被品牌规范。

同时，清楚品牌的生态环境还是根本。

公司层面，有活力的文化会造就一个有活力的组织，与时俱进的理念是基础。尊重人、知识及创造力，需要与时俱进的解读及做法，来影响奥美人的行为。

切忌只是口号或是形式。经营团队不要太固化，包容不同的人加入，公司的方向需要有共识，亦可以接受挑战。

结语

经过将近两年的时间，终于要定稿了。

感谢每个人的配合，文章都修改了多次，简报改来改去，确实反映了我个人在管理上的问题。

不过时间一到，书稿就需要定下来了。

事实上，还有许多故事可以继续写下去的，但还是要暂时打住。我相信奥美在中国可以继续书写下去，不同的人、不同的观点、不同的故事。这本书集中写 2005 年之前的草创，今年已是 2021 年，奥美在大陆成立 30 年，这 30 年的基础确实来自当年，不管对或错，就这么打混过来了。

奥美包容了许多人才，我们许多第一线的资深人员，很多都在奥美超过 20 年了，这确实是不容易的。

大家对奥美都有各自的看法，但幸好，交集还是较多的。

我一直相信，管理或带队不是单靠一个人，而是靠好的团队，方向一致，同时亦可被挑战。

我非常感谢当年我们一起草创的朋友，容忍我经常过于乐观。有人说我是无可救药的乐观主义者，回想起来，确实。

再次感谢参与这次书稿写作的朋友们！疫情过后，找时间碰碰，喝喝酒。

感谢耐心读完这本厚书的所有人，反馈和想法欢迎发送邮件至：yhzm@ogilvy. com，或添加微信号 bookyihongzhiming，或许各行各业的前奥美人，亦可相聚了。

后注

走过一趟，是否重来
当然不可能，因为时间长达 30 多年
如果时间较短，是否就可能

好像不是时间长短，重来的事是不存在的
书写的重来或许是不同的
书写的重来必定不是重来

许多人一起书写，更是不同
或许更能呈现真实
真实存在于每个人的心中
真实存在于每个人的回忆
忘掉的部分就不存在

那没有忘掉的
就让她们继续书写下去
或继续不存在

宋秩铭（T. B. Song）

本书作者团队介绍

宋秩铭（T. B. Song）：奥美大中华区董事长，资深广告人，拥有超过40年的传播行业经验，被誉为“中国的奥格威”“中国广告业教父级人物”，对中国广告业发展做出卓越贡献，被Campaign杂志评选为全球最具影响力人物，入选首届中国广告名人堂，并获得LIA伦敦国际奖华文创意终身成就奖。

夏兰泽：（Shelly Lazarus）2012年前任奥美全球董事长

杨名皓：（Miles Young）2016年前任奥美全球董事长

陈　刚：北京大学新闻与传播学院副院长、教授

利宜德：（Harry Reid）1979年担任第一任奥美大中华区主管

董　洽：1988年加入台湾奥美，1991年任上海奥美第一任总经理，WPP学院第一任院长

范可钦：1989年加入台湾奥美，1992年任上海奥美第一任创意总监

郁海敏：1992年加入上海奥美，上海奥美第一任本土资深客户总监

杨　舸：1992年加入上海奥美，上海奥美第一代本土创意总监

陈碧富：1985年加入台湾奥美，1993年任北京奥美第一任总经理

林桂枝：1993年加入北京奥美，北京奥美第一任创意总监

陶　雷：1993年加入北京奥美，本土第一任奥美广告中国区总裁

邱欣宇：1997年加入北京奥美，曾任北京奥美广告创意总监

朱幼光：1994年加入北京奥美，北京奥美第一任本土创意总监，现任北京奥美执行创意总监

梁荣志：1983年加入台湾国泰建业，1994年任广州奥美第一任总经理

招嘉宁：1994 年加入台湾奥美，1995 年任广州奥美第一任创意总监

陈慧茹：1992 年加入广州奥美，广州奥美第一任本地总经理

梁　晶：1993 年加入广州奥美，第一任本土业务总监

林友琴：1987 年加入台湾奥美，1993 年任奥美大中华区培训总监

裘淑慧：1985 年加入台湾奥美，奥美中国前人力资源总监

陈俊良：1986 年加入台湾奥美，1994 年加入北京奥美，第一任全国媒介总监

屠玉华：合资公司中方代表，1994 年由上海广告加入奥美，任奥美中国区董事副总经理

李嘉钦博士：1990 年加入奥美大中华区，曾任奥美大中华区副董事长、首席运营官、首席财务官

范庆南：1996 年加入北京奥美，曾任奥美互动中国区总裁

韦棠梦（Chris Reitermann）：1997 年加入奥美中国，目前任奥美亚太区及中国首席执行官

柯颖德（Scott Kronick）：1995 年加入奥美中国，2021 年前任奥美亚洲公关及影响力首席执行官

李　宏：1993 年加入香港奥美，1995 年加入北京奥美，曾任奥美广告北京董事总经理

谢祯忠：1982 年加入台湾建业，1991 年任扬特中国区董事总经理

汪少杰：1995 年加入香港奥美，曾任奥美大中华区副董事长

庄淑芬：奥美大中华区前首席执行官

图书策划　中信出版·商业家

专注为商业人士
提供优质阅读服务
码　上　相　逢

总策划：沈家乐
特约编辑：朱漫芳
策划编辑：李嘉琪
责编编辑：付颖玥
装帧设计：黄海
美术设计：沈悦 郭志强

出版发行　中信出版集团股份有限公司
服务热线：400-600-8099　网上订购：zxcbs.tmall.com
官方微博：weibo.com/citicpub　官方微信：中信出版集团
官方网站：www.press.citic